Beck'sche Schwarze Reihe
Band 61

W0228330

HELMUT SEIFFERT

Einführung
in die Wissenschaftstheorie

Zweiter Band
Geisteswissenschaftliche Methoden:
Phänomenologie – Hermeneutik und
historische Methode – Dialektik

VERLAG C. H. BECK MÜNCHEN

ISBN 3 406 02461 0

Einbandentwurf von Rudolf Huber-Wilkoff, München
© C. H. Beck'sche Verlagsbuchhandlung (Oscar Beck) München 1970
Druck: Georg Appl, Wemding
Printed in Germany

INHALTSVERZEICHNIS

ZUR EINFÜHRUNG*

I.

Wer es heute unternimmt, eine Einführung in die Wissenschaftstheorie zu versuchen, sieht sich in eine wissenschaftsgeschichtliche
Situation hineinversetzt, wie sie komplizierter nicht zu denken
ist.

Bis in die fünfziger Jahre unseres Jahrhunderts liefen Geistes-
und Naturwissenschaften so gut wie beziehungslos nebeneinander her. In den ersten sechziger Jahren schickten sich die zunächst im Bannkreis der Naturwissenschaften erwachsenen „analytischen" Methoden an, auch solche Gebiete zu erobern, die bis
dahin, zumindest in Deutschland, eindeutig Domäne der Geisteswissenschaften gewesen waren: so vor allem die Sozialwissenschaften, zum Teil aber auch bereits solche „Kulturwissenschaf-
ten", die wir stets als historisch gerichtete Geisteswissenschaften
zu betrachten gewohnt waren. Die „analytische" Sichtweise
machte sich anheischig, auch in ehemals geisteswissenschaftlichen
Provinzen die Alleinherrschaft zu übernehmen.

Erst in allerletzter Zeit scheint dieser Siegeslauf durch eine
Renaissance der nicht-analytischen Sichtweisen gehemmt zu werden. Es lassen sich hier drei Tendenzen voneinander trennen und
doch in einen Gesamtzusammenhang einordnen: Die Phänomenologie zeigt, daß man in den Sozialwissenschaften mit der Analyse schematisierter, „operationalisierbarer" Sachverhalte nicht
viel weiterkommt, weil sie das eigentlich Interessante, die Feinheiten „subjektiven Vermeinens" nämlich, aus der Soziologie
und den anderen Sozialwissenschaften heraustheoretisiert; die
Sprachkritik in Gestalt der „logischen Propädeutik" weist nach,
daß die wissenschaftliche Begriffsbildung im Alltagsleben, ja,

---

* Die nachfolgenden Ausführungen decken sich teilweise mit der
Einführung zu Band I.

noch mehr: im alltäglichen Handeln des Menschen verankert ist und daher nicht nur logisch, sondern auch hermeneutisch begründet werden muß; und last not least hat die revolutionäre studentische Bewegung ihre Zeitgenossen drastisch darüber belehrt, daß das von Hegel und Marx begründete dialektische Denken nicht bloß Angelegenheit esoterischer wissenschaftlicher Sekten ist, sondern unüberhörbare Ansprüche an die kritische Selbstreflexion jedweden wissenschaftlichen Denkens überhaupt stellt.

Das selbstgenügsame Nebeneinander von Natur- und Geisteswissenschaften, von „nomothetischen" und „idiographischen" Disziplinen ist ohnehin vorbei. Aber auch die Spanne, während derer viele glaubten, es sei eine analytisch akzentuierte Einheitswissenschaft möglich, gehört bereits der Vergangenheit an. Wir finden uns in einer Situation, da wir „analytische" und „nicht-analytische" Wissenschaftsauffassungen miteinander zu konfrontieren haben.

„*Wissenschaftstheorie*" verstehen wir hier ganz naiv als „Theorie von der Wissenschaft überhaupt". Das ist nicht selbstverständlich, da man das Wort „Wissenschaftstheorie" heute oft benutzt, wenn man lediglich die Theorie der „analytischen" Wissenschaften meint. Diese Einschränkung ist zwar üblich, aber nicht notwendig; sofern „geisteswissenschaftliche" Vorgehensweisen wie Phänomenologie, Hermeneutik oder Dialektik auch als „Wissenschaft" bezeichnet werden können, dürfen wir das Nachdenken über sie natürlich auch „Wissenschaftstheorie" nennen. In diesem weiten Sinne also verstehen wir hier „Wissenschaftstheorie".

Auch das Wort „*analytisch*" wollen wir ganz naiv in seiner Grundbedeutung „in Bestandteile auflösend" verwenden, also nicht in einem philosophisch vorbelasteten terminologischen Sinn. Eine „analytische" Vorgehensweise ist hiernach eine solche, die ihren Gegenstand in einzelne Bestandteile auflöst und die Beziehungen dieser Bestandteile untereinander betrachtet. In diesem Sinne „analytisch" arbeiten zum Beispiel die Mathematiker, die formalen Logiker, die Sprach„analytiker", die Naturwissenschaftler, diejenigen Sozialwissenschaftler, für die ihre Wissenschaft analytischen Charakter trägt, und so fort.

Demgegenüber ist die „nichtanalytische" Vorgehensweise dadurch bestimmt, daß sie ihren Gegenstand als *Ganzheit* faßt und interpretiert; so arbeiten etwa die Phänomenologen, die Hermeneutiker und die Dialektiker.

II.

Ein für unsere Fragestellung entscheidender Unterschied zwischen der „analytischen" und der „nichtanalytischen" Wissenschaftsauffassung besteht in der Einstellung beider Richtungen zum „Leben".

Das analytische Wissenschaftsverständnis geht von folgender Überzeugung aus. Nicht alles, was der Mensch in seiner Existenz tatsächlich vorfindet, muß auch Objekt der wissenschaftlichen Forschung sein. Vielmehr ist der Bereich dessen, was Gegenstand der Wissenschaft sein kann, grundsätzlich beschränkt. Und zwar beschränkt auf diejenigen Gegenstände, welche durch die von der analytischen Wissenschaft in bestimmter Weise definierten Werkzeuge der Wissenschaft überhaupt nur erfaßbar sind.

Es gibt also nach analytischer Auffassung Probleme, die nicht Gegenstand der Wissenschaft sein können und daher – wenn überhaupt – außerhalb der Wissenschaft, in der Lebenspraxis selbst, bewältigt werden müssen – wie Ludwig Wittgenstein es voraussetzt, wenn er sagt:[1] „Wir fühlen, daß selbst, wenn alle *möglichen* wissenschaftlichen Fragen beantwortet sind, unsere Lebensprobleme noch gar nicht berührt sind." Wolfgang Stegmüller kennzeichnet diese Trennung zwischen Wissenschaft und Leben folgendermaßen:[2] „Die Lebensprobleme müssen im Leben selbst, außerhalb der Wissenschaft, bewältigt werden. So z. B. existiert kein philosophisches ‚Problem des Todes'. Was es an wissenschaftlichen Aussagen über den Tod gibt, gehört zur Biologie und nicht zur Philosophie. Wenn daneben von einem ‚existenziellen' Problem des Todes gesprochen wird, so handelt es sich nicht mehr um theoretische Fragestellungen, sondern z. B. darum, daß ich durch den Tod meiner Mitmenschen und durch die Gewißheit um den eigenen Tod erschüttert werde. Mit diesem Problem fertigzuwerden, ist eine praktische Angelegenheit; keine wie immer geartete wissenschaftliche Theorie vermag hierfür etwas zu leisten."

In Argumentationen wie diesen steckt offensichtlich ein Widerspruch. Denn: grundsätzlich kann die Wissenschaft *alles* erforschen, was es auf der Welt „*gibt*". Nun „gibt" es aber den Tod als Bestandteil unseres Daseins. Also können wir diese Tatsache, „daß ich durch den Tod meiner Mitmenschen und durch die Gewißheit um den eigenen Tod erschüttert werde", als möglichen Gegenstand der Wissenschaft nicht ausschalten. Es ist ein Widerspruch in sich, einerseits überhaupt von der existentiellen Bedeutung des Todes zu *reden* – andererseits jedoch im gleichen Atemzuge zu sagen: „Aber das ist natürlich kein Problem der Wissenschaft." Alles, wovon „die Rede sein" kann, kann offenbar auch zum Gegenstand wissenschaftlicher Überlegungen werden. Wenn es so ist, daß wir als Menschen faktisch durch den Tod erschüttert werden, dann muß diese Erschütterung – als etwas „Gegebenes" – auch Gegenstand der Wissenschaft sein können.

Und das ist in der Tat der Fall. Denn eben die Erforschung solcher Daseinsphänomene hat seit vielen Jahrzehnten das Arbeitsgebiet weiter Bereiche der Wissenschaft ausgemacht: nämlich jener Bereiche, die wir mit Stichwörtern wie „Phänomenologie", „Historie", „Hermeneutik", „Lebensphilosophie", „Existenzphilosophie", „Psychoanalyse", „Dialektik" und ähnlichen umschreiben. Alle die durch solche Termini bezeichneten Forschungsrichtungen gehen mit Selbstverständlichkeit von der Tatsache aus, daß wir immer schon „ein Leben leben", dessen Erfahrung in unsere Forschungstätigkeit als Gegenstand (wir erforschen Lebensgegebenheiten) und als Voraussetzung (wir verstehen diese Lebensgegebenheiten wissenschaftlich nur, weil wir selber leben) gleichzeitig eingeht.[3]

III.

Aus solchen Vorüberlegungen ergibt sich folgender Aufbau unserer „Einführung in die Wissenschaftstheorie".

Der erste Band beschäftigt sich mit den analytischen, der zweite Band mit den nichtanalytischen wissenschaftlichen Vorgehensweisen.

Bei allem Vorbehalt gegen eine einseitig analytische Ausrich-

tung der Wissenschaft müssen wir uns doch mit einigem Nachdruck dessen versichern, daß eine saubere analytische Entwicklung der Grundbegriffe das Fundament aller Wissenschaften ist.
Es bedeutet ein unauslöschliches Verdienst der analytischen Richtung, daß sie in den letzten Jahrzehnten ein für alle zukünftige
wissenschaftliche Arbeit unentbehrliches Fundament exakter Be-
griffsklärung gelegt hat. So berechtigt der lebenspraktische Ansatz der nichtanalytischen Wissenschaften gewesen ist – so verhängnisvoll war es, daß er den Irrationalismus gefördert und
viele denkende und redende Menschen zu leerem Getön und zu
nachlässiger Sprechdisziplin verleitet hat.

Wir stehen daher vor folgender Paradoxie: gerade dasjenige
wissenschaftliche Denken, das stets seinen Lebensbezug betont
hat, war infolge seiner vielen Menschen unverständlichen Wort-
mystik dem Leben am allerfernsten – und umgekehrt übt ein
Denken, das sich theoretisch als vom Leben abgeschieden versteht, schon auf zwölfjährige Schüler eine unwiderstehliche Faszination aus, wie das an der Logik, der Mathematik und den
Naturwissenschaften zu beobachten ist.

Die nichtanalytischen Lebenswissenschaften wollen zwar aufklären, reden aber oft so unverständlich, daß sie faktisch nie-
manden aufklären. Damit heben sie den angestrebten Effekt selber wieder auf und erreichen praktisch nicht mehr als die Wissenschaften, die diesen Anspruch gar nicht erst erheben. Was nützt
eine noch so feinsinnige „Hermeneutik des Lebens", wenn ihre
Manifestationen demjenigen, den sie erreichen sollen, als Phra-
seologie erscheinen? Aus solchen Überlegungen erschien es uns un-
erläßlich, im ersten Band unserer Darstellung der Wissenschaftstheorie zunächst das sprachanalytische Fundament zu legen, wobei wir uns der – selbst bereits hermeneutisch rückbezogenen –
„Logischen Propädeutik" von Kamlah und Lorenzen bedient
haben, die man als eine Pionierleistung für den Aufbau einer
Erziehung zum „vernünftigen Reden" ansehen muß.

Sodann haben wir uns mit den Problemen der Deduktion
beschäftigt, wo – angesichts des Problems des „Anfangs" – wiederum hermeneutische Momente sichtbar wurden. Und schließlich haben wir die Methode der Induktion betrachtet; zunächst
in ihrer „reinen" Form in den Naturwissenschaften, und end-

lich in ihrer Anwendung auf die Sozialwissenschaften. Hier wurden dann allerdings die Zweifel daran, ob der soziale Bereich
überhaupt analytisch behandelt werden kann, unüberhörbar.

Mit dieser offengelassenen Frage bricht der erste Band ab.
Der vorliegende zweite Band behandelt die Phänomenologie,
die Hermeneutik und historische Methode, schließlich die Dialektik im Hegelschen und Marxschen Sinne. Ich habe hier versucht, eben jene Begründung der Wissenschaft aus den Situationen des von uns immer schon gelebten Lebens zu entwickeln, die
dem analytischen Wissenschaftler ein Buch mit sieben Siegeln zu
sein scheint – und die doch jedermann selbstverständlich ist, der
in der ersten Hälfte unseres Jahrhunderts geisteswissenschaftliche Disziplinen studiert hat.

VI.

Gerade hierin liegt aber auch die Fragwürdigkeit des von mir
gewählten Ansatzes. Ich bekenne freimütig, daß dieser zweite
Band in seinen ersten beiden Teilen über Phänomenologie und
Hermeneutik den Versuch einer abschließenden Formulierung
von Problemen darstellt, die mich seit meinem geisteswissenschaftlichen Studium in den vierziger und fünfziger Jahren beschäftigt haben. Eben deshalb sind sie vielleicht nicht mehr die
Probleme der heute jungen Generation. So haben mir geschichtsphilosophische Diskussionen der letzten Monate die Frage aufgeworfen, ob wir möglicherweise gar keine gemeinsame Sprache
mehr sprechen: „Geschichte" wird von den Älteren im Sinne des
Historismus, von den Jüngeren im Sinne des Marxismus verstanden. Von Studenten, die mit der marxistischen Geschichtsphilosophie bestens vertraut sind, wird dafür etwa das Wort
„systematisch" als Gegenterminus zu „historisch", wie es allen in
der geisteswissenschaftlichen Tradition von 1850 bis 1950 Auf-
gewachsenen geläufig ist, und das im Rahmen der vorliegenden
Darstellung eine so zentrale Rolle spielt, heute zum Teil einfach
nicht mehr verstanden.

Es scheint so zu sein, daß gerade der theoretisch wache Teil
der heutigen Studentengeneration sich der Faszination durch
den Marxismus nicht mehr entziehen mag. Und vielleicht ist der

Nichtmarxist heute der „Theorielose" – wie es ein Historiker kürzlich mir gegenüber, mit Habermas, hart formulierte. Wenn es so sein sollte – welch ein bedenkenswerter Wandel gegenüber jener Zeit, da die geisteswissenschaftlich-historische Methodologie innerhalb der Geschichtswissenschaft gerade von den besten Köpfen vertreten wurde.

Angesichts dieser Situation bedrängt mich einige Ungewißheit, wie der vorliegende Versuch wohl aufgenommen werden mag. Wird man die ausführliche Behandlung der historisch-hermeneutischen Methodologie als unmaßgebliche Reminiszenz eines Autors betrachten, der eben ein wenig hinter seiner Zeit zurück ist? Oder wird im Gegenteil die eingehende Behandlung solcher Fragen an relativ exponierter Stelle – nämlich im Rahmen einer allgemeinen Wissenschaftstheorie statt in einer geschichtswissenschaftlichen Spezialveröffentlichung – einer Bereitschaft entgegenkommen, diese Dinge neu zu diskutieren? Es ist ja heute relativ wenig bekannt, daß die Geisteswissenschaften in Gestalt der historisch-philologischen Methode seit anderthalb Jahrhunderten ein Werkzeug entwickelt haben, das den analytischen Methoden an Exaktheit zumindest nicht nachsteht; ein solches Uninformiertsein ist freilich nicht unbegreiflich angesichts der Tatsache, daß die geisteswissenschaftliche Arbeitsweise weiteren Kreisen nur durch die Produktion mit Vorliebe im Allgemeinen verweilender Kulturphilosophen bekannt geworden ist.

Wie aktuell Fragen der philologisch-historischen Methode gerade auch angesichts der Diskussion innerhalb des und mit dem Marxismus sein könnten, zeigt schon die Tatsache, daß der Marxismus – mehr als alle anderen bedeutsamen Bewegungen der Geschichte, das Christentum und ähnliche Religionen ausgenommen – auf den „kanonischen" Schriften bestimmter „Klassiker" – Marx, Engels, Lenin und nunmehr auch Mao – fußt, deren „Exegese" sich eben der Mittel bedienen muß und bedient, die von einer „bürgerlichen" Geisteswissenschaft längst entwickelt worden sind – unbeschadet der Frage, ob der Marxismus unter „Geschichte" etwas anderes versteht als der Historismus.

Der begrenzte Rahmen auch dieses zweiten Bandes bringt es mit sich, daß die dialektische Wissenschaftstheorie nur in ihren Grundzügen dargestellt, aber noch nicht wirklich diskutiert wer-

den konnte. Diese Diskussion muß daher einem weiteren Band
vorbehalten bleiben, der unter dem Titel „Sozialismus und bürgerliche Wissenschaft" erscheinen soll. In gewisser Hinsicht ist
diese geplante Fortsetzung als dritter Band der „Einführung in
die Wissenschaftstheorie" anzusehen. Jedoch geht ihre Fragestellung über wissenschaftstheoretische Erörterungen im engeren
Sinne hinaus – hinein in den Bereich des Politisch-Gesellschaft-
lichen, wie es in der Konsequenz der marxistischen Wissenschaftsauffassung liegt. Der neue Band wird daher gleichzeitig Abschluß unserer wissenschaftstheoretischen Überlegungen wie aktuelle politische Auseinandersetzung sein – was Stichwörter wie
„Ideologie", „Utopie" oder „Rechtfertigung der Wissenschaft"
andeuten mögen.

V.

Obwohl der vorliegende Band sich mit – im weiteren Sinne –
„historischen" Problemen beschäftigt, soll er doch – im Gegensatz zu vielen anderen Darstellungen dieser Art, aber in Übereinstimmung mit der Methode des ersten Bandes – nicht geschichtlich aufgebaut sein. So stellt er beispielsweise den „Historismus" nicht selbst historisch dar (etwa durch Referate der bekannten Autoren von Vico bis Meinecke, wie nun schon so oft geschehen), sondern in seinerseits „systematischem" Aufbau.

Wer wissen will, was Husserl oder Dilthey als bestimmte
Autoren gesagt haben, wird mit diesem Band also nicht auf seine
Kosten kommen – so wenig wie im ersten Band, wo ja auch nicht
die Rede von Frege, Wittgenstein oder Carnap als historisch
lokalisierbaren Urhebern bestimmter Gedanken war, die uns
dort beschäftigten.

Zu meinem eigenen Bedauern muß ich von diesem Prinzip angesichts der „Dialektik" abweichen. Es macht die Eigenart – und
gleichzeitig Fragwürdigkeit – dieser Methode aus, daß sie an die
Schriften bestimmter Autoren, nämlich Hegels und Marx/
Engels', gebunden ist und daher nur anhand dieser Schriften dargestellt werden kann. Ich betone ausdrücklich, daß mir diese
„personalistische" Behandlungsweise des Dialektik-Teils durch
die Umstände aufgezwungen, nicht freiwillig von mir gewählt
wurde.

Das Literaturverzeichnis trägt in seinem Aufbau dieser Sachlage Rechnung. Für die Phänomenologie und die Hermeneutik enthält es kaum „klassische" und historische Literatur, sondern vor allem solche, die dem Leser in der aktuellen Fragestellung weiterhilft. Für die Dialektik mußten Hegel, Marx und Engels als „Klassiker" stärker berücksichtigt werden; Sekundärliteratur wurde jedoch nur für Marx und Engels, nicht für Hegel angegeben.

Unser Projekt ist als erstes, einführendes, möglichst leicht verständliches Lehrbuch gedacht. Auch das Literaturverzeichnis stellt sich in den Dienst dieser Aufgabe. Es soll die wichtigsten und die dem sich Einarbeitenden zugänglichsten Titel aufführen. Um seine praktische Brauchbarkeit noch zu erhöhen, habe ich es dreistufig angelegt: Grundlegende oder besonders wichtige Veröffentlichungen sind mit zwei Sternen, wichtige oder besonders empfehlenswerte Veröffentlichungen mit einem Stern gekennzeichnet. Auf diese Weise konnte das Verzeichnis als ganzes relativ ausführlich gehalten werden, ohne den Benutzer durch eine ungegliederte Titelfülle zu entmutigen. Dem Anfänger sei demgemäß empfohlen, zunächst die mit zwei Sternen bezeichneten Titel zu studieren.

Erlangen, im April 1970   Helmut Seiffert

ERSTER TEIL

DIE PHÄNOMENOLOGIE

BEHAVIORISMUS UND „LEBENS"WISSENSCHAFT

A. DER BEHAVIORISMUS

Der Behaviorismus ist die Ausprägung der empirisch-analytischen Wissenschaftsauffassung auf dem Gebiet der Psychologie und Sozialpsychologie.[1] Das Wort „Behaviorismus" kommt von englisch ‚behaviour', amer. ‚behavior' = ‚Verhalten', bedeutet also so viel wie „wissenschaftliche Betrachtungsweise, die auf das Verhalten abstellt".

Die Behavioristen sagen: Bei anderen Personen (und bei Tieren) können wir nur deren äußeres Verhalten beobachten. Was das einzelne Individuum für sich in seinem Inneren erlebt und fühlt, kann nicht Gegenstand der Psychologie und Sozialpsychologie als Wissenschaften sein. Denn wir stecken in einer anderen Person ja nicht darin („man sitzt da nich inne", sagt der Norddeutsche). Was in einem Individuum vorgeht, können andere Individuen nicht prüfen.

Gegenstand der psychologischen und sozialpsychologischen Forschung kann daher – nach der Auffassung des Behaviorismus – nur das an den Äußerungen eines Menschen sein, was für die direkte Beobachtung durch andere Personen, für Meßgeräte und sonstige außerhalb des jeweiligen Subjekts liegende Instanzen zugänglich ist.

Die Verbindung zwischen diesem beobachtbaren Verhalten des Menschen und dem, was möglicherweise in ihm vorgeht, muß der Wissenschaftler durch ein besonderes wissenschaftliches Verfahren herstellen. Dieses Verfahren haben wir als Zuordnung von „operationaler Definition" und „theoretischem Konstrukt" beschrieben.[2]

Nach Auffassung der Behavioristen wäre also so etwas wie „Liebe" ein bloßes Konstrukt, nicht etwas direkt Beobachtbares. Dieses Konstrukt „Liebe" muß daher operational definiert, das heißt in Begriffe für beobachtbare Gegenstände umgesetzt werden.

Folglich wird der behavioristische Psychologe sagen: Ob ein Mensch „verliebt" ist, können wir nicht direkt, sondern nur mit Hilfe beobachtbarer Indizien feststellen. Solche Indizien können physiologischer Art sein, wie Erröten und schnellerer Puls bei einer verliebten Person, wenn sie der Person ansichtig wird, in die sie verliebt ist. Oder aber auch sozialer Art: wir beobachten, daß zwei Personen verschiedenen Geschlechts ungewöhnlich oft zusammen sind, daß sie Hand in Hand spazierengehen und so fort.[3]

Kurz: der behavioristische Psychologe oder Sozialpsychologe tut so, als ob die von ihm beobachteten Menschen mechanische Apparate seien, an denen bestimmte „Zustände" lediglich physikalisch so zu beobachten seien wie Zeigerausschläge an einem Voltmeter.

Hier fällt eines auf. Daß wir in dem anderen Menschen „nicht drinsitzen", sei vorläufig zugegeben. Zumindest aber „sitzt" ja jeder Mensch jeweils *in sich selbst* „drin". Jedenfalls das einzelne Individuum selbst hat also jene Einblicke in sein eigenes Gefühlsleben, die es bei einem anderen Individuum nicht beobachten zu können vorgibt.

Wenn das für jedes Individuum gilt, so gilt es auch für den Wissenschaftler. Auch der das „Liebe" genannte Verhalten behavioristisch beobachtende Wissenschaftler ist also ein Mensch, der seit mindestens zwei Jahrzehnten auf dieser Erde lebt und daher vermutlich die gleichen Lebenserfahrungen gemacht hat, wie jeder andere Mensch auch. Es ist daher anzunehmen, daß auch der Behaviorist schon ein oder mehrere Male in seinem Leben verliebt war.

Daher hat er zu dem, was wir „Liebe" nennen, offenbar einen sehr unmittelbaren Zugang: er brauchte sich nur seine eigenen psychischen Zustände, Stimmungen, Gefühle, Erfahrungen während seines Verliebtseins zu vergegenwärtigen – und er wüßte über das, was er erforschen möchte, mit einem Schlage erheblich mehr als durch Pulsmessungen oder statistische Erhebungen über das Zusammensein von Personen.

Wenn wir ihm dies vorhalten, wird unser Behaviorist vermutlich folgendes antworten: „Selbstverständlich – ich gebe gerne zu, daß ich schon oft verliebt war und diesen Zustand aus eigener Erfahrung kenne. Aber: verliebt bin ich ja als Privatmann, nicht als Wissenschaftler. Mit meiner Wissenschaft haben meine privaten Gefühle nichts zu tun. Ich kann sie ja nicht verallgemeinern. Woher weiß ich denn, ob ‚Verliebtsein' sich bei anderen Leuten genau so abspielt wie bei mir? Und wenn schon – jedenfalls kann ich meine privaten Gefühle doch nicht in meine Wissenschaft einbringen. Das wäre ja so, als wenn ein Eisenbahner seine Lokomotive aus eigener Tasche kaufen wollte. Nein – Dienst ist Dienst, und Schnaps ist Schnaps!"

An dieser Stelle wird das Grundproblem des Behaviorismus – und damit einer naiv „positivistischen" Auffassung der Wissenschaft überhaupt – sichtbar.

Der Behaviorist trennt zwischen „Schnaps" und „Dienst", Privatleben und Beruf, persönlicher Erfahrung und Wissenschaft. Er meint, nicht Bestandteile des einen in das andere einbringen zu dürfen – so wie der Bankkassierer das Geld, mit dem er täglich umgeht, nicht als sein eigenes betrachten darf und der Bauunternehmer als Bürgermeister sich nicht selbst bei der Vergabe von Bauaufträgen begünstigen darf.

Er mißt Pulsschläge und meint so „wissenschaftlich" ermitteln zu können, was Liebe sei, während er sich doch gleichzeitig auf das bevorstehende Zusammensein mit seiner Freundin freut und daher nur in sich selbst hineinzusehen brauchte.

Wie schon der Vergleich mit dem sonstigen Berufsleben zeigt, steht hinter dem Behaviorismus und Positivismus eine ethisch durchaus achtenswerte Einstellung: man will zwei Bereiche nicht vermischen, weil man die Vermischung für moralisch unzulässig hält.[4] Jedoch kann diese strikte Trennung von „Dienst" und „Schnaps" auch in das Gegenteil umschlagen: man denke an einen Arzt, der sich weigert, einem Kranken zu helfen, weil er gerade keinen Dienst hat. Und vielleicht *ist* der Wissenschaftler ein Arzt, der immer im Dienst ist.

B. Die Lebenswissenschaft

Wir können unsere Gegenauffassung daher wie folgt formulieren: Der Wissenschaftler kann durchaus in die Lage kommen,
die von ihm gefahrene Lokomotive aus eigener Tasche bezahlen
zu müssen. Denn:

1. Im Dienste der wissenschaftlichen Erkenntnis muß alles her-
angeholt werden, was uns als Erkenntnisquelle zugänglich ist.
Wir können mögliche Quellen unserer wissenschaftlichen Einsicht nicht deshalb verstopfen, weil sie „privat" sind. Wenn daher unsere persönlichen Erfahrungen dazu beitragen können,
ein wissenschaftliches Problem zu lösen, so dürfen wir nicht mit
ihnen hinter dem Berge halten.

In dieser Formulierung ist das „Private" als Erkenntnisquelle
Mittel zum Zweck. Wir beziehen es ein, um ein Erkenntnisziel
ohne bürokratische Beschränkung in der Wahl der Erkenntnismittel zu erreichen.

2. Wir können das gleiche aber auch andersherum formulieren:
so, daß das „Private" seinerseits Erkenntniszweck wird. Dann
können wir sagen: Alles, was es auf der Welt „gibt", muß
potentiell Gegenstand der Wissenschaft sein können. Nun „gibt"
es in der Welt aber nicht nur „objektiv" Erforschbares wie den
Lauf der Sterne oder chemische Reaktionen, sondern es „gibt"
auch das „Leben" des Menschen mit seinen „subjektiven" Erfahrungen, Erlebnissen, Gefühlen, Wünschen, Handlungen und
so fort – wie wir vorläufig und ohne besondere terminologische
Bedenken hier sagen wollen. Wir können offenbar die Welt nur
angemessen verstehen, wenn wir das, was die Menschen täglich
tun und erfahren, als Gegenstand in unsere wissenschaftlichen
Bemühungen mit aufnehmen.

Gleichzeitig aber sehen wir: es geht nicht nur um ein theo-
retisches Verstehen des Lebens der Menschen. Sondern: indem
wir dieses Leben zum Gegenstand unserer Wissenschaft machen,
bewältigen wir es ja auch besser. Wir müssen unser Leben wissenschaftlich durchschauen, wenn umgekehrt die so fundierte Wissenschaft wieder dem Leben dienen soll. Das Leben muß – wie man
heute gern sagt – Gegenstand der kritischen Reflexion werden,

damit es nicht dem Irrationalismus bloß „privaten" Handelns anheimfällt.[5] Die Wissenschaft darf also nicht, sich für unzuständig erklärend, einen Bereich frei lassen, der dafür dann Gegenstand unwissenschaftlicher, irrationaler Machenschaften wird.

Zwei Wissenschaftsbegriffe stehen einander also heute noch unversöhnt gegenüber:

– der „positivistische", der nur bestimmte Gegenstände unserer Welt als Gegenstände der Wissenschaft gelten läßt und alle übrigen Gegenstände vor- und außerwissenschaftlichen Auseinandersetzungen anheimgibt;

– der (im weitesten Sinne) „lebenswissenschaftliche", der die Äußerungen der menschlichen Subjektivität als grundlegend für jede wissenschaftliche Betätigung ansieht und dadurch das Leben selbst – in doppelter Weise: als Voraussetzung und als Gegenstand der Wissenschaft – unter die Kontrolle der wissenschaftlichen Vernunft stellt. Hierin liegt das Recht der zahlreichen (im weitesten Sinne) „lebensphilosophischen" Strömungen in der Geschichte der Wissenschaft und der Philosophie, von denen wir hier nur die historistisch-hermeneutische Geschichtsphilosophie, die Psychoanalyse – und nicht zuletzt auch die *Phänomenologie* nennen wollen.

Ohne das Wort „Phänomenologie" bisher überhaupt ausgesprochen zu haben, haben wir uns einen Vorbegriff von Phänomenologie verschaffen können: ein „Phänomenologe" ist, grob gesagt, ein Wissenschaftler, der die Tatsache, daß er selbst schon einmal verliebt war, in seine wissenschaftliche Arbeit mit einbezieht.

1. KAPITEL

DIE INTERSUBJEKTIVITÄT DES SUBJEKTIVEN

Nach diesen allgemeinen einleitenden Bemerkungen können wir unser Problem nun systematisch entwickeln.

Wie wir sahen, bestreitet der Behaviorist gar nicht, daß es

subjektive Gefühle und Erlebnisse „gibt", und er bestreitet auch nicht, daß er selbst – als Privatperson – sie hat. Aber er sagt: „Meine subjektiven Gefühle können nicht Gegenstand der Wissenschaft sein. Daß ich sie habe, ist gewissermaßen reiner Zufall – meine wissenschaftliche Erkenntnis kann ich von dieser zufälligen privaten Gegebenheit nicht abhängig machen. Ich kann ja nicht einfach von meiner – völlig uninteressanten – privaten Person wissenschaftlich auf andere Personen, auf menschliche Reaktionsweisen überhaupt, schließen."

A. Beispiel: „grün"

Und der Behaviorist wird vielleicht folgendes Beispiel bringen: „Ob ein Thermometer 20 Grad zeigt, kann jedermann ablesen und damit nachprüfen. Dieser Sachverhalt ist also intersubjektiv gültig. Dagegen kann ich niemals wissen, ob eine andere Person das, was sie und ich als ‚grün' bezeichnen, genau so sieht, wie ich."

Bleiben wir bei dem Beispiel „grün".

‚Grün' ist – in der Terminologie der „Logischen Propädeutik", wie wir sie im ersten Band entwickelt haben – ein *Prädikator,* das heißt ein Wort, das wir bestimmten Gegenständen in unserer Welt zusprechen können.[1] Einen Grashalm, ein Blatt, ein Feld im Frühjahr bezeichnen wir als „grün".

Nun besteht in einer bestimmten Sprachgemeinschaft, etwa der deutschen (vorsichtiger müßten wir vielleicht noch sagen: in einer Region des deutschen Sprachgebietes, etwa der südniedersächsischen oder der fränkischen), zwischen allen Individuen völlige Übereinstimmung darüber, was man als ‚grün' bezeichnen kann und was nicht. Niemand von uns wird das Blut als ‚grün' bezeichnen oder frisches Laub im Mai als ‚rot'. Es besteht völlige Klarheit darüber, daß alle Individuen genau die gleichen Gegenstände als ‚grün' und nicht als ‚grün' bezeichnen. (Von Fällen der Farbenblindheit sehen wir dabei natürlich ab.)

Die „Extension" des Prädikators ‚grün' (wie wir mit einem ebenfalls im ersten Band[2] geklärten Terminus sagen können), das heißt der Bestand an Gegenständen, die wir zu Recht als ‚grün'

bezeichnen, ist innerhalb der deutschen Sprachgemeinschaft völlig
eindeutig zu bestimmen.

Aber: die Tatsache, daß wir alle dieselben Gegenstände als
grün und nicht als grün *bezeichnen,* sagt noch gar nichts darüber aus, daß und ob wir alle dieselbe *Empfindung haben,* wenn
wir etwas Grünes sehen. Es könnte ja sein, daß ein anderer bei
‚grün‘ dieselbe Farbempfindung hat, wie ich bei ‚rot‘, und ein
dritter, wie ich bei ‚violett‘, und so fort. Das ist ein altes Problem
der Erkenntnistheorie, das auch die Philosophen früherer Jahrhunderte schon beschäftigt hat.[3]

Eine nähere Überlegung zeigt uns jedoch, daß durch eine
solche Annahme überhaupt kein Widerspruch zu der Eindeutig-
keit der Farb-Prädikation innerhalb der Sprachgemeinschaft
auftritt. Denn es kommt ja nur darauf an, daß den gleichen Bestand (die gleiche „Menge") an Gegenständen, den A ‚grün‘
nennt, auch B ‚grün‘ nennt. Selbst wenn also B ‚grün‘ so wahrnehmen sollte wie A ‚violett‘, würde das nichts daran ändern,
daß auch B immer und nur dann ‚grün‘ *sagt,* wenn er „violett"
(im Sinne der subjektiven Empfindung von A) *sieht.*

Das bedeutet: „wie" jemand eine Farbe wirklich „sieht", ist
tatsächlich unentscheidbar, da wir nicht in das Bewußtsein des
anderen hineinsteigen können. Aber das ist auch gar nicht nötig.
Denn an die Stelle einer „absoluten" Farbempfindung „Grün"
tritt die Einigung der Sprechenden darüber, zwischen ihnen eindeutig bestimmten Gegenständen das Wort ‚grün‘ entweder zuzusprechen oder nicht zuzusprechen. Wir brauchen nicht zu wissen, „was" „Grün" „wirklich" „ist" – wenn wir nur wissen, wie
ich und wie jeder andere das Wort ‚grün‘ wirklich *gebrauchen.*[4]

Hier wird wieder deutlich, was wir im ersten Band schon
sahen: die Sprache läßt das, was die „Dinge" „sind", völlig in
der Schwebe. Es genügt ihr, wenn die Menschen sich eindeutig
verständigen können.[5]

(Und auch hier gilt unser skeptischer Nachsatz: das Problem,
was die Dinge „sind", ist durch die Sprachkritik nicht aufgehoben, sondern nur aufgeschoben. An unserem Beispiel gezeigt:
auch im Zeitalter der Sprachanalyse kann es durchaus sinnvoll
sein, über das Problem, wie jemand eine Farbe „wirklich sieht",
weiter nachzudenken.[6])

Für unsere gegenwärtige Fragestellung gilt in jedem Falle folgendes: wir brauchen gar nicht zu wissen, ob wir alle die von uns ‚grün‘ genannten Gegenstände mit der gleichen Farbempfindung „Grün" sehen, wenn wir uns nur darüber verständigen können, was wir ‚grün‘ nennen wollen und was nicht. Selbst wenn die *Farbempfindung* „Grün" nicht intersubjektiv ist – die *Prädikation* ‚grün‘ ist es ganz gewiß.

B. Beispiel: „Zahnschmerzen"

Nehmen wir ein anderes in der Philosophie klassisch gewordenes Beispiel.[7]

Jemand sagt: „Ich habe Zahnschmerzen". Wenn jemand Zahnschmerzen hat, dann hat er diese Schmerzen ganz allein. Wir können nicht in ihn hineinsteigen und fühlen, ob er wirklich Zahnschmerzen hat.

Insofern liegt die Situation offensichtlich etwas anders, als wenn jemand zu mir sagt: „Ich erblicke ein grünes Blatt". Denn dieses Blatt kann ich ebenfalls wahrnehmen und damit nachprüfen, ob der andere a) überhaupt ein Blatt sieht und b) dieses Blatt grün ist.

Beim Zahnschmerz ist die Situation also eher schon ungefähr die, wie wenn mir jemand am Telefon sagt: „Ich sehe eine grüne Wiese". In diesem Fall sehe ich die Wiese auch nicht und kann daher nicht prüfen, ob mein Ferngesprächspartner die Wahrheit sagt.

Aber: da ich selber schon einmal eine grüne Wiese gesehen habe, kann ich mir genau „vorstellen", was mein Partner sieht, wenn das, was er mir berichtet, wahr ist.

Ebenso beim Zahnschmerz. Zwar kann ich in den anderen nicht hineinsteigen. Aber: irgendwann zu einer anderen Zeit habe ich selbst ja auch Zahnschmerzen gehabt. Ich weiß also zumindest, wie es ist, wenn jemand Zahnschmerzen hat. Wenn daher der andere zu mir sagt: „Ich habe Zahnschmerzen", so kann ich mir genau „vorstellen", was er dabei empfindet – vorausgesetzt, er hat die Wahrheit gesagt.

Natürlich tritt jetzt bei dem Prädikator ‚Schmerz‘ zunächst

das gleiche Problem auf wie bei dem Prädikator ‚grün‘: ich kann ja nicht wissen, ob der andere „Schmerz" genau so empfindet wie ich. Aber auch hier können wir sagen: Darauf kommt es gar nicht an. Entscheidend ist, daß wir alle in bestimmte Situationen geraten können, die wir mit dem Satz bezeichnen: „Ich habe Schmerzen" – und daß wir sie von anderen Situationen unterscheiden, in denen wir nicht sagen: „Ich habe Schmerzen".

Aber eine Schwierigkeit bleibt. Wenn jemand sagt: „Ich sehe ein grünes Blatt", so kann grundsätzlich jeder andere nachprüfen, ob er das „mit Recht" sagen kann, das heißt: ob eine beliebige andere Person ebenfalls veranlaßt werden kann, mit Recht den Satz: „Ich sehe das grüne Blatt auch" auszusprechen.

Denn die Prädikation bezieht sich hier auf einen Gegenstand, der außerhalb des Wahrnehmungsbereiches einer bestimmten Person liegt und daher von beliebigen Personen wahrgenommen werden kann. Der Schmerz hingegen liegt – als „Gegenstand" einer Prädikation – im Wahrnehmungsbereich nur einer bestimmten Person, die dadurch gegenüber allen anderen Personen „ausgezeichnet" ist (wenngleich sie auf eine solche „Auszeichnung" gern verzichten würde). Eine bestimmte Person hat hier also das „Monopol" einer bestimmten Wahrnehmung, von der alle anderen Personen zunächst ausgeschlossen erscheinen. (Anders läge es natürlich zum Beispiel mit der Aussage: „Ich habe ein Loch im Zahn". Denn dieses Loch können andere Personen ebenfalls (faktisch sogar besser) wahrnehmen. Wir stellen also hinsichtlich des „Monopolbereiches" nicht auf den Körper einer Person als solchen ab, sondern auf bestimmte „höchstpersönliche" Empfindungen wie den Schmerz.)

Für den Behavioristen stellt sich also folgendes Problem. Zwar kann eine Person jederzeit *sagen:* „Ich habe Schmerzen". Da sie aber gleichzeitig über das Monopol der unmittelbaren *Wahrnehmung* dieser Schmerzen verfügt, ist diese Aussage auf ihre Wahrheit nicht kontrollierbar. Die Person kann also auch simulieren und in Wirklichkeit gar keine Schmerzen haben. Ein grünes Blatt zu erblicken kann hingegen niemand mit Erfolg simulieren, weil diese Aussage ja sofort auf ihre Richtigkeit überprüfbar wäre.

Nun sind wir aber an dem Wendepunkt angelangt, der grundlegend ist für alles, was wir in diesem Band überhaupt abhandeln wollen. Denn: gewiß können wir nicht in das Bewußtsein des anderen hineinsteigen, um eindeutig festzustellen, ob er wirklich Schmerzen hat.

Aber: um zu prüfen, ob der andere wirklich Schmerzen hat, steht uns ja keineswegs nur die nackte Aussage: „Ich habe Schmerzen" zur Verfügung.

So wird zunächst die sprachliche Aussage durch das *nichtsprachliche Verhalten* des Kranken ergänzt. Er wirft sich etwa auf sein Bett, er stöhnt, und er verzieht sein Gesicht zu einer Miene, deren „Ausdruck" besagt: „Ich habe Schmerzen".

Ferner: Beim *Aussprechen* des Satzes: „Ich habe Schmerzen" wirkt der *Tonfall* mit, in dem der Patient spricht. Diesen Tonfall kann ich auch am Telefon noch wahrnehmen – unabhängig von dem Wortlaut des Gesagten.

Aber weiter: der Betreffende ist vielleicht ein armer alter Rentner, der weder einen Telefonanschluß besitzt noch Besuch von anderen Personen bekommt, die ihm helfen. Dann wird er vielleicht einen Brief schreiben, in dem der Satz steht: „Mein Zahn tut mir so furchtbar weh. Ach bitte, komm doch und hilf mir irgendwie!"

Hieraus ergibt sich: Bei der Beurteilung der Frage, ob jemand wirklich Zahnschmerzen hat oder nicht, stützen wir uns niemals auf die nackte Aussage als solche, die wahr oder falsch sein kann. Sondern wir berücksichtigen *die gesamte Situation,* in deren Zusammenhang die Behauptung: „Ich habe Zahnschmerzen" steht. Wenn wir persönlich anwesend sind, können wir das außersprachliche Verhalten des Patienten wahrnehmen und in unser Gesamtbild einbeziehen. Wenn wir telefonieren, stehen uns immerhin noch hörbare Äußerungen und der Tonfall des Gesagten zu Gebote. Aber selbst wenn wir nur einen Brief erhalten, gibt uns die sprachliche Formulierung der nackten Aussage: „Ich habe Zahnschmerzen" zusätzliche Indizien für die Echtheit und Stärke des Schmerzes.

Das bedeutet: aus allen Äußerungen, wie eine Person sie im Zusammenhang einer Schmerzsituation tut, können wir *direkt* entnehmen, daß der Betreffende offenbar wirklich Zahnschmerzen haben muß. Ich *verstehe* das aus der Gesamtsituation heraus unter Würdigung aller Indizien und Ausdrucksweisen, die ich aufnehme, und bin überzeugt, daß ich mich nicht irre und der andere nicht simuliert. Ich „durchschaue" einfach, wie sich die Sache verhält – selbst dann, wenn der andere vielleicht sogar abstreitet, daß er Zahnschmerzen habe, sein Gesamtverhalten dem aber widerspricht.

An diesem Punkte nun ist der Behaviorist unversöhnlich. Er glaubt einfach nicht daran, daß man aus dem Verständnis der Situation sichere Rückschlüsse auf das ziehen kann, was in einer anderen Person wirklich vorgeht. Er wird behaupten: „Es gibt nichts auf der Welt, was man nicht simulieren kann. Alles Berufen auf den ‚Ausdruck‘ des Schmerzes, den du angeblich ‚verstehst‘, hilft dir gar nichts."

In der Tat liegt hier ein Problem. Das weiß jeder, der Thomas Manns „Felix Krull" gelesen hat. Ohne Zweifel kann ein geschickter Schauspieler und Hochstapler alles mögliche erfinden, von dem auch erfahrene Zeugen meinen, es sei echt. (Die besondere Genialität Krulls in der Musterungsszene beruht ja darauf, daß er so tut, als ob er nur so täte, als ob er sich für wehrtauglich hielte, in Wirklichkeit aber davor zitterte, daß man seine „Gebrechen" entdecken könnte, deren „Entlarvung" dann tatsächlich zur Freistellung vom Wehrdienst führt!)

Trotzdem hat dieser Einwand nicht das Gewicht, das der Behaviorist ihm zuzuschreiben geneigt sein könnte.

Schon daß die Genialität eines Felix Krull (und seines Erfinders Thomas Mann) dazu gehört, so vollendet zu simulieren, beweist ja, daß das zumindest keine alltägliche Kunst ist. Im normalen Zusammenleben der Menschen können wir vielmehr davon ausgehen, ziemlich genau beurteilen zu können, ob jemand simuliert oder nicht.[8]

Im übrigen aber wäre es unsinnig, dauernd zu unterstellen, die Menschen simulierten bloß. Im Gegenteil ist die Wahrscheinlichkeit, daß jemand wirklich Zahnschmerzen hat, wenn er es sagt, erheblich größer als die, daß er nur so tut. Denn immer nur Simulation zu wittern wäre ja gleichbedeutend mit der Behauptung, in Wirklichkeit gäbe es Zahnschmerzen gar nicht oder nur sehr selten. Das widerspricht aber der Lebenserfahrung. Denn in der Tat gehen täglich viele Menschen zum Zahnarzt, lassen sich behandeln und geben danach zu erkennen, daß sie keine Schmerzen mehr haben. Warum also hätten sie sie erst simulieren sollen?

Fassen wir zusammen. Ob eine andere Person Schmerzen hat oder nicht, können wir aufgrund ihrer sprachlichen und nichtsprachlichen Äußerungen mit sehr hoher, an Sicherheit grenzender Wahrscheinlichkeit feststellen, *obwohl* wir nicht in das Bewußtsein dieser Person steigen können. Das liegt daran, daß wir diese sprachlichen und nichtsprachlichen Äußerungen als Ausdruck einer bestimmten gegebenen Situation „durchschauen" oder verstehen.

Die Erfahrung, daß wir eine Situation in bestimmter Weise erfassen, ist uns aus unserer Lebenspraxis so geläufig, daß wir sie uns nur durch weitere Beispiele ins Bewußtsein zu heben brauchen. So hat beispielsweise jede Versammlung mehrerer Menschen eine bestimmte „Stimmung", die wir als solche mit absoluter Sicherheit diagnostizieren können, wenn wir nur den Raum betreten. Diese Stimmung kann etwa freudig, gedrückt, übermütig, „autoritär", gespannt, gereizt, sachlich, gelöst, „anspruchslos", behaglich und anderes sein.[9] Um das festzustellen, brauchen wir keine förmlichen Verhaltensbeobachtungen zu machen, die wir dann statistisch auswerten – sondern wir „riechen" die „Atmosphäre" der Versammlung im ersten Augenblick. Wir sind sogar darauf angewiesen, eine bestimmte Versammlungsatmosphäre sofort richtig zu erfassen, da wir uns sonst „deplaciert" verhalten würden. Auch der Behaviorist verfährt in seiner Lebenspraxis so, ohne es theoretisch wahrhaben zu wollen – er muß so verfahren und immer schon verfahren sein, da er es sonst gar nicht zum Hochschuldozenten gebracht hätte.

C. Der Lebenszugang zu wissenschaftlichen Gegenständen

Wir stehen also vor der Tatsache, daß es außer dem angeblich allein eindeutigen Zählen und Messen noch andere Zugänge zu menschlichen Äußerungen im sozialen Bereich gibt.

Ja – wenn wir ganz kritisch sind, müssen wir sogar fragen, ob nicht die angeblich exakten Methoden des Zählens und Messens ihrerseits auf „irrationalen" Voraussetzungen beruhen. Wenn

erst der Wissenschaftler A „20 Grad" abliest und dann der Wi-
senschaftler B vom gleichen Thermometer ebenfalls „20 Grad" –
inwiefern ist das „intersubjektiv überprüfbarer", als wenn erst
der eine sagt: „Ich habe Schmerz" und dann der andere? Irrtum
und Täuschung wären doch auch hier möglich.

So bemerkt Stephan Strasser im Anschluß an Edmund Husserl:[10]

„Wenn etwa Einstein in seinem Laboratorium Michelson's Experi-
mente wiederholt, und zwar mit Hilfe von Apparaten, die Kopien
von Michelson's Apparaten sind, weiß er genau, was ein Instrument ist,
welchen Gebrauch Menschen von Instrumenten machen ... usw. Einstein weiß dies nicht auf Grund mathematischer oder naturwissenschaft-
licher Einsichten; er weiß es dank seiner vorwissenschaftlichen Erfahrung. ... Michelson's Instrumente ... sind ... so konstruiert, daß
die entscheidende Wahrnehmung auf das Ablesen von Zeigerständen
... beschränkt wird. Das, was auf diese Weise wahrgenommen wird:
ein Zeiger auf einem Zifferblatt, ist ... nichts anderes als eine Figur
auf einem Hintergrund. Das Wahrnehmen erfolgt also auf ‚subjektiv-
relative Weise', auch wenn das daraus resultierende Wahrnehmungs-
urteil eine Prämisse für naturwissenschaftliche Folgerungen bildet.
... Nehmen wir an, daß ein- und dasselbe Instrument für die Messung von A und die Messung von B verwendet wird. Um diese Handlung ausführen zu können, muß unser Physiker das Instrument identifizieren. Dieser Akt der Identifikation unterscheidet sich nun nicht
wesentlich von dem einer Hausfrau, die einen Kochtopf erst auf den
Herd stellt und dann denselben Kochtopf vom Herd wegnimmt."

Also: auch die exakteste Wissenschaft hat ihr Fundament letzten Endes in irgendwelchen „unexakten", vorwissenschaftlichen
Alltagshantierungen. Der strenge Behaviorismus und Empirismus muß also in einen Widerspruch verstrickt werden, wenn er
sich auf Voraussetzungen verwiesen sieht, die seinen eigenen Ansprüchen nicht genügen.

Daher ist es schon konsequenter, das „Alltägliche", „Un-
exakte" von vornherein in die Wissenschaft – als ihr Fundament
und als ihren Gegenstand – mit hineinzunehmen.

Das *Durchschauen einer Situation* – und sei es nur eine so ver-
hältnismäßig simple wie die, daß jemand Zahnschmerzen hat –
ist nun der Prototyp für das, womit es die *geisteswissenschaftlichen* Methoden im weitesten Sinne zu tun haben. So wie wir

aus dem gepreßten Sprechen, dem schmerzverzerrten Gesicht und
dem Stöhnen einer Person mit unfehlbarer Sicherheit, ohne die
Komponenten unserer komplexen Wahrnehmungsobjekte erst
umständlich analysieren zu müssen, schließen können: „A hat
Zahnschmerzen" – genau so können wir eine soziale Situation,
einen Text, ein Kunstwerk, einen historischen Gesamtkomplex
wie „das Barockzeitalter" oder „den Kapitalismus" als solche
„aus dem Ausdruck", „atmosphärisch", „ganzheitlich", als „Totalität", und wie die einschlägigen Ausdrücke alle heißen, erfassen.
Die „geisteswissenschaftliche" Methode, die wir hier anwenden,
nennen wir je nach der Eigenart des jeweiligen Gegenstandes
„phänomenologische", „historisch-philologische", „hermeneutische" oder „dialektische" Methode.

Alles in diesem Bande Abzuhandelnde bildet insofern also eine
innere Einheit, als das zugrundeliegende wissenschaftliche Prinzip immer das gleiche ist.

2. KAPITEL

WAS IST PHÄNOMENOLOGIE?

„Phänomenologisch" nennen wir demzufolge eine Methode, die
die Lebenswelt des Menschen unmittelbar durch „ganzheitliche"
Interpretation alltäglicher Situationen versteht. Der Phänomenologe ist demnach ein Wissenschaftler, der selbst an dieser Lebenswelt durch seine Alltagserfahrungen teilhat, und der diese
Alltagserfahrungen für seine wissenschaftliche Arbeit auswertet.

A. „JA, SO IST ES AUCH"

Was die Phänomenologie ist und leistet, können wir am besten
von den Autoren lernen, die praktisch mit ihr gearbeitet haben –
gleichgültig, ob sie nun das *Wort* „Phänomenologie" dauernd im
Munde führen oder nicht. Da es uns hier nur um Wissenschafts-

theorie und nicht um Philosophie im engeren Sinne geht, können
wir uns guten Gewissens damit begnügen, die Bedeutung der
Phänomenologie für die praktische einzelwissenschaftliche Arbeit an einfachen *Beispielen* zu erläutern, ohne uns mit der geschichtlichen Entwicklung der „Phänomenologie" genannten philosophischen Schule beschäftigen zu müssen.[1]

1. Hans Paul Bahrdt:[2]

„Wohnen ist ein Stück Kultur. Freilich: Der Begriff ‚Wohnkultur' er-
weckt schon wieder den Verdacht, daß etwas, das sich eigentlich als
selbstverständliche Folge kultivierten Verhaltens ergeben sollte, zum
Ziel besonderer Anstrengung gemacht wird: Die Kultur, ausdrücklich
zum Gegenstand zielgerichteten Verhaltens gemacht, ... wird ... zum
Hindernis für die Entfaltung der vielfältigen Verrichtungen, die zusammen das ergeben, was wir ‚wohnen' nennen. ‚Wohnkultur' kann
genauso unwohnlich sein wie kalte Pracht; d. h. sie ist dann nur eine
moderne Variante der kalten Pracht von gestern, alo das Gegenteil von
kultivierter Wohnlichkeit."

Dieses Beispiel ist uns bereits aus dem ersten Band bekannt;
wir betrachteten es dort im Zusammenhang mit dem „Opera-
tionalisierungs"-Problem. Wir hatten die Schlüsselwörter „Wohnkultur" und „kultivierte Wohnlichkeit" einander gegenübergestellt und bemerkt, daß der empiristisch-behavioristische Wissenschaftler die beiden Begriffe mit seiner Methode und nach seiner
Wissenschaftsauffassung nicht unterscheiden kann. Denn Picasso
und Teak können Merkmale sowohl der „Wohnkultur" als auch
der „kultivierten Wohnlichkeit" sein – und andere als solche
„physikalistisch" feststellbaren Merkmale kann der Empirist
nicht gelten lassen.
Der Phänomenologe setzt von vornherein anders an. Er
nimmt seinen Ausgang von seiner eigenen Lebenswelt und sagt
daher: „Ich habe, als immer schon in einer sozialen Umwelt lebende Person, zahlreiche Verwandte, Freunde und Bekannte,
deren Wohnungen ich kenne. Viele von ihnen haben moderne
Wohnungen. Aber merkwürdig: bei manchen meiner Bekannten wirkt die Wohnung trotz allen ästhetischen Aufwands irgendwie kalt, tot. Man hat das Gefühl, alles ist so arrangiert,
damit jeder Besucher die Modernität und Aufgeschlossenheit der

Bewohner bewundern soll. Bei anderen meiner Bekannten dagegen fühle ich mich einfach wohl. Alles hat irgendwie Hand und Fuß und ist da, weil es zu den Bewohnern paßt und weil sie es brauchen. Die Wohnung wird dem Besucher nicht aufgedrängt – aber gerade deshalb fühlt er sich in ihr heimisch. Also ‚gibt' es ‚Wohnkultur' und ‚kultivierte Wohnlichkeit' als ‚Phänomen' – denn ich als Alltagsmensch kann meine Lebenswelt in diesem Sinne interpretieren."

Hier ist ganz klar, was wir bereits im ersten Bande bemerkten: der Behaviorist kann ein solches Verfahren unmöglich als „wissenschaftlich" anerkennen. Was haben derart private, vage, subjektive Gefühle beim Besuch von Freunden mit Wissenschaft zu tun?

Der Phänomenologe argumentiert genau anders herum. Er sagt: „Meine Eindrücke als solche habe ich und lasse ich mir nicht wegargumentieren. Warum also soll ich sie nicht auch zur Grundlage wissenschaftlicher Analysen machen? Offensichtlich wird die Soziologie oder die Sozialpsychologie doch gerade dadurch *bereichert,* daß ich – als Privatmann – imstande bin, ‚Wohnkultur' und ‚kultivierte Wohnlichkeit' genau zu unterscheiden, weil hierdurch Erkenntnisse, ja ganze Dimensionen erschlossen werden, die dem menschlichen Wissen sonst verlorengingen!"

Der Phänomenologe nimmt also sein Alltagserleben als Gegenstand der Wissenschaft ganz ernst und gelangt dadurch zu Aussagen, die der Wissenschaft sonst nicht möglich wären.

Womöglich noch pointierter zeigt dies unser zweites Beispiel.

2. Otto Friedrich Bollnow:[3]

„Wenn wir die Wohnung wechseln, so baut sich von der neuen Wohnung aus die Welt in einer neuen Weise auf. Wenn sich der Wohnungswechsel noch innerhalb derselben Stadt vollzieht, so gliedert sich doch nach dem neuen Wohnquartier alles neu. Es sind nicht nur die Bestimmungen der Nähe und Ferne, die sich verändern, sondern es ist zugleich auch das innere Gefüge der Straßen, durch die ich gewöhnlich komme und die für mich den Charakter der Vertrautheit haben, das, was überhaupt in der Stadt mir wohlbekannt ist, und das, was sich als verdämmernder Hintergrund nur unbestimmt abzeichnet. Es ist jeweils etwas Verschiedenes, was mir auf diese Weise in der Stadt bedeutsam ist, und so bekommt die ganze Stadt einen andern Charakter, wenn ich in ihr die Wohnung gewechselt habe.

Ebenso ist es beim Umzug in einen neuen Wohnort. Von der neuen Stadt her baut sich die Landschaft und bauen sich die Beziehungen zu den andern Städten in einer durchaus neuen Weise auf: was bisher an der Peripherie gelegen hatte, rückt ins Zentrum und umgekehrt.«

Auch Bollnow artikuliert, was jeder Mensch als Privatperson erleben kann: die völlige Umstellung der Lebenssituation bei einem Umzug. Mir selbst geht es zum Beispiel so, daß ich in Boll-nows Beschreibungen meine eigenen Erlebnisse und Gefühle an-läßlich von Umzügen innerhalb eines Ortes oder von Ort zu Ort wiederfinde. Besonders eindrucksvoll ist der letzte Satz un-seres Zitates über die Beziehungen zu den anderen Städten: in der Tat ist es für jemanden, der von Norddeutschland nach Süd-deutschland umzieht, bemerkenswert, wie Städte, die bisher lediglich Urlaubsassoziationen und Gedanken an den sonnigen Süden bewirkten, wie: Würzburg, Bamberg, Ansbach, Nürn-berg, plötzlich zur Alltagsumgebung gehören, daß ganz andere Reiserouten wichtig werden und so fort.

Die Phänomenologie erzielt also einen gewissen Verblüffungs-effekt dadurch, daß sie Dinge, die für jedermann selbstver-ständliches Alltagserlebnis sind und die er daher gar nicht mit der Vorstellung von »Wissenschaft« verbindet, unversehens zum Gegenstand wissenschaftlicher Darlegungen erhebt.

Die Gestaltpsychologen haben von einem »Aha«-Erlebnis ge-sprochen, in dem einem Verstehenszusammenhänge plötzlich klar werden. Ähnlich könnten wir angesichts einer phänomeno-logischen Darstellung von einem *»Ja, so ist es auch«*-Erlebnis sprechen: der Leser findet ganz erstaunt eine Formulierung und Interpretation von Erlebnissen und Gefühlen vor, die er schon immer gehabt hat, ohne sie so gut in Worte fassen zu können wie der phänomenologische Wissenschaftler. Gerade ein Buch wie »Mensch und Raum« von Otto Friedrich Bollnow, dem wir un-sere Probe entnommen haben, ist ein Meisterwerk phänomeno-logischer Betrachtungsweise, das hervorragend geeignet ist, einen Begriff davon zu vermitteln, was diese »Ja, so ist es auch«-Me-thode leisten kann.

3. Helmuth Plessner:[4]

„Das Ordinariat gewährt die Vorzüge einer hohen Staatsstellung, Würde und Sicherheit, ohne die sonst damit verbundenen Nachteile fester Bürostunden und engbegrenzter Freiheit in Dienst und Muße. Es gibt das große Ansehen wissenschaftlicher Bedeutung und gestattet, seinen tiefsten Neigungen ebenso zu leben als ihnen Geltung zu verschaffen: Vom Urteil der Ordinarien hängt der Nachwuchs im wesentlichen ab, ob es sich um Assistenten oder um ‚freie‘ Privatdozenten handelt. Diese Abhängigkeit ist eine moralische und eine existentielle, da der Mann, der nicht von den anerkannten Gelehrten geschätzt wird, von der Geltung und vom Leben ausgeschlossen bleibt. ... Selbst die ehrlichsten Hochschulreformpläne, die nach möglichster Objektivierung der Habilitation und Berufung streben, kommen nicht daran vorbei, daß Fähigkeiten und Werke begutachtet werden, deren wahres Kriterium durchaus nicht immer der sichtbare Erfolg ist, und daß bei gleichmöglichen Auffassungen außersachliche Kräfte geradezu entscheiden *müssen,* selbst wenn alle Beteiligten diese Entscheidung perhorreszieren.

... So konstituieren die soziale Dynamik des akademischen Nachwuchses rationale und irrationale Kräfte: die ersteren beherrschen, das heißt allen wissenschaftlichen Ansprüchen genügen, bedeutet nur die conditio sine qua non der Karriere, und die Erfüllung dieser conditio läßt sich in jedem Falle auch noch bestreiten.

Man hat wohl gegen diese ‚pessimistische‘ Auffassung geltend gemacht, daß von den jeweils präsentierten Kandidaten überwiegend doch die besten durchgekommen seien, aber von den nichthabilitierten und nichtpräsentierten Bewerbern, die vielfach zur Unfruchtbarkeit durch eben ihr Schattendasein verurteilt waren, läßt sich wenig sagen. Ferner haben die Theorien der Nichtordinarien durchschnittlich es schwerer, sich durchzusetzen und Bestandteil des ... Lehrgerüstes ... zu werden oder wenigstens ernsthaft diskutiert zu werden, als die Lehrmeinungen der offiziellen Professoren. ...

Dieser eminente Wagnischarakter der akademischen Laufbahn ... ist dem modernen Forschungstyp ... spezifisch angepaßt. Der Privatdozent kann das Wagnis verringern ..., indem er sich ... einem ... offiziellen Fachvertreter ... attachiert ..., das heißt in Schülerstellung als Geselle eines Meisters, als Glied einer Schule verharrt – und hier haben wir den soziologischen Grund für Schulenbildungen an Universitäten –, oder indem er eine neue Wissenschaft mit eigenem Gebiet und eigener Methode zu begründen sucht. ... Was er im zweiten

Fall riskiert, vermeidet er im ersten: die Empfindlichkeit der älteren Generation durch neue Forderungen und neue Begriffe zu verletzen.…"

Das Irrationale an der „Sozialdynamik des akademischen Nachwuchses" hat aber auch sein Gutes:

„Wo Irrationalitäten mitentscheiden, kann auch Irrationales und damit das Neue, noch nicht Dagewesene schöpferisch durchbrechen. … Wer jedoch … sich außerhalb der Prinzipien der ‚Forschung', die eben zugleich Spielregeln des akademischen Konkurrenzkampfes bedeuten, zu stellen berechtigt glaubt, wer die Fachgrenzen nicht achtet, wer ab ovo etwas in die Welt setzt, ohne sich um Vorgänger oder Mitstrebende zu kümmern (nicht zitiert, keinen Wert auf ‚Methode' legt u. dgl.), wird bald den Ruf eines Querkopfes, Outsiders, Sonderlings bekommen und, mag auch die Wissenschaft im übermenschlichen Sinn von ihm Nutzen haben, umgekehrt aus der Wissenschaft keinen Nutzen ziehen. Akademiker zu sein, setzt noch andere Gaben voraus als schöpferische Intuition. Es erfordert Disziplin, Anpassungsfähigkeit und Sinn für die Grenzen des eigenen Tuns. Nur wer imstande ist, das Neue aus dem Alten entwickelnd darzustellen, paßt in den Rahmen der Forschung. Die eigenartige Ungewißheit der Laufbahn zwingt den einzelnen, sich hervorzutun und mit irgendeiner Leistung aufzufallen, zugleich aber zwingt sie ihn, der damit gegebenen Gefahr der Isolierung durch Eingliederung in Methoden, Problemstellungen bzw. Anlehnung an Menschen, Kreise und ihre Forderungen zu begegnen. So erfüllt sich das Gesetz der modernen Wissenschaftsdisziplin: ein Maximum an Originalität bei einem Maximum an Kontinuität mit dem Vergangenen der älteren Leistung in der Einheit der Methodik."

Wohl kaum jemand, der die deutsche Hochschule von innen kennt, wird sich der Faszination durch diese brillante Charakterisierung der sozialen Situation des deutschen Wissenschaftlers entziehen können. Es ist bedauerlich, daß wir in unserem eng gesteckten Rahmen auf die von Plessner aufgeworfenen Fragen nicht inhaltlich eingehen können.

Schließen wir jedoch zunächst unser letztes Beispiel an, um dann zur Betrachtung beider Beispiele überzugehen.

4. Dietrich Goldschmidt:[5]

(Über die Situation des wissenschaftlichen Nachwuchses:)

„Spannungen zwischen dem jüngeren und bisweilen leicht überalterten Anwärter in abhängiger Stellung und dem ‚Chef', oft seinem Lehrer und Meister, hat es immer gegeben. Der Geselle hat nun mal

irgendwie und irgendwo zu leiden und sieht den Alten mit aus Dank-
barkeit und Kritik gemischten Gefühlen. Daß heute in dieser Mischung
die Kritik überwiegt, ist nicht nur ein Ausdruck einer allgemein geringer gewordenen Autoritätsgläubigkeit, sondern das Ergebnis der
Prägung durch einschneidende geschichtliche Erfahrungen, welche die
Generationen ungleich schärfer voneinander trennen, als das bis 1914
der Fall war. Gleichwohl trifft man die ‚Jugend‘ nicht in Rebellion,
sondern in Anpassung und höchstens – und zwar wesentlich bei den
über 40jährigen – in Resignation. Nur ganz wenige machen sich die
Mühe, die Bedingungen ihrer Existenz näher zu erforschen oder gar
ernstliche Versuche der Veränderung zu unternehmen. . . .“

Die beiden letzten, dem gleichen Buch entstammenden Ausführungen von Plessner und Goldschmidt sind offenbar ein wenig anders zu beurteilen als die von Bahrdt und Bollnow.

Während Bahrdts und Bollnows Schilderungen jedem Menschen verständlich sind, der überhaupt Bekannte mit modernen
Wohnungen hat oder schon einmal umgezogen ist, stellen Plessner und Goldschmidt für das Verständnis ihrer Ausführungen
schon speziellere Voraussetzungen. Man muß einer bestimmten
beruflichen Sphäre angehören, um sie wirklich verstehen zu können: nämlich Hochschulwissenschaftler sein und als solcher seine
Erfahrungen gemacht haben. Nur einem solchen Leser ist wirklich zugänglich, was Plessner mit seinen tiefgreifenden Aussagen
über die Situation des selbständig denken wollenden Wissenschaftlers und was Goldschmidt mit seinen Bemerkungen über die
Situation des unselbständigen wissenschaftlichen Mitarbeiters
sagen wollen.

Aber auch hier gilt: zwar lediglich *derjenige* – aber auch *jeder,*
der an der Hochschule Erfahrungen jener Art gesammelt hat, wie
Plessner und Goldschmidt sie verarbeiten, wird deren Aussagen
auch in einem „Ja, so ist es auch“-Erlebnis würdigen können.

Daß hier zum Verständnis eines phänomenologischen Textes
bestimmte soziale Voraussetzungen, nämlich berufliche Erfahrungen innerhalb eines bestimmten Bereiches, erforderlich sind,
bedeutet keinen Widerspruch gegen unsere These, daß phäno-
nologische Analysen stets im „Leben“ verankert sind. Denn –
wie wir später noch erörtern werden –: solche Voraussetzungen
müssen *stillschweigend* in *jedem* Falle gemacht werden.

B. Probleme der Phänomenologie

I. Das Problem der Verallgemeinerung

Das erste, was uns, wenn wir von induktiven Methoden in Natur- und Sozialwissenschaften herkommen, an phänomenologischen Schilderungen auffällt, ist: Sie verallgemeinern in scheinbar geradezu unverantwortlicher Weise.

Bollnow etwa setzt einfach voraus, daß *jeder,* der die Wohnung wechselt, das so erlebt, wie er es beschreibt. Und ebenso unterstellen Plessner und Goldschmidt, daß *jeder* in Betracht kommende Wissenschaftler genau den Situationen unterliegt, die sie so eindringlich charakterisieren.

In der Tat: hier muß der in induktiven Sichtweisen Geschulte zunächst Anstoß nehmen.

Bei näherer Betrachtung zeigt sich jedoch: die phänomenologischen Analysen der Alltagswirklichkeit sind so angelegt, daß sie, um „richtig" zu sein, induktiv gewonnener Bestätigung gar nicht bedürfen. Bollnow braucht keine Fragebogen zu verschicken, um festzustellen, wieviel Prozent aller Zeitgenossen ihren Umzug so erleben und wieviele nicht, um dann seine Schilderung als Folge von „Teils-Teils-Sätzen", wie wir im ersten Band[6] sagten, aufzubauen oder sie damit zu rechtfertigen, daß es immerhin 80 % aller Umgezogenen so geht — und ebenso braucht Plessner gar nicht darauf zu achten, ob wirklich *jeder* wissenschaftliche Außenseiter das Schicksal erleidet, das er ihm zuschreibt, oder ob es auch Ausnahmen gibt.

Denn phänomenologische Aussagen beruhen stets auf der persönlichen *Lebenserfahrung* des Autors in dem Bereich, über den er jeweils spricht. Die Instanz für die intersubjektive Überprüfung phänomenologischer Aussagen ist daher nicht ein empiristisches Verfahren, das nach den Regeln der induktiven Methode Erhebungen anstellt und statistisch auswertet, sondern ganz einfach die Zustimmung des selber erfahrenen und sachkundigen Lesers in einem „Ja, so ist es auch"-Eindruck. Ein solcher sachkundiger Leser „überprüft" die Schlüssigkeit des Gesagten also einfach „hermeneutisch" an seiner eigenen Lebenserfahrung; er befragt den Text daraufhin, ob er diese Erfahrung angemessen wiedergibt und interpretiert. Erst dann, wenn jemand mit guten Gründen sagen könnte: „Plessners Erörterungen sind eine unerhörte Verleumdung der deutschen Wissenschaft" und Plessners Darstellung mit einer ebenso tiefdringenden und eben deshalb glaubwürdigen Gegendarstellung widerlegen würde – erst dann könnte man sagen, Plessner habe unrecht. In der Praxis wird eine solche Widerlegung schwer möglich sein. Denn es ist ja gerade die Differenziertheit und „Feinheit" der Aussage, die Plessners Analyse so schwer angreifbar macht. Ein potentieller Gegner dieser Ergebnisse müßte es Plessner im „Niveau" seiner Argumentation zumindest gleichtun, und das dürfte nicht einfach sein.

Es hat also keinen Sinn, sich der Phänomenologie gegenüber auf quantifizierende Methoden zu berufen.

Erfahrungen haben für den Phänomenologen weniger die Funktion von „Stichproben", die dann mit Hilfe einer exakten Methodik verallgemeinert werden, als vielmehr die von „Beispielen" im Sinne der „Logischen Propädeutik".

Wir hatten im ersten Band[7] ja gesehen, daß man den Gebrauch von Wörtern (Prädikatoren) mit Hilfe von Beispielen und Gegenbeispielen einführt.

So zeigt man etwa nacheinander auf zwei Wohnhäuser und sagt: „Dies ist ein Haus", „Dies ist auch ein Haus". Darauf zeigt man auf ein Fabrikgebäude, auf einen Kohlenschuppen und auf eine Garage und sagt: „Dies und dies und das ist kein Haus". Auf diese Weise lernt das Kind oder der eine Fremdsprache Lernende die Straße allmählich aus dem täglichen Umgang mit Gegenständen, denen Prädikatoren zu- oder abgesprochen werden.

Hierbei kommt es nun ersichtlich nicht auf die *Zahl* der Beispiele an. Wie ein Wort zu gebrauchen ist, können wir unter Umständen schon an einem einzigen Beispiel und Gegenbeispiel lernen. Also etwa: man braucht uns vielleicht nur ein einziges Haus und einen einzigen Schuppen zu zeigen – und schon wissen wir „ein für alle Mal", was wir als Haus bezeichnen können und was nicht. Es ist also völlig unnötig, nach den Regeln der empirischen Methodologie eine Stichprobe von Häusern und Nichthäusern zu bilden und etwa zu sagen: „Erst wenn du neunhun-

dert Häuser richtig identifiziert hast, kannst du sagen, du könn-
test den Prädikator ‚Haus' richtig zusprechen."

Es gibt bestimmte Wissensgebiete, auf denen man sich dieses
Prinzip des „Erklärens durch nur ein einziges Beispiel" sehr gut
verdeutlichen kann. Eins dieser Gebiete ist die Rechtswissen-
schaft. Selbst komplizierte und dem Laien zunächst nicht ver-
traute juristische Begriffe können oft an einem einzigen Beispiel
so völlig klar gemacht werden, daß der Lernende keinerlei weiterer Erläuterungen mehr bedarf.

Als Verdeutlichung hierfür mag der Begriff der „Gefährdungs-
haftung" dienen, den man etwa so einführen kann: „Ein bisher
immer friedlicher Hund fällt plötzlich einen Passanten an. Der
Hundehalter lehnt die Haftung für den entstandenen Schaden
mit der Begründung ab, der Hund sei stets gutartig gewesen; er,
der Hundehalter, habe daher mit dieser plötzlichen Verhaltens-
änderung nicht rechnen können. Der Hundehalter muß trotzdem
haften. Denn es kommt nicht darauf an, ob dieser Hund bisher
immer gutmütig war. Und zwar deshalb nicht, weil das Halten
eines Hundes potentiell immer eine Gefahr für Personen darstellt – unabhängig vom zufälligen Verhalten eines bestimmten
Hundes. Daher muß der Hundehalter auch dann haften, wenn
ihm keinerlei unmittelbares Verschulden anzulasten ist (wie es
etwa vorläge, wenn er einen bekannt bissigen Hund ohne Maul-
korb herumlaufen läßt). Diese Haftung allein aus der Verantwortung für eine möglicherweise gefährliche Sache, auch ohne
akutes Verschulden im Einzelfall, nennen wir *Gefährdungshaf-
tung*."

Es ist offensichtlich, daß der Rechtsstudierende allein durch
dieses Beispiel mit dem Hund versteht, was „Gefährdungshaf-
tung" ist, ohne daß ihm der entsprechende Sachverhalt noch
einige Male umständlich am Kraftfahrzeughalter, am Fabrik-
leiter, am Eisenbahnbetrieb und so fort erläutert werden müßte.[8]

Wir sehen hieraus: es gibt Wissensgebiete, auf denen wir gar
nicht mit strenger Induktion arbeiten müssen. Und hierzu gehören – unter anderen – alle Sachverhalte, auf die sich die
phänomenologische Methode anwenden läßt. Ein Phänomenologe darf also mit dem gleichen guten Gewissen seine Lebenserfahrung „verallgemeinern", wie der Alltagssprecher die an einem

einzigen Beispiel geübte Zusprechung eines Prädikators oder der
Jurist die Demonstration eines Rechtsbegriffes.

So beginnt auch Stephan Strasser sein aufschlußreiches Buch
über die phänomenologische Methode mit den Worten:[9]

> „Es geschah während der Diskussion über eine historische Doktor-
> arbeit [an einer niederländischen Hochschule]. Im Laufe der kriti-
> schen Erörterung wurde von einem der Opponenten der Einwand ge-
> macht, der junge Doktor in spe habe eine wichtige historische Quelle
> unbenützt gelassen. Derartige Einwände werden bei solchen Diskus-
> sionen öfter erhoben. Die Weise jedoch, wie sich der zur Doktorwürde
> zu Befördernde gegen diesen Einwurf verteidigte, erweckte allgemeine
> Verwunderung: er berief sich nämlich auf ‚die phänomenologische
> Methode‘. Der Phänomenologe, so versicherte er, könne sich mit der
> Analyse eines einzigen exemplarischen Falles begnügen; das Suchen
> nach Quellen und ihre Benützung erübrige sich demnach für ihn.“

Natürlich soll das nun nicht bedeuten, daß induktive Methoden in der Soziologie und Sozialwissenschaft unangebracht wären. Als Informationsgrundlage für phänomenologische Aussagen haben sie nicht nur ihren guten Sinn, sondern sind sie sogar unentbehrlich – und Plessners und Goldschmidts Ausführungen eröffnen ja selber eine solche empirische Untersuchung. Aber
die Feinheiten phänomenologischer Interpretationen, die eine
ganz bestimmte individuelle Disposition voraussetzen, lassen sich
durch induktive Methoden nicht gewinnen. Bezeichnend hierfür ist: die Ergebnisse gerade der „höchsten“ Erhebungsform der
empirischen Sozialforschung, nämlich des freien Interviews
hochgestellter und/oder ungewöhnlich intelligenter Persönlichkeiten (wie wir sie in eben der Hochschullehrer-Untersuchung
finden, die Plessners und Goldschmidts Bemerkungen einleiten)
können nicht mehr quantifizierend ausgewertet werden. Vielmehr nimmt man solche Äußerungen sehr oft einfach wie sie sind,
und betrachtet sie selbst als quasi „phänomenologische“ Analysen
der Praxis der befragten Person. Hieraus ergibt sich schon: die
Phänomenologie ist gar nicht bloß Angelegenheit des Sozial-
forschers selber, sondern sie steckt oft schon im Material; gerade
die interessantesten soziologischen Materialien bestehen in Aussagen im Verlauf von freien Interviews, die selbst schon phänomenologische Interpretationen darstellen, weil sie auf dem intel-

ligenten Durchblick durch differenzierte Verhältnisse beruhen. Hierfür bietet Plessners Untersuchung Beispiele in Hülle und Fülle.[10]

Die eigentliche Stärke der phänomenologischen Methode – es hat keinen Sinn, das zu verschweigen, wenn es auch kaum dem gegenwärtigen Trend entspricht – liegt in dem „individuellen Niveau" (das auf Weite der Erfahrung oder Intelligenz oder beidem zugleich beruhen kann) der sie Anwendenden. Es liegt im Charakter einer „Lebenswissenschaft", daß sie auf dieses Moment nicht verzichten kann; sie begäbe sich dadurch ohne Not eines Fundus von interpretierbaren Lebenserfahrungen, die zur Erhellung „des Lebens" auch dann sehr viel beitragen können, wenn sie nicht standardisierbar und damit nicht jedem Sozialforscher beliebig zugänglich sind.

II. Das Problem der Geschichtlichkeit

Ein Problem haben wir jedoch überhaupt noch nicht beachtet. In Goldschmidts Text findet sich der interessante Satz: „Gleichwohl trifft man die ‚Jugend' nicht in Rebellion, sondern in Anpassung und höchstens ... in Resignation." Diesen 1956 veröffentlichten Satz empfindet man heute als falsch. Denn inzwischen erleben wir ja tatsächlich eine weltweite Rebellion der Jüngeren gegen die Kleinhaltung durch die Etablierten. (Wobei freilich immer noch der Scharfblick zu bewundern bleibt, mit dem der – soziologisch und historisch bewußte – Autor Goldschmidt 1956 die „Rebellion" immerhin als Möglichkeit in Rechnung stellte!)

Das Beispiel zeigt uns: Offenbar erhebt die phänomenologische Methode überhaupt nicht den Anspruch, überzeitlich gültige Aussagen zu machen.

Der Phänomenologe sagt zwar: „Das und das ist so." Aber damit will er nicht sagen: „Das ist immer und überall so." Vielmehr unterstellt er stillschweigend – ohne also ausdrücklich darüber zu sprechen –, daß alle seine Aussagen immer nur für einen bestimmten *raumzeitlichen Bereich* gelten. Wie groß dieser Bereich ist, bleibt offen. Aber begrenzt ist er immer. Jede phänomenologische Aussage versteht sich, ohne das ausdrücklich zu be-

tonen, immer als Aussage innerhalb eines bestimmten, raum-
zeitlich begrenzten, „historischen" Horizontes.

Das gilt sogar für unser scheinbar „zeitlosestes" Beispiel, nämlich das von Bollnow.

Siemens-Angestellte, die alle zwei Jahre umziehen, gab es vor
hundert Jahren noch nicht. Aber Beamte, die, sagen wir, aus der
Provinz Ostpreußen in die Rheinprovinz versetzt werden, hat es
gegeben, seitdem der preußische Großstaat existierte.

Jedoch: es sind Zeitalter denkbar, in denen es den „Umzug"
im heutigen Sinne und damit auch die mit ihm verbundenen
subjektiven Erlebnisse noch nicht gab: sei es, daß man sein
Leben lang an dem Ort blieb, an dem man geboren war – sei es,
daß man überhaupt keinen festen Wohnsitz hatte und dauernd
umherzog.

Es gibt ein sehr schönes Beispiel für diese historische Bedingtheit scheinbar überzeitlicher Situationen und der ihnen entsprechenden Erlebnisse: wir alle kennen das Gefühl, im Wald spazie-
renzugehen, auf einen Berg in den Alpen zu steigen (oder mit der
Drahtseilbahn zu fahren) und im schneeweißen Dünensand an
der Nordsee zu liegen. Das alles gab es vor dreihundert Jahren
noch nicht. Daß der Aufenthalt im „Gelände" als solcher „schön"
sein kann, hat man erst seit dem 18. Jahrhundert allmählich gelernt; die Alpen beispielsweise galten in der Römerzeit und im
Mittelalter nur als unangenehmes Verkehrshindernis – keineswegs als Urlaubsparadies.

Recht deutlich ist der historische Zusammenhang bereits in dem
Beispiel von Bahrdt. Bahrdt selbst spielt nämlich auf die „kalte
Pracht von gestern" an und will damit sagen: in der wilhelmini-
schen Zeit waren die Wohnungen von Leuten, die nicht zu wohnen verstanden, gleichzeitig auch „häßlich" in einem oberflächlichen Sinn. Heute jedoch kann eine Wohnung nach „ästhetischen" Gesichtspunkten „schön" – und doch nur „kalte Pracht"
sein. Damit wird der Gegensatz „Wohnkultur"/„kultivierte
Wohnlichkeit" als gerade für unsere Gegenwart typisch interpretiert.

Auch für Plessners Beispiel gilt: es ist gar nicht zu erwarten,
daß seine Schilderung auch auf die mittelalterlichen Universitäten oder selbst auf die vorhumboldtsche Universität des 18. Jahr-

hunderts zutreffen könne, da hier die Gegebenheiten anders
waren. Jedoch dürfte seine Schilderung auch Zustände von etwa
1850 bereits ohne weiteres decken. Wer die deutsche Universität
so charakterisiert, wie Plessner es tut, darf damit rechnen, daß
seine Aussagen einen Gültigkeitsbereich von immerhin anderthalb Jahrhunderten haben. – Freilich erheben sich auch hier mit
Blick auf die Richtung zur Zukunft hin Einwände; bei der
Lektüre der (ursprünglich schon 1924 erschienenen) Plessnerschen
Studie empfindet man zwar die *Beschreibung* der tatsächlichen
Verhältnisse als unbedingt zutreffend, stößt sich jedoch gelegentlich an den *Wertakzenten,* die Plessner setzt: an verschiedenen
Stellen kann man sich des Eindrucks nicht erwehren, daß Plessner die von ihm beschriebenen Zustände zu positiv sieht und sie
in einer Weise rechtfertigt, die wir heute nicht mehr unbedingt
akzeptieren können. Hier stellt sich also die Frage, wieweit selbst
eine in der Beschreibung ohne weiteres überzeugende phäno-
nologische Darstellung ihre historische Bedingtheit doch zumindest in ihren Bewertungen und Begründungen offenbaren kann.[11]

Und auf Goldschmidts Betrachtung schließlich trifft zu, daß sie
bereits in vielen ihrer Tatsachenaussagen Gültigkeit nur für den
Zeitraum bis etwa Mitte der sechziger Jahre unseres Jahrhunderts beanspruchen kann – und es spricht nur für Goldschmidts
Umsicht, daß er seine Studie ausdrücklich mit der Überschrift
„Die gegenwärtige Problematik" versehen hat – eine kluge Ab-
grenzung nicht nur gegen die Vergangenheit, sondern auch gegen
die Zukunft.

Aus unseren Überlegungen ergibt sich: die Phänomenologie ist
eine an sich „unhistorische" Methode, die sich jedoch stillschweigend immer in einen bestimmten historischen Horizont stellt. Sie
beschreibt Zustände, Erlebnisse, Gefühle als „allgemeingültig",
ohne damit aber ausdrücklich behaupten zu wollen, daß selbstverständlich Perikles, Cäsar oder Kaiser Barbarossa schon die
gleichen Situationen hätten erleben können. Vielmehr beziehen
sich die Phänomenologen immer unausdrücklich auf den „Menschen der Gegenwart" und der eigenen Gesellschaft, der ihre
Schilderungen in einer „Ja, so ist es auch"-Reaktion als Interpretation des von ihm selbst „gelebten Lebens" akzeptiert.

ZWEITER TEIL

DIE HERMENEUTIK
UND DIE HISTORISCHE METHODE

PHÄNOMENOLOGIE – HERMENEUTIK – GESCHICHTE

Wir haben die „Phänomenologie" als eine erste wissenschaftliche Methode kennengelernt, sich unmittelbar „des Lebens" zu bemächtigen. Der Phänomenologe macht erfahrbare Lebenssituationen zum Gegenstand seiner Beschreibungen.

Ohne das *Wort* zu verwenden, haben wir durch unsere Entwicklung der phänomenologischen Methode vorläufig schon gekennzeichnet, was „Hermeneutik" ist: unter „Hermeneutik" verstehen wir eben jene Methode, Lebenssituationen als solche verstehend zu erfassen – mag es sich dabei nun um Zahnschmerzen, um eine Gesellschaft in einer bestimmten Stimmung, um den Charakter einer Wohnung, um ein Raumerlebnis, um die Situation des wissenschaftlichen Außenseiters oder etwas ähnliches handeln.

Im ersten Band haben wir den Begriff der „Hermeneutik" bereits in spezieller Weise eingeführt: wir sagten dort, „Hermeneutik" sei die Lehre von dem, was wir „immer schon" vorfinden.[1]

Wir können nunmehr ergänzend sagen: was „immer schon" da ist, das ist die Lebenssituation, in der selbst der positivistische Wissenschaftler als Privatperson von vornherein steht, und die er auch aus ihrem Lebenszusammenhang heraus deutet.

So verstanden, hat „Hermeneutik" scheinbar noch nichts mit „Geschichte" zu tun. Der in einer praktischen Lebenssituation stehende Mensch weiß unmittelbar nichts von „Geschichte". Denn er findet zunächst nur seine Situation vor, ohne sich Rechenschaft darüber abzulegen, wie diese Situation sich zu möglichen anderen Situationen zu anderen Zeiten, an anderen Orten und so fort verhalten könnte.

Das gilt, wissenschaftspraktisch gesehen, sogar für den Phänomenologen als Wissenschaftler. Denn der Phänomenologe, der erfahrbare Lebenssituationen zum Gegenstand seiner Beschreibungen macht, sieht hierbei – nicht anders als der Alltagsmensch – vom raumzeitlichen Rahmen, in den seine Situationen eingebettet sind, zunächst ab. Er schildert diese Situationen so, als ob sie überall und immer so beschaffen sein könnten. Allerdings behauptet er das nicht ausdrücklich; er diskutiert dieses Problem gar nicht, er läßt es offen. Jedenfalls in seiner Eigenschaft als Phänomenologe. Aber Phänomenologen sind oft historisch sehr gebildete Gelehrte, und das heißt in unserem Zusammenhang: ihnen sind die Probleme der Geltung von Situationsbeschreibungen hinsichtlich des „Immer" und „Überall" durchaus bewußt. Nur sehen sie, während sie phänomenologisch beschreiben, von diesen Problemen ab: sie nehmen und schildern die Situation als solche und fragen dabei nicht nach ihren historischen Koordinatenwerten. Sie wissen sehr genau, wo die von ihnen beschriebene Situation historisch anzusiedeln ist – aber sie erörtern es nicht eigens.

In dem Augenblick nun, wo wir den Schritt von der Phänomenologie zur geschichtlich interpretierenden Hermeneutik, zur historisch- philologischen Methode tun, müssen wir jene zunächst bewußt vernachlässigte historische Dimension ausdrücklich in unser Gesichtsfeld mit einbeziehen.

An den Grundlagen unserer Methodik ändert sich nichts: sie ist ein für alle Mal durch das unmittelbare Erfassen von Lebenssituationen auf der Basis der eigenen Lebenserfahrung begründet. Aber es tritt jetzt das „historische Bewußtsein" hinzu: jenes Wissen davon, daß Lebenssituationen nicht immer und überall gleichartig sind, sondern wechselnden Bedingungen unterliegen, die wir eben die „historischen" nennen.

Diese Überlegungen konnten nur vorläufig sein. Denn Wort und Begriff des „Geschichtlichen", „Historischen" haben wir ja noch nicht eingeführt; wir haben uns nur des Alltagsverständnisses bedient, das jeder Leser von solchen Wörtern „immer schon" mitbringt.

Was Geschichte „ist" – das können wir erst im folgenden systematisch entwickeln.

1. KAPITEL

„HISTORIE, DIE NICHTS ALS HISTORIE SEIN WILL"

A. Der Historismus

I. Unhistorisches und historisches Bewußtsein

1. *Der Laienbegriff von der Geschichte*

Was ist eigentlich „Geschichte"? Da wir alle zur Schule gegangen sind, haben wir eine vage Vorstellung von dem, was gemeinhin der Lehrer unter „Geschichte" verstand und uns als „Geschichte" beibrachte.

„Geschichte" – das scheint hiernach so etwas zu sein wie der Inbegriff einer Fülle bunter Ereignisse: von Völkerwanderungen, Staatsgründungen und -auflösungen, von Kriegszügen und Schlachten hörten wir in der Schule. Und alles das trat uns meist als das Werk einzelner großer Männer entgegen, die ihre Zeit in ihren Bann schlugen: Alexander der Große und Cäsar, Karl der Große und Friedrich Barbarossa, Luther und Friedrich II. von Preußen, Bismarck, Lenin und Churchill . . .

Ob wir nun mehr oder weniger vom Schulunterricht behalten haben: in jedem Fall erscheint uns die Geschichte als ein Kaleidoskop dramatischer äußerer Ereignisse – einem Wildwestfilm mit seinen bunten Kampfszenen und seinen übermenschlichen Helden vergleichbar.

Und dieser Blick durch das Kaleidoskop ist – ohne daß wir uns dessen bewußt werden – durch eine stillschweigende Voraussetzung bestimmt: die Voraussetzung nämlich, daß diese bunten Szenen, so sehr sie im Laufe der Zeit auch wechseln mögen, von den Gesetzen der immer gleichen menschlichen Natur bestimmt werden: Alexander, Karl der Große, Napoleon und Churchill – sie alle lebten im Grunde in der gleichen Welt des Kampfes, des Sieges und des Unterganges – vor jenen immer gleichbleibenden Kulissen, wie sie das Schulgeschichtsbuch vor uns aufgebaut hat.[1]

Wer von uns wollte leugnen, daß ungefähr dies seine Vorstel-

lung von „Geschichte" ist, wie er sie in der Schule vermittelt bekommen hat?

Das gleiche Kind nun – am Vormittag mit solchen Vorstellungen von Geschichte als „Haupt- und Staatsaktion" gefüttert
– besucht nachmittags seine Großeltern und empfindet hier, daß
die Wohnung der Großeltern irgendwie *anders* ist als die der
Eltern. Die Möbel und sonstigen Einrichtungsgegenstände sind
„altmodisch", die ganze Wohnung „riecht" anders.

Oder: norddeutsche Kinder fahren zum ersten Mal nach Bayern in den Urlaub. Die Häuser und Kirchtürme sehen anders
aus, die Menschen „sind" und sprechen anders.

Oder: das Kind besucht einen Klassenkameraden, der einer
anderen sozialen Schicht entstammt. Wiederum das Erlebnis des
Andersartigen: die vielen Selbstverständlichkeiten von zu Hause
werden jetzt plötzlich als Eigenart der eigenen Familie, des eigenen Lebenshintergrundes wahrgenommen.

Dem Leser wird längst klar geworden sein, worauf wir hinaus
wollen: das Kind, dem solches widerfährt, hat offenbar genauer
und gründlicher erfahren, was „Geschichte" ist, als durch den gesamten Schulunterricht, der Geschichte lediglich als Inbegriff
äußerer Ereignisse erscheinen läßt.[2]

Die meisten Menschen wissen nicht, daß das, was sie so jeden
Tag praktisch erleben, „Geschichte" ist, weil es ihnen *so* niemand
erklärt. Sie leben tatsächlich in ihrer Geschichte, haben aber kein
Geschichtsbewußtsein.

2. *Das historische Bewußtsein*

Aus unseren andeutenden Erörterungen ergibt sich folgende vor-
läufige Begriffsbestimmung von „Geschichte":

„Geschichte" ist nicht eine Folge von Ereignissen, wie sie uns
ein Märchen, ein Kriminalroman, ein Wildwestfilm schildern. Sie
ist in diesem Sinne gerade nicht einfach eine „Geschichte", die
uns jemand erzählt. Denn solche „Geschichten" ereignen sich
meist vor einer – für die Zeit ihres Ablaufs – stillschweigend als
unveränderlich gedachten (oder für unveränderlich gehaltenen)
allgemeinen Kulisse.

Von „Geschichte" können wir nur dort sprechen, wo wir es

mit mindestens *zwei verschiedenartigen* Lebenssituationen zu tun
haben, die wir vergleichen und die wir als gegeneinander
„atmosphärisch" „anders" empfinden können.

Was hierbei „atmosphärisch anders" heißen soll, müssen und
können wir an den bisher aufgeführten Beispielen klar machen:
am Lebensstil der Eltern und der Großeltern, an der Eigenart
der Niedersachsen und der Bayern, am „Stil" der bürgerlichen
und der Arbeiterfamilie. Was „Anderssein" bedeutet, brauchen
wir also nicht erst durch unsere Beschäftigung mit der Geschichtswissenschaft zu lernen; wir wissen es immer schon aus praktischen Lebenssituationen.

Unter „Geschichtsbewußtsein" oder „historischem Bewußt-
sein" verstehen wir demgemäß das Erfahren und Verstehen der
Existenz einer *Mehrheit* in ihrem Charakter verschiedener
Lebenssituationen.

„Historisches Bewußtsein" erschöpft sich also weder in der
Kenntnis äußerer Ereignisse der Vergangenheit, noch im bloß
tatsächlichen Erfahren der Geschichte. „Historisches Bewußtsein" liegt vielmehr nur da vor, wo das im Alltag tatsächlich Er-
lebte *als* „geschichtlich" *verstanden* wird.[3]

3. *Die historische Einheit*

Wörter wie „Geschichte", „historisch" und so fort lassen zunächst
nur an die *zeitliche* Dimension denken. In der Tat wird in der
Schule Geschichte ja auch als im wesentlichen eindimensional-
chronologischer Ablauf gelehrt. Die Raumdimension scheint in
die Zeitdimension aufgelöst: aus dem Nebeneinander von
Süd- und Nordeuropa etwa wird in unserer Geschichtsvorstel-
lung das Nacheinander von Altertum und Mittelalter.

Für unseren Begriff der „Geschichte" reicht diese zeitliche
Dimension nicht aus. „Geschichte" ist nicht nur die Veränderung,
die an einem bestimmten Ort im Laufe der Zeit vor sich geht
(zum Beispiel: das „Deutschland" Karls des Großen wird zum
„Deutschland" Bismarcks), sondern ebenso die Verschiedenheit,
die zur gleichen Zeit zwischen zwei Orten besteht (das „Niedersachsen" und das „Bayern", das „Italien" und das „England"
der Gegenwart).

Ja wir müssen sogar noch weiter gehen und selbst bei räumlicher und zeitlicher Parallelität zweier Situationen historische Verschiedenheit annehmen: in diesem Sinne können wir etwa den deutschen Katholizismus und den deutschen Protestantismus, den deutschen Bürger und den deutschen Arbeiter einander gegenüberstellen. Was der Protestant am Katholiken, was der Arbeiter am Bürger „anders" empfindet, erklärt sich so als das *historisch* Andere. Wo der unhistorisch denkende Soziologe und Sozialpsychologe von „Gruppen" spricht, wird der Historiker tiefer graben: er kann gegebene Gruppierungen als Ausprägung bestimmter geschichtlicher Lebenswelten verstehen.

Die Geschichte insgesamt läßt sich also aus Lebenssituationen zusammengesetzt denken, die je nachdem zeitlich, räumlich – oder innerhalb eines raumzeitlichen Komplexes auch anderweitig abgegrenzt werden können. Wir wollen eine solche Teilsituation der Geschichte der Einfachheit halber eine historische (oder geschichtliche) *Einheit* nennen. Solche Einheiten wären zum Beispiel: die römische Geschichte, das Zeitalter des Zweiten Weltkrieges, die Musik Bachs, der „Sturm und Drang", der Calvinismus, die deutsche Studentenbewegung von 1967 bis 1969.

Diese Beispiele zeigen uns schon: was eine „historische Einheit" jeweils ist, läßt sich nicht schematisch festlegen. Sie kann räumlich eng, zeitlich weit begrenzt sein und umgekehrt. Sie kann in jeder Hinsicht weit oder eng gefaßt sein.

Und – obwohl es eigentlich selbstverständlich ist und sich aus den noch folgenden Erörterungen weiterhin von selbst ergibt – es sei noch ausdrücklich darauf hingewiesen, daß historischen Einheiten natürlich kein „Ansichsein" zukommt.

Geschichte, so hatten wir gesehen, liegt ja nur da vor, wo Lebenssituationen einander konfrontiert werden. Was eine geschichtliche Einheit ist, kann daher jeweils nur der „lebende" Mensch sagen: „Mittelalter", „Sturm und Drang", „Biedermeier", „Reformation" und ähnliche historische Einheiten sind erst nachträglich als solche „gesehen" worden, weil die Menschen bestimmte Komplexe ihrer Geschichte als solche Einheiten empfangen und daher mit Wörtern wie den oben genannten bezeichneten. Historische Einheiten entstehen also stets durch Interpretationen von Lebenssituationen, und ihr Bestehen bleibt von solchen Interpretationen abhängig.[4] Aber diese Interpretationen sind natürlich ihrerseits methodisch abgesichert und insofern nicht einfach willkürlich – wie wir noch zeigen werden.

II. Was ist Historismus?

Wenn wir einen Bekannten fragen, ob er lieber seinen Urlaub auf einer ostfriesischen Insel verbringen oder lieber Huhn mit Reis esse, wird er uns vermutlich etwas bedenklich anschauen – ebenso bei unserer ähnlichen Frage, ob er mehr von Mozart oder mehr von einem Airedaleterrier hielte.

Sollte er uns überhaupt einer Antwort würdigen, sähe sie etwa so aus: die genannten Gegenstände seien doch absolut unvergleichbar. In ihrer Art seien sie alle etwas sehr Schönes – und man könne sie sogar gleichzeitig genießen: zum Beispiel im Urlaub Hühnerfrikassee essen oder einen Hund kraulen, während man die g-moll-Symphonie von Mozart von der Hi-Fi-Anlage hört.

Mit dieser Antwort hätte uns unser Freund – ohne es zu wissen – bereits erklärt, was „Historismus" ist.

Setzen wir einmal an die Stelle unserer angenehmen Gegenstände – liebliche Erholungsorte, angenehmes Essen, edle Hausgenossen, gute Musik – das, was wir als „historische Einheiten" eingeführt hatten, also etwa: die römische und die preußische Geschichte, die Gestalt und die Taten Alexanders und Napoleons, die Musik Bachs und die Beethovens, die katholische und die protestantische deutsche Tradition und so fort.

Dann lautet die These des Historismus: Alle solche historischen Einheiten sind gegeneinander *gleichwertig*. Sie gegeneinander abzuwerten, wäre genau so sinnlos, wie wenn man einen Urlaubsort gegen ein gutes Essen oder einen edlen Hund gegen edle Musik abwägen wollte.

Nun – das erscheint einigermaßen plausibel, solange es sich um solche Gegenstände handelt, die nichts miteinander zu tun haben und daher auch gar nicht in direkter Konkurrenz zueinander stehen können.

Problematischer jedoch wird die Sache offensichtlich gerade dann, wenn in irgend einer Weise „ähnliche" Gegenstände miteinander verglichen werden sollen: zwei Zeitalter als Ganze, zwei bedeutende Politiker, das Werk zweier großer Komponisten und so fort. Wer zum Beispiel die Namen „Bach" und „Beethoven" hört, könnte versucht sein, zu sagen: „Beethoven lebte doch hundert Jahre nach Bach. In dieser Zeitspanne hat sich die Musik ein solches Stück weiter entwickeln können, daß Beethovens Musik besser ist als die Bachs" – etwa in dem Sinne, in dem auch eine moderne Stereo-Anlage besser ist als ein Trichtergrammophon.

Ein anderer Betrachter der Geschichte könnte sagen: „Was die alten Griechen und Römer hervorgebracht haben, ist auch für uns heute noch schlechthin vorbildlich. Das ist nie wieder erreicht worden, und wir können nichts Besseres tun, als uns an den Vorbildern orientieren, die die antiken Völker in Politik, Wissenschaft und Kunst aufgerichtet haben."

In der Tat: die Auffassung von der *Verschiedenartigkeit,* aber *Gleichwertigkeit* alles dessen, was uns in der Geschichte begegnet, ist alles andere als selbstverständlich. Sie ist im Gegenteil eine recht späte Frucht der menschlichen Einsicht, und lange Zeit – oder besser gesagt: eigentlich immer, auch in Zeiten der scheinbar unangefochtenen Herrschaft des Historismus – hat diese Auffassung vom Geschichtlichen in harter Konkurrenz zu anderen Geschichtsauffassungen gestanden.[5]

1. *Nichthistoristische Geschichtsauffassungen*

a) Der Fortschrittsglaube. Nach ihm steigern sich die geschichtlichen Hervorbringungen des Menschen im Laufe der Zeit zu immer größerer Vollkommenheit: das Spätere ist „besser" als das Frühere. Diese Auffassung muß jedem nahe treten, der etwa die Entwicklung mancher Wissenschaften und der Technik verfolgt: hier werden Kenntnisse und Erfahrungen aufgehäuft, die es in der Tat gestatten, bestimmte Aufgaben mit der Zeit immer angemessener zu lösen. Ganz ohne Zweifel also wissen wir heute in Mathematik und Naturwissenschaften mehr und Genaueres als frühere Generationen, und ebenso sind wir in der Technik fraglos weiter als frühere Jahrzehnte und Jahrhunderte. Wir sind spontan geneigt, dem Fortschritt auf den verschiede-

nen Lebensgebieten eine verschiedene Bedeutung zuzumessen:
daß es in der Wissenschaft und der Technik einen wirklichen
Fortschritt gibt, scheint uns ebenso unbezweifelbar zu sein, wie
daß etwa auf dem Gebiet der menschlichen Moral hiervon nicht
die Rede sein kann; der Mensch ist im 20. Jahrhundert nicht
„besser" als im 19. Jahrhundert oder in der Antike; zwei Welt-
kriege und gegenwärtiges Unrecht in aller Welt wären sonst nicht
verständlich.[6]

b) Der Verfallsglaube. Er bietet das Gegenbild zum Fortschritts-
glauben: die Welt war ursprünglich vollkommen und wird im
Laufe der Geschichte immer „schlechter". Hierhin gehören alle
Geschichtsauffassungen, die von der „klassischen" Zeit, dem
„goldenen" Zeitalter, dem „Heroen"zeitalter sprechen.

Das Bemerkenswerteste an dieser Auffassung ist: man begnügt
sich nicht etwa damit, zu sagen: „Es wird immer schlechter",
sondern man möchte dieser Entwicklung zum Schlechteren Ein-
halt gebieten. Wodurch? Durch den Rückgriff auf das angebliche
„goldene" Zeitalter und den Versuch, dieses Zeitalter wieder zu
beleben und in der Gegenwart zu wiederholen. Von diesem Bestreben der Verfallstheorie zeugen die zahlreichen geschichtlichen Interpretationswörter auf „Re-", die alle das Zurückholen
einer angeblich vollkommenen Urzeit in die Gegenwart fordern:
Re-naissance, Re-formation, Re-stauration, Re-volution und so
fort.

Das uns aus der Geschichte am besten bekannte Beispiel ist die
Bewegung der „Renaissance", das heißt: „Wiedergeburt" um
1500, die auf allen Lebensgebieten die als vollkommen verstandene griechisch-römische Antike wiederherstellen wollte. Das
Wort „Mittelalter" verdankt seine Existenz dieser Geschichtsauffassung: es wurde als bloße „Zwischenzeit" zwischen der
vollkommenen Antike und der als ebenso vollkommen erträum-
ten Gegenwart angesehen.[7] Ähnliches haben wir noch in der
ersten Hälfte unseres Jahrhunderts erlebt, wo alle möglichen
„Erneuerungsbewegungen" auf eine „Urzeit" zurückgriffen: so
etwa die protestantische Erneuerungsbewegung auf die Luther-
zeit mit ihrer Liturgie, ihrer Musik und so fort.

c) Die Zyklentheorien. Wenn man schon „Fortschritt" und „Verfall" zur Interpretation der Geschichte heranzog, so lag es nahe, beide Elemente zu kombinieren: eine historische Einheit konnte sich demgemäß zunächst „aus dem Nichts" zu höchster Vollkommenheit entwickeln und später, nach Überschreitung eines Höhepunktes, in einem Verfallsprozeß wieder „im Nichts" verschwinden. Mehr als in den anderen Geschichtstheorien ist in der Zyklentheorie natürlich die Vorstellung *mehrerer* sich *analog* entwickelnder historischer Einheiten enthalten: während die anderen Auffassungen zur Not mit einem einzigen großen Fortschritts- oder Verfallsprozeß in der ganzen Geschichte auskommen, führt die Annahme eines gesetzmäßigen Wechsels von Auf- und Anstieg zu zeitlich begrenzten Entwicklungen und damit zu mehreren in der geschichtlichen Zeit aufeinanderfolgenden „Einheiten", zum Beispiel „Kulturen" genannt.

Der nächste Schritt ist dann die Annahme von Analogien: verschiedene historische Einheiten haben entsprechende Schicksale gehabt. Und weiter: So wie das Milchstraßensystem, in dem wir selbst mit unserem Sonnensystem existieren, jenen Spiralnebeln gleicht, die wir als ferne Welten von außen beobachten können – so leben auch wir selbst in unserer Gegenwart in einem bestimmten Entwicklungsstadium unserer Kultur, deren weiteres Schicksal wir an dem früherer, schon abgeschlossener Kulturen ablesen können.[8]

2. „Unmittelbar zu Gott"

Alle „wertenden" Theorien über die Geschichte nun läßt der Historismus weit hinter sich. Der Historismus ist insofern eine der staunenswertesten Hervorbringungen des menschlichen Geistes, als es diesem Geist nie zuvor und nachher in einem solchen Maße gelungen ist, sozusagen sich selbst in die Karten zu schauen.

Der Historismus ist – um das noch einmal zu sagen – die *ganz konsequent* durchgeführte These, daß *alle* in der Geschichte sichtbar gewordenen Hervorbringungen des Menschen

a) nicht nur Varianten des gleichen Schemas, äußere Bewegungen vor der ständig gleichbleibenden Kulisse – sondern je-

weils *grundverschieden* und nur aus sich selber heraus verständlich sind;

    b) gegeneinander *völlig gleichen Wert* haben und es uns nicht
erlaubt ist, die eine Hervorbringung „besser" oder „vollkom-
mener" zu finden als die andere.

Der Historismus entstand im 18. Jahrhundert und erreichte
um die Mitte des 19. Jahrhunderts seinen ersten Höhepunkt.
Obwohl er in seiner zentralen Bedeutung für ganze Wissen-
schaftsbereiche heute längst durch andere geistige Bewegungen
abgelöst worden ist (und auch niemals allein herrschte), kann
man doch sagen, daß er zu seiner technisch verstandenen Vollkommenheit erst jetzt, um die Mitte unseres 20. Jahrhunderts,
gefunden hat. Denn – wie wir noch genauer sehen werden –: erst
heute hat der Historiker sein Handwerkszeug vollendet zu gebrauchen gelernt. Das gilt sowohl für rein technische Bereiche
wie etwa die Papier- und Wasserzeichenforschung in der Quellenkunde – es gilt aber auch für so grundlegende Voraussetzungen wie die, daß der Historist erst heute glauben kann, auch die
letzten metaphysischen Voraussetzungen der historischen Erkenntnis bewußt gemacht und damit eliminiert zu haben. Wir
werden darauf zurückkommen.[9]

Für die Historisten um 1800 muß es ein überwältigendes Erlebnis gewesen sein, die Geschichte auf einmal nicht mehr wer-
tend, mit Begriffen wie „Fortschritt" und „Verfall", „klassisch"
und „finster", zu betrachten, sondern als ein Neben- und Nacheinander historischer Einheiten, die man als gleichwertig sah.
Mit einem Male hatte alles das einen Eigenwert, was bis dahin in
aller Unbefangenheit als minderen Ranges galt: die Katholiken
(aus der Sicht des aufgeklärten Protestantismus des vorhistoristi-
schen 18. Jahrhunderts!), das Mittelalter, die „barbarischen"
Völker, die „Gotik" – und später dann auch die Barockzeit, die
außereuropäischen und urgeschichtlichen Kulturen und vieles
andere mehr.

Bis heute unübertrefflichen Ausdruck hat die Grundhaltung
des Historismus in Leopold von Rankes klassischen Worten gefunden:[10]

    „Wollte man ... annehmen, ... [der] Fortschritt [der Menschheit]
bestehe darin, daß in jeder Epoche das Leben der Menschheit sich

höher potenziert, daß also jede Generation die vorgehende vollkommen übertreffe, mithin die letzte allemal die bevorzugte, die
vorhergehenden aber nur die Träger der nachfolgenden wären, so
würde das eine Ungerechtigkeit der Gottheit sein. Eine solche gleichsam mediatisierte Generation würde an und für sich eine Bedeutung
nicht haben; sie würde nur insofern etwas bedeuten, als sie die Stufe
der nachfolgenden Generation wäre ... . Ich aber behaupte: *jede
Epoche ist unmittelbar zu Gott, und ihr Wert beruht gar nicht auf
dem, was aus ihr hervorgeht, sondern in ihrer Existenz selbst ... .*
Dadurch bekommt die Betrachtung der Historie, und zwar des individuellen Lebens in der Historie, einen ganz eigentümlichen Reiz, indem
nun jede Epoche als etwas für sich Gültiges angesehen werden muß
und der Betrachtung höchst würdig erscheint."

Und bezogen auf die Praxis der Gesellschaftspolitik drückt
hundert Jahre später Karl Raimund Popper das gleiche so aus:[11]

„Wir dürfen nicht anführen, daß eine bestimmte soziale Situation,
da nur vorübergehend ..., ein bloßes Mittel zum Zweck sei. Denn
ohne Zweifel sind alle Situationen vorübergehend. Ähnlich dürfen
wir nicht argumentieren, das Elend einer Generation sei als bloßes
Mittel zu dem Zwecke anzusehen, dauerhaftes Glück einer späteren
Generation oder späterer Generationen sicherzustellen; und dieses
Argument wird weder durch die hohe Intensität des versprochenen
Glücks veredelt noch durch die große Zahl der Generationen, die davon profitieren sollen. Alle Generationen sind vorübergehend. Alle
können den gleichen Anspruch geltend machen, in Betracht gezogen zu
werden ... ."

Nun – die Erkenntnis, daß alles „unmittelbar zu Gott" sei,
wird uns zweifellos bei manchen Gegenständen leichter als bei
anderen. Daß sie dem Menschen zunächst „wider die Natur" ist,
erkennen wir schon an der langen Zeit, die die Menschheit gebraucht hat, um zum Historismus zu kommen, längst nachdem
sie – beispielsweise – Mathematik, Logik und Naturwissenschaften in Angriff genommen hatte.

Daher tun wir gut daran, uns das Prinzip des Historismus
zunächst an einigen günstigen Beispielen klar zu machen.

Ranke selbst gibt u. a. folgendes Beispiel:[12]

„... es wäre lächerlich, ein größerer Epiker sein zu wollen als
Homer, oder ein größerer Tragiker als Sophokles."

In der Tat: halten wir uns an die Hervorbringungen einzelner

„großer Männer", wird es unmittelbar deutlich, daß wir nicht den einen als „wertvoller" gegen den anderen ausspielen können. Für den Literaturkenner sind die griechischen Epiker und Tragiker nicht durch spätere Schriftsteller überholbar; ebenso wird (heute mehr) niemand darauf kommen, zu meinen, Beethoven sei größer als Bach oder Picasso sei größer als Rembrandt, nur weil Beethoven und Picasso später lebten als Bach und Rembrandt.

Das Beispiel Rembrandt/Picasso zeigt gleichzeitig auch, daß für den Historismus auch das Umgekehrte natürlich nicht gilt: Picasso ist auch nicht etwa „schlechter" als Rembrandt, etwa weil die Kunst inzwischen „verfallen" und von ihrer klassischen Höhe im 17. Jahrhundert herabgesunken sei, wie das eine früher und auch noch heute weitverbreitete Auffassung allerdings sagt.

Auch daß Alexander der Große, obwohl er über keine Panzerwagen, Funkgeräte und Flugzeuge verfügte, als „großer Mann" der Geschichte nicht durch Churchill oder Eisenhower überholbar war, leuchtet ohne weiteres ein.

Auf der anderen Seite ist begreiflich, daß es auf zahlreichen Gebieten schwieriger ist, den Eigenwert historischer Erscheinungen zu verstehen – so etwa einen sozialen Zustand des Mittelalters oder einen philosophischen Text des 18. Jahrhunderts. In der Tat verbergen sich hier Probleme, die über den Historismus hinausweisen und die wir noch ausführlich zu behandeln haben werden.

Zunächst gilt aber auch hier: jeden historischen Gegenstand lernt man aus sich heraus verstehen und würdigen, wenn man sich nur intensiv genug mit ihm beschäftigt.[13]

B. Die historisch-philologische Methode

I. Der Gegenstand der Geschichtswissenschaft

Den Gegenstand der Geschichtswissenschaft haben wir vorläufig und ganz unausdrücklich als „alle Hervorbringungen des Menschen" umschrieben. Bei dieser unausdrücklichen Umschreibung können wir es bewenden lassen, da aus ihr hinreichend klar ist, was „Hervorbringungen des Menschen" sind: der Mond, das Meer und ein Baum im unberührten Urwald sind jedenfalls keine „Hervorbringungen des Menschen" in diesem Sinne.

Gegenstand der Geschichtswissenschaft wären hiernach nicht nur die bekannten einmaligen äußeren Ereignisse der politischen Geschichte im Sinne des geläufigen Schulunterrichts – noch dazu verstanden als Taten großer Männer –, sondern zum Beispiel auch: Institutionen wie Staaten, Kirchen, Rechts- und Wirtschaftsordnungen; die verschiedenen geschichtlich gewordenen Sprachen; Aufzeichnungen aller Art wie Urkunden, Akten, Rechnungen, Notizen, Tagebücher, Briefe; Geräte; Gebäude; Kunstwerke jeder Sparte; literarische und wissenschaftliche Äußerungen aller Art – und zwar auch solche, die ihrerseits zum Gegenstand keine „Hervorbringungen des Menschen", sondern die sogenannte „Natur" haben; denn ohne Rücksicht auf ihren Gegenstand ist die Wissenschaft in jedem Fall eine „Hervorbringung des Menschen".

Durch diese von vornherein möglichst breite Fassung des Gegenstandsbereiches der Geschichtswissenschaft haben wir ein Problem unterlaufen, das sich zwar sehr bald als Scheinproblem herausstellt, das aber zunächst Verwirrung stiften könnte.

Wir waren von der Vorstellung ausgegangen, die die meisten Menschen durch den landläufigen Schulunterricht von der Geschichte vermittelt bekommen: Geschichte als Inbegriff von „Geschichten", von äußeren Ereignissen, von Taten großer Männer.

Diese Auffassung kommt nun nicht von ungefähr. Vielmehr wird sie in gewisser Weise durch die Wissenschaft selber nahegelegt. Die Spezialisierung der Wissenschaften hat es nämlich mit sich gebracht, daß manche Wissenschaftler selber zu einer verengten Auffassung von dem neigen, was „Geschichtswissenschaft" sei.

So ist es schon auffällig, daß man unter „Geschichtswissenschaft" in der Regel nur einen bestimmten Teilbereich der geschichtlichen Wissenschaften versteht: diejenigen geschichtlichen Wissenschaften nämlich, die sich mit „politischer Geschichte" und den unmittelbar angrenzenden Bereichen wie Kirchen-, Rechts-, Wirtschafts- und Sozialgeschichte beschäftigen. Schon nicht mehr zur „Geschichtswissenschaft" in diesem eingegrenzten Sinne ge-

hören die sogenannten „Philologien" und die Kunstwissenschaften, diejenigen Disziplinen also, die sich mit der Geschichte der
Sprache, der Literatur und der Kunst befassen – ganz zu schweigen etwa von der Geschichte der Naturwissenschaften, der Technik, der Medizin und so fort.[14]

Aber nicht genug damit. Von der „Geschichtswissenschaft" in
diesem engen Sinne abgespalten haben sich sogar solche Gebiete,
die inhaltlich unmittelbar in die Geschichtswissenschaft auch im
engeren Sinne gehören würden, wie: die Chronologie, die Quellenkunde, die Paläographie (Lehre von den alten Schriften), die
Urkunden- und Aktenlehre, die Wappen-, Siegel- und Münzkunde. Hier ist ein Streit darüber ausgebrochen, ob diese Gebiete
überhaupt noch „in die Geschichtswissenschaft" gehörten – oder
ob sie nicht vielmehr selbständige Wissenschaften seien![15]

Man sieht: mit unserer *weiten Auffassung* von „Geschichtswissenschaft" hat das nicht mehr viel zu tun; wie sollten die Paläographie oder Aktenkunde nicht zur Geschichtswissenschaft gehören, wenn „sogar" die Geschichte der Medizin oder der Technik dazugehören?

Eine so verengte Auffassung von Geschichtswissenschaft, die
schon Quellenkunde und Aktenlehre als nicht mehr in sie hinein
gehörig betrachtet, muß sich natürlich verhängnisvoll auswirken.
Wir gelangen dann zu jener naiven Schuljungenauffassung, die
da meint, „Geschichte" sei das, was die Geschichtsbücher von
Bismarck erzählen, die sich „mit dem fertigen Produkt, der Darstellung eines historischen Themas begnügen will".[16]

In Wahrheit besteht „Geschichte" gerade nicht nur aus bereits
erzählten Ereignissen, die wir nur nachzuerzählen hätten. Sondern „Geschichte" ist das gesamte Geflecht menschlicher Hervorbringungen, das wir aus dem erreichbaren Material kritisch
analysierend und interpretierend erst selbst zu rekonstruieren
haben.[17]

Geschichte ist also nicht das, was uns die Geschichtsschreiber:
Annalisten, Chronisten, Biographen, Memoirenschreiber, Historiographen, Romanschriftsteller, Lehrbuchautoren in zusammenhängenden Darstellungen tischfertig präsentieren. Sondern Geschichte ist die Vergangenheit (und zwar bis heran an den jeweiligen Punkt, den wir Gegenwart nennen), wie wir sie aus

Millionen von Zeugnissen aller Art zu erschließen haben – unabhängig davon, ob für den fraglichen Bereich überhaupt zusammenhängende Erzählungen existieren oder nicht. Diese Sachlage kennzeichnet Ahasver v. Brandt sehr treffend mit folgenden Worten: „Über mittelalterliche Wirtschaftsgeschichte wüßten wir so gut wie nichts, wenn wir nur auf [erzählende] Quellen ... angewiesen wären."[18]

Was die Forschungsmethodik anbetrifft, läßt sich daher die Geschichte mit der aus Kriminalromanen geläufigen Tätigkeit der Detektive vergleichen:

Der Täter erzählt nicht einfach, was er getan hat. Bestenfalls hüllt er sich ganz in Schweigen. Ungünstigenfalls hingegen versucht er seine Verfolger irrezuführen: durch falsche Aussagen und durch konstruierte Spuren. Aufgabe des Detektivs ist es daher, aus kleinsten Hinweisen, Spuren, Merkmalen, Indizien den Hergang der Tat allmählich zu rekonstruieren – immer gewärtig, daß irgend jemand ein Interesse daran hat, ihn an der Nase herumzuführen.[19]

So etwa arbeitet auch der Historiker. Er kann sein Ziel: die Aufdeckung der Sachverhalte der Vergangenheit, auch dann erreichen, wenn ihm das keine direkte Darstellung der Dinge durch historische Zeugen erzählt. Er befragt nämlich sein Material auch auf solche Probleme hin, deren Beantwortung gar nicht von vornherein im Zweck des Materials liegt.

Das werden wir im folgenden näher zu erörtern haben.

II. Das Material der Geschichtswissenschaft: Quellen

Dem Laien – als ehemaligem Schulkind – stellt sich die Geschichte als eine Folge von Ereignissen dar, erzählt von einem Geschichtsschreiber. Diese Vorstellung überträgt der Student im ersten Semester nur allzu leicht auf die Geschichtswissenschaft. Er hat dann die Vorstellung, Geschichte studieren bestehe darin, daß man immer genauere und ausführlichere Bücher über die Ereignisse läse – solange bis man alles ganz genau weiß.

Natürlich kann man das so machen, und gewiß gibt es sehr viele Freunde der (politischen) Geschichte, die das so machen.

Sie lesen zum Beispiel alle Bücher über Bismarck und meinen dann, sie verstünden etwas von „Geschichte".

Dem Nachdenklichen wird sich jedoch sehr bald die Frage stellen: *Woher weiß man* das eigentlich alles, was in den Geschichtsbüchern steht? Hat das in grauer Vorzeit einmal jemand aufgeschrieben, und seitdem wird es immer wieder abgeschrieben – oder wie geht das vor sich?

Im Bereich der Technik hat man für dieses Problem das Bild vom *„schwarzen Kasten"* gebraucht. Wer ein Gerät einfach hinnimmt und praktisch anwendet, ohne zu wissen, warum und wie es funktioniert, geht damit um wie mit einem schwarzen Kasten, in den hinein und aus dem heraus Drähte führen; man weiß wohl, was herauskommt, wenn man etwas Bestimmtes hineinsteckt, aber man weiß nicht warum.

Genau so in der Geschichte. Wer nur Geschichtsbücher liest, um sich anhand fertiger Darstellungen über die Ereignisse zu informieren, behandelt die Geschichte als schwarzen Kasten: er holt etwas heraus, von dem er nicht kontrollieren kann und will, wie es zustandegekommen ist.

Daß eine solche Haltung, Geschichte als fertige Darstellung zu konsumieren, mit kritischer Einstellung nicht viel zu tun hat, liegt auf der Hand. Demgegenüber entspricht das Interesse an der Entstehung der Geschichtsdarstellung der Einstellung des wissenschaftlich interessierten Schülers, der eine mathematische Formel, ein Gerät oder eine Maschine nicht einfach als funktionierend hinnimmt, sondern wissen will, warum das so funktioniert.

1. Die Quellen-Überlieferung

Wer also in die Geschichtswissenschaft tiefer eindringt, der wird sehr bald bemerken: die eigentliche Arbeit besteht in dem, was wir „Quellenforschung" nennen.

Was sind „Quellen"?

Dieser Begriff ist denkbar weit zu fassen – er entspricht in seinem Umfang dem des Gegenstandes der Geschichtswissenschaft. Diesen Gegenstand – so hatten wir gesehen – bilden grundsätzlich alle Hervorbringungen des Menschen überhaupt.

Damit können als „Quellen" für die Geschichtsforschung ebenfalls sämtliche Hervorbringungen des Menschen dienen.

Also zum Beispiel: wir finden einen sonderbar geformten
Stein und betrachten ihn als Zeugnis dafür, daß es vor -zig-
tausend Jahren Menschen auf der Erde gegeben hat, die diesen
Stein in dieser Form als Waffe benutzt haben.

Oder: in einem Rechnungsbuch finden wir die Eintragung, daß
ein gewisser Herr Walther von der Vogelweide einen Geldbetrag
bekommen hat – woraus wir schließen, daß der berühmte mittelalterliche Dichter dieses Namens zu jener Zeit an jenem Ort gewesen ist, die das Rechnungsbuch als Zeit und Ort der Eintragung erkennen läßt.[20]

Oder: wir entdecken einen alten Brief unserer Großmutter
und entnehmen daraus, daß ihre Generation zwar die deutsche
Schreibschrift benutzte, Eigennamen aber grundsätzlich in lateinischer Schrift schrieb – eine Gewohnheit, die späteren deutsch-
schreibenden Schülergenerationen nicht mehr vermittelt wurde.

Oder: jemand stößt auf einen alten Aktenbogen oder sieht an
einem Gebäude ein Schild mit der Aufschrift „Königliches Amtsgericht". Er schließt daraus, daß der Ort, an dem sich dieses Gericht befindet und früher befand, offenbar einmal zu einem Land
gehört hat, das von einem König regiert wurde.

Unsere Beispiele sind mit Bedacht gewählt. In keinem unserer
Beispiele wird direkt etwas „erzählt". In jedem Falle handelt es
sich vielmehr darum, aus einem Befund indirekt etwas zu *erschließen* – etwas, was die Quelle *ausdrücklich* gar nicht sagen
will.

Denn: die Quelle ist ja einfach im Lauf der Alltagsgeschäfte
entstanden. Der Urmensch brauchte einen Faustkeil – also machte
er sich einen; keineswegs etwa zu dem Zweck, um damit späteren
Jahrtausenden zu sagen, daß es ihn, den Urmenschen, gegeben
habe.

Der Buchhalter des Bischofs von Passau, der den an Walther
gegangenen Geldbetrag verbuchte, tat das nicht, um zu Walthers
Biographie beizutragen, sondern weil es zu seinen Pflichten gehörte, die Geldbewegungen in der Kasse seines Herrn aufzu-
zeichnen.

Ebenso schrieb die Großmutter den Brief, um etwas Bestimmtes mitzuteilen, nicht aber, um ihre Schriftgewohnheiten zu demonstrieren; und der Drucker oder Maler, der den Briefkopf oder das Schild mit dem Text „Königliches Amtsgericht" anfertigte, tat das nicht, um späteren Generationen mitzuteilen, daß es zu seiner Zeit einen König gegeben habe; vermutlich konnte er sich eine Welt ohne König gar nicht vorstellen und daher auch keine Menschen, die sein Werk als „historisches Dokument" bestaunen würden.

Unsere Beispiele sollen verdeutlichen: selbst wenn es keine einzige Geschichtsquelle gäbe, die Ereignisse direkt erzählt, brauchte der Geschichtsforscher nicht zu verzweifeln. Denn es ist seine eigentliche Aufgabe, aus Millionen einzelner Gegenstände aller Art, die ohne den Hintergedanken an historische Forschung einfach im Alltag ihrer Hersteller entstanden sind, vergangene Sachverhalte so weit zu rekonstruieren, wie das immer möglich ist.

Nachdem wir das klargestellt haben, können wir natürlich guten Gewissens darauf verweisen, daß es neben solchen „unabsichtlich" entstandenen Zeugnissen zahlreiche Geschichtsquellen gibt, die bestimmte Ereignisse von vornherein erzählen wollen und die natürlich hierdurch auch uns die Orientierung in der Fülle der historischen Zeugnisse erleichtern.[21] Vor allem ist folgendes zu bedenken: selbst wenn es „ursprünglich" Ereignisse zusammenhängend darstellende Quellen nicht gegeben hätte, so hätte doch die Geschichtswissenschaft irgend wann einmal angefangen, ihrerseits aus dem vorgefundenen Material selbst Darstellungen zu erarbeiten, und wenigstens diese Darstellungen wären dann selbst in die „Überlieferung" mit eingegangen und hätten für uns heute den Charakter zumindest ergänzenden Materials.

Aus unseren Erörterungen ergibt sich: wir können die Quellen überhaupt, also alle Hervorbringungen des Menschen, die Gegenstand der Geschichtsforschung sein können, in zwei große Gruppen einteilen:

– in die *unabsichtlich* überlieferten Quellen, wie: Faustkeile, Rechnungsbucheinträge, Briefe, Aktenbogen und Hausschilder;

– und in die *absichtlich* überlieferten Quellen, nämlich Darstellungen historischer Sachverhalte, die zur Information von

Zeitgenossen oder späteren Generationen ausdrücklich bestimmt sind.[22]

a) Die *unabsichtlich* überlieferten Quellen sind im laufenden Alltag ohne Gedanken an geschichtliche Information entstanden. Sie werden daher vom Historiker als „Indizien" ausgewertet, so wie die Tatspuren durch den Kriminalisten.

Ahasver v. Brandt gibt eine griffige Einteilung der unabsichtlich überlieferten Gegenstände, die wir hier, etwas variiert, anführen wollen:[23]

1. Sachquellen (zum Beispiel: Bauwerke, Geräte, Kunstwerke)
2. Abstrakte Quellen (zum Beispiel: Institutionen, Rechts- und Verfassungszustände, Tatsachen der Sitte, der Sprache)
3. Schriftliche Quellen (Schriftgut)

Diese Einteilung ist als erste Orientierung in der Fülle der in Betracht kommenden Gegenstände sehr nützlich. Freilich wirft sie bei näherer Betrachtung auch ihre Probleme auf.

So wäre etwa, näher betrachtet und „philosophisch" „gepreßt", natürlich die Bezeichnung: „abstrakte" Quellen anfechtbar. Denn hier handelt es sich um Gegenstände, die sich ihrerseits ja in schriftlich und sonstwie fixierten Zeugnissen niedergeschlagen haben und insoweit auf „schriftliche" Quellen zurückgeführt werden können. Und was die Sprache als „abstrakte" Quelle anbetrifft, so müßten wir wohl feststellen, daß nicht nur schriftlich niedergelegte Sprachzeugnisse, sondern auch die einmalige Rede, selbst wenn sie nicht durch ein Tonband festgehalten wird, angesichts ihrer Umsetzung in Schall streng genommen ebenfalls als „objektivierte" Quelle zu gelten hat.

Auch dürfte die Bezeichnung: „schriftliche" Quellen für die dritte Gruppe heute nicht mehr ausreichen, weil wir hierunter sinngemäß ja alle diejenigen Dokumente rechnen müssen, deren Text beliebig oft in gleicher Weise zur Kenntnis genommen werden kann, auch wenn das nicht durch das herkömmliche „Lesen" geschieht: man denke an Mikrofilme, Schallplatten, Tonbänder und ähnliche Tonträger bis hin zu Lochkarten und elektronischen Datenträgern.

b) Unter *absichtlich* überlieferten Quellen verstehen wir alles

das, was der Schüler, der Laie und sogar manche Fachwissen-
schaftler herkömmlicherweise *allein* unter „Geschichtsquellen"
verstehen: nämlich „Annalen, Chroniken, Biographien, Memoi-
ren, ... zeitgenössische Geschichtsdarstellungen aller Art".[24]
Aber auch Briefe, Berichte, Denkschriften und ähnliche Schrift-
stücke, wenn sie ausdrücklich bestimmte Hergänge schildern wollen.

Dagegen ist es schon sehr fraglich, ob zum Beispiel Urkunden,
Akten und ähnliche Dokumente in die „absichtliche" Überlieferung gehören. Denn: in ihnen kommen zwar Aussagen über
bestimmte Ereignisse vor. Aber: ihr Zweck ist nicht die Unter-
richtung über diese Ereignisse, sondern die rechtliche Fixierung
bestimmter Sachverhalte. Die aber hat für die Beteiligten einen
rein gegenwärtigen Zweck und braucht daher noch nicht einmal
„wahr" zu sein. Hierzu bei v. Brandt folgendes schöne Beispiel:[25]

„Im Jahr 1470 erwarben die an der mittleren Elbe ansässigen Gra-
fen von Barby ein kaiserliches Privileg, das ihnen gestattete, Getreide
und Bier aus eigener Produktion stapelfrei an Hamburg vorbei elbab-
wärts zu exportieren. Um zu beweisen, daß der Kaiser bei Ausstel-
lung des Privilegs von unzutreffenden Voraussetzungen ausgegangen
war, nämlich hamburgische Stapelrechte beeinträchtigt hatte, erwarb
Hamburg sich zehn Jahre später (1480) von seinem Landesherrn, dem
Herzog von Holstein (und dänischen König), ein Stapelprivileg, das
der König wunschgemäß auf 1465 zurückdatieren ließ. Da Inhalt und
Datum dem Willen des Ausstellers entsprechen, ist die Urkunde diplo-
matisch [als Urkunde] echt, aber eine Fälschung der historischen
Wahrheit."

Im Extremfall „erzählt" eine Urkunde also nicht, was wahr
ist, sondern was den Beteiligten in der aktuellen Situation praktisch wichtig war.

Nun hat jedoch die „absichtliche" Überlieferung eine Eigenschaft, die der „unabsichtlichen" Überlieferung fehlt: Jede „absichtlich" überlieferte Quelle ist sozusagen doppelstöckig, d. h.
in zweierlei Weise auswertbar.

Nämlich einerseits auf der Ebene dessen, was sie selber erzählen will, und andererseits auf der Ebene dessen, was sie zwar
nicht ausdrücklich sagen will, was sie aber unabsichtlich aus sich
schließen läßt. Das heißt: jede „absichtlich" überlieferte Quelle

wird gleichzeitig zur in allen möglichen Hinsichten auswertbaren „unabsichtlichen" Überlieferung.

Wir können auch sagen: jede „absichtliche" Überlieferung ist gleichzeitig auch „unabsichtliche" Überlieferung. Aber umgekehrt ist eine „unabsichtliche" Überlieferung nicht in jedem Fall auch „absichtliche" Überlieferung, sondern nur dann, wenn sie diesen Zweck ausdrücklich verfolgt.

Für diesen Doppelcharakter der absichtlichen Überlieferung lassen sich beliebig viele Beispiele angeben.

Denken wir wieder an den Brief der Großmutter. Dieser Brief will ein bestimmtes Ereignis schildern und gehört insofern zur absichtlichen Überlieferung. Ohne es zu wollen, enthüllt die Großmutter aber, in der Art, wie sie schreibt, etwas über ihr Naturell.

Oder: in einem Nebensatz wird ein Umstand erwähnt, der der Großmutter selbstverständlich war, uns aber Aufschlüsse etwa darüber gibt, wie um 1890 ein bürgerlicher Haushalt aussah.

Oder: am Stil des Briefes können wir die Sprache einer bestimmten Schicht gegen Ende des 19. Jahrhunderts studieren; und endlich können wir, wie gesagt, eine Vorstellung davon gewinnen, wie man damals schrieb oder genauer: wie die Großmutter in ihrer Jugend schreiben gelernt hat.

Schließlich könnte uns etwa das Format oder die physikalisch-chemische Beschaffenheit des Schreibpapiers interessieren; sehr häufig lassen sich historische Dokumente nur anhand bestimmter Merkmale des Papiers datieren, auf dem sie geschrieben sind. Es versteht sich also von selbst, daß eine mittelalterliche Chronik äußerst vielfältige Bearbeitungs- und Auswertungsmöglichkeiten zuläßt – weit über das hinaus, was sie eigentlich nur erzählen will.[26]

2. *Die Zeitgeistforschung*

In der ausgereiften historischen Wissenschaft unserer Jahrzehnte ist die Auswertung der „unbeabsichtigten" Überlieferung mehr und mehr in den Vordergrund getreten. Man spricht geradezu von „Zeitgeistforschung" (Hans-Joachim Schoeps)[27] und meint damit, daß es gar nicht primär auf die Erforschung bestimmter

Ereignisse ankommt, sondern darauf, aus unbeabsichtigt überlieferten Zeugnissen aller Art die Eigenart eines bestimmten
Zeitalters, oder, wie wir allgemeiner sagen können, einer bestimmten historischen Einheit, genau zu bestimmen.

Schoeps betont mit Recht: „Gerade die höchsten Schöpfungen
des menschlichen Geistes wie die großen Kunstwerke oder die
philosophischen Systeme kommen für das Anliegen der Geistesgeschichte nicht in erster, sondern in letzter Linie in Frage."[28]

„Darum wird ... [die Zeitgeistforschung] sich auch nicht so
sehr an die großen Männer halten, die mit ihrem Kopf durch
die Dunst- und Wolkendecke ihres Zeitalters hindurchstießen
und oft, statt ihre eigene Gegenwart zu repräsentieren, Kommen-
des vorweggenommen haben, als vielmehr an die dii minorum
gentium, an die Zehntausende mittlerer und kleinerer Geister."[29]

„Für unsere Fragestellung", bemerkt Schoeps weiter, „ist nur
dieses wichtig, daß der Geist einer Zeit aus den Selbstzeugnissen
derer erhoben werden muß, die zu ihrer Zeit den repräsentativen Durchschnitt dargestellt haben, die Menschen also, die ihr
Zeitalter tatsächlich getragen haben ...."[30]

Als „Selbstzeugnisse" in diesem Sinne führt Schoeps unter an-
derem an: Enzyklopädien und Lexika, Tagebücher und Briefe,
Tageszeitungen, Zeitschriften, Witzblätter, Schulansprachen und
Lehrbücher, Parlamentsdebatten und politische Reden, Film,
Photographie, Bild, Anstandsbücher, Annoncen, Kataloge, Pro-
spekte.[31] Hierzu folgendes Beispiel:[32]

„Prospekte von Beerdigungsinstituten mit detaillierten Angeboten
für abgestufte Beerdigungen in drei Vornehmheits- und Preisklassen
sagen mehr über das spätbürgerliche Zeitalter und damit über den
Zeitgeist aus als gelehrte Abhandlungen über das politische Faktum der
Rückständigkeit des preußischen Dreiklassenwahlrechts."

Besonders interessant ist in diesem Zusammenhang das Studium alter Konservationslexika und Enzyklopädien, etwa der
verschiedenen Auflagen des „Brockhaus". Auch hier treten „absichtliche" und „unabsichtliche" Überlieferung wieder sehr deutlich auseinander: *Absichtlich* will das Lexikon seine gegenwärtigen Leser nach bestem Wissen und Gewissen informieren – *unabsichtlich* gibt es dadurch dem später geborenen Benutzer die
zeitspezifische Ansicht über diesen Gegenstand kund.

Schoeps zeigt das an Brockhaus-Artikeln wie etwa Arm(ut), Arbeit(er), Aufklärung, Barock, Liebe, Leidenschaft, Ideologie, Turnen, Sport, Frau, Jugend, Pauperismus, Proletariat, Klasse (-nkampf), Mittelstand, Manager.[33]

3. *Die Quellen-Edition*

Auch in der Geschichtswissenschaft gilt das Gebot, daß Forschungsergebnisse „intersubjektiv überprüfbar" sein müssen.[34]

Was das „innerlich" – nämlich in Bezug auf die hermeneutische Methode – heißt, werden wir noch zu besprechen haben.

„Äußerlich" bedeutet der Grundsatz der Intersubjektivität: die unabsichtliche und absichtliche Quellen-Überlieferung, auf die der Historiker die Rekonstruktion der Vergangenheit aufbaut, soll möglichst vielen Personen leicht *zugänglich* sein.

Vielfach handelt es sich bei den Quellen ja um nur einmal vorhandene Dokumente: etwa um Urkunden, Akten, Belege aller Art, Briefe, Handschriften von erzählenden, literarischen, wissenschaftlichen Texten und so fort. Auch ursprünglich vervielfältigte Dokumente wie gedruckte Bücher – nicht nur aus älterer Zeit, sondern unter Umständen auch vor nur wenigen Jahrzehnten erschienene – können mit der Zeit so selten werden, daß ein Bedürfnis besteht, sie neu zu veröffentlichen.

a) Allgemeine Grundsätze. In allen solchen Fällen erheben sich die Probleme der sogenannten Editions-, das heißt: Herausgabetechnik.

Denn das Prinzip der Intersubjektivität verlangt ja, daß der Benutzer sich auf eine Quellen-Edition *verlassen* können muß. Er muß mit der Edition in gewisser Hinsicht so arbeiten können wie mit dem Original, das irgendwo in einer Bibliothek, einem Archiv oder einem Privathaushalt liegt.

Diese Entlastung anderer Forscher durch den Quellen-Herausgeber läßt sich nur verwirklichen, wenn diese Forscher sich auf die Edition verlassen können. Ist das nicht der Fall, muß der Benutzer die Quellen selbst zu sichten in der Lage sein. Er muß also einerseits beurteilen können, ob der Herausgeber zuverlässig gearbeitet hat (und darf sich seiner Vorarbeiten *nur dann* bedienen!), und er muß andererseits im Notfall den Weg des Herausgebers selbst nachgehen und seine Arbeit überprüfen können. In keinem Fall darf er den Herausgeber unbesehen als „Experten" hinnehmen.

Ja – darüber hinaus gilt sogar die Forderung: der Benutzer muß mit der Edition *besser* arbeiten können als mit dem Original oder – wie wir gleich sehen werden – *den* Originalen. Das heißt: der Herausgeber soll dem Leser bestimmte Arbeiten abnehmen, er soll ihm die Quelle erschließen.

Aus diesen beiden Aufgaben der Editionstechnik: *Ersetzung* der eigenen Einsichtnahme in das Original und zusätzliche *Erschließung* des Originals – ergeben sich an die Editionstechnik zwei Forderungen:

1. Sie muß das Original *genau*, das heißt ohne fahrlässige und willkürliche Abänderung wiedergeben.

2. Sie darf in bestimmten Fällen das Original nicht einfach – wenn auch buchstäblich – abdrucken wie es vorliegt, sondern muß es nach den Regeln der Quellenphilologie *bearbeiten* und damit erschließen.

Scheinbar widersprechen diese Forderungen einander. An einem Beispiel soll deutlich gemacht werden, wie sie gemeint sind.

Ein Schriftsteller aus der ersten Hälfte des 19. Jahrhunderts (etwa Hegel oder Schopenhauer) hat ein Buch im Druck erscheinen lassen, das im Rahmen einer Gesamtausgabe der Werke dieses Autors neu veröffentlicht werden soll.

Zu 1. Nun wissen wir: Rechtschreibung, Zeichensetzung, Wortwahl und überhaupt Sprachstil der Zeitgenossen von 1830 weichen von unserem Gebrauch ab. Der Herausgeber kann nun nicht so tun, als existierten diese Unterschiede nicht; das heißt, er kann nicht stillschweigend den Schreibgebrauch des alten Autors an die Normen unserer heutigen Schreibweise anpassen, also „thätig" durch „tätig" oder „Punct" durch „Punkt" ersetzen, ein e beim Dative streichen, weil es unserem Sprachgefühle nicht mehr entspricht, oder gar veraltete Wörter und Wendungen durch heute geläufige ersetzen.

Natürlich gibt es gute Gründe dafür, daß es in vielen Fällen auf Kleinigkeiten der Orthographie und der Interpunktion nicht ankomme, sondern daß man umgekehrt die Substanz des Inhalts durch Erleichterung in der Sprachform erschließen müsse. Das gilt insbesondere etwa für philosophische Texte, die in der Regel allein wegen ihres *Inhalts,* nicht ihrer Sprachform wegen studiert werden. Insofern ist es durchaus sinnvoll, während einer Edition immer die wahrscheinlichste Art der Benutzung des herzustellenden Textes zu beachten. Grundsätzlich gilt jedoch folgendes.

Wie wir sahen, ist jede Überlieferung auch *unabsichtliche* Überlieferung. Das heißt: die Fragestellung, mit der ein Historiker an eine Quelle herangeht, braucht mit dem Zweck, den der Urheber der Quelle bei ihrer Herstellung im Auge hatte, nicht übereinzustimmen; die Quelle ist für jede denkbare Fragestellung offen und daher auch offen*zuhalten.*

Auf unser Beispiel angewendet: es ist ja denkbar, daß jener Text von 1830 nicht nur als Quelle für seinen *Inhalt,* sondern als Quelle für bestimmte Eigenheiten des damaligen *Sprachstils* dienen soll. Dann wäre eine Normalisierung der Sprache – selbst wenn sie für den Inhalt unschädlich wäre – bereits sehr fragwürdig.

Die gelegentlich zu findende Auffassung, „historische" und „philologische" Editionsmethode unterschieden sich dadurch, daß es dem Historiker nur auf den Inhalt, dem Philologen dagegen auf den Buchstaben der Quelle ankomme, läßt sich nicht halten, da ja nicht vorauszusehen ist, unter welcher Fragestellung ein Benutzer eine gegebene Edition auswerten möchte.

Aus diesem Grunde ist es erstes Gebot der Editionstechnik, eine Quelle möglichst *genau* wiederzugeben.

Gegen dieses Gebot wird in der Praxis natürlich immer wieder verstoßen. Die Gründe können sein:

– Einfache Nachlässigkeit. Man schreibt eine Quelle ab, kommt aber nicht auf den Gedanken, Urschrift und Abschrift noch einmal sorgfältig zu vergleichen, um sicherzustellen, daß man auch korrekt abgeschrieben hat.

– Unkenntnis der philologischen Methode. Man weiß nicht, daß es bei der Quellenedition auf den Originaltext ankommt und „normalisiert" daher die Schreibweise ganz naiv und unbefangen.

– Schwerer wiegt schon das Bestreben, die Quellen bewußt zu „frisieren". Das liegt zum Beispiel sehr nahe bei der Herausgabe von Briefen berühmt gewordener Persönlichkeiten. Man unterschlägt Stellen, die den Betreffenden, seine Korrespondenzpartner oder dritte Personen, von denen in den Briefen die Rede ist, in einem ungünstigen Licht erscheinen lassen; man zieht womöglich nur besonders „geniale" oder „vollendete" Äußerungen des Autors heraus, faßt mehrere Briefe in einen einzigen zusammen, ändert die Datierung und so fort.

Natürlich gibt es gerade bei Privatkorrespondenz Fälle, in denen eine Veröffentlichung bestimmter Stellen nicht erwünscht ist – etwa weil sie die Intimsphäre noch lebender Personen berühren. Aber in diesem Falle müssen Auslassungen eindeutig gekennzeichnet werden. Selbstverständlich darf man – und muß man oft – bei Quelleneditionen Auslassungen vornehmen; schon aus ökonomischen Gründen. Der Benutzer muß nur überhaupt wissen, *daß* und *wo* etwas ausgelassen ist – nach Möglichkeit auch wenigstens in großen Zügen, *was* weggelassen worden ist.

Zu 2. Die Forderung nach Genauigkeit der Edition bedeutet nun aber auf der anderen Seite nicht, daß es nur darauf ankäme, ganz stur und ohne weitere Überlegungen, wenn auch peinlich genau, das abzuschreiben, was in der Vorlage steht.

Es soll nicht der tatsächlich *überlieferte,* sondern der *„gemeinte"* Text ediert werden.

„Wieso – das ist doch dasselbe!" wird mancher Leser jetzt erstaunt denken. Für den Normalfall hat er sogar recht mit diesem Einwand. Wenn heute ein Buch erscheint, dessen Autor und Verleger sorgfältig gearbeitet und Korrektur gelesen haben, darf man sagen, daß der veröffentlichte Text bis auf jeden Buchstaben und jedes Komma dem derzeitigen Willen des Autors entspricht.

Aber schon diese vorsichtige Formulierung deutet an, wo der Hase im Pfeffer liegt: Voraussetzung ist zunächst, daß Autor und Verlag überhaupt sorgfältig gearbeitet haben.

Das ist aber gerade bei bedeutenden Autoren nicht selbstverständlich. So können zahlreiche Druckfehler stehengeblieben sein, weil der Autor keine Zeit oder keine Lust hatte, genau Korrektur zu lesen. Oder: infolge der schlechten Postverhältnisse früherer Zeiten erhielt der Autor die Korrekturfahnen gar nicht rechtzeitig, sodaß der Verlag oder eine vom Autor damit beauftragte dritte Person am Verlagsort auf eigene Faust Korrektur lasen.

Oder: der Autor fertigte schon das Manuskript nachlässig an. Es enthielt falsche Zitate oder sachlich ungenaue Angaben sowie Formulierungen, die er bei sorgfältigerer Arbeit besser hätte bringen können.

Aus solchen Überlegungen folgt: der tatsächlich vorliegende Wortlaut muß gar nicht der eigentlich „gemeinte" sein. Es ist sinnlos, einen von Druckfehlern wimmelnden Text buchstäblich mit jedem Druckfehler abzudrucken – damit ist dem Benutzer nicht gedient.

Freilich: da das Prinzip der offenen, vom Urheber nicht beabsichtigbaren Fragestellung an eine Überlieferung theoretisch unbegrenzt ist, könnten für eine „Geschichte und Soziologie des Schreib- und Druckfehlers" auch solche Dinge wichtig sein – bis hin schließlich zu der Art und Weise, wie ein altes Papier im Laufe der Zeit eingerissen und beschmutzt ist!

Aber hier wird nun deutlich: eine Edition ist ja keine körperliche Nachbildung der Quelle wie das eine Faksimileausgabe oder eine Rekonstruktion wäre. Die Edition kann daher immer nur den Wortlaut der Quelle wiedergeben – schon die Schriftart in der Regel nicht mehr. Für Fragestellungen, die über den möglichst korrekt hergestellten „gemeinten" Wortlaut hinausgehen, müssen also in jedem Fall die Quellen-Originale herangezogen werden.

Die Urkundenlehre als Teil der historischen Quellenkunde unterscheidet hier recht treffend zwischen „äußeren" und „inneren" Merkmalen einer Quelle:[35]

„Die *äußeren Merkmale* (Beschreibstoff, Schrift, Beglaubigungsmittel [wie Siegel]) lassen sich mit wünschenswerter Genauigkeit nur am Original selbst untersuchen; bis zu einem gewissen Grade auch an Photographien. Die *inneren Merkmale* – Text (Sprache und Stilisierung), Formulierung einzelner Bestandteile ... [und anderes] – können auch an der nichtoriginalen Überlieferung nachgeprüft werden (Abschrift, Druck usw.)."

Wir können also sagen: eine Edition kann immer nur die *inneren* Merkmale einer Quelle wiedergeben; für die *äußeren*

Merkmale können teilweise Faksimiles oder Fotokopien (Schriftart, Textanordnung, Graphik!) herangezogen werden, teilweise ist man auf das Original angewiesen (Siegel bei Urkunden, Beschreibstoff und so fort).

Offensichtliche Unvollkommenheiten der Quelle müssen also in der Edition in jedem Fall korrigiert werden.

Aber auch noch aus einem anderen Grunde kann der gegebene Wortlaut einer Quelle problematisch sein.

Der einfachste Fall ist folgender: ein Buch ist in mehreren Auflagen erschienen, deren Wortlaute natürlich in der Regel mehr oder weniger voneinander abweichen; denn normalerweise benutzt ein Autor das Projekt einer Neuauflage dazu, den Text zu ändern, zu ergänzen, zu verbessern, seinem jetzigen Erkenntnis- und Denkstand anzupassen.

Nun könnte man sagen: Schön, dann drucken wir eben die letzte Auflage wörtlich ab, denn sie gibt ja den „letzten Willen" des Autors kund. In der Tat wird man das oft tun und tun dürfen. Angesichts der Prinzipien des Historismus bedarf es jedoch kaum einer Erläuterung, daß frühere Fassungen eines Werkes ja nicht einfach unvollkommene Vorstufen sein müssen, sondern ihren Eigenwert haben – ja sogar „besser" sein können als spätere Fassungen.

Daher wird eine gute Edition immer eine Vorstellung der Entwicklung eines Werkes in den verschiedenen Fassungen bieten. Hier gibt es grundsätzlich wiederum zwei Möglichkeiten:

Weichen die einzelnen Fassungen stark voneinander ab, wird man sie einfach hintereinander vollständig abdrucken. Finden sich nur gelegentliche Abweichungen, so legt man dem Haupttext eine bestimmte Fassung (die eine frühere oder eine spätere sein kann) zugrunde und vermerkt Abweichungen in den übrigen Fassungen besonders. In anderen Fällen wiederum konstruiert man einen „Idealtext" aus verschiedenen Fassungen und vermerkt dann den Wortlaut der jeweils nicht im Haupttext abgedruckten Fassung.

Hiermit geraten wir aber schon in den Bereich der schwierigeren Fälle.

So ist zum Beispiel folgender Fall häufig: ein Autor hat die letzte tatsächlich erschienene Auflage eines Werkes noch für eine

wiederum verbesserte Neuauflage am Schreibtisch zu bearbeiten
begonnen, ist aber vor Fertigstellung der Bearbeitung gestorben.
In diesem Falle wird man nicht einfach von der letzten gedruckt
vorliegenden Auflage ausgehen können, sondern die vom Verfasser geplanten weiteren Änderungen berücksichtigen, wie sie in
Form von Notizen im Handexemplar, von Entwürfen oder
auch eines bereits teilweise oder vollständig neu geschriebenen
Manuskripts vorliegen. Möglicherweise wird man dann ein Werk
veröffentlichen, wie es der Autor selbst in dieser Form nicht her-
ausgegeben hätte: Partien, für die fertige Bearbeitungen vorliegen, wird man in dieser „Fassung letzter Hand" bieten;
anderes ist zwar vom Autor bereits in Angriff genommen,
aber noch nicht endgültig redigiert worden; wieder andere Teile,
die der Autor überhaupt nicht mehr bearbeiten konnte, wird
man unverändert herausgeben – obwohl der Autor sie wahrscheinlich auch bearbeitet hätte, wenn er noch dazu gekommen
wäre.

Sinngemäß Gleiches gilt natürlich für posthume Werke eines
Autors, das heißt solche Werke, die bei seinem Tode nur im
Manuskript oder Entwurf irgend eines Stadiums vorliegen. Von
ganz bedeutenden Autoren werden sogar einzelne Notizblätter
irgendwie geordnet und veröffentlicht.

b) Quellenfamilien. Der komplizierteste – und eben deshalb
klassische – Fall einer Quellenedition liegt aber dann vor, wenn
ein Werk in vielen verschiedenen handschriftlichen und/oder gedruckten Fassungen vorliegt, die womöglich zu ganz verschiedenen Zeiten, oft um Jahrhunderte differierend, entstanden sind.
Hierzu muß man sich folgendes vergegenwärtigen. Viele aus
älterer Zeit überlieferte Quellen liegen nicht einfach nur *einmal*
vor. Dann wäre ihre Edition kein Problem. Aber: man darf
nicht denken, daß es vor Erfindung der Buchdruckerkunst noch
keine Vervielfältigungen oder womöglich noch keine „Bücher"
gegeben hätte. Bücher waren handschriftlich hergestellte Kon-
volute, und vervielfältigt wurden sie ebenfalls handschriftlich,
aber ganz systematisch – denn auch im Altertum und im Mittelalter bestand natürlich das Bedürfnis, ein bestimmtes Buch überall dort hin zu verbreiten, wo an seiner Lektüre Interesse be-

stand. (Das Wort „kopieren" bedeutet ursprünglich nichts weiter als „abschreiben"; das Merkmal der mechanischen, optisch
identischen Vervielfältigung liegt ursprünglich nicht darin.)

Aus diesem Grunde finden wir literarische Quellen etwa des
Mittelalters, wie Chroniken, Dichtungen, wissenschaftliche
Schriften und so fort, sehr oft in einer großen Anzahl hand-
schriftlicher Exemplare. Selbst (zur unabsichtlichen Überlieferung zählende) Urkunden finden wir oft in mehreren Exem-
plaren: in Form von weiteren Ausfertigungen, Abschriften, Eintragungen in Kopiaren und Registerbüchern und so fort.[36]

Nun wäre es natürlich sehr schön, wenn alle diese Exemplare
wörtlich miteinander übereinstimmten wie die Exemplare einer
Auflage eines gedruckten Buches.

Es liegt auf der Hand, daß das nicht der Fall sein kann.
Abschriften sind in der Praxis niemals genau. Sie werden oft
nicht auf Abschreibefehler kontrolliert und gewissenhaft nach
dem Wortlaut der Vorlage korrigiert. Oder der Abschreiber
kann nicht alles genau lesen oder verstehen und ändert deshalb ab. Oder er bearbeitet den Text bewußt, weil er etwas
besser weiß oder zu wissen glaubt oder weil ihm eine andere
Darstellung des betreffenden Sachverhaltes besser ins Konzept
paßt.

Unser Ergebnis ist also: eine bestimmte Quelle – vor allem,
wenn sie seinerzeit als „Buch" galt – kann in Form eines komplizierten „Familien"systems von Handschriften vorliegen, die
alle irgendwie voneinander abweichen.

Einfach wäre es nun immer noch, wenn nur *ein* Original vorläge, von dem nacheinander *alle* Kopien gefertigt würden. So ist
das natürlich nicht. Vielmehr muß man sich die Entstehung einer
handschriftlichen Buchvervielfältigung nach dem *Schneeball-
system* vorstellen. Vom Original werden einige Kopien ange-
fertigt und an andere Orte versandt. An diesen Orten werden
von den Kopien wieder je einige weitere Kopien hergestellt, die
wieder anderswohin transportiert werden; dort werden wieder
neue Kopien geschrieben und so fort. Es gibt also Väter, Söhne
und Enkel, Brüder, Vettern ersten, zweiten und dritten Grades,
Onkel und Großonkel unter den Handschriften (und alle sind
an einem anderen Ort ansässig):

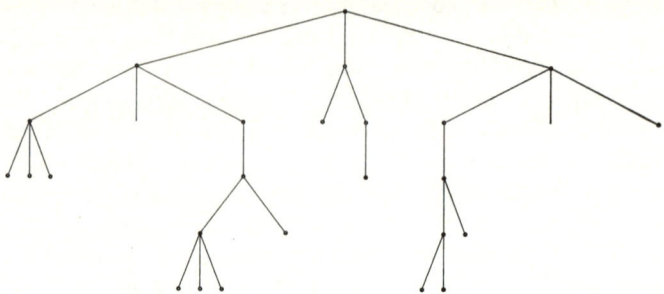

Da nicht alle so entstandenen Handschriften erhalten geblie-
ben sind, fehlen sehr oft Zwischenglieder: erhalten sind zum Beispiel nur „Urgroßvater", „Onkel" und „Neffe", dagegen fehlen „Vater" und „Großvater":

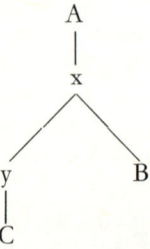

Wir müssen also nun herausbekommen, daß nicht C direkt von
B abgeschrieben ist, sondern daß C von einer verlorenen Handschrift y abstammt, die wiederum, genau wie B, von einer ebenfalls verlorenen Handschrift x abgeschrieben wurde, die ihrerseits auf die ebenfalls erhaltene „Urhandschrift" A zurückzuführen ist.[37]

Aufgrund komplizierter Überlegungen, die wir im einzelnen
hier nicht darlegen können, wird so aus der Fülle der zufällig
vorhandenen Exemplare einer antiken oder mittelalterlichen
Schrift zunächst der Stammbaum rekonstruiert und danach der
mutmaßlich „beste" Text hergestellt. Auch hier wird es oft notwendig sein, mehrere gleichwertige „Varianten" nebeneinanderzustellen und im übrigen die „Lesarten", das heißt einzelne in
bestimmten Handschriften abweichende Stellen, mitzuteilen.

Hierbei wird es oft vorkommen, daß der vermutlich richtige Text in keiner der Handschriften zu finden ist, sondern daß man ihn *erschließen* muß. Der Philologe spricht hier von „Konjektur".

Diese Konjekturen werden aufgrund bestimmter Schlußfolgerungen oder besser gesagt eines Fingerspitzengefühls für das vermutlich Richtige vorgenommen, wie es sich in langem Umgang mit dem jeweiligen Quellenbereich herausgebildet hat.

Eines solcher Instrumente der philologischen Annahmenbildung ist die Lehre von der sogenannten „lectio difficilior", das heißt wörtlich: der „schwierigeren Lesart". Diese Lehre besagt: wenn in zwei Quellen des gleichen Textes an einer entsprechenden Stelle zwei verschiedene Fassungen oder Wörter oder ein Wort (oder Eigenname) in zwei verschiedenen Schreibweisen auftreten, dann ist vermutlich die ungewöhnlichere Schreibweise die richtige(re). Dieser Auffassung liegt das zugrunde, was man in der modernen Informationswissenschaft die „Redundanz"theorie nennt: eine ungewöhnliche Schreibweise wird gerade deshalb richtig sein, weil die „banalste" Schreibweise die wahrscheinlichste ist und daher ein durchschnittlicher Schreiber nicht von sich aus, sondern nur durch eine Vorlage veranlaßt eine ungewöhnliche Schreibweise wählen wird.[38]

Ein einfaches Beispiel bietet mein eigener Familienname und meine Erfahrungen mit seiner Schreibung durch fremde Personen. Wenn ich meinen Namen nicht eigens buchstabiere, wird er in mindestens neun von zehn Fällen ‚Seifert' geschrieben, weil dies die einfachste mögliche Schreibweise dieses Namens ist. ‚Seiffert' ist demgegenüber „lectio difficilior". Wenn also jemand meinen Namen in dem einen Dokument mit ‚f' und in dem anderen Dokument mit ‚ff' geschrieben findet, kann er so gut wie sicher sein, daß die Schreibung mit ‚ff' die richtige ist.

Allerdings ist auch der entgegengesetzte Fehler, die „Hyperbel" (Übertreibung) möglich: das Wort wird komplizierter geschrieben als gerechtfertigt, so daß die „lectio difficilior" auch gerade die falsche Schreibweise sein kann; so begegnet es mir gelegentlich, daß etwa mein Vorname ‚Helmuth' oder mein Familienname ‚Seyferth' und ähnlich geschrieben wird. Aber dieser Fall ist bezeichnenderweise seltener als der entgegengesetzte.[39]

III. Tatsachen in der Geschichte

1. Tatsachen als conditio sine qua non

Unsere Erörterungen haben uns bereits ein gutes Stück voran-
gebracht.

Uns ist nämlich klar geworden, daß jede Geschichtsforschung
auf *Quellen* beruht. Das bedeutet: Wir können uns nicht einfach ausdenken, was in der Geschichte passiert oder der Fall
sein soll. Denn unsere Aussagen müssen durch den Befund der
Quellen gestützt sein, da die Quellen allein es sind, die uns die
historischen Sachverhalte erst vermitteln. Ohne Quellen keine
Sachverhalte. Das kennzeichnet die Schlüsselstellung, die die
Quelle im Bereich der Geschichtswissenschaft innehat.

„Keine Aussage ohne Deckung, ohne überzeugenden Nachweis" aus den Quellen – so formuliert Reinhard Wittram „die
strengste" Regel der Geschichtsforschung.[40]

Der britische Historiker Edward Hallett Carr sieht das offenbar ein wenig anders, wenn er schreibt:[41]

„Was ist ein historisches Faktum? ... Die Anhänger des common-
sense vertreten die Auffassung, es gebe gewisse grundlegende und für
sämtliche Historiker verbindliche Fakten, die sozusagen das Rückgrat
der Geschichte ausmachten – das Faktum z. B., daß die Schlacht bei
Hastings 1066 ausgetragen wurde. Dazu ist zweierlei zu bemerken.

Erstens hat es der Historiker nicht in erster Linie mit derartigen
Fakten zu tun. Zweifellos ist es wichtig, daß die große Schlacht 1066
und nicht 1065 oder 1067 stattfand und daß sie bei Hastings und
nicht bei Eastbourne oder Brighton geschlagen wurde. ...

[Aber:] Wer wird schon einen Historiker wegen seiner Genauigkeit
loben? Das wäre ja, wie wenn man einen Architekten dafür loben
wollte, daß er bei seinem Bau gutabgelagertes Holz oder ordentlich gemischten Beton verwendet hat. Damit erfüllt er ja nur eine Grund-
voraussetzung seiner Arbeit, aber noch nicht seine wesentliche Funktion. Was diese grundsätzlichen Dinge angeht, so hat der Historiker
das Recht, sich auf die geschichtlichen Hilfswissenschaften ... zu verlassen. Kein Mensch erwartet vom Historiker die speziellen Fähigkeiten, die der Experte braucht, um den Ursprung und die Entstehungszeit eines Ton- oder Marmorfragments zu bestimmen, eine obskure In-

schrift zu entziffern oder die komplizierten astronomischen Kalkulationen, die zu einer genauen Zeitbestimmung nötig sind, durchzuführen. Diese sogenannten grundlegenden Fakten, die für alle Historiker die gleichen sind, gehören im großen und ganzen eher zur Kategorie des historischen Rohmaterials als zur Geschichte selbst.

Zweitens liegt die Notwendigkeit, diese grundlegenden Fakten festzusetzen, nicht in irgendeiner Qualität der Fakten selber, sondern in einer a priori-Entscheidung des Historikers. ... Die Tatsachen sprechen für sich selbst, pflegte man zu sagen. Aber das stimmt natürlich nicht. Die Tatsachen sprechen nur, wenn der Historiker sich an sie wendet ..."

Carrs Irrtum liegt darin, daß er glaubt, die Ermittlung der Fakten und ihre Interpretation voneinander trennen zu können. Die Ermittlungsarbeit soll nach ihm Angelegenheit der historischen Hilfswissenschaften, irgendwelcher „Experten" sein, die dem „eigentlichen" Historiker nur in die Hände arbeiten, ohne daß der Historiker selbst von diesen profanen Dingen irgend etwas verstehen müßte: sie sind ja nur die Kärrnerarbeit, auf der der Historiker in souveräner Gedankenarbeit sein Königsschloß errichten soll.

Dabei bemerkt Carr offenbar nicht, daß seine Forderung der Arbeitsteilung zwischen den „Experten", die für das „historische Rohmaterial" zuständig sind, und den „eigentlichen" Historikern, die es mit der „Geschichte selbst" zu tun haben, im Widerspruch zu seiner eigenen These: „Die Tatsachen sprechen nur, wenn der Historiker sich an sie wendet" und zu seiner Polemik gegen die Trennung von Tatsachen und Schlüssen steht.[42] Denn: der Historiker kann sich nur dadurch an die Tatsachen wenden, daß er selbst Quellenforschung betreibt. Und Tatsachen und Schlüsse trennt offenbar gerade jener, der – wie Carr – eine Scheidung von Hilfswissenschaften und eigentlicher Historie verlangt.

Daß Carr überhaupt von dem Verhältnis zwischen „Quellen" und „Fakten" eine unzureichende Vorstellung hat, beweist auch folgende Stelle:[43]

„Der fetischistische Glaube, mit dem das 19. Jahrhundert an den Fakten hing, fand in einer blinden Anbetung der Dokumente seine Ergänzung .... . Die Dokumente verbürgen die Wahrheit. Aber was besagen diese Dokumente denn eigentlich – all die Verfügungen, Abhandlungen, Pachturkunden, Blaubücher, die amtliche Korrespondenz, die privaten Briefe und Tagebücher ...? Jedes Dokument sagt uns nur, was sein Autor dachte .... Alle diese Dokumente bedeuten nichts, ehe sie der Historiker nicht unter die Lupe genommen und entziffert hat. Der Historiker muß die Fakten, ob sie nun durch Dokumente belegt sind oder nicht, erst einem Prozeß unterziehen, ehe er sie verwenden kann ... .“

Der Historiker muß die Dokumente unter die Lupe nehmen – völlig richtig. Nur – wie kann er das, wenn er dafür andererseits – ebenfalls nach Carr – gar nicht zuständig sein, sondern die Lupe den „Experten“ überlassen soll? Ferner die merkwürdige Wendung: „... die Fakten, ob sie nun durch Dokumente belegt sind oder nicht ...“. Hierzu wäre zweierlei zu sagen: Einerseits kann man sich Fakten, die nicht durch Dokumente belegt sind, das heißt: sich nicht auf die Quellenüberlieferung stützen, schlecht vorstellen. Andererseits: Quellen „stützen“ Fakten nur – „belegen“ können sie sie ohnehin nicht. Denn es ist ja gerade Aufgabe der Quellenforschung, die Glaubwürdigkeit einer Quelle in Frage zu stellen. Carrs gesamte Polemik gegen den angeblichen „Dokumentenfetischismus“ der Historiker wird von vornherein durch den Begriff der „unabsichtlichen Überlieferung“ aus den Angeln gehoben. Was heißt es denn: „Der Historiker muß die Fakten, ob sie nun durch Dokumente belegt sind oder nicht, erst einem Prozeß unterziehen ...“? Fakten, die nicht durch Dokumente belegt oder genauer: behauptet sind, gibt es gar nicht – woher sollten sie kommen? Ferner: nicht „Fakten“ kann man einem kritischen Prozeß unterziehen, sondern nur Dokumente; das Faktum kann immer erst das Ergebnis dieses Prozesses sein. Ein Faktum, das nicht kritisch gesichert ist, ist eben gar kein Faktum.

Carrs Auffassungen beruhen offensichtlich auf einer gewissen Verkennung der Praxis der historischen Forschung, wie sie – zumindest im deutschen Sprachgebiet – in anderthalb Jahrhunderten ausgebildet wurde.

Diese Forschungspraxis weiß nämlich: der Teufel steckt im Detail. Ein Forscher, der nicht gelernt hat, mit allen Finessen Tatsachen anhand der Quellen in eigener Person zu sichern, wird niemals ein souveränes Urteil darüber gewinnen, wie weit

er sich auf die von anderen eruierten Tatsachen wirklich verlassen kann. Er gleicht einem Rechnungsprüfer, der zwar dem
Schlendrian oder den Fälschungen eines Geschäftsmannes oder
Beamten auf die Spur kommen will, von den Einzelheiten der
Buchhaltung aber nichts versteht und es auch verschmäht, sich
damit zu beschäftigen – er würde genau so an der Nase herum-
geführt werden wie seine Vorgänger auch.

Ein besonders anschauliches Beispiel dafür, daß schon die
Sicherung der Tatsachen eine Aufgabe ist, die höchsten kritischen
Scharfsinn verlangt, bietet die historische Chronologie, wie v.
Brandt sie in einem knappen, aber sehr instruktiven Abschnitt
behandelt.[44]

Carr meint, die historische Chronologie hätte es vor allem mit
„komplizierten astronomischen Kalkulationen" zu tun.

Gewiß ist die Astronomie hier in mancherlei Hinsicht wichtig.
Aber der praktische Umgang mit der Chronologie zur Sicherung
von Daten erfordert doch noch andere, spezifisch historische und
philologische Operationen, die historisches Problembewußtsein
immer schon voraussetzen.

Die Schwierigkeit der Datierung mittelalterlicher Vorgänge
besteht zum Beispiel darin, daß man komplizierte, nach unseren
heutigen Begriffen „unrationelle" und noch dazu für verschiedene Orte verschiedene Zeitrechnungssysteme in unser heutiges
Kalendersystem umrechnen muß, um die Daten vergleichbar zu
machen. So kann zum Beipiel das Jahr zu ganz verschiedenen
Jahresdaten beginnen, sodaß man bei einer Jahresangabe nicht
einmal von vornherein weiß, ob wir die in der Quelle ange-
gebene Jahreszahl als solche in das nach unserem Kalender
normierte Datum übernehmen können.

Wenn nach Heiligentagen datiert wird (zum Beispiel: „pridie
Exaltacionis crucis" – am Tag vor „Errichtung des Kreuzes"[45]),
muß man wissen, wann der betreffende Tag an dem betreffenden
Ort gefeiert wurde:[46]

„Angesichts der vielen verschiedenen Möglichkeiten der Datierung
ist auch der erfahrenste Bearbeiter vor Irrtümern bei der Auflösung
mittelalterlicher Daten nicht geschützt. Auch moderne Urkunden-
editionen enthalten zahlreiche Beispiele dafür; so haben etwa die Herausgeber von Band I, 1 der ‚Hanserezesse' (1870) die ganze Quellen-

gruppe Nr. 522 ff. (Stralsunder Hansetag von Walpurgis 1370, Kon-
greß zum Abschluß des Stralsunder Friedens) fälschlich unter dem
25. Februar eingereiht, indem sie den Walpurgistag auf dieses, tatsächlich nur in einzelnen Alpengebieten übliche Datum, statt auf den
1. Mai ansetzten. Mit Recht wird daher nicht nur bei Text-, sondern
auch bei Regestenveröffentlichungen verlangt, daß stets die originale
Datierungsform angegeben wird, damit der Benutzer sie selbst nachprüfen kann."

Mit anderen Worten: schon um die „platte Tatsache" zu
sichern, welchem Tag unseres Kalenders das Datum „Walpurgis
1370" entspricht, bedarf es differenzierter historischer Kenntnisse.

Auch Feinheiten wie folgende muß man wissen:[47]

„Zu beachten ist, daß feria ausschließlich ‚Wochentag', nicht einfach ‚Tag' bedeutet"; „‚feria quarta ante ...' heißt also nicht ‚der
vierte Tag vor ...' [vom Bezugstag aus gezählt], sondern ‚der Mittwoch vor ...'" – weil nämlich „feria quarta" nicht einfach „der vierte
Tag" in Bezug auf irgend einen Tag heißt, sondern: „der vierte Tag
der Woche" in fester, mit Sonntag als erstem Tag beginnender Zäh-
lung, also der Mittwoch!

Nun ist es zweifellos richtig, daß der Historiker nicht bei
bloßen Tatsachen stehen bleiben soll. Nur:
– einerseits sind, wie wir soeben gesehen haben, Tatsachen selbst
schon das Ergebnis kritischer Forschung (worauf wir noch zurückzukommen haben werden)
– und andererseits sind sie das Fundament, auf dem das ganze
Gebäude weiterer historischer Interpretationen ruht. Dies bekommt Risse und stürzt ein, wenn die Fundamente wegge-
zogen werden. „Rousseau kann nur auf die Französische Revolution gewirkt haben, wenn er vor ihr gelebt hat; diese triviale
Tatsache muß man wissen, um ein historisches Urteil zu fällen",
sagt Theodor Schieder mit Recht.[48]

Tatsachen sind zwar keine hinreichende, aber eine notwendige
Bedingung geschichtlichen Forschens. Das heißt: *nur* mit Tatsachen geht es nicht – *ohne* Tatsachen aber genau so wenig.

Die Lebensdaten Rousseaus *allein* reichen nicht aus, um die
Geschichte des 18. Jahrhunderts zu schreiben. Aber wer nicht
weiß, wann Rousseau gelebt hat, kann sie auch nicht schreiben.

2. Logik kann Tatsachen nicht ersetzen

Viele historische Fehlurteile beruhen einfach auf unzutreffender Information über Tatsachen.

In der Historie gilt der Grundsatz: Logische Schlußfolgerungen nützen nichts, wenn sie an den Tatsachen vorbeifolgern, das heißt: Sachverhalte, die man aus den Quellen richtig wissen könnte, durch bloßes „Denken" falsch rekonstruieren.

Hierzu folgende Beispiele:

a) „Kunst der Fuge". Angenommen, ein Schriftsteller schriebe in einem Buch über Johann Sebastian Bach folgende Sätze:

> „Bachs Kantaten und Passionen fanden wegen ihrer opernhaften Eingängigkeit ein äußerst interessiertes Publikum und konnten daher in immer neuen Auflagen gedruckt werden. Bachs ,Kunst der Fuge' dagegen wurde nicht gedruckt. Das ist angesichts der Abstraktheit und zeitfernen Esoterik dieses Werkes ja auch nicht zu verwundern."

Die Tatsachen und ihre Begründungen klingen plausibel – nur entsprechen sie leider nicht der historischen Wahrheit. In Wirklichkeit sind nämlich die Kantaten und Passionen – wie die Mehrzahl aller Werke Bachs – nur handschriftlich überliefert, während die „Kunst der Fuge" – genau wie das andere, in vieler Hinsicht ähnliche, Alterswerk Bachs, das „Musikalische Opfer" – zu den ganz wenigen Werken von Bach gehört, die noch zu seinen Lebzeiten gedruckt bzw. zum Druck vorbereitet wurden!

Da diese historische Tatsache – Kantaten und Passionen nicht gedruckt, „Kunst der Fuge" gedruckt – als solche sich nicht umstoßen läßt, muß sich umgekehrt die Erklärung wohl oder übel nach ihr richten. Sie wird etwa so zu fassen sein:

Die relativ „eingängigen" Werke Johann Sebastian Bachs, wie seine Kantaten und Passionen, gehörten zur kirchlichen Gebrauchsmusik. Das heißt: sie wurden für bestimmte Gottesdienste der Kirche, an der Bach jeweils selbst amtierte, geschrieben und hier aus den geschriebenen Stimmen einmal bis höchstens mehrere Male aufgeführt. Ein Bedürfnis, diese Werke zu drukken, bestand nach den Gepflogenheiten der Zeit nicht, da die

Kirchenmusiker ihren Bedarf an Kompositionen für ihre Gottesdienste meist durch eigene Werke deckten. – Ganz anders bei der
„Kunst der Fuge" und den vergleichbaren Alterswerken. Wahrscheinlich wußte Bach, was er geleistet hatte; er wollte diese
letzten Werke bewußt der Nachwelt hinterlassen und veröffentlichte sie daher auf eigene Kosten.

Unser Beispiel soll zeigen: Begründungen für historische Tatbestände sind sinnlos, wenn die vorausgesetzten Tatbestände auf
falscher Information beruhen.

b) Weihersdorf. Wenn wir auf einen Ort namens „Weihersdorf"
stoßen, vermuten wir ganz unbefangen, daß dieser Ort wohl
nach einem Weiher benannt sein müsse, der dort lag. Nun finden
wir aber eine Urkunde aus dem Jahre 1184 – und hier heißt der
Ort Wigerichesdorf. Hiermit ist klar, daß das Dorf seinen Namen
nach dem mittelalterlichen Personennamen Wigerich bekommen
hat.[49]

Auch hier standen wir in der Versuchung, durch einen ganz
„logisch" erscheinenden Schluß an der Wirklichkeit vorbeizu-
gehen. Das Beispiel zeigt uns, wie ungeheuer schwierig es ist,
in der Geschichtswissenschaft überhaupt zu „denken". Der Geschichtsforscher gleicht einem Autofahrer auf holpriger Straße:
kaum glaubt er einmal etwas Gas geben zu können – schon
kommt wieder ein Schlagloch unter die Räder.

Und das Problem ist: die zufällig erhaltenen und bekannt gewordenen Quellen sind ja nur die Spitze des Eisberges der vielen
unbekannten, weil verlorengegangenen oder noch nicht wieder
entdeckten Materialien! Wieviele „Weihersdorf" mag es geben,
zu denen noch kein „Wigerichesdorf" entdeckt worden ist! Jeder
Schritt auf dem tückischen Eis der Überlieferung kann den Ein-
bruch bedeuten. Hier wird deutlich, wie selbstkritisch der Historiker sein muß, mit welchen Vorbehalten er auch die kleinste
Schlußfolgerung behandeln muß.[50]

c) Frauenkirche. In vielen Orten gibt es eine „Frauenkirche".
Nach der Analogie von „Frauenklinik", „Frauenstation",
„Frauenkleidung" und so fort könnte man annehmen, es handele
sich hier um eine Kirche, die nur von Frauen zum Gottesdienst

betreten werden dürfe. Unsere historischen Recherchen ergeben
folgendes: ‚Frau' heißt ursprünglich nicht einfach „Menschliches
Individuum weiblichen Geschlechts", sondern „Herrin". Und
zwar ist hier eine bestimmte „Herrin" gemeint, nämlich die
Jungfrau Maria, die in der christlichen Kirche von jeher große
Verehrung genoß. Daher sind Maria sehr viele Kirchen geweiht,
oft unter der Bezeichnung „Unsere liebe Frau" (nostra domina
= Notre Dame), was den Zusammenhang sofort deutlich macht.
Auch volkstümliche Bezeichnungen, in denen das Wort „Frau"
vorkommt, etwa Pflanzennamen wie „Frauenschuh", beziehen
sich (der Historiker vom Fach ist geneigt zu sagen: natürlich!)
auf die Jungfrau Maria.

Hier wird deutlich: „Frauenkirche" ist kein „Prädikator", der
einer Anzahl von Gegenständen zugesprochen werden kann,
sondern ein Eigenname. Maria ist eine bestimmte „Frau", und
eine Marienkirche jeweils eine bestimmte Kirche in einer Stadt.

Daß das so ist, kann man nicht logisch erschließen. Man muß
es historisch wissen. Es beruht auf den einmaligen Gegebenheiten der christlichen Geschichte und ist nicht aus allgemeinen
Gesetzen ableitbar. Mit dem „gesunden Menschenverstand" ist
in der Geschichtswissenschaft nicht viel auszurichten, weil bei
näherer Beleuchtung sich immer alles ganz anders erklärt.

Die These von Carr oder auch von Robin George Collingwood,[51] daß uns Tatsachen nicht unmittelbar, sondern nur durch
Schlußfolgerungen zugänglich seien, ist also insofern zutreffend,
als wir z. B. eine richtige Datierung mittelalterlicher Vorgänge
nur über chronologische Schlußfolgerungen, deren Ziel die Umsetzung einer gegebenen lokalen Datierung in ein „normiertes"
Datensystem ist, vornehmen können; hingegen vermögen Schlußfolgerungen niemals Tatsachen zu ersetzen, wie z. B. die Tatsache
des Druckes der „Kunst der Fuge", der alten Namensform
„Wigerichesdorf" usw. Wir können daher sagen: einerseits gelangen wir zu Tatsachen erst durch Schlußfolgerungen (etwa in
dem Sinne, daß wir das Datum „1184" für die Wigerichesdorf-
Urkunde ja seinerseits durch chronologische Schlüsse erst ermitteln müssen); andererseits bedingen aber die so gefundenen
Tatsachen unsere weiteren Schlußfolgerungen. „Tatsache" und
„Folgerung" greifen also ständig ineinander.[52] Wie wir später

noch näher erörtern werden, liegt hier wieder ein Beispiel für den „hermeneutischen Zirkel" vor: Wir ziehen Schlüsse aus gesicherten Tatsachen, können Tatsachen aber sehr oft erst durch Schlüsse sichern. Jede historische Interpretation, mag sie im Endergebnis noch so fein und differenziert sein, baut sich also auf den Tatsachen auf und darf zu ihnen nicht in Widerspruch stehen.

3. *Das Problem der Quellenfälschungen*

Hierbei gehen wir davon aus, daß es in der Praxis durchaus möglich ist, Tatsachen als solche zu ermitteln und zu sichern.

Da es in der Welt nichts gibt, was nicht irgendwann von irgendjemandem in Frage gestellt worden ist, hat man natürlich auch bezweifelt, ob es überhaupt sichere historische Tatsachen gibt. Denn weil wir diese Tatsachen nicht „direkt" (aber was würde im Zweifelsfall „direkt" heißen?!) kennen, sondern nur aus den Quellen erschließen, könnte es ja sein, daß alle tatsächlich überlieferten Quellen irgendwann einmal gefälscht worden sind, um den Nachfahren ein Geschichtsbild vorzugaukeln, das auf freier Erfindung dieses Fälscherclubs beruht.

Nun wissen wir aber: nichts ist schwieriger als systematisch zu lügen. Denn: wir müssen in unserem Lügengebäude alles so aufeinander abstimmen, daß kein Widerspruch bleibt, daß sich aus allen Bruchstücken etwas rekonstruieren läßt, das wir sinnvollerweise als Wirklichkeit verstehen können.

Nun wäre das zur Not noch möglich, wenn sich die Geschichtsforschung nur auf die „absichtliche" Überlieferung stützen würde. Sicherlich wäre es durchführbar, die Geschichtsschreibung, die *erzählenden* Quellen so aufeinander abzustimmen, daß ein scheinbar stimmiges Geschichtsbild entsteht.

Aber wie ist es angesichts der Tatsache, daß wir Geschichte ja auch und sogar vor allem aus der „unabsichtlichen" Überlieferung ablesen? Hier wie in anderen Zusammenhängen zeigt sich, daß gewisse hyperskeptische Thesen überhaupt nur unter der forschungspraxisfremden Annahme möglich sind, Geschichte sei das, was die Geschichtsschreiber schreiben.

Sobald wir nämlich die unabsichtliche Überlieferung in

unsere Betrachtungen mit einbeziehen, ergibt sich: die „unabsichtliche" Überlieferung kann gar nicht systematisch gefälscht
werden – eben weil sie unabsichtlich ist, und das heißt aber: weil
die Historiker aus einem Stück unabsichtlicher Überlieferung etwas völlig Unvorhersehbares herauslesen können.

Einen Sänger namens „Walther von der Vogelweide" kann
man vielleicht erfinden; aber kann man die indirekten Zeugnisse für seine Existenz, wie etwa Eintragungen in Rechnungsbüchern, überall so verstreuen, daß sie zusammen ein sinnvolles
Bild der Biographie dieses Sängers geben? Gerade die Auffindung unabsichtlicher Quellen hängt so vom Zufall ab, daß vor-
ausblickende Unterschiebungen, aufs Ganze gesehen, unmöglich
sein dürften:[53]

„Bauarbeiten legen im Boden versteckte Gebäudereste bloß. Ein
alter Buchdeckel platzt, man findet beschriebene Pergamentblätter,
die als Füllmaterial darin stecken, und entziffert sie. Sie bestätigen das
Geschichtsbild, das aus anderen Quellen gewonnen ist. Sollen wir annehmen, jene Gebäudereste und diese Pergamentzettel seien vor Jahrhunderten von bösartigen Fälschern versteckt worden mit der Berechnung, wir würden sie eines Tages entdecken und dadurch erst recht
in ein künstlich angelegtes Lügennetz verstrickt werden?"

Gerade weil wir, wie Kriminalisten, die Geschichte systematisch aus der unabsichtlichen Überlieferung rekonstruieren, verfügen wir über ein Geflecht sich gegenseitig stützender, gegen
Fälschung, im ganzen genommen, völlig immuner Belege:[54]

„Denn es ist auch der noch so systematisch angelegten Fälschung unmöglich, die vielfach verschlungenen sich gegenseitig ergänzenden Angaben, Daten, Überreste und Überreste von Überresten so zu erfinden und zu fabrizieren, daß sich unter der Hand des Forschers ein
einheitliches Bild der Begebenheiten daraus ergibt. Wer will es uns z. B.
glaublich machen, daß systematische Fälschung imstande gewesen wäre,
die Hunderte von Inschriften und Denkmälern über die halbe Welt zu
zerstreuen, aus denen wir die Geschichte der römischen Legionen zu-
sammenlesen! Oder wer wollte es für möglich halten, umfangreiche
historische und andere litterarische Produkte so zu fabrizieren, daß
sie nach Form und Inhalt durchaus in die sonst erhaltenen Überreste
hineinpassen! Es ist das um so weniger möglich, da ganze Arten von
Überresten, welche man früher zur Zeit solcher angeblichen systematischen Fälschungen noch gar nicht als Quellen historischen Wissens

kannte, die erst später in den Kreis der Forschung gezogen worden sind, von neuem die altbekannten Tatsachen bestätigen und ergänzen. Wie hätte man z. B. darauf kommen sollen, städtische Rechenbücher in umfassenden Mengen zum Zweck systematischer Verfälschung der Überlieferung zu erfinden, als man noch garnicht entfernt daran dachte, daß man jemals solche Rechenbücher als historische Quellen ausbeuten könnte? Andrerseits hat man früher ganze Zweige der menschlichen Betätigung gar nicht in den Kreis historischer Forschung gezogen – wie hätte ein früherer Geschichtsfälscher nun darauf kommen sollen, auch dafür das Quellenmaterial zu erfinden und vorsorglich zu zerstreuen, sodaß wir es nun in dem Moment, da wir solche neuen Forschungsgebiete eröffnen, passend vorfinden? Unmöglichkeiten über Unmöglichkeiten! Und zwar werden diese Argumente auch für die Zukunft Geltung behalten, da ohne Zweifel der Kreis der Quellen wie der Forschungsgebiete sich mit dem Fortschritte unserer Wissenschaft stetig erweitert."

4. Das Problem der Auswahl

Nun bleibt natürlich das Problem der „Auswahl". Das heißt: aus der Fülle der absichtlich und unabsichtlich überlieferten Tatsachen müssen wir das auswählen, was für unsere jeweilige Fragestellung wichtig ist.

Man hat immer wieder Überlegungen darüber angestellt, was eine „historische Tatsache" ist und was nicht.

So hat man zum Beispiel gefragt, ob ein Küchenzettel eine historische Tatsache sei[55] oder die Tatsache, daß Goethe sich 1780 eine Hausglocke, einen Stubenschlüssel und ein Billetkästchen anfertigen ließ[56] oder die Tatsache, daß „Hinz am 2. Juni einen Wurm sah".[57]

Aus dem bisher Erörterten ergibt sich, daß hier ein Scheinproblem vorliegt.

Und zwar aus zwei Gründen:

a) Es liegt nicht a priori fest, was Gegenstand der Geschichtswissenschaft sein soll und was nicht. Solange man den Bereich dessen, was der Gegenstand der Geschichte sein soll, willkürlich einschränkt, kann man natürlich vielen Sachverhalten den Charakter als historische Tatsache absprechen.

So hat man kritisiert, daß „die Geschichte" immer nur von den

Erfolgreichen spreche. In diesen Fehler kann die Geschichtwissenschaft nur dann verfallen, wenn sie „Geschichte" von vornherein als „Taten großer Männer" definiert, weil dann das, was sie behandelt, davon abhängt, was sie selbst als „großen Mann" betrachtet.[58]

Betrachtet die Geschichtswissenschaft dagegen als ihren Gegenstand gerade das Schicksal des repräsentativen Durchschnitts (Schoeps), der „Erfolglosen", zum Beispiel der Proletarier des 19. Jahrhunderts, die am Arbeitsplatz an Entkräftung starben, dann stellt sich die Frage ganz anders; dann *ist* eben das Schicksal einer Londoner Putzmacherin, von der Karl Marx[59] berichtet, eine „historische Tatsache", obwohl dieses Mädchen viel „unwichtiger" war als etwa Napoleon.

Ebenso können Rechnungsbucheintragungen, Küchenzettel und Stubenschlüssel gerade in einer Geistes- und Sozialgeschichte des „Kleinen", im Rahmen einer Erforschung des „Zeitgeistes", ihren wohlgesicherten Platz haben.

b) Vollends macht die Tatsache, daß in der Benutzung der unabsichtlichen Überlieferung durch die Geschichtswissenschaft ursprünglicher Zweck und Wert für die Fragestellung des Historikers auseinanderfallen, die Deklarierung einer Tatsache als „unwichtig" hinfällig. Denn selbst, wenn jene Rechnungsbucheintragung, Walther von der Vogelweide betreffend, als solche unwichtig ist – als Beleg für die Biographie einer bedeutenden Persönlichkeit hat sie eben einen historischen „Wert", der vom ursprünglichen Anlaß unabhängig ist. (Daß Walther eine bedeutende Persönlichkeit sei und sich die Kenntnis jener Rechnungsbucheintragung eben deshalb lohne, ist ein „hermeneutisches" Urteil, dessen Problematik erst unten im Zusammenhang behandelt werden kann.)

Nun ist freilich zu bedenken: Das Problem der Auswahl stellt sich ganz verschieden, je nachdem, wie *reichlich* die Überlieferung für einen Gegenstand ist. Für das Mittelalter etwa fließen die Quellen so spärlich, daß hier einfach *jeder,* mit den Maßstäben etwa des 19. oder 20. Jahrhunderts gemessen noch so „unwichtige", Beleg zur Rekonstruktion vergangener Sachverhalte herangezogen werden muß: wenn man nur aus Rechnungsbüchern wissen *kann*, wann Walther gelebt hat, darf man diese Quellen eben nicht einfach ignorieren!

In der Neuzeit und der Gegenwart hingegen stehen wir vor dem umgekehrten Problem: wir ertrinken im Material, wir haben hunderttausend mal mehr Quellen, als uns lieb ist.[60]

Um das Leben Adenauers zu rekonstruieren, brauchen wir kaum die Einkaufsnotizen seiner Haushälterin. Denn hier gibt es eine Fülle von Dokumenten, unter denen wir auswählen müssen; und das relativ unwichtigste Dokument ist unter Umständen, „absolut" genommen, noch von höherem Wert als alles, was uns aus einer älteren Geschichtsperiode überliefert ist – auf das wir aber angewiesen sind, um überhaupt etwas über die damalige Zeit zu wissen.

Unsere Überlegungen zeigen uns: eine historische „Tatsache" ist alles andere als etwas Vordergründiges, Plattes, primitiv „positivistisch" Erhebbares. Eine historische Tatsache ist vielmehr ihrerseits erst das Ergebnis eines äußerst komplizierten Forschungs- und Interpretationsvorganges. Das wird vollends deutlich, wenn wir uns klar machen, daß eine historische „Tatsache" ja zum Beispiel auch das ist, was ein bestimmter Schriftsteller „wirklich" gesagt hat, das heißt: was die hermeneutisch-philologische Forschung und Interpretation als seine Äußerungen festgestellt hat. Der Begriff der historischen „Tatsache" ist also, da hermeneutisch fundiert, völlig unabhängig davon, wie „handfest" oder wie „spirituell" der Gegenstand ist, auf den sich die Tatsachenfeststellung jeweils bezieht. In diesem Sinne ist zum Beispiel der Sachverhalt, daß Hegel in seiner „Phänomenologie des Geistes" bestimmte erfaßbare und interpretierbare Sätze ausgesprochen hat, eine historische Tatsache – unabhängig davon, was Hegels Sätze im einzelnen besagen.

Dieses Beispiel zeigt, daß man die „Tatsache" nicht durch idealistische oder „dialektische" Überlegungen aus der Geschichte herausargumentieren kann. Denn das Aussprechen selbst eines Satzes wie: „Es gibt keine Tatsachen" wäre in einem wohlzuverstehenden historisch-hermeneutischen Sinne seinerseits eine Tatsache, insofern es historisch-philologisch nachweisbar ist, ob bzw. daß ein bestimmter Philosoph einen solchen Satz ausgesprochen oder niedergeschrieben hat.

Diese denkbar weite Fassung des Begriffes „Tatsache" ergibt sich übrigens schon aus unseren allgemein logischen Erwägungen im ersten Bande, nach denen eine „Tatsache" der Gegenstand jeder möglichen wahren Aussage überhaupt ist, wobei die Methode, mit Hilfe derer wir zu der wahren Aussage gelangen, ganz außer Betracht bleiben kann.

C. Die Hermeneutik

Schon öfter sahen wir uns genötigt, auf Begriffe wie „Interpretation" und „Hermeneutik" vorläufig anzuspielen, obwohl wir sie noch nicht in unserem systematischen Zusammenhang einführen und erörtern konnten.[61]

Das ist – wie wir bereits aus dem ersten Band wissen – kein Zufall. Denn im Bereich der Hermeneutik ist der *Zirkel* unausweichlich: Bevor wir etwas systematisch lernen, wissen wir bereits etwas darüber. Und das ist auch notwendig: denn nur dann können wir etwas lernen wollen, wenn wir schon etwas darüber wissen.

So auch im Ablauf der Geschichtsforschung. Die Quellen erläutern und stützen sich gegenseitig, so hörten wir; oder: wir können eine Quelle nur im Zusammenhang der uns schon bekannten Quellen beurteilen. Oder: zu Tatsachen kommen wir nur durch Schlüsse, die wir aufgrund von Tatsachen ziehen müssen und umgekehrt: Schlüsse ziehen wir aus Tatsachen, zu denen wir durch Schlußfolgerungen gelangt sind.

Das bedeutet aber: Tatsachenerhebung und Interpretation greifen ineinander. Die Interpretation – im Verlauf unserer Darstellung eine spätere Stufe – wird im Grunde auf den früheren Stufen schon vorausgesetzt. Auch die elementarste technische Bearbeitung von Quellen ist an einen schon vorhandenen Interpretationszusammenhang gebunden.

Grundlegende Beispiele

Was heißt nun „Interpretation" im Bereich der historischen Wissenschaften? Auch diese Frage werden wir am besten an einigen Beispielen klären.

1. Das Äquator-Seil

Jemand stellt uns folgende Aufgabe.

Manche Leute halten den Erdäquator für ein langes Seil, das um die ganze Erdkugel gespannt ist. Nehmen wir an, dieses Seil gäbe es wirklich. Es hätte die unvorstellbare Länge von 40 000 km. Nun stellen wir uns vor, in dieses Seil werde ein 10 m langes Stück hineingeflickt und das ganze lange Seil so gelockert, daß es überall den gleichen Abstand von der Erdoberfläche hat. Wie groß ist dieser Abstand? Kann nun eine Maus unter diesem Seil hindurchkriechen? Oder eine Fliege?

Wir wissen es nicht. Aber jemand, der etwas von Mathematik versteht, sagt uns zu unserer Verblüffung: Es kann sogar ein nicht allzu großer Mensch frei unter dem Seil hindurch gehen – es hat nämlich einen Abstand zur Erdoberfläche von etwa 1,60 m!

Und unser Mathematikexperte fügt noch hinzu: Wenn wir statt des Erdballes einen Fußball nehmen und die um ihn gelegte Schnur ebenfalls um 10 m verlängern, entsteht eine Schlaufe, die gleichfalls an jeder Stelle von der Außenhaut des Balles um 1,60 m entfernt ist.

Diese Auskunft verblüfft uns – und wir wollen wissen, *warum* das so ist. Dieses „Wissen, warum" nennen wir bekanntlich „verstehen": wir haben den Wunsch, zunächst unverständliche Sachverhalte zu „verstehen". Daher versuchen wir, der Sache mathematisch auf den Grund zu kommen, und rechnen dabei gleich mit „allgemeinen" Zahlen.

Wir haben eine beliebig große Kugel mit dem Radius r. Dann ist ihr Umfang

$$U = 2\pi r$$

– und so lang ist also auch die Schnur, die die Kugel umspannt. (Natürlich brauchte es keine Kugel, es könnte auch eine Kreisscheibe sein; die dritte Dimension der Kugel bleibt ja außer Betracht – wir haben es nur mit ihrem „Schnitt" zu tun.)

Die $2\pi r$ lange Schnur werde um eine – ebenfalls beliebige – Strecke a verlängert und konzentrisch um die gegebene Kugel gespannt. Der Umfang des neuen Kreises ist

$$U' = 2\pi r + a$$

Da nun der Umfang eines beliebigen Kreises nach der Formel

$$U = 2\pi r$$

berechnet wird, errechnet sich umgekehrt der Radius aus dem Umfang nach der Umformung dieser Formel „nach r":

$$r = \frac{U}{2\pi}$$

Wenn wir diese Formel auf unseren neuen Umfang U' $= 2\pi r$ + a anwenden, um den neuen Radius r' zu berechnen, ergibt sich dieser als:

$$r' = \frac{U'}{2\pi} = \frac{2\pi r + a}{2\pi} = \frac{2\pi r}{2\pi} + \frac{a}{2\pi} = r + \frac{a}{2\pi}; \quad r' - r = \frac{a}{2\pi}$$

Das bedeutet: der neue Radius r' ist gleich dem alten Radius r zuzüglich eines Betrages, der in seiner Größe lediglich von dem Zuwachsstück a abhängt. Die Differenz r' – r ist also immer die gleiche; gleichgültig, wie groß r und r' absolut sind. Sie ist lediglich vom Zuwachsstück abhängig und errechnet sich aus ihm, indem a durch die Konstante 2 π geteilt wird. π beträgt bekanntlich etwa 3,14; 2 π ist also mit gut 6 anzusetzen. Beträgt also mein a 10 Meter, ist der Abstand zwischen der alten und der neuen Umfangslinie in jedem Fall ein knappes Sechstel dieses Betrages, also etwa 1,60 m; bei a = 1 m entsprechend etwa 16 cm, und so fort.

Wir verstehen also nun einerseits, warum das um 10 m verlängerte Seil den erstaunlichen Abstand von 1,60 m von der Erdoberfläche hätte, und andererseits, daß dieser Abstand, absolut genommen, beim Fußball genau der gleiche wäre.

Wir haben dieses Beispiel bewußt an den Anfang gesetzt, obwohl es sich von den folgenden in charakteristischer Weise unterscheidet. Und zwar insofern, als es *kein „historisches"* Beispiel ist. Wie wir vielmehr aus dem ersten Band[62] wissen, vollzieht sich hier das „Verstehen" innerhalb eines *deduktiven* Systems: wir „verstehen" einen Zusammenhang, wenn wir die Einzelschritte verstehen, die ihn bilden.

Mit Hilfe eines Terminus, den wir später verwenden werden, können wir hier vorläufig sagen: das Verständnis mathematischer Zusammenhänge bewegt sich nicht im historischen, sondern im *systematischen* Rahmen. Doch darüber später.

2. Lateinische Sätze

a) Cäsar. Ein Quartaner bekommt folgenden lateinischen Satz
ins Deutsche zu übersetzen:
Quibus rebus cognitis Caesar pontem rescindi iussit.
Wie fängt er das an? Um einen lateinischen Satz übersetzen zu
können, müssen wir einerseits wissen, was die einzelnen Wörter
bedeuten, und andererseits, in welcher grammatischen Form sie
sich jeweils darbieten. Wenn wir beides von jedem Wort wissen,
ist uns der Satz völlig klar, und wir können ihn „übersetzen",
indem wir einen gleichbedeutenden Satz unserer Muttersprache
bilden.

Nun leuchtet aber sofort ein, daß Kenntnis von Wortbedeutungen und Kenntnis von Wortformen aneinanderhängen, das
heißt: wir können Wortbedeutungen mit Hilfe von Wortformen
und umgekehrt Wortformen mit Hilfe von Wortbedeutungen
klären.

So kann ein und dieselbe Buchstabenfolge dem Formenbestand
zweier oder mehrer verschiedener Wörter angehören. *laudem*
kann zum Beispiel heißen ‚das Lob‘ (Substantiv *laus* ‚das Lob‘,
Akkusativ Singular) oder ‚ich möge loben‘ (Verbum *laudare*
‚loben‘, erste Person Singular Präsens Konjunktiv Aktiv).

Ebenso könnte theoretisch *pontem* nicht nur der Akkusativ
Singular des Substantivs *pons* ‚die Brücke‘ sein, sondern auch die
erste Person Konjunktiv Präsens Aktiv eines möglichen Verbums[63] **pontare.* Da es aber ein solches Wort im Lexikon nicht
gibt und sonst noch in Frage kommende Wörter wie *ponto*
‚Ponton‘ und *pontus* ‚Meer‘ eine Form *pontem* nicht besitzen,
kann *pontem* nur Akkusativ von *pons* sein.

Auf ähnliche Weise könnten wir auch feststellen, daß *rescindi*
nicht Genitiv Singular oder Nominativ Plural eines Substantivs
*rescindus sein kann, sondern nur der Infinitiv Präsens Passiv
eines Verbums *rescindere* ‚einreißen‘.

In diesem Fall vermittelt uns die Kenntnis von Bedeutungen
die Bestimmung der grammatischen Form eines unbekannten
Wortes und damit seine „syntaktische" Stellung im Satzzusam-
menhang.

Und umgekehrt: wenn wir sofort *iussit* eindeutig als dritte

Person Singular Perfekt Indikativ Aktiv von *iubere* ‚befehlen'
und damit als Prädikat und mithin tragendes Element des ganzen Satzes erkennen und mit ‚er befahl' übersetzen können, ist
uns die syntaktische Struktur des Satzes klar, auch ehe wir die
Bedeutung von *pontem* und *rescindi* kennen. (*Caesar* ist eindeutig Nominativ Singular des uns geläufigen Eigennamens und
damit Subjekt des Satzes.) Denn: von *iubere* ‚befehlen', so wissen
wir, hängt häufig ein sogenannter „accusativus cum infinitivo"
(„a. c. i.") ab – und *pontem* kann Akkusativ sowie *rescindi*
Infinitiv sein. Also ermitteln wir auf syntaktischem Wege (vorausgesetzt allerdings, daß uns Form und Bedeutung von *iussit*
klar sind), daß Cäsar hier offensichtlich befiehlt, einen ‚pons' zu
‚rescindieren', und wir brauchen nun nur noch festzustellen, was
diese ihrer Form nach eindeutig ermittelten Wörter, Substantiv
und Verbum, bedeuten.

Wissen wir nun noch, daß *quibus rebus cognitis* ein stehender
Ausdruck bei Cäsar ist, so können wir den Satz übersetzen:
„Sobald er dies erfahren hatte, ließ Cäsar die Brücke abbrechen."

An diesem einfachen Beispiel wird deutlich, was „Hermeneutik" heißt.

Wir können nämlich gar nicht genau sagen, was wir eigentlich
schon wissen und was noch nicht, wenn uns dieser Satz begegnet.
Wir wissen vielmehr irgend etwas, ganz bruchstückhaft, und versuchen nun, das uns noch Fehlende zu ergänzen. Das, was wir
schon wissen, ist das „*Vorverständnis*",[64] das heißt: das immer
schon ungefähr Bescheidwissen, das uns gestattet, den Satz völlig
zu enträtseln, zu übersetzen, und das heißt eben: zu interpretieren.

Hier zeigt sich ganz klar, worin unser „hermeneutischer Zirkel" besteht: um etwas zu wissen, müssen wir schon etwas wissen. Um einen lateinischen Satz herauszubekommen, müssen wir
schon Latein können. Wir müssen einen Zipfel des Satzes zu fassen suchen, um ihn völlig aufzurollen. Wer kein Wort Latein
kann, der vermag auch mit diesem Satz so wenig anzufangen
wie die meisten Westeuropäer mit einem polnischen oder ungari-
schen Satz.

Das gilt auch für die Wortbedeutungen. Was der ganze Satz
eigentlich „soll", verstehen wir nur dann, wenn wir bereits vor-

her wissen, um was es etwa geht: daß Cäsar ein Heerführer war, der auch über Pioniere verfügte, die ihm bei Bedarf Brücken über Flüsse bauten und wieder abrissen, wenn die Situation es erforderte.

Aber obwohl wir bei der Enträtselung dieses Satzes bereits typisch „hermeneutische" Werkzeuge anwenden, ist das Beispiel eigentlich noch nicht „historischer" Natur. Und zwar insofern nicht, als es sich um einen relativ elementaren Sachverhalt handelt, der jedem Schüler ganz naiv aus der Gegenwartswelt verständlich ist: auch heute gibt es Pioniere, die Pontonbrücken über Flüsse bauen – und genau so machte es eben Cäsar. Um das zu verstehen, braucht man also von Geschichte nicht mehr zu haben als eine Schuljungenvorstellung.

b) Tacitus. Wesentlich komplizierter ist schon unser zweites Beispiel aus der klassischen lateinischen Literatur. Nicht zuletzt ist es deshalb interessant, weil schon der bedeutende Philologe und Methodologe der Hermeneutik August Boeckh mit ihm gearbeitet[65] und Ernst Bernheim es von ihm übernommen hat.[66] Es stammt aus Tacitus' Annalen und lautet:[67]

Domi res tranquillae; eadem magistratuum vocabula; iuniores post Actiacam victoriam, etiam senes plerique inter bella civium nati: quotus quisque reliquus qui rem publicam vidisset!

Diesen Satz wird kaum ein Leser übersetzen können, der nicht klassischer Philologe oder Althistoriker ist oder sehr gut Latein gelernt hat.

Auch ich kann mich natürlich nur Boeckh anschließen. Wenn ich daher zunächst eine wörtliche Übersetzung angebe, muß man sich darüber klar sein, daß auch hier bereits der hermeneutische Zirkel wirksam geworden ist: diese wörtliche Übersetzung kann ich nur geben, weil ich bei Boeckh gelesen habe, wie der Satz zu verstehen ist:

Zu Hause ruhige Dinge;

das gleiche Wort der Magistrate;

die Jüngeren nach dem Sieg bei Aktium, ja die meisten Greise innerhalb der Kriege der Bürger geboren;

der wievielste übrig, der die Republik gesehen hatte!

Hierzu gebe ich die von Bernheim nach Boeckh formulierte

Interpretation, die etwas leichter verständlich ist als die Origi-
nalformulierung Boeckhs:[68]

„Der Zusammenhang dieser vier Sätze ergibt sich nur, wenn
man weiß, daß Tacitus es liebt, die einzelnen Sätze und Satz-
teile ohne Partikeln schroff nebeneinander hinzustellen und dem
Leser die Ergänzung derselben gemäß dem Sinne des ganzen Zusammenhanges zu überlassen, der hier ein bitter ironischer ist;
der erste Satz wird durch die folgenden begründet:

es war Friede im Innern; denn es gab ja noch dem Namen nach
dieselben Magistrate, und dieser bloße Schein der republikani-
schen Verfassung genügte, die Ruhe zu erhalten; dies aber erklärt sich daraus, daß die Jugend erst nach der Schlacht bei
Aktium, ja sogar die Mehrzahl der Greise in der Zeit der Bürger-
kriege geboren war und daher nur sehr wenige die alte Verfassung aus eigener Anschauung kannten."

Diese Erläuterung der Tacitus-Sätze ist ein Musterbeispiel für
philologisch-historische Interpretation: die Sätze werden einerseits sprachlich aus Tacitus' Stil erklärt, andererseits sachlich aus
der Kenntnis des Zusammenhanges: der historischen Situationen,
einerseits der, *in der* Tacitus schreibt und andererseits der, *die*
er beschreibt: Tacitus selbst interpretiert bereits die von ihm beschriebene Situation im Rom der Zeit des Kaisers Augustus.

3. *Liebesgedichte*

Die folgenden Beispiele sind zwei Liebesgedichte aus verschiedenen Zeiten der deutschen Literaturgeschichte.
Andreas Gryphius (1616–1664): An Eugenien.[69]

> SChön ist ein schöner Leib / den aller Lippen preisen!
>   Der von nicht schlechtem Stamm und edlen Blutt herrührt.
>   Doch schöner / wenn den Leib ein' edle Seele zihrt
> Die einig sich nur läst die Tugend unterweisen.
>
> Vilmehr / wenn Weißheit noch / nach der wir offtmals reisen
>   Sie in der Wigen lehrt / mehr wenn sie Zucht anführt
>   Vnd heilig seyn ergetzt / die nur nach Demutt spür't /
> Mehr / wenn ihr keuscher Geist nicht zagt für Flamm und Eisen.
>
>   Diß schätz ich rühmens wehrt / diß ist was dise Welt
>   Die aller Schönheit Sitz für höchste Schönheit hält /
> Vnd daß man billich mag der Schönheit Wunder nennen.

Wer dises schauen wil / wird finden was er sucht
Vnd kaum zu finden ist / wenn er / O Blum der Zucht /
O schönste / wenn er euch / wird was genauer kennen!

Johann Wolfgang Goethe (1749–1832): Die Nacht[70]

Gern verlaß ich diese Hütte,
Meiner Schönen Aufenthalt.
Und durchstreich mit leisem Tritte,
Diesen ausgestorbnen Wald.
Luna bricht die Nacht der Eichen
Zephirs melden ihren Lauf,
Und die Bircken streun mit Neigen
Ihr den süßsten Weyrauch auf.
Schauer, der das Hertze fühlen
Der die Seele schmeltzen macht,
Wandelt im Gebüsch im Kühlen.
Welche schöne, süße Nacht!
Freude! Wollust! kaum zufaßen!
Und doch wolt ich Himmel dir
Tausend deiner Nächte laßen
Gäb mein Mädgen eine mir.

Unser erster Eindruck ist: das Goethegedicht verstehen wir auf Anhieb – das Gryphiusgedicht ist uns zunächst fremd.

(Natürlich kann man durch die Wahl der Beispiele die Situation leicht verfälschen; ich habe nach Kräften versucht, ein „ceteris paribus" herzustellen, indem ich beide Gedichte in der historischen Schreibweise bringe, von Gryphius ein nicht zu „abstraktes" und umgekehrt von Goethe ein relativ unbekanntes Gedicht in einer frühen, auch orthographisch zum Teil ungewohnten Fassung gewählt habe.)

Der Unterschied zwischen der Fremdheit bei Gryphius und der Vertrautheit bei Goethe weist uns auf eine bemerkenswerte historische Tatsache hin: Goethe betrachten wir als noch unmittelbar unserem Gegenwartsbewußtsein (genauer allerdings: unserem durch die bürgerliche Bildung geprägten Bewußtsein) zugehörig, Gryphius dagegen nicht.[71]

So wichtig dieser Unterschied nun auf den ersten Blick auch sein mag – so sehr verliert er doch bei näherer Betrachtung an Bedeutung. Denn schon unsere Beispiele lateinischer Sätze zeigten

uns ja: Interpretation ohne Arbeit, ohne Anstrengung ist undenkbar. Etwas interpretieren kann daher immer nur heißen:
sich in einen zunächst *fremden* Zusammenhang solange hinein-
denken und hineinarbeiten, bis er einem *vertraut* ist.[72]

„Fremdheit" und „Vertrautheit" sind relative Begriffe. Niemals ist uns etwas, das wir im ersten Augenblick nicht verstehen,
deshalb auch überhaupt, auf die Dauer, fremd. Denn der Mensch
ist ja lernfähig. Er kann sich in etwas hineinfinden, hinein-
denken, eingewöhnen, einleben: eine Erfahrung, die jeder machen kann, der an einen neuen Ort, eine neue Arbeitsstätte und
so fort kommt.

Daß unserem durch die historische Situation, in der wir leben,
nun einmal so beschaffenen „aktuellen Bewußtsein" Goethe zunächst einmal vertrauter ist als Gryphius, besagt also nicht so
viel wie man zu glauben geneigt sein könnte.

Unser gegebenes „aktuelles Bewußtsein", das heißt: unsere
Fähigkeit, einen gegebenen Text oder ein sonstiges Gebilde *„auf
Anhieb"* zu verstehen, ist also keineswegs ein umfassendes, un-
wandelbares Kriterium für das, was wir *überhaupt* verstehen:
was uns „liegt" oder was uns „nicht liegt".

Wir können also nicht einfach auf Anhieb sagen: „Goethe ist
uns vertraut, Gryphius ist uns fremd" – und meinen, hiermit
hätten wir eine zumindest für unsere historische Großsituation
gültige Aussage getroffen.

Denn das, was wir „auf Anhieb" verstehen oder nicht, also:
die Bandbreite unseres jeweiligen aktuellen Verständnisses für
etwas, ist zunächst durch *Zufälle* bedingt. Durch Zufälle etwa
unserer historischen Situation, unserer sozialen Herkunft, unserer
Vorbildung, unseres derzeitigen Informations- und Interessen-
standes und so fort.

Ein Teil dieser Faktoren ist dauernd in Veränderung begriffen. So ist uns ständig vieles einfach deshalb unverständlich,
weil wir im Augenblick keine Zeit haben, uns damit eingehen-
der zu beschäftigen, obwohl wir uns „an sich" vielleicht sogar dafür interessieren. Daher brauchen wir uns in eine Materie, die
uns so eben im Vorbeigehen völlig fremd zu sein scheint, nur
gründlich *einzuarbeiten*, um die in Frage kommenden Zusammenhänge zu verstehen. Dem jeweiligen Spezialkenner erscheint

sein jeweiliger Gegenstand so selbstverständlich und durchsichtig, wie dem Nichtkenner das, womit er seinerseits täglich umgeht.[73]

Das „Verständnis" für einen Zusammenhang ist also stets relativ, auf unsere jeweilige Lebens- und Arbeitssituation bezogen; es gibt keine absolute Bestimmung dafür, was uns „verständlich" und was „unverständlich" ist.

Das gilt auch und sogar besonders für das historische Verständnis. So hat schon Jacob Burckhardt gesagt: „. . . auch dem Gelehrten und Denker ist die Vergangenheit in ihrer Äußerung anfangs immer fremdartig und ihre Aneignung eine Arbeit."[74]

Für denjenigen, der viel mit Barocklyrik umgeht, wird Gryphius daher genau so vertraut werden wie Goethe es für den normalen Bildungsbürger ist.

4. *Aus einem Brief von Johann Sebastian Bach*

Wir lesen in einem Brief folgende Sätze:

„. . . Von Jugend auf sind Ihnen meine Fata bestens bewust, biß auf die mutation, so mich als Capellmeister nach Cöthen zohe. Daselbst hatte einen gnädigen und Music so wohl liebenden als kennenden Fürsten, bey welchem auch vermeinete meine Lebenszeit zu beschließen. Es mußte sich aber fügen, daß erwehnter Serenissimus sich mit einer Berenburgischen Prinzeßin vermählte, da es denn das Ansinnen gewinnen wolte, als ob die musicalische Inclination bey gesagtem Fürsten in etwas laulicht werden wolte, zumahle da die neüe Fürstin schiene eine amusa zu seyn: so fügte es Gott, daß zu hiesigem Directore Musices und Cantore an der Thomas Schule vociret wurde. Ob es mir nun zwar anfänglich gar nicht anständig seyn wolte, aus einem Capellmeister ein Cantor zu werden. Weßweg auch meine resolution auf ein vierthel Jahr trainirete, jedoch wurde mir diese Station dermaßen favorable beschrieben, daß endlich /: zumahle da meine Söhne denen studiis zu incliniren schienen :/ es in des Höchsten Nahmen wagete und mich nacher Leipzig begabe, meine Probe ablegete, und so dann die mutation vornahme. Hirselbst bin nun nach Gottes Willen annoch beständig. . . ."[75]

Wer viel mit historischen Texten umgegangen ist, wird sofort bemerken, daß dieser Brief aus dem 18. Jahrhundert stammt, und zwar aus seiner ersten Hälfte. In der Tat hat ihn Johann Sebastian Bach im Jahre 1730 an Georg Erdmann gerichtet. Aus

dem langen Brief haben wir jene berühmten Sätze zitiert, die als
der wichtigste Beleg dafür gelten, daß Bach das Kantorenamt an
der Thomasschule in Leipzig keineswegs so unbedingt als Krö-
nung seiner Laufbahn ansah, wie das vielfach angenommen
wurde.

Was uns in Schriftzeugnissen aus einer früheren Stufe unserer
eigenen Muttersprache so ins Auge springt, ist das „Atmosphärische", das charakteristisch „Altfränkische" des Stils im Vergleich
zu unserer Gegenwartssprache. Natürlich hat ein jeder fremdsprachige Text, also auch etwa die Werke von Cäsar oder Tacitus, eine solche „Atmosphäre". Aber sie empfindet nur der Kenner der jeweiligen alten oder modernen Fremdsprache. In einem
deutschen Text aus früherer Zeit dagegen ist uns das „Andersartige" unmittelbar anschaulich, weil wir jede Nuance im Unterschied zu unserem eigenen gegenwärtigen Sprachgebrauch spüren.

Natürlich können wir das alte Deutsch des Bachschen Briefes
in modernes Deutsch zu übertragen versuchen:

„Von Jugend auf ist Ihnen mein Lebenslauf wohlbekannt – bis auf
jenen Wechsel, der mich als Kapellmeister nach Köthen brachte. Dort
hatte ich einen wohlwollenden Fürsten, der Musik nicht nur liebte,
sondern der auch etwas von ihr verstand; daher glaubte ich, ich
könnte bei ihm bis an mein Lebensende bleiben. Aber es ergab sich, daß
dieser Fürst eine Bernburger Prinzessin heiratete, und da sah es
dann so aus, als ob die musikalische Neigung bei dem Fürsten sich ein
wenig abkühlte, zumal die neue Fürstin kein Musikinteresse zu haben
schien. So fügte es Gott, daß ich hier zum Musikdirektor und Kantor
an der Thomasschule berufen wurde – obwohl ich es zunächst gar nicht
angemessen fand, vom Kapellmeister zum Kantor zu werden. Ich
zögerte deshalb auch meinen Entschluß ein Vierteljahr lang hinaus;
jedoch wurde mir diese Stelle als derart angenehm beschrieben, daß ich
es endlich – zumal meine Söhne sich für das Studium zu interessieren
schienen – in des Höchsten Namen wagte und mich nach Leipzig be-
gab, meine Probe ablegte und daraufhin überwechselte. Hier bin ich
nun – nach Gottes Willen – noch tätig."

Der Versuch dieser „Übersetzung" zeigt: manche Sätze und
Wörter sind gar nicht ganz angemessen zu übertragen, weil bestimmte Wendungen einen „atmosphärischen" Charakter besitzen, der bei der Wahl anderer Wörter verlorengeht: „das Ansinnen gewinnen", „in etwas laulicht", „eine amusa", „gar nicht

anständig seyn", „favorable beschrieben", „annoch beständig" und so fort.

Aber selbst in den Fällen, wo eine Übertragung in das gegenwärtige Deutsch offenbar eindeutig möglich ist, geht der atmosphärische Reiz des Urtextes natürlich völlig verloren.

An dieser Stelle wird deutlich, wie problematisch im geschichtlichen Bereich der Begriff der „Synonymität" ist. Zwar hatten wir im ersten Band die Möglichkeit eingeräumt, daß verschiedene Aussagen den gleichen Sachverhalt darstellen können, wenn die in ihnen verwendeten Wörter als synonym zu betrachten sind.[76]

Dafür hatten wir etwa folgendes Beispiel angeführt:

„Dieses Haus ist dreistöckig"

„Dieses Wohngebäude hat drei Geschosse"

„This house has three floors".

Diese drei Aussagen stellen dann den gleichen Sachverhalt dar, wenn wir vereinbaren, daß ,Haus', ,Wohngebäude' und ,house', ferner ,Stock', ,Geschoß' und ,floor', weiterhin ,drei' und ,three' und endlich auch ,ist dreistöckig' und ,hat drei Geschosse' als *synonym* angesehen werden sollen. Da eine solche Gleichsetzung in diesem Falle auf Übereinkunft beruht, sprechen wir auch von *„Nominal"*definition: die benutzten Wörter *sollen* als jeweils gleichbedeutend gelten ohne Rücksicht darauf, ob sie in anderen, uns hier nicht interessierenden Zusammenhängen vielleicht nicht gleichbedeutend wären.

Vergleichen wir nun aber einmal die beiden Sätze:

„Ob es mir nun zwar anfänglich gar nicht anständig seyn wolte, aus einem Capellmeister ein Cantor zu werden"

und

„Obwohl ich es zunächst gar nicht angemessen fand, vom Kapellmeister zum Kantor zu werden".

Nach der Maßgabe, daß der gleiche Sachverhalt immer dann vorliegen soll, wenn zwei ihn darstellende Aussagen einander gleichgesetzt werden können, drücken beide Sätze offenbar den gleichen Sachverhalt aus: den nämlich, daß Bach es als Verschlechterung empfand, aus dem Amt eines Kapellmeisters in das eines Kantors überzuwechseln.

Aber wir merken schon: diese Argumentation ist irgendwie

schwach. Wir haben das deutliche Gefühl: Die beiden Sätze stellen eben *doch nicht* „den gleichen Sachverhalt" dar!

In Bachs Originalsatz ist nämlich offensichtlich die spezifische
Denkweise, das ganze „Lebensgefühl" eines protestantischen
Musikers des 18. Jahrhunderts eingeschlossen. Welch ungeheure
Fülle von Assoziationen birgt allein schon das Wort ,anstän-
dig'! Wir verwenden dieses Wort heute ganz anders als Bach
und können es eben deshalb in unserer Übersetzung gar nicht
stehen lassen, ohne den Sinn zu verfälschen. Wir sagen etwa:
„Du mußt anständig essen!" oder: „Das ist aber verdammt anständig von ihm!" So gebrauchte Bach das Wort offensichtlich
nicht. Bei ihm klingt deutlich noch der „Stand" durch: ein ganzer historischer Zusammenhang, die soziale, finanzielle, künstlerische Situation eines Hofkapellmeisters auf der einen und eines
kirchlichen und städtischen Musikdirektors und Musiklehrers auf
der anderen Seite vergegenwärtigen sich hier.

Daraus ergibt sich: Das Wort ,anständig', so wie Bach es
gebraucht, können wir in unserer Übersetzung in das Gegen-
wartsdeutsch *weder* wörtlich übernehmen – denn für uns hat es
eine ganz andere Bedeutung; *noch* können wir es mit wirklich
gutem Gewissen durch sinngemäß etwa entsprechende Wörter
wie ,angemessen', ,passend', ,standesgemäß' und so fort übersetzen – denn diese Wörter, so korrekt sie auch die seinerzeitige
Bedeutung von ,anständig' wenigstens skizzieren mögen, legen
ja wiederum ihre heutige Auslegung nahe und verfälschen damit
wieder das Spezifische, „Atmosphärische" von Bachs ,anständig'.

(Wie kompliziert die Dinge werden, sobald man sich auf das
glatte Parkett der geistesgeschichtlichen Interpretation begibt,
zeigen schon die von uns probierten „Synonyma" ,passend' und
,standesgemäß'. Beides sind nämlich nun wiederum eigentlich
typische Wörter des 19. Jahrhunderts; um 1890 konnte etwas
„unpassend" sein und war ein Heiratskandidat der höheren
Schichten verpflichtet, seiner Auserwählten „standesgemäßen
Unterhalt" zu gewähren. Beide Wörter können wir heute also
nur noch ironisch, im Bewußtsein des historischen Abstandes,
verwenden. – ,Angemessen' wiederum ist ein Wort von bewußt
unbestimmt gelassener Bedeutung, das in der jeweiligen Situation erst ausgelegt werden muß und daher über die spezifische

soziale, psychische und künstlerische Situation Bachs im Jahre 1723 *so* gar nichts aussagt.)

Unsere Überlegung macht deutlich: in dem Augenblick, da wir uns in den Bereich der historischen Interpretation begeben, können wir nicht ohne weiteres darauf vertrauen, daß zwei Sätze verschiedenen Wortlautes den gleichen Sachverhalt darstellen können müssen; ganz im Gegenteil sind wir wesentlich besser beraten, wenn wir zunächst davon ausgehen, daß jeder Satz, so wie er formuliert ist, einen ganz spezifischen, nicht auf andere Weise darstellbaren, von einer bestimmten Formulierung und der damit gegebenen spezifischen historischen „Atmosphäre" nicht ablösbaren Sachverhalt vergegenwärtigt.

Wir werden auf das Problem der „Synonymität" im historischen Bereich noch in anderem Zusammenhang zurückkommen.

Das Beispiel des Bach-Briefes sollte uns zeigen: jede historische Einheit hat ihre bestimmte Atmosphäre, ihr Spezifisches, ihren „Stil", wie wir auch mit einem längst geläufigen Wort sagen. „Stil" in diesem Sinne heißt: die Elemente ordnen sich in bestimmter Weise zusammen; bestimmte Figuren „kommen vor" – andere wieder nicht.

Wer viel Umgang mit Zeugnissen aus einer bestimmten historischen Situation besitzt, bekommt auf diese Weise einen sehr scharfen Blick für das, was in einem bestimmten „Stil" an „Figuren" „vorkommen" kann und was nicht – was in einer gegebenen historischen Situation jeweils *„möglich"* ist und was nicht.

So zeigt uns der Bach-Brief zum Beispiel, daß in der ersten Hälfte des 18. Jahrhunderts die Verwendung des Wortes ‚anständig' im Sinne unseres „artig" oder „fair" noch nicht „möglich" war – andererseits jedoch finden wir das Adverb ‚bestens' und auch das in dem von uns zitierten Abschnitt nicht vorkommende ‚anderweitig'[77] schon in genau der uns vertrauten Verwendung. In diesem Sinne kann man einen historisch „andersartigen" Text auch als eine spezifische Konstellation dessen sehen, was „möglich" und was „nicht möglich" ist: ‚anderweitig' in unserem Sinne ist bei Bach „möglich", ‚anständig' in unserem Sinne dagegen nicht.

Dieser durch langen Umgang „hermeneutisch" erworbene

„Riecher" für das, was in einem Zeitstil „möglich" ist und was nicht, hat seine praktische Bedeutung etwa für die Erkennung von Fälschungen. Im Alltagsleben ist es üblich, sich in scherzhaftem Zusammenhang – etwa in Einladungen für Faschingsveranstaltungen und ähnliche Anlässe – eines bewußt altertümelnden Sprachstils zu bedienen, mit reicher Verwendung von „alldieweil", „sintemalen" und so fort. Historische Kenner würden in solch einem Falle natürlich sehr genau zu beurteilen vermögen, was an dem betreffenden Text „falsch" ist – etwa wenn einem spätmittelalterlichen Raubritter der Sprachstil der Bachzeit in den Mund gelegt wird.

Bekanntlich spricht man hier von „Anachronismus". Ein „Anachronismus" liegt immer dann vor, wenn in einer Äußerung, die anscheinend oder angeblich einer bestimmten historischen Einheit zugerechnet wird, „fremde" Elemente vorkommen. Die Anachronismus-Kritik ist natürlich ein sehr feines Werkzeug für den geübten Historiker. Es gibt Merkmale an historischen Zeugnissen, die uns gestatten, sie bis auf eine Generation genau[78] zu datieren: so etwa die Schrift oder bestimmte Einzelheiten der Formgebung! Dem heutigen Historiker fällt „es auf, wenn eine angeblich aus dem 9. Jahrhundert stammende erzbischöfliche Urkunde Schriftzüge und Beglaubigungsformen (Siegel!) ... [aufweist], die erst im 12. Jahrhundert möglich waren." Ein interessantes Beispiel für eine solche „Anachronismusforschung" werden wir weiter unten am „Privilegium Majus" kennenlernen.

Das Phänomen des „Zeitstils" können wir auch im Alltag sehr gut beobachten. Wenn wir etwa durch eine Stadt schlendern, vermögen wir oft auf das Jahrfünft genau zu erraten, wann das Gebäude errichtet sein muß, an dem wir gerade vorübergehen. Wir wissen eben, wie eine Schule von 1914, ein Siedlungshaus von 1926 oder ein Verwaltungsgebäude von 1955 aussehen.

Auch das Buchwesen stellt ein interessantes Betätigungsfeld für unser Zeitstil-Bewußtsein dar: den meisten Büchern sehen wir ihr mutmaßliches Erscheinungsjahr auch dann an, wenn es nicht ausdrücklich genannt ist. Bestimmte Eigenarten der Titelformulierung, der Typographie, des Einbandes und so fort, nicht zuletzt auch des Inhaltes führen uns hier oft auf die richtige Spur.

Interessante Beispiele hierfür hat Hans Baer zusammengetragen. So sagt er etwa: „... ein alter Bücherfuchs ‚weiß'" einfach aufgrund seines „Titelgefühls", „daß Titel wie *Bauern, Bonzen und Bomben* oder *Berlin Alexanderplatz* oder *Brot* um 1930 herum zu datieren sind." – Ferner: In dem Jahrzehnt von 1931 bis 1940 erschienen in der deutschen erzählenden Literatur 90 „Fliegerbücher", von 1901 bis 1930 dagegen nur insgesamt 38, und von 1941 bis 1952 nur 20 Titel: „Man wird ... also etwa ... das *Bordbuch eines Verkehrsfliegers*" in den Bücherverzeichnissen der dreißiger Jahre unseres Jahrhunderts zuerst suchen – ein solcher Titel „riecht" für den historisch Bewußten förmlich „nach 1935". – Oder: mit „Und ..." beginnende Buchtitel häufen sich erst seit 1950 – sie sind typisch für die Zeit nach dem zweiten Weltkrieg.[79]

5. Philosophische Texte

a) Ein historischer Text. Wir stoßen auf folgenden philosophischen Text:[80]

„Das Geistige allein ist das Wirkliche; es ist das Wesen oder Ansichseiende, – das sich Verhaltende und Bestimmte, das Anderssein und Fürsichsein – und [das] in dieser Bestimmtheit oder seinem Außersichsein in sich selbst Bleibende, – oder es ist an und für sich. – Dies Anundfürsichsein aber ist es erst für uns oder an sich, es ist die geistige Substanz. Es muß dies auch für sich selbst, muß das Wissen von dem Geistigen und das Wissen von sich als dem Geiste sein, d. h., es muß sich als Gegenstand sein, aber eben so unmittelbar als aufgehobener, in sich reflektierter Gegenstand. Er ist für sich nur für uns, insofern sein geistiger Inhalt durch ihn selbst erzeugt ist; insofern er aber auch für sich selbst für sich ist, so ist dieses Selbsterzeugen, der reine Begriff, ihm zugleich das gegenständliche Element, worin er sein Dasein hat, und er ist auf diese Weise in seinem Dasein für sich selbst in sich reflektierter Gegenstand. – Der Geist, der sich so entwickelt als Geist weiß, ist die Wissenschaft. Sie ist seine Wirklichkeit und das Reich, das er sich in seinem eigenen Elemente erbaut."

„... So zerfällt die Wissenschaft in die drei Teile:

I. Die Logik, die Wissenschaft der Idee an und für sich,

II. Die Naturphilosophie als die Wissenschaft der Idee in ihrem Anderssein,

III. Die Philosophie des Geistes, als der Idee, die aus ihrem Anderssein in sich zurückkehrt."

Es ist nicht schwierig zu erraten, daß diese Texte von Georg Wilhelm Friedrich *Hegel* stammen.

Auch hier liegt die Frage nahe, ob diese Sätze, wie der Brief Bachs, in deutschsprachige Formulierungen anderen Wortlauts, aber der gleichen Bedeutung zu übertragen sind – ob also die Sachverhalte, die Hegel zum Ausdruck bringen will, auch durch Aussagen anderer Buchstabenfolge darzustellen sind.

Offenbar brauchen wir uns darum gar nicht zu bemühen. Wir werden sehr bald bemerken, daß Wörter wie „das Wirkliche", „das Ansichseiende", „das Anderssein und Fürsichsein" unersetzbar sind. Es gibt ganz offensichtlich schlechthin keine anderweitigen deutschen Wörter, die wir an die Stelle dieser Wörter setzen können. Der Gegenstand, den sie bezeichnen sollen, hängt an diesen und an keinen anderen Wörtern und kann daher von ihnen nicht abgelöst werden.

Hegels Sprache scheint daher den Extremfall für jene von der Sprachanalyse vertretene These[81] zu bieten, daß ein „Sachverhalt" nichts „an sich" ist, sondern nur in der Aussage existiert, die ihn darstellt.

„Dies Anundfürsichsein aber ist es erst für uns oder an sich, es ist die geistige Substanz" – ein solcher Satz schafft sich seinen „Gegenstand" offenbar erst selbst. Und wenn man in diesem Satz auch nur ein Wort anders formulieren würde, so würde vermutlich auch der Gegenstand des Satzes ein anderer. Mit „Synonymen", deren Verwendung am Inhalt der Aussage nichts ändert, ist hier offensichtlich nicht viel anzufangen.

Es gäbe allenfalls eine Möglichkeit, Hegels Sätze in anderslautende Sätze gleicher Bedeutung zu überführen. Aber diese Möglichkeit liegt bezeichnenderweise außerhalb der deutschen Sprache: man könnte versuchen, Hegels Texte in eine Fremdsprache, etwa ins Lateinische oder Englische, zu übersetzen. Denn in diesem Falle wären wir nicht genötigt, deutschsprachige Synonyme für Hegels Ausdrücke zu suchen, sondern könnten die deutschen Wörter gleichsam schematisch durch fremdsprachliche Entsprechungen ersetzen, also etwa ,aliter esse' für ,Anderssein' oder ,outside itself being' für „Außersichsein" sagen.

Doch hier zeigt sich folgendes: eine Übersetzung Hegels ins Lateinische oder Englische würde zunächst einmal zweifellos die spezifische „Atmosphäre" des Hegelschen Stils zerstören. Insofern liegt die gleiche Situation vor wie bei der „Übersetzung" des Bachbriefes in gegenwärtiges Deutsch.

Aber weiter würde sich der Unterschied zwischen dem Bachbrief und dem Hegeltext offenbaren. Den Bachbrief können wir zur Not schon in modernes Deutsch übersetzen. Was verlorengeht, ist ja zunächst nur das historische Kolorit, während der dürre Inhalt durchaus erhalten bleibt. Das Besondere des Bachtextes liegt also nicht im Inhalt, den man auch anders wiedergeben kann, sondern in der „hermeneutisch" erfaßbaren Atmosphäre der Bachzeit, die er repräsentiert.

Bei Hegel jedoch müssen wir folgendes feststellen: „Kolorit" und „Inhalt" sind nicht, wie bei Bach, voneinander zu trennen. Das typisch Hegelsche „Kolorit", wie es unsere Beispielsätze zeigen, *„ist"* ja gleichzeitig die Formulierungen, die als solche die von Hegel gemeinten Sachverhalte verkörpern. Wenn wir also Hegel ins Lateinische oder Englische übersetzen, so geht *mit* dem „Kolorit" gleichzeitig auch der gemeinte Sachverhalt verloren, weil er lediglich in der einen möglichen Formulierung Hegels steckt.

Bachs Brief stellt Sachverhalte dar, die aus der Atmosphäre ihrer Formulierung zur Not herauslösbar sind; wir können die historische Situation, die seine Worte vergegenwärtigen, wenigstens annäherungsweise auch in unserer Sprache formulieren – etwa indem wir statt ,anständig' ,angemessen' sagen.

Bei Hegel dagegen steckt der Sachverhalt in der historischen Formulierung – und eben deshalb, so wollen wir vorläufig, und ein wenig hinterhältig, formulieren, ist vielleicht der Sachverhalt, den Hegel ausdrücken will, selber nur „historisch", das heißt: für uns nicht mehr aktuell, nicht mehr gültig.

Aber dieses schwierige Problem müssen wir in mehreren Anläufen zu bewältigen suchen. Daher zunächst das folgende Gegenbeispiel.

b) Ein gegenwärtiger Text. Setzen wir nun dem Hegelschen Text folgende Sätze aus einer philosophischen Veröffentlichung unserer Tage gegenüber:[82]

„Wir beginnen von vorn, indem wir jene ,Kunstausdrücke' vermei-

den, jene ‚termini technici‘, die sich äußerlich oft dadurch verraten, daß
sie im Gewande des ‚Fremdwortes‘ auftreten. Wir versetzen uns also in
eine Situation, in der wir noch nicht wissen, was ‚Realität‘ ist oder
‚Bewußtsein‘, ‚subjektiv‘ oder ‚philosophisch‘, ‚Elektron‘ oder ‚Kohlen-
wasserstoff‘, ‚Begriff‘ oder ‚logischer Schluß‘, ‚Eschatologie‘ oder
‚Sozialstruktur‘ und so fort. Wir verbieten uns, den unvorbereiteten
Gesprächspartner, Hörer oder Leser in der heute überall üblichen
Weise mit solchen Ausdrücken zu überfallen."

Wenn wir diese Partie aus Wilhelm *Kamlahs* und Paul *Loren-
zens* „Logischer Propädeutik" mit den Texten von Hegel vergleichen, so fällt uns folgendes auf.

Den Text von Kamlah und Lorenzen verstehen wir ohne weiteres. Wir wissen sofort, wovon die Rede ist – wir sind sogar
geneigt, diesen Ausführungen spontan zuzustimmen. Ja, nicht
zuletzt werden wir den Eindruck haben, daß diese Sätze gerade
auch auf Autoren wie Hegel gemünzt sein könnten. Überfällt
nicht auch Hegel uns mit Ausdrücken und Sätzen, die wir nicht
ohne weiteres verstehen?

Daß die Logik es mit der „Idee an und für sich" zu tun
habe, die Naturphilosophie mit der „Idee in ihrem Anderssein"
und die Philosophie des Geistes mit der „Idee, die aus ihrem
Anderssein in sich zurückkehrt" – das klingt zwar sehr schön
und fast poetisch – aber kann man sich darunter auch etwas
vorstellen?

Wir können also zunächst festhalten: bei den modernen Autoren Kamlah und Lorenzen haben wir den Eindruck, daß da
„nostra res agitur"; Probleme, die uns unmittelbar bedrängen,
werden diskutiert; wir sehen uns vielleicht in unseren eigenen
kritischen Gedanken bestätigt und ermutigt.

Was Hegel sagt, ist uns dagegen auf Anhieb unverständlich.
Wir können damit in unserer Situation nichts anfangen.

Jedoch: erinnern wir uns unseres Vergleiches zwischen den Ge-
dichten von Gryphius und Goethe. Wir hatten dort festgestellt:
in der Hermeneutik kommt es gar nicht darauf an, daß wir etwas auf Anhieb verstehen. Unser jeweiliger Verständnishori-
zont besagt gar nichts; er ist zufällig zustandegekommen. Gedul-
diges Sicheinarbeiten in einen auf den ersten Blick unzugäng-
lichen wissenschaftlichen Text wird vorausgesetzt.

Daß wir die aus dem Zusammenhang gerissenen und hier zitierten Sätze Hegels nicht verstehen, besagt selbstverständlich noch gar nichts. Vielmehr wird von uns verlangt, daß wir uns angemessen gründlich mit Hegel beschäftigen.

Nun könnte uns aber folgendes passieren. Angenommen, wir beschäftigen uns gleich lange und gleich gründlich einerseits mit Hegels Werken und andererseits mit – auf den ersten Blick genau so schwierigen, wenn nicht sogar schwierigeren – mathematischen oder formallogischen Problemen. Dann könnte es sein, daß wir die Mathematik und die Logik nach einiger Zeit verstehen – Hegels Sätze aber immer noch nicht.

Wie gesagt – ich behaupte nicht, daß es so ist, sondern nur, daß es so sein könnte. Wenn es aber so wäre, was würde das dann bedeuten? Es könnte folgendes bedeuten. Hegel ist ein hochbedeutender Denker. Das spürt jeder, der mit ihm zu tun hat. Und seine Sprache ist ästhetisch schön. Aber es könnte sein, daß wir die *Wahrheit* seiner Aussagen nicht einzusehen vermögen. Hegel hätte dann vielleicht eine immanente Wahrheit, aber keine Wahrheit für uns. Dieses Problem wird uns aber noch ausführlicher beschäftigen. Daher brechen wir hier ab.

D. Die historische Interpretation

Unsere Vorarbeiten haben uns nunmehr in die Lage versetzt, abschließend zu klären, was wir unter „historischer Interpretation" verstehen.

Die historische Interpretation ist das „Verstehen" von Zeugnissen aufgrund der Regeln der „Hermeneutik" und das Einordnen der Zeugnisse in einen Sinnzusammenhang – und zwar mit dem Ziel, eine (zeitlich, räumlich oder „sozial" definierte) „historische Situation" in ihrer Eigenart möglichst genau und angemessen zu durchschauen und zu erfassen.

Hierbei ist der „hermeneutische Zirkel" unvermeidlich. Was wir wissen wollen, müssen wir schon wissen. Denn: die historischen Zeugnisse erhellen sich gegenseitig. Wir brauchen das Zeugnis A, um das Zeugnis B zu verstehen, und umgekehrt wieder das Zeugnis B, um das Zeugnis A zu verstehen. Dieser Zirkel läßt sich nur so durchbrechen: *wir fangen einfach irgendwo an* zu

studieren und verschaffen uns so ein ungefähres Bild, ein „Vorverständnis" des in Frage stehenden Sinnzusammenhanges. In
diesen vorläufigen Sinnzusammenhang ordnen wir ein neues
Zeugnis ein. Dieses Einordnen ist offenbar ein doppelseitiger
Vorgang: zunächst sind wir in der Lage, aufgrund unseres Vorverständnisses das Zeugnis genauer zu verstehen, als es ohne dieses Vorverständnis möglich wäre. Daß wir aber nun dieses neue
Zeugnis so gut verstehen können – diese Tatsache wiederum bereichert unser vorläufiges Verständnis einer historischen Einheit,
sodaß wir ein weiteres Zeugnis wieder besser würdigen können –
und so fort.

Nun ist es in der Praxis nicht so, daß wir in jedem Falle als
Individuen auf eigene Faust uns in neue Gegenstände einarbeiten müssen. Vielmehr hat die historische Methode und die
historische Interpretation ja ihrerseits eine jahrhundertelange
„Geschichte" hinter sich. Unser „Vorverständnis" besteht daher
praktisch in dem Schatz der bis heute erarbeiteten quellenkund-
lichen und interpretatorischen Einsichten, die wir uns zunutze-
machen können. So ist beispielsweise durch die Forschung ein bestimmtes Bild vom Mittelalter erarbeitet worden, das uns als
Orientierungshilfe zur Verfügung steht.[83]

Es bedarf kaum besonderer Erwähnung: hiermit ist nicht gemeint, wir sollten ein bereits vorliegendes Vorverständnis unkri-
tisch übernehmen. Vielmehr brauchen wir dieses Vorverständnis
in jedem Falle – ob wir es durch unsere eigenen Forschungen und
Überlegungen nun bestätigen oder nicht. Denn selbst wenn wir
der Meinung sind, daß das Vorverständnis ein Mißverständnis
war: wir selbst hätten unter Umständen ja diesen Irrweg gehen
müssen, hätten ihn andere uns nicht abgenommen und eben dadurch uns den Zugang zur richtigen Spur erleichtert!

In einem Bild gesagt: das Vorverständnis von einem bestimmten Problem ist gleichsam der Adler, der uns zunächst einmal
so hoch trägt, daß wir auch als kleine Zaunkönige noch ein wenig
höher kommen; ohne den Adler hingegen wären wir kaum über
unseren Zaun hinausgelangt.

I. Beispiel: „Privilegium Majus"

Nachdem wir im vorigen Abschnitt an einigen einfachen Beispielen gezeigt haben, wie die historische Hermeneutik arbeitet, wollen wir nun noch einen komplexen Fall vorführen, der uns zeigt, mit welcher Fülle sich gegenseitig erklärender Faktoren auf allen Ebenen es der Historiker zu tun haben kann.

Ein solches klassisches Beispiel historischer Interpretation mit der Beteiligung sehr vieler Faktoren bietet uns Ernst Bernheim.[84]

Es handelt sich um die Frage der Echtheit der österreichischen Freiheitsprivilegien, des sogenannten privilegium majus und minus, aus dem 12. Jahrhundert:

„Bekanntlich wurde im Jahre 1156 von Kaiser Friedrich I. [Barbarossa] die Markgrafschaft Österreich zum Herzogtum erhoben und mit besonderen Vorrechten ausgestattet, um den damaligen Inhaber Heinrich den Babenberger dafür zu entschädigen, daß dieser das Herzogtum Bayern an Heinrich den Löwen abtrat. Über diese Tatsache gibt es zwei Urkunden Kaiser Friedrichs I. vom 17. September 1156 ganz verschiedenen Inhalts: die eine enthält weitestgehende Privilegien für das neue Herzogtum, wurde daher später Privilegium majus genannt, die andere Privilegien bescheidenerer Art, daher später als Privilegium minus bezeichnet. ... Nun leuchtet ... ein, daß beide Urkunden nicht nebeneinander als echt bestehen können; denn wenn es auch oft genug im Mittelalter vorkommt, daß bei einem und demselben Anlaß mehrere Urkunden ausgestellt werden, so ist es doch widersinnig, daß zwei Urkunden gleichzeitig ausgestellt worden wären, deren eine zum Teil auf ganz anderen verfassungsmäßigen Voraussetzungen beruht als die andere. ... Somit vor die Alternative gestellt, eines der beiden Privilegien für unecht halten zu müssen, entschied man sich ... für Echtheit des Privilegium majus, ... [weil] von diesem anscheinend das Original vorhanden war, dagegen von dem Privilegium minus nicht. ... alsbald erhob sich ein lebhafter literarischer Streit ... [darüber], bis ... [einige Gelehrte] die Sache durch eindringende methodische Untersuchung zur Entscheidung brachten. ... Es handelt sich ... nicht nur um die beiden Urkunden von 1156, sondern noch um damit zusammenhängende auf beiden Seiten, sodaß man von einer Majus-Reihe und einer Minus-Reihe sprechen kann. ... Die erstere besteht außer dem Majus selbst aus drei späteren Bestätigungsurkunden und einem früheren Privileg [Kaiser] Heinrichs IV., auf welches das Majus sich beruft; die letztere außer dem Minus aus einer späteren Bestätigung. Also:

Majus-Reihe: Minus-Reihe:

Privileg Heinrichs IV.
  vom 4. Oktober 1058,
  einschließlich der Urkunden
  Julius Cäsars und Neros,

Privileg Friedrichs I.   Privileg Friedrichs I.
  vom 17. September 1156,   vom 17. September 1156,

Privileg Heinrichs
  vom 24. August 1228,

Privileg Friedrichs II.   Privileg Friedrichs II.
  vom Juni 1245,   vom Juni 1245.

Privileg Rudolfs I.
  vom 11. Juni 1283.

Von der Majus-Reihe entfällt ohne weiteres das erste Privileg, Heinrichs IV., als gefälscht. Zwar bietet es im ganzen durchaus den Schein eines echten Originals aus der zutreffenden Zeit in Schrift und im Formular, und nur bei schärfster Prüfung zeigen sich einige Kontravenienzen gegen die Orthographie des 11. Jahrhunderts und gegen den damaligen Kanzleigebrauch ..., allein ganz unzweifelhaft ergibt sich die Fälschung aus inhaltlichen Unmöglichkeiten: es werden da bestätigend inseriert [= in den Text eingefügt] je eine Urkunde Kaiser (!) Julius Cäsars und Kaiser Neros ..., und wenn schon die Unechtheit ... [dieser angeblichen Urkunden altrömischer Kaiser] nicht an und für sich beweist, daß die Bestätigungsurkunde Heinrichs gefälscht sein müsse, da [ja] die Kanzlei selbst sich durch ältere ihr vorgelegte Machwerke hat täuschen lassen können, so enthüllt sich die Unechtheit der Bestätigungsurkunde doch ... durch die Behauptung, er, der König, habe jene Urkunden Cäsars und Neros, die in der lingua paganorum abgefaßt seien, ins Lateinische übersetzen und so inserieren lassen, was verrät, daß jene Urkunden überhaupt nicht existiert haben; denn welche Sprache soll jene lingua paganorum gewesen sein, in der sie angeblich abgefaßt waren? ... Der ... Schein der Echtheit erklärt sich dadurch, daß eine echte Urkunde Heinrichs IV. ... von dem Fälscher als Vorlage benutzt ist, doch nicht so geschickt, daß er nicht durch die ganz unpassende Aufnahme des Wortes traditio, womit er am Schlusse die Urkunde bezeichnet, während dieselbe gar keine traditio (Übergabe, Schenkung) enthält, seine andersgeartete Vorlage verriete. Kurz, die Unechtheit dieses Privilegs [Kaiser Heinrichs IV. von 1058] ist unbestritten nachgewiesen. Dieser Umstand berührt freilich die Echtheit des Privilegium majus an und für sich keineswegs ...;

denn es kommt oft genug vor, ... daß die kaiserliche Kanzlei ältere Fälschungen bona fide zitiert oder bestätigt. Man hat es also noch ohne Präjudiz mit dem Majus-Privileg und den übrigen an sich zu tun. Fragen wir zunächst nach der äußeren Beglaubigung, so scheint die Antwort sehr zugunsten der Majus-Reihe auszufallen; denn diese ganze Reihe ist in schönen Originalen, die auf den ersten Blick tadellos erscheinen, erhalten, die Minus-Reihe dagegen nur in Kopieen. Allein bei näherer Kenntnis der Verhältnisse wird das Fehlen von Kopieen der Majus-Privilegien fast zu einem schwereren Verdacht gegen deren Echtheit als das Fehlen der Originale bei den Minus-Privilegien. Vom 13. Jahrhundert an wird es nämlich Sitte, daß die weltlichen Landesherren ... die wichtigsten Urkunden nicht nur in Archiven bewahrten, sondern auch aus Vorsicht in besondere Kopialbücher abschreiben ließen. Nun finden sich in Kopiarien des 13. Jahrhunderts mehrere Kopieen der Minus-Privilegien ...; aber es findet sich nirgends eine Kopie der entsprechenden Majus-Privilegien vor dem Jahre 1360. Wie kommt das? Hatte man nicht allen Grund, diese hochwichtigen Urkunden zu kopieren, wenn – sie existierten?! Nun zeigen sich auch bei scharfer Prüfung der angeblichen Originale der Majus-Reihe einige verdächtige Abweichungen von Schrift und Kanzleigebrauch der angeblichen Entstehungszeit, orthographische Eigenheiten des 14. Jahrhunderts, ein Amen in der Eingangsformel des Majus von 1156 und anderes mehr. Doch durchschlagende Beweise für die Unechtheit der Majus-Privilegien gibt der Inhalt derselben. Fassen wir zunächst das Majus von 1156 ins Auge. Nach unserer festgegründeten Kenntnis der deutschen Verfassungsverhältnisse des 12. Jahrhunderts ... sind solche Privilegien, wie sie da angeblich verliehen worden, ein Unding: da wird die Unteilbarkeit des neuerrichteten Herzogtums sanktioniert, während wir wissen, daß eigenmächtige Teilung von Herzogtümern damals gänzlich außer Frage stand, vielmehr erst seit ca. 1250 vorkam [sodaß die Unteilbarkeit nicht ausdrücklich garantiert werden mußte]. Da wird von Electores principes gesprochen, nach denen der Herzog den ersten Rang als ‚Pfalzerzherzog' einnehmen solle, während wir wissen, daß erst nach dem Interregnum die Kurfürsten als geschlossenes Kolleg erscheinen und daß jener damals unerhörte Titel Pfalzerzherzog zuerst 1359 vorkommt; ... da wird eine Art Primogenitur eingerichtet, während sich bis ins 14. Jahrhundert keine Spur einer solchen Einrichtung in Österreich findet, vielmehr Gesamtregierung der Brüder; ... und so fort – kurz, das ganze Privileg ist *ein* Anachronismus: derartiges kann nicht im 12. Jahrhundert Inhalt selbst weitestgehender kaiserlicher Verleihungen gewesen sein. Wir müssen das Majus-Privileg von 1156 für eine Fälschung erklären. ... Jeder Kenner der deutschen Verfassungsgeschichte wird ... bei der Lektüre des Majus den Eindruck erhalten, daß die darin vorausgesetzten Verfassungszustände dem 14. Jahrhundert, speziell der Sphäre der Goldenen Bulle Karls IV., entsprechen ... Wenn wir nun die Bestimmungen der Goldenen Bulle Karls IV. näher vergleichen, so stehen einige derselben mit denen des Majus in so unverkennbarer Beziehung, daß entweder jene [die Bestimmungen der Goldenen Bulle] mit Rücksicht auf diese [die des Majus] oder umgekehrt diese mit Hinblick auf jene abgefaßt sein müssen; da ersteres höchst unwahrscheinlich ist, haben wir das letztere anzunehmen, und es würde sich somit ergeben, daß das Majus unter Rücksicht auf die Goldene Bulle, also nach 1356, verfertigt sei. Hiermit haben wir einstweilen auf Grund nicht unwahrscheinlicher Vermutung die Entstehung der Fälschung in den Zeitraum von ca. 1356–1359 eingeschränkt [1359 wegen des erstmaligen Auftretens des Titels „Pfalzerzherzog" in einer Urkunde Herzog Rudolfs IV. von Österreich als „Anwendung der in dem Majus verliehenen Vorrechte" (wie Bernheim in einer hier ausgelassenen Partie mitteilt)]. ... [Gehen] wir der Frage nach ..., ob und welcher Anlaß zu einer derartigen Fälschung damals etwa vorlag. Sehen wir uns also nach den damaligen staatsrechtlichen Verhältnissen Österreichs um. Die Goldene Bulle Karls IV. hatte 1356 die Rechte der Kurfürsten verfassungsmäßig festgestellt und dabei bedeutend erweitert – Österreich gehörte nicht zu den auserwählten Sieben. ... 1358 kam in Österreich Herzog Rudolf IV. zur Regierung, ... der für die Erhöhung seines Landes und seiner Herrschaft alles tat. Es hindert uns nichts, ... ihm die Veranstaltung der Fälschung zuzuschreiben. Er ist es, der sich zuerst den Titel Pfalzerzherzog beilegt und in noch anderen Punkten bis dahin unerhörte Vorrechte, die das Privilegium Majus enthält, zur Anwendung bringt, er ist es, der dasselbe zuerst mit eigentümlicher Absichtlichkeit zitiert ...; wir wissen zudem von ihm, daß er ganz besonderes Gewicht auf das Urkundenwesen legte und damit Bescheid wußte. ... So werden wir nicht Anstand nehmen, in ihm den Urheber dieser Privilegienfälschung zu sehen, durch welche er zum Ersatz für die Österreich entgangenen kurfürstlichen Vorrechte und andere vereitelte Aussichten sich und seinem Hause Vorteile verschaffen wollte. Mit dieser Annahme erklärt sich die Fälschung in jeder Hinsicht; namentlich erklärt sich auch die täuschend echte Gestalt der Urkunden sehr einfach durch Nachahmung echter Originale aus den zutreffenden Zeiten, welche ja in den herzoglichen Archiven reichlich zur Verfügung standen, u. a. ohne Zweifel der [in Wahrheit allein echten] Minus-Privilegien selbst. Es erübrigt noch der Gegenbeweis, daß das Privilegium minus und dessen Bestätigung

echt seien; derselbe ist durch den eben geführten Nachweis der Fälschung sehr erleichtert, da sich namentlich das Fehlen von Originalen
jetzt durch absichtliche Vernichtung zugunsten der Fälschung erklären
läßt. Im übrigen zeigt sich bei der Prüfung der Minus-Privilegien, daß
sie äußerlich und inhaltlich in allen Punkten den zutreffenden Zeit-
verhältnissen entsprechen ..."

Dem Leser wird es gehen wie auch mir bei der Lektüre der
Bernheimschen Schilderung: er glaubt, sich in einen spannenden
Kriminalroman versetzt zu sehen! Das liegt einmal in der Sache
selbst, zum anderen aber auch an der meisterhaften Darstellungs-
weise Ernst Bernheims, für den es offensichtlich keine langweili-
gen antiquaria gibt.

Bernheim bringt das Beispiel in einem Abschnitt über *Fälschungen*. Nun ist aber klar, daß uns an diesem Fall nicht nur
der „kriminalistische" Gesichtspunkt interessiert; was vielmehr
deutlich werden sollte, das ist die ungeheure Vielfalt der Gesichtspunkte, die der Historiker griffbereit haben muß, um einen
solchen Fall zu beurteilen zu vermögen; und zwar Gesichtspunkte, die *ganz verschiedenen Schichten* des historischen Wissens
angehören können: von der Information, daß in der Eingangsformel einer Urkunde aus dem 12. Jahrhundert kein „amen"
stehen kann, über die Tatsache, daß es seit dem 13. Jahrhundert
auch bei weltlichen Landesherren Urkunden-Kopierbücher gab –
bis hin zu den zentralen verfassungsrechtlichen Erwägungen über
die Entwicklung des Kurfürstenkollegiums. In der historischen
Interpretation schießt das alles zusammen; alles erklärt sich
gegenseitig. Wir werden auf einzelne Punkte, die das Bern-
heimsche Beispiel zur Diskussion anbietet, noch zurückkommen.

Exkurs. Die Hypothese und der hermeneutische Zirkel

Wie wir im ersten Band[85] gesehen haben, dient die Hypothese
der Auffindung endgültiger Forschungsergebnisse, die dann in
Gestalt von Gesetzen und Theorien formuliert werden.

Die Hypothese nimmt dabei eine Mittelstellung ein: aufgrund einiger unsystematischer und vorläufiger Beobachtungen
formulieren wir unsere Hypothese – und erst diese Hypothese

gestattet es uns, nunmehr gezielt weitere Beobachtungen zu machen, die dann schließlich zu einer Bestätigung oder Verwerfung und Neuformulierung der Hypothese führen können.

Nun könnte man der Meinung sein: diese aus der Methodologie der induktiven Wissenschaften entnommene Auffassung der Funktion der Hypothese sei auch in den Bereich der hermeneutisch-historischen Wissenschaften zu übertragen.

Wir stellen also etwa die Hypothese auf: „Eine Frauenkirche ist eine Kirche, die nur Frauen zum Gottesdienst betreten dürfen." Nunmehr schlagen wir in etymologischen Wörterbüchern und anderer geschichtswissenschaftlicher Literatur nach und erfahren dort, daß eine „Frauenkirche" nach der Jungfrau Maria heißt. Also ist unsere Hypothese „falsifiziert".

Und das Entsprechende könnten wir mit „Weihersdorf" versuchen, wobei unsere Hypothese dann durch die Auffindung der Urkunde mit der Schreibung „Wigerichesdorf" falsifiziert würde.

Bei kritischer Betrachtung werden wir allerdings bemerken, daß hier der Begriff der Hypothese und die Definition der Forschung als Bearbeitung von Hypothesen offenbar mißbraucht werden.

Die Aufstellung einer Hypothese hat nämlich nur dann Sinn, wenn wir die Wahrheit noch nicht wissen *können*, weil nicht nur wir selbst nicht, sondern überhaupt kein Mensch bisher sie gefunden hat.

Wie die Planetenbewegungen „wirklich" beschaffen sind, wußte im Altertum kein Mensch genau, und deshalb mußte man Hypothesen darüber aufstellen und prüfen – bis dann Kepler seine bis heute nicht widerlegten und daher „Gesetze" genannten Hypothesen fand.

In den historischen Wissenschaften dagegen liegt die Situation oft ganz anders.

Im Falle unserer Beispiele ist die „Wahrheit" längst bekannt – der die Hypothesen Aufstellende kennt sie nur persönlich noch nicht. Seine Deutungen von „Frauenkirche" und „Weihersdorf" praktiziert er nur, weil er sich noch nicht gründlich genug mit der Materie beschäftigt hat. Wir können daher sagen:

Annahmen, die lediglich auf Unkenntnis des Materials beruhen, verdienen den Ehrennamen „Hypothese" nicht. Eine Hypothese steht vielmehr erst am Ende der möglichst vollständigen Ausschöpfung alles bisherigen menschlichen Wissens über ein Problem.

Das heißt: der historisch-hermeneutisch Arbeitende sollte sich hüten, voreilig Hypothesen aufzustellen, solange er sein Material noch nicht gründlich genug kennt. Denn solch vorschnelle Hypothesen erledigen sich im Fortgang der Kenntnisnahme vom Material in der Regel von selbst. Die Meinungen: Bachs Kantaten seien gedruckt, die Kunst der Fuge dagegen nicht; „Weihersdorf" leite sich von einem Weiher ab; und die Frauenkirche sei eine Kirche für Frauen sind keine „Hypothesen", die wir dann „falsifizieren", sondern schlechtweg Naivitäten, Irrtümer und Mißverständnisse, die sich bei angemessener Beschäftigung mit dem Material von selbst auflösen.

Innerhalb der hermeneutischen Wissenschaften können wir also nicht von einem Wechselspiel zwischen „Beobachtungen" und „Hypothesen" sprechen, sondern nur von einem hermeneutischen *Zirkel,* der folgendermaßen funktioniert:

Zunächst haben wir eine ganz vage Alltagsvorstellung, ein „Vorverständnis", von unserem Gegenstand. Daraufhin lesen wir unsere erste Literatur. Unser Bild des Gegenstandes nimmt hierdurch Kontur an. Die größere Klarheit über den Gegenstand führt zu weiterer Lektüre (oder Diskussion mit Kollegen), die wiederum das Bild präzisiert. So arbeiten wir uns im ständigen Wechsel von „Entwurf" und „Kenntnisnahme" bis zur weitestmöglichen, dem gegebenen Forschungsstand entsprechenden Information über unser Problem vor. Hierbei müssen wir unserem eigenen Verständnis für die Materie stets denkbar kritisch gegenüberstehen, da wir immer unser noch mangelhaftes Informiertsein einkalkulieren müssen. Und erst dann, wenn wir an die Grenze des bisherigen Wissens gestoßen sind, dürfen wir es wagen, Hypothesen aufzustellen.

Hieraus folgt: das Aufstellen von Hypothesen muß im Bereich der historischen Wissenschaften so weit wie möglich vermieden werden. Denn die meisten Zweifelsfragen lassen sich durch systematisches Quellen- und Literaturstudium längst beseitigen, ehe wir überhaupt gezwungen sind, bestimmte Annahmen fest zu formulieren.

Vermutungen über das Bestehen von Sachverhalten können wir also nur dann als Hypothesen bezeichnen, wenn wir uns alle menschenmöglichen Informationen über unseren Gegenstand bereits verschafft haben. Mit einer echten historischen Hypothese haben wir es erst dann zu tun, wenn wir sämtliches uns zur Zeit überhaupt zugängliches Quellenmaterial zu einer Frage studiert haben, dieses Material uns aber (noch) keine schlüssigen Antworten erteilt hat. Natürlich können später dann noch Quellen entdeckt werden, die wir auch bei bestem Bemühen noch nicht kennen *konnten*, und die dann unsere Hypothese in bestimmter Weise entscheiden. Insofern bleibt das Risiko eines nur „subjektiven" Nichtwissens natürlich auch bei einer korrekt, das heißt unter Ausschöpfung allen zur Verfügung stehenden Materials, angewendeten Hypothese bestehen. Aber dieses subjektive Nichtwissen ist unvermeidlich und daher entschuldbar, wenn wir wirklich alles getan haben, was in unserer Macht stand.

Ein Beispiel für eine historische Hypothese in diesem „legalen" Sinne wäre etwa eine Vermutung darüber, wer den Reichstagsbrand im Februar 1933 gelegt hat: die Nationalsozialisten, die Kommunisten, oder van der Lubbe allein. Daß wir hierüber bis heute nichts Sicheres wissen, liegt ganz ohne Zweifel nicht an einer fahrlässigen Unkenntnis tatsächlich existierender Quellen, sondern daran, daß solche Quellen offensichtlich nicht mehr zu erfassen sind.

Die von uns im ersten Band[86] erwähnten Beispiele für individuelle bzw. historische Hypothesen sind sämtlich von dieser „legalen" Art, ohne daß wir das im dortigen Zusammenhang ausdrücklich hätten erwähnen müssen.

II. Das historische Verstehen

1. Verstehen ist nicht „Sicheinfühlen"

Wie wir gesehen haben, ist eine angemessene Beurteilung der komplexen Interpretationsprobleme, wie sie der Fall des „Privilegium Majus" stellt, nur möglich, wenn man sich in die Materie gründlich eingearbeitet hat und „rundum" *versteht,* wie die Dinge zusammenhängen.

Unser Beispiel hat uns aber auch gezeigt, daß ein historisches „Verstehen" in diesem Sinne nicht das mindeste mit „Psychologie" zu tun hat, wie viele analytische Wissenschaftler immer wieder glauben.

So schreibt Wolfgang Stegmüller:[87]

„Einige Denker ... haben die Behauptung aufgestellt, daß wir im Bereich der geisteswissenschaftlichen Erkenntnis über eine spezielle Methode verfügen, die von den in den Naturwissenschaften anzutreffenden Methoden prinzipiell verschieden und diesen sogar überlegen sei: die Methode des nachfühlenden Verstehens. ..."

„Es ist nicht zu leugnen, daß das geistige Nachvollziehen von Motiven und Entschlüssen für die Deutung fremder Persönlichkeiten von großer Wichtigkeit ist. Doch darf dabei nicht übersehen werden, daß diese ‚Verstehen' genannte Operation kein Verifikationsverfahren liefert und eine empirische Überprüfung auch niemals überflüssig macht. Vielmehr handelt es sich dabei um psychologische Gedankenexperimente, deren praktisch-heuristische Bedeutung darin liegt, uns geeignete Hypothesen darüber zu liefern, was im anderen Menschen vorgeht und somit zu einer adäquaten Erklärung der Handlungen dieses Menschen zu gelangen. ..."

„Ist das Verstehen auf der einen Seite als Erkenntnismittel nicht hinreichend, so ist es auf der anderen Seite in vielen Fällen nicht notwendig. Nicht nur das Verhalten von Psychopathen, auch das von Angehörigen anderer oder primitiverer Kulturen kann häufig erklärt werden, ohne daß wir im geringsten in der Lage wären, uns in die Erlebnisse dieser Menschen hineinzuversetzen. Ja es mag sogar der Fall sein, daß die Vorgänge in unserer eigenen Geschichte und soziologischen Umwelt mit Hilfe von Begriffen und theoretischen Annahmen erklärt werden müssen, denen das Merkmal der Verständlichkeit fehlt. Die Operation des Verstehens beruht ja auf vulgärpsychologischen hypothetischen Verallgemeinerungen und Analogieschlüssen aus der eigenen persönlichen Erfahrung. In dem Maße, als es gelingt, naive psychologische Vorstellungen durch die Ergebnisse einer wissenschaftlichen Psychologie zu ersetzen ... – in demselben Maße wird der Methode des Verstehens sukzessive der Boden entzogen."

Und Stegmüller gibt folgendes Beispiel aus der Geschichte:[88]

„... Versuchen wir, uns geistig in die Situation der Bewohner einer belagerten Stadt zu versetzen – man denke etwa an die Türken-Belagerung Wiens –, so können wir ebenso gut *verstehen*, daß aufgrund der langen Kämpfe und Entbehrungen der Durchhaltewille der Bevölkerung zusammenbricht, sodaß schließlich die Stadt vor dem

Feind kapituliert, wie wir *verstehen* können, daß sich ein trotziger
Widerstandsgeist entwickelt, der zur erfolgreichen Verteidigung der
Stadt führt, bis der Feind unverrichteter Dinge abzieht. Aufgrund
historischer Berichte wissen wir, wie es tatsächlich ausgegangen ist.
Wenn wir uns aber aufgrund dieses Tatsachenberichtes für die eine und
nicht für die andere Alternative entscheiden, so ist damit der Er-
klärungswert der durch die Methode des Verstehens gewonnenen
Hypothese vollkommen entwertet. Die angebliche Erklärung aus den
Motiven der beteiligten Personen ist wegen ihres ex post facto Charak-
ters eine Pseudoerklärung."

Hierzu wäre zu sagen: Es ist zwar richtig, daß die geistes-
wissenschaftlich-hermeneutische Methode des „Verstehens" ursprünglich auf der eigenen Lebenserfahrung, dem „privilegierten
Zutritt zur eigenen Bewußtseinswelt", wie Stegmüller sagt,[89]
gründet – wir haben das im Phänomenologie-Teil ja ausführlich
entwickelt. Diese Herkunft der geisteswissenschaftlichen Erkenntnis aus dem eigenen Bewußtsein ist aber nicht mit einer
Psychologisierung dieser Erkenntnis gleichzustellen. Denn unser
Bewußtsein besteht ja nicht einfach aus „psychischen" Regungen,
sondern umfaßt Erfahrungsinhalte aller Art. Das Übersetzen-
können eines lateinischen Satzes hat nichts mit Psychologie zu
tun, sondern ist an die „objektiven" Zusammenhänge des Gegenstandes gebunden, den wir jeweils hermeneutisch erschließen.
Dieser Gegenstand ist uns etwa in Form von unabsichtlich und
absichtlich überlieferten Zeugnissen gegeben, die wir uns mit
Hilfe der in den historisch-philologischen Wissenschaften ausge-
bildeten Methoden erschließen. Die „empirische Überprüfung"
der Ergebnisse der geisteswissenschaftlichen Forschung, die Stegmüller vermißt, besteht eben in der Quellenkritik, wie wir sie
ausführlich beschrieben haben. Alle Geschichtswissenschaft hat es
mit „ex post facto"-Erklärungen zu tun, da es ihr ja gerade
darum geht, die Tatsachen als solche quellenkritisch zu sichern.
Hypothesen über Motive der Menschen, die diesen oder jenen
Ausgang der Wiener Türkenbelagerung „erklären" sollen, interessieren den Historiker überhaupt nicht. Er fragt vielmehr umgekehrt danach, wie diese Belagerung ausgegangen ist und ob und
wie der Hergang quellenkritisch gesichert ist. Erst dann wird er
sich bemühen, den tatsächlichen Ablauf der Ereignisse zu „er-

klären" oder besser gesagt: zu interpretieren. Spekulationen über den Ausgang der Türkenbelagerung sind ebenso sinnlos wie solche darüber, ob Bach seine „Kunst der Fuge" gedruckt hat oder nicht: man kann ja erforschen, was der Fall war.

An dieser Stelle wird wieder deutlich, was wir bereits im ersten Bande[90] diskutierten: bestimmte Termini werden vom analytischen Wissenschaftstheoretiker völlig anders verwendet als vom Geisteswissenschaftler.

Der Historiker würde unter „empirischer Überprüfung" einfach die quellenkritische Sicherung einer bestimmten Einzeltatsache bzw. ihrer Interpretation verstehen und es insofern für selbstverständlich halten, daß er „Empiriker" ist; der Analytiker hingegen versteht unter „empirischer Überprüfung" die Bestätigung *allgemeiner* Sätze an einzelnen Fällen im Sinne des Problems, ob alle Schwäne weiß sind.[91] Da es der Historiker aber mit solchen allgemeinen Sätzen nicht zu tun hat, ist er kein „Empiriker" im Sinne der analytischen Wissenschaftstheorie.

Die entsprechende Doppeldeutigkeit zeigt der Terminus „Hypothese". Für den Historiker ist eine Hypothese eine Vermutung über einen historischen Sachverhalt, der trotz Ausschöpfung aller zur Verfügung stehenden Zeugnisse nicht völlig geklärt werden konnte; wir erörterten das oben. Im Falle der Türkenbelagerung beträfe eine solche Hypothese also die Frage, wie die Belagerung tatsächlich *ausgegangen* ist – angenommen die Quellen sagten uns nichts darüber. Stegmüller versteht jedoch bezeichnenderweise unter einer „Hypothese" im Falle der Türkenbelagerung etwas ganz anderes: nämlich eine Vermutung über die Formulierung eines *allgemeinen* Satzes über die *Motive* von Menschen, angewendet auf den Einzelfall einer Belagerung, der dann erklären soll, warum die Türkenbelagerung gerade so und nicht anders ausgehen mußte. Das heißt: der tatsächliche Ausgang der Türkenbelagerung wäre für Stegmüller nur eine beliebige Tatsache unter anderen, die allgemeine Sätze, die hiernach der alleinige Gegenstand von Hypothesen sind, bestätigen oder widerlegen können.

Unsere Diskussion zeigt, daß Analytiker leicht in die Gefahr geraten, an der Hermeneutik vorbeizuargumentieren, weil sie ihre Forschungspraxis nicht kennen.

Wir sind auf Stegmüllers Türkenkriegs-Beispiel eingegangen, weil dieser Fall durchaus Gegenstand hermeneutisch-historischer Bemühungen sein kann.

Andererseits ist die Wahl gerade eines solchen Beispiels auch wieder charakteristisch für eine Auffassung, die in der Geschichte nur eine Abfolge äußerer Ereignisse sieht. Wir haben wiederholt davon gesprochen, daß sich das, was wir „Geschichte" nennen, hierin zumindest nicht erschöpft. Wir wandten uns gegen die Vorstellung, „Geschichte" sei nur das, womit sich die im engeren Sinne so genannte „Geschichtswissenschaft" beschäftigt, und erklärten demgegenüber zum möglichen Gegenstand der geschichtlichen Disziplinen sämtliche Hervorbringungen des Menschen überhaupt.

Karl-Otto Apel nun geht sogar so weit, zu behaupten, daß die Geschichtswissenschaft (verstanden im engeren Sinne der Rekonstruktion vergangener Ereignisse der politischen Geschichte) im Grunde eine ganz untypische Geisteswissenschaft sei – eben weil sie das Mißverständnis nahelege, es komme nur auf ein äußeres „Geschehen" an, das man als solches mit naturwissenschaftlich inspirierter Methode auch kausal erklären könne. Den eigentlichen Charakter der Geisteswissenschaften deckten erst jene Disziplinen auf, die es lediglich mit zu interpretierenden literarischen Texten zu tun haben:[92]

> „Unter den verstehenden Geisteswissenschaften ist die Geschichtswissenschaft als Unternehmen, das ‚purposive behavior' vergangener Geschlechter zu verstehen, gar nicht einmal repräsentativ; denn in ihrem Rahmen kann eine das Handeln zum Geschehen objektivierende Methode der Kausalerklärung, die zur generalisierenden Soziologie hinüberleitet, noch am ehesten Fuß fassen. Die ‚Interpretationsgemeinschaft', welche die handelnden Menschen bilden, bringt es indessen mit sich, daß sie ihre Handlungsmotive in literarischen ‚Werken' eigens verdeutlichen. Die Interpretation dieser Dokumente – nicht als Erschließung von ‚Quellen' für die Rekonstruktion vergangener Tatsachen, sondern als Nachverstehen von Sinnmotiven um ihrer selbst willen, d. h. mit dem Ziel einer Sinnbereicherung des gegenwärtigen und zukünftigen Lebens – bildet das Thema der eigentlichen – der ‚hermeneutischen' – ‚Geisteswissenschaften'."

Und in den unmittelbar folgenden Sätzen erklärt Apel auch,

warum die Analytiker – speziell in den angelsächsischen Ländern – kein Verhältnis zur Geschichte haben:

„Diese Disziplinen – z. B. die Philologien – kommen in der Wissenschaftstheorie des Neopositivismus einfach nicht vor – ein Umstand,
der freilich auch damit zusammenhängen dürfte, daß sie in den angelsächsischen Ländern als ‚Humanities‘ gewissermaßen noch aus dem
vorwissenschaftlichen Horizont der humanistischen ‚artes‘, insbesondere
der Rhetorik und Literaturkritik, verstanden werden, während der
Begriff der ‚science‘ am Methodenideal der Naturwissenschaft orientiert blieb."

2. Verstehen als Sicheinarbeiten

Wir haben wiederholt festgestellt, daß das hermeneutische
Verfahren ein Sich-Einarbeiten, ein Sich-Hineinfinden in oft
ausgedehnteste und komplizierteste Sinnzusammenhänge erfordert.

Grundsätzlich können wir von folgender Annahme ausgehen.
Es macht geradezu das Wesen des Menschen aus, daß er lernfähig
ist und eben deshalb sich in die verschiedensten Gegenstände
einarbeiten kann. Wäre das nicht der Fall, so wäre es unerklär-
lich, weshalb viele Menschen die heterogensten Berufe nach- und
nebeneinander ausüben können, wie sich jemand durch Auswande-
rung oder Heirat in die Lebenssituationen völlig anderer Länder
hineinfinden kann, oder wie er Kaserne, Krieg, Gefängnis, Aus-
bombung, Vertreibung und ähnliche Extremsituationen überhaupt zu überstehen vermag.

Stegmüllers Behauptung, daß man „das Verhalten von Psychopathen" und „das von Angehörigen anderer oder primitiverer Kulturen" nicht verstehen könne, widerspricht jeder Lebenserfahrung. Es gibt keine menschlichen Äußerungen, die nicht
grundsätzlich jedes menschliche Individuum – angemessenes Sich-
einleben vorausgesetzt – mit der Zeit so durchschauen und beherrschen lernt wie die Lebenswelt, in der es selbst aufgewachsen
ist.

Daß wir etwa das Leben der Menschen auf einer Südsee-Insel
nicht von heute auf morgen „verstehen" können, wenn wir aus
Europa oder Nordamerika kommen, dürfte selbstverständlich

sein; aber das geht uns mit allen Gegenständen so, die wir neu
kennenlernen – auch mit der lateinischen Sprache oder mit Tisch-
tennis.

Entscheidend ist allein, daß wir uns mit jedem Gegenstand
so lange beschäftigen können und oft müssen, *bis* wir ihn verstehen – eines Tages wird es bei jedem Gegenstand so weit sein.
Mangelnde Geduld ist kein Argument, auch nicht mangelndes
Interesse.

Ähnliches gilt auch für das Beispiel des Psychopathen. Wer im
Begriff steht, für vier Wochen zu verreisen und noch dreimal
nachsieht, ob der Gashahn auch wirklich auf „o" steht, obwohl
er genau weiß, daß er ihn abgeschaltet hat, ist bereits auf dem
besten Wege, sich in die Welt eines Psychopathen hineinzuversetzen. Zweifellos sind die Übergänge zwischen „normal" und
„geisteskrank" fließend, und viele pathologische Zustände auf
diesem Gebiet kann man als „Verlängerungen" „normaler" Dispositionen in die Krankheit hinein betrachten. Wieso der „Normale" einen Psychopathen nicht verstehen können soll, bleibt
unerfindlich.

Wir dürfen also mit gutem Gewissen davon ausgehen, daß
praktisch keine menschliche Hervorbringung und Lebensäuße-
rung denkbar ist, die wir nicht verstehen können.

Diese Aussage ist durchaus selbst an eine bestimmte historische
Situation gebunden. Potentiell galt sie natürlich auch zur Zeit
Cäsars, im Hochmittelalter und in der ersten Hälfte des 18.
Jahrhunderts; faktisch ist es freilich so, daß die Virtuosität im
Verstehen fremder Lebensäußerungen ein typisches Merkmal
unserer Gegenwart ist.

Obwohl der Historismus als Denkweise unterdessen auf eine
zweihundertjährige Tradition zurückblicken kann, scheint er
erst jetzt, nach der Mitte des 20. Jahrhunderts, zu voller Reife
ausgebildet worden zu sein.

Keine Zeit war (jedenfalls der Theorie und der bereitstehen-
den Methode nach) so vorurteilslos und dem denkbar breitesten
Spektrum menschlicher Äußerungen so aufgeschlossen wie unsere.
Das können wir schon an den Kunstpostkarten, -kalendern und
-bänden ablesen, die es allenthalben zu kaufen gibt, und die von
Steinzeitzeichnungen bis zu gegenwärtigen Arbeiten siebenjäh-

riger Schulkinder, von altchinesischen Tuscharbeiten über russi-
sche Ikonen bis zu äthiopischen Passionsdarstellungen aus dem
17. Jahrhundert schlechthin alles darbieten, was menschlicher
Kunstinitiative jemals entsprungen ist; und wir wissen von uns
selbst, daß wir alles dies gleichmäßig „schön finden" und ästhetisch genießen – Zeitaltern, die Wörter wie „barbarisch", „klassisch" und „gotisch" prägten, freilich völlig unvorstellbar.

3. „Geist der Zeiten" oder „eigner Geist"?

Ganz zweifellos also müssen wir den Historismus insofern selber
„historisch nehmen", als wir uns bewußt machen müssen, daß er
nur in bestimmten historischen Situationen faktisch aufgetreten
ist. Der Historismus ist also zumindest und in jedem Fall insofern „gegenwartsbezogen", als er nur in bestimmten „Gegen-
warten", wie der unseren, überhaupt möglich ist.

Daran jedoch knüpft sich eine weitergehende Frage. Ist dann
nicht auch das historische Verständnis seinem *Inhalt* nach von der
jeweiligen Gegenwart abhängig?

Hier erinnern wir uns an jenes skeptische Wort aus dem
„Faust":[93]

„Was ihr den Geist der Zeiten heißt,
Das ist im Grund der Herren eigner Geist,
In dem die Zeiten sich bespiegeln."

Unsere Beispiele, insbesondere das vom Privilegium Majus
und Minus, haben uns eine Vorstellung davon vermittelt, daß
Goethes Skepsis nicht unbedingt zutreffen muß.

Ein Anhaltspunkt dafür, daß der Verdacht, wie ihn das „der
Herren eigner Geist" ausspricht, auf den ausgereiften Historismus unserer Jahrzehnte zumindest nicht ohne weiteres zutreffen
kann, ergibt sich bereits daraus, daß der heutige Historist – zumindest subjektiv – bestrebt ist, eben das *Andersartige* fremder
historischer Einheiten als solches herauszustellen.[94] Man macht
also gerade einen *Unterschied* zwischen dem, was man selbst tut
und denkt, und dem, was man als das Tun und Denken einer
historischen Epoche hermeneutisch herausarbeitet.

Besonders typisch für dieses Sehen*wollen* des Anderen *als
Anderen* ist die Mittelalter-Historie unserer Gegenwart, wie sie

etwa in dem Lehrbuch von Heinz Quirin ihre Zusammenfassung gefunden hat. Unter der bereits bezeichnenden Überschrift „Die Eigenart der mittelalterlichen Geschichte" schreibt Quirin unter anderem:

„Das Mittelalter, sein Leben und damit für uns seine Geschichte im weitesten Umfange, verlief in anderen Ordnungen und stand unter anderen Gesetzen als unsere Zeit sie kennt. Diese altertümliche Fremdartigkeit aus den Quellen heraus verstehen zu lernen, gehört zu den Grundaufgaben unserer Wissenschaft.

Eines der hervorragenden Merkmale des Mittelalters bleibt der aus dem Gedanken des Ordo der Welt heraus verstandene und begründbare Bau seiner Gesellschaft, die, ständisch gegliedert, genossenschaftlich lebte. Schon in der germanischen Zeit bildete die Gemeinschaft der Freien zugleich auch eine Genossenschaft gleichen *Rechtes*. Dieses Recht trug, ob es nun allgemein verpflichtete (z. B. als Land- und Lehnrecht) oder ob es als Sonderrecht (z. B. Standesrecht) galt, eigentümliche Züge. So blieb man, um nur einen wesentlichen hervorzuheben, bis weit in das hohe Mittelalter hinein vom ‚guten, alten Recht' überzeugt. Das Alter des Rechtes bedingte neben der sich aus ihrem Ansehen herleitenden Macht seiner Träger nicht nur Rechtsqualität und Rechtswirksamkeit, sondern gewann auch Einfluß auf das Verfahren vor Gericht: der Mächtigere vermochte mehr Zeugen zu bringen und den Gegner zu ‚übersiebnen'; denn seine größere Gefolgschaft bewies ja eben seine überlegene Macht: es ruhte mehr ‚Heil' auf ihm, und infolgedessen war das bessere Recht mit ihm. Diese unserer Welt fremd gewordene Rechtsethik, die mit dem Satze, daß Gewalt vor Recht gehe, so, wie wir ihn heute verstehen, noch nichts gemein hat, kennzeichnet die Welt des Mittelalters besonders gut. Mit aus dieser Überzeugung heraus entstanden zahlreiche Urkundenfälschungen, die, oft auch als Ersatz für verlorene Stücke, altes, d. h. aber: besseres Recht nachweisen sollten, wobei, wie aus dem eben Gesagten verständlich wird, die Urkunden der höchsten Gewalten über den Zweifel erhaben blieben. Wer eine Königsurkunde ‚schalt', als falsch bezeichnete, verfiel in der frühen Zeit der Todesstrafe."[95]

„Obwohl sich durch die allgemeine wirtschaftliche und soziale Entwicklung das Bild immer wieder veränderte, blieb der Grundgedanke der ständischen Ordnung doch erhalten, ob wir nun an den Konvent eines Klosters, an eine städtische Zunft oder an die Nachbarschaft einer Dorfgemeinde denken. ... so kannte ... jeder Stand seine ‚Ehre', die es zu wahren galt, wo immer er sich auch zeigte. Im festlichen Zuge, bei Empfang, Huldigung und Mahlzeit symbolisierte die Nähe

zum Herrn, der ‚rechte Platz‘ den gebührenden Rang, und auch im Alltag hielt man sich *secundum ordinem*.“⁹⁶

Solche Ausführungen Quirins geben die Grundzüge des Mit-
telalterbildes wieder, wie es die historische Forschung bis etwa
zur Mitte unseres Jahrhunderts erarbeitet hat.

Nun könnte man natürlich einwenden: „Gerade die starke
Betonung des ‚Ordo‘ als angeblich leitender Idee des Mittelalters
offenbart ja ‚der Herren eignen Geist‘. Denn hier spiegelt sich die
autoritäre Gesinnung wieder, die die bürgerlich-kapitalistische
Gesellschaft bestimmt, und die man einfach auch auf andere Zeiten projiziert.“

Ein solcher Einwand liegt natürlich heute nahe. Aber es fragt
sich, ob er stichhaltig ist.

Wenn der Mittelalterhistoriker das Mittelalter durch den
Ordo beherrscht sieht, so will er damit ja gerade sagen: Das ist
eben das *Andere* am Mittelalter, daß es so vom Ordo und den
aus ihm folgenden Vorstellungen bestimmt war. Wir empfinden
das Mittelalter gerade deshalb als andersartig, weil wir *nicht*
mehr in einem Ordo leben. Indem also der Mittelalterhistoriker
den „Ordo“ als beherrschenden Begriff einer *andersartigen*
Epoche hermeneutisch deklariert, lehnt er diesen Begriff als
Interpretationsbegriff für seine Gegenwart gerade ab. Denn
wenn er auch die Gegenwart durch den Ordo-Begriff repräsentiert sähe, könnte er ja *nicht* sagen, das Mittelalter sei eben
anders gewesen.

Nun wird unser Kontrahent möglicherweise einwenden: „Aber
unsere westdeutsche bürgerliche Gesellschaft ist doch gerade dadurch gekennzeichnet, daß sie mittelalterliche Vorstellungen am
liebsten konservieren möchte: sie *will* ja ‚Recht und Ordnung‘
und eine ständisch gegliederte Gesellschaft.“

Gegen diese Tatsache als solche läßt sich schwer etwas einwenden. Aber an diesem Punkte zeigt sich nun, daß wir zwei
Dinge unterscheiden müssen: nämlich die wissenschaftliche Interpretation des Mittelalters als „ständisch“ und die politische
Norm, nach der auch die gegenwärtige Gesellschaft „mittelalter-
lich“ sein soll.

Freilich kann leider nicht ausgeschlossen werden, daß mehr als
ein Mittelalterhistoriker auch als Gegenwartsindividuum recht

konservativ ist. Daß insofern der Forschungsgegenstand auf das praktisch-politische Verhalten abfärben kann, ist offenbar nicht in allen Fällen zu vermeiden. Das ist aber lediglich ein Argument gegen die sich so verhaltenden Personen (nebenbei: auch Computer-Ingenieure können ja politisch reaktionär sein) – nicht jedoch gegen die grundsätzliche Möglichkeit, ein anderes Zeitalter adäquat in seiner Andersheit zu erkennen und trotzdem in seiner Gegenwart zum Beispiel politisch ausgesprochen progressiv zu sein.

Das Eigenartige der hermeneutischen Methode liegt offenbar gerade darin, daß sie gestattet, zwischen der Erforschung eines Gegenstandes als irgendwie beschaffen und der persönlichen Identifikation mit dieser Beschaffenheit zu unterscheiden.

Wenn man der Darstellung Quirins einen Vorwurf machen will, so allenfalls den, daß er es als allzu selbstverständlich voraussetzt, daß es in *unserer* Zeit *kein* Standesdenken mehr gäbe, und insofern einer Ideologie unterliegt; gerade das aber wäre ein Beweis für die subjektiv aufrichtige Bemühung des Historikers, in der vergangenen Zeit das *Andere* zu sehen – *obwohl* die Gegenwart vielleicht gar nicht so viel „anders" ist.

Das von Quirin gezeichnete Mittelalterbild kann also nicht schon durch die Tatsache widerlegt werden, daß es heute Leute gibt, die den mittelalterlichen Ordo konservieren möchten – und eben dadurch dieses Mittelalterbild dem Verdacht aussetzen, nur eine Projektion gegenwärtiger Wünsche in die Vergangenheit zu sein.

Vielmehr könnte dieses Mittelalterbild nur außer Kraft gesetzt werden durch den überzeugenden, nach allen Regeln der hermeneutischen Kunst geführten Nachweis, daß das Mittelalter tatsächlich *nicht* unter dem Ordogedanken gestanden habe.

Und in der Tat hat ja etwa Edward Hallett Carr im Zusammenhang mit dem Problem der wirklichen oder angeblichen „religiösen Gebundenheit" des mittelalterlichen Menschen folgendes gesagt:[97]

„... so frage ich mich ..., wenn ich in einem modernen Geschichtsbuch lese, daß die Menschen des Mittelalters innig an der Religion hingen, woher wir das wissen, und ob es wahr ist. Die geschichtlichen Tatsachen, die uns über das Mittelalter bekannt sind, wurden fast

alle von Generationen von Chronisten ausgewählt, die von Berufs
wegen mit der Theorie und der Ausübung der Religion zu tun hatten,
die sie deshalb für höchst bedeutsam hielten und alles, was sich auf sie
bezog, berichteten, aber nicht viel darüber hinaus. ... das Bild des tief-
religiösen mittelalterlichen Menschen ist, ob es nun wahr ist oder nicht,
unzerstörbar, da fast alle bekannten Fakten durch Menschen ausgewählt wurden, die es glaubten und denen daran lag, daß auch andere
es glaubten, und da eine Menge anderer Tatsachen, die uns möglicherweise das Gegenteil bezeugt hätten, unwiderruflich verlorenging."

Auch hier liegt Carrs Denkfehler offensichtlich wieder darin,
daß er immer nur auf die *absichtliche* Überlieferung abstellt, das
heißt auf das, was die mittelalterlichen Geschichtsschreiber der
Mit- und Nachwelt bewußt überliefern *wollten*. Es bedarf aber
keiner besonderen Ausführungen mehr, um zu klären, daß unser
Mittelalterbild gerade auch auf der „kriminalistischen" Auswertung der *unabsichtlichen* Überlieferung beruht. Das, was
Carr hier mit dem Pathos der Entlarvung vorträgt, ist für den
„zünftigen" Mittelalterhistoriker selbstverständliche Voraussetzung. So sagt v. Brandt:[98]

„Der Berichterstatter erzählt nur das, was ihm wichtig, interessant,
folgenreich oder auch wünschenswert scheint. Er läßt aus oder unterdrückt, wofür er kein Organ oder woran er kein Interesse hat, was
ihm unwesentlich oder auch unerwünscht scheint. So bevorzugt der
mittelalterliche Chronist die breite Darstellung geistlich-religiöser Vorgänge, während er an wirtschaftsgeschichtlichen und sozialgeschicht-
lichen Tatsachen uninteressiert vorübergeht; er unterdrückt wohl auch
Nachrichten, die ihm moralisch oder religiös anstößig erscheinen. Über
mittelalterliche Wirtschaftsgeschichte wüßten wir so gut wie nichts,
wenn wir nur auf Quellen der Tradition [das heißt: der absichtlichen
Überlieferung] angewiesen wären."

Hieraus wird ersichtlich: Brandts Vorbehalte gegen die „Objektivität" der mittelalterlichen Chronisten sind die gleichen wie
die Carrs. Aber im Gegensatz zu Carr weiß Brandt darüber hinaus, daß der Mittelalterhistoriker sein Bild gar nicht ausschließlich aus der beabsichtigten Überlieferung schöpft – sondern im
Gegenteil für bestimmte Bereiche, wie etwa die Wirtschaftsgeschichte, allein auf die unabsichtlich überlieferten Zeugnisse angewiesen ist. Und da – wie wir ausführlich erörtert haben – die
unabsichtliche Überlieferung nicht in großem Stil gefälscht wer-

den kann, dürfte unser Mittelalterbild bis auf weiteres stichhaltig sein.

Zu bedenken wäre ferner: die Tatsache, daß die geistlichen
Chronisten des Mittelalters das, was sie berichten, mit geist-
lichem Akzent auswählen, ist ja nicht einfach, wie Carr meint,
eine Verfälschung der Wirklichkeit, sondern ihrerseits Ausdruck
dieser „Wirklichkeit". Wenn das, was diese Chronisten schreiben,
alles „Lüge" ist – so bedeutet das immerhin zweierlei: die mittelalterlichen Chronisten *wollten* lügen, das heißt: sie waren so
disponiert, daß sie an der Durchsetzung geistlicher Tendenzen
ein besonderes *Interesse* hatten; und sie *konnten* lügen, das heißt:
sie besaßen tatsächlich das *Informationsmonopol.* Beides aber
bedeutet: Die Religion nahm im Mittelalter eine beherrschende
Stellung ein – in welchem Sinne auch immer.

Hier liegt also der Knüppel beim Hunde. So wäre gerade die
Tatsache, daß uns aus dem frühen Mittelalter nur von Geistlichen herrührende Literatur bekannt ist, zumindest ein Hinweis
darauf, daß damals nur Geistliche schreiben konnten, daß die
gesamte „Bildung" geistlich bestimmt war. Aber wie kommt das
denn? Das müßte ja gerade erklärt werden! Unabhängig von
dem, *was* die Geistlichen in ihren Chroniken schrieben (worauf
Carr allein abstellt!), ist schon die Tatsache, *daß* eben nur die
Geistlichen schrieben, (als Bestandteil der *unabsichtlichen* Überlieferung) für unsere Mittelalterinterpretation bedeutsam.

Unser Ergebnis wäre: einerseits würde gerade die tatsächliche „Herrschaft" der „Pfaffen" beweisen, daß das Mittelalter
in irgend einem – näher zu bestimmenden – Sinne „religiös geprägt" war;[99] und andererseits erlaubt uns unsere „kriminalistische" Methode der Auswertung auch unbeabsichtigter Überlieferung, uns unabhängig von den Berichten der Chronisten ein
Bild von den Dingen zu machen.

Als wir oben über das Fortschrittsproblem sprachen, konnten
wir feststellen, daß es zwar auf bestimmten Gebieten, etwa dem
der Moral und der Kunst, keinen Fortschritt geben kann, daß
wir ihn jedoch auf anderen Gebieten, wie denen der Mathematik
und Naturwissenschaften, der Technik, der Medizin und anderen
durchaus unterstellen dürfen – zumindest in geschichtlichen
Großsituationen, die eine kontinuierliche Weiterarbeit möglich

machen, wie das für die unsere wenigstens zur Zeit noch gilt.
(Ein Gegenbeispiel wäre die ausgehende Antike mit ihrem Abbrechen bereits weit gediehener Entwicklungen.)

Es ist daher wohl nicht ganz falsch, wenn wir feststellen: Auch
der Historismus, die Hermeneutik, die Kunst des Allesverstehens
haben in den letzten Jahrzehnten einen „Fortschritt" durchlaufen – in dem Sinne, daß die historisch-hermeneutischen Methoden ständig verfeinert wurden. Und auch der gute Wille, allen
möglichen Erscheinungen ihren Eigenwert zuzuerkennen, ist
offenbar ständig gewachsen (wofür noch einmal an die Kunst-
kalender erinnert sei).

Wir kommen so zu folgender – auf den ersten Blick wohl pa-
radoxen, aber doch nicht unzutreffenden – Einsicht: der Historismus lehnt – als Geschichtstheorie – im Hinblick auf seine Gegenstände den Fortschrittsgedanken zwar ab, hat aber selber –
als eine wissenschaftliche Methode – einen „Fortschritt" durchgemacht. Der Begriff des Fortschrittes ist auf den Historismus
also zwar nicht in der „Objekt-Ebene", wohl aber in der
„Meta-Ebene" anzuwenden.[100]

Daher bin ich geneigt, folgende These zu vertreten: es ist
durchaus richtig, daß die Historiker in früheren Jahrzehnten
immer wieder der Versuchung erlegen sind, den „eignen Geist"
für „den Geist der Zeiten" zu nehmen. Aber es ist ebenso richtig, daß unsere historistische Bewußtheit heute so weit vorge-
trieben ist, daß wir mit einem gewissen Recht behaupten können, uns von allen Vorurteilen dieser Art weitgehend frei gemacht zu haben.

Als Beleg für diese Verschärfung und Präzisierung des hermeneutischen Instruments in unserer Gegenwart mag ein Beispiel dienen, das wir erst in einem anderen Zusammenhang weiter unten werden entwickeln können.[101] Während noch Bernheim mittelalterliche Urkundenfälschungen ganz unbefangen
aus den moralischen und psychologischen Vorstellungen des 19.
Jahrhunderts heraus versteht, zeigt der moderne Historiker
v. Brandt, wie die mittelalterliche Tendenz, Dokumente zu fälschen, ganz ohne jede Wertung aus den Voraussetzungen der
mittelalterlichen Welt – wie Quirin sie in den von uns zitierten
Sätzen dargelegt hat – zu erklären ist.

Daß es der historischen Hermeneutik gerade um das „Anders-sein" des zu interpretierenden Gegenstandes geht, ist hiernach gesichert. Nun kann man aber das Aufdecken von „Anders-heiten" auch übertreiben: es stellt sich dann das Problem des *„Hineingeheimnissens"*.

„Kein Zeitgenosse des Mittelalters kannte ,das Mittelalter'", sagt Wilhelm Kamlah treffend.[102]

Das bedeutet: die Interpretation „tut" etwas „hinzu". Sie be-schränkt sich nicht auf das, was „zutageliegt". Sie deckt Ver-bindungen und Zusammenhänge auf.

Dieses Prinzip der historisch-hermeneutischen Interpretation, dem Vorgefundenen etwas „hinzuzufügen", hat freilich das In-terpretationswesen in seiner Blütezeit, der ersten Hälfte unseres Jahrhunderts, auch in Mißkredit gebracht. Die Versuchung näm-lich, mit untergründigen Beziehungen zu jonglieren, verführte viele „Interpreten", etwa im Bereich von Dichtung, Kunst und Musik, dazu, auch solche Zusammenhänge zu „sehen", die dem unbefangenen Betrachter nicht nachvollziehbar waren. Ein sol-cher Betrachter – etwa Naturwissenschaftler oder wissenschaft-licher Laie überhaupt – wies die Versuche von Interpreten, auch da Zusammenhänge zu konstruieren, wo er selbst keine ent-decken konnte, als „Hineingeheimnissen" zurück.

Die psychiatrische Entsprechung dieses „Hineingeheimnissens" wäre etwa der „Beziehungs"- oder „Verfolgungswahn" eines Kranken, also beispielsweise die Vorstellung, zwei Ereignisse ge-hörten zusammen, die in Wahrheit nichts miteinander zu tun haben, oder der Glaube des Patienten, Personen, die er sich unter-halten sieht, sprächen stets über ihn, und so fort.[103] Aber auch die Verschwörungstheorien gehören hierher, nach denen etwa „die Jesuiten", „das Weltjudentum", „der Kapitalismus" oder „der SDS" sich verschworen hätten, nach einem raffiniert ausgeklü-gelten und exakt eingehaltenen Plan die Welt ihrer Herrschaft zu unterwerfen.

Eine gute Gelegenheit, das Problem des „Hineingeheimnissens" zu behandeln, bietet die Aufdeckung von Zahlenspielereien in Kunstwerken. Hierfür folgender bekannter Fall. In Bachs Mat-thäuspassion gibt es ein Rezitativ (Nr. 40 des Max Schneider-schen Klavierauszuges), dessen Text beginnt: „Mein Jesus schweigt

zu falschen Lügen stille . . .". Das Stück besteht aus zehn Takten
und enthält 39 Akkordschläge. Psalm 39, Vers 10 aber beginnt:
„Ich will schweigen . . .".

Die Frage ist nun: hat Bach diese Anspielung bewußt gemacht
– oder ist der Zusammenhang von übereifrigen Interpreten konstruiert worden?

Wir brauchen dem Sachverhalt in diesem Fall nicht näher nach-
zugehen, um doch folgendes sagen zu können. Ob wir berechtigt
sind, bei Bach von Zahlensymbolik zu sprechen oder nicht, hängt
offensichtlich einzig und allein von der Quellenlage ab. Das
heißt: wenn es für die Bachzeit aus geeigneten Zeugnissen nachgewiesen oder wahrscheinlich gemacht werden kann, daß die
Musiker des 18. Jahrhunderts solche und andere, noch weitergehende Zahlensymbolik aus den theologischen und künstlerischen Gegebenheiten der damaligen Zeit heraus tatsächlich prak-
tizierten, dürfen wir sie zum Bestandteil unserer Interpretation
der Musik jenes Zeitalters machen – andernfalls nicht. Eine
Interpretation von Kunstwerken also, die sich lediglich auf Spekulationen des gegenwärtigen Interpreten gründet und sich nicht
an den Zeugnissen der fraglichen Zeit selbst orientiert und an
dem, was hiernach „möglich" war und was nicht, ist abzulehnen.

Ein anderes Beispiel aus der Musikgeschichte ist die Anlage von
musikalischen Sätzen in der „Sonatenform", wie sie in der Zeit
der musikalischen Klassik um 1800 üblich war. Ein wichtiges
Merkmal dieser Sonatenform war folgendes: der erste Teil des
Sonatensatzes, die „Exposition", brachte die beiden Hauptthe-
men des Satzes, von denen das erste in der Grundtonart, das
zweite in einer verwandten Tonart zu stehen pflegte. Der dritte
Teil des Sonatensatzes, die „Reprise", war nun nicht eine einfache
Wiederholung der Exposition, sondern setzte das zweite Thema
ebenfalls in die Grundtonart (worin der eigentliche Reiz dieser
musikalischen Form liegt). Ein Laie, anhand von Beispielen auf
diesen Tatbestand hingewiesen, könnte nun sagen: „Wieso denn?
Das hat der Komponist doch ganz unbewußt gemacht – über so
etwas denkt er doch gar nicht nach beim Komponieren!"

Dieses Beispiel ist deshalb besonders interessant, weil der so
reagierende „nüchterne" Laie hier – ohne es zu merken – nur ein
Interpretationsschema durch ein anderes ersetzt: er wehrt sich

gegen die Interpretation der klassischen Sonatenform als bewußt angewendetes handwerkliches Schema ja nur deshalb, weil er selbst der spätromantischen Interpretation des künstlerischen Schaffensaktes als eines unbewußten Vorganges erlegen ist, ohne sich seinerseits über die ideologische Bedingtheit seines „realistischen" Einwandes gegen das Vorliegen von Handwerksregeln Rechenschaft abzulegen.

Wir können auf einen historischen Gegenstand also immer nur die Interpretation anwenden, die ihm angemessen ist. Für Willkür bleibt kein Spielraum. Einerseits kann man hinsichtlich des „Hineingeheimnissens" rationaler Beziehungen, wo keine sind, des Guten sicherlich zu viel tun – andererseits aber darf man auch nicht dort einfach einen „unbewußten Schaffensprozeß" unterstellen, wo nachweislich nach Rezepten gearbeitet worden ist.

Hieraus ergibt sich: der Begriff der „Interpretation" ist nicht etwa extensiv – als geistreiches Hineinlegen beliebiger Deutungen in historische Sinneinheiten aller Art – zu verstehen, sondern als eine Auslegung, die sich exakt und für jede in den jeweiligen Gegenstand eingearbeitete Person nachprüfbar an das vorhandene Material hält. Dabei ist es selbstverständlich, daß die Interpretation nicht wörtlich und lückenlos durch das Material vorgegeben sein muß. Schlußfolgerungen und sogar Konstruktionen sind hier nicht nur erlaubt, sondern sehr oft auch unvermeidlich – wie schon das Phänomen der „Konjektur" in der Quellenforschung zeigt. Die historische Interpretation ist zwar einerseits ein Erzeugnis der eine geschichtliche Äußerung verstehenden Person – andererseits aber stets an diese Äußerungen als Kontrollinstanz für die Auslegung gebunden.

Um auf unser Ausgangsbeispiel vom Mittelalter zurückzukommen: daß der Zeitgenosse des Mittelalters noch nicht sagen konnte „Ich bin ein mittelalterlicher Mensch", heißt auf der anderen Seite nicht, daß es in unser Belieben gestellt sei, ob und wie wir ein bestimmtes Zeitalter unserer Geschichte als „Mittelalter" interpretieren. Vielmehr müssen wir an den uns überlieferten Zeugnissen dieses Zeitalters für jedermann überzeugend dartun können, warum wir mit Recht vom „Mittelalter" als einer in bestimmter Weise geprägten historischen Einheit sprechen. Unsere

Interpretation erhebt sich zwar über die Zeugnisse, bleibt aber doch an sie gebunden.

Daß die Interpretation – als an Tatsachen gebundene und dennoch über sie hinausgehende Auslegung – kein leerer Wahn ist, zeigt sich auch dann, wenn wir aus der Vergangenheit heraus in unsere eigene Gegenwart gehen.

So ist beispielsweise die Studentenrevolte der Jahre 1967–1969 ein zunächst unheimliches, rätselhaftes Phänomen. Aber damit finden wir uns nicht ab. Wir versuchen dieses Phänomen zu „interpretieren". Das geschieht zunächst durch persönliche Gespräche im Bekanntenkreis, und später dann auch durch die Lektüre der Veröffentlichungen von Autoren, die – wie etwa Jürgen Habermas[104] – die besondere Kraft des Interpretierens geschichtlicher Situationen besitzen. An diesen Interpretationen orientieren wir uns. Sie fügen den „nackten Ereignissen" zweifellos etwas hinzu. Aber diese Hinzufügungen sind nicht willkürlich, sondern machen die Ereignisse erst zu dem, was sie „eigentlich" sind: nämlich Bestandteile eines zu guter Letzt eben doch verstehbaren und verstandenen Lebenszusammenhanges.

Wir können nun aber den Bereich des Geschichtlichen auch ganz verlassen. Unsere Gedankengänge im Phänomenologieteil wieder aufgreifend, erkennen wir, daß unsere gesamte Lebenspraxis aus Situationen besteht, die wir als solche in der Regel zutreffend interpretieren und damit beantworten. „Interpretation" ist in diesem Sinne nichts anderes als das, was wir im täglichen Leben als „sechsten Sinn", als „Fingerspitzengefühl", als „Riecher", als „Sehen wie der Hase läuft" zu bezeichnen pflegen, das griffsichere Auslegen einer Lebenssituation auch dann, wenn wir scheinbar nur „platte Daten" zur Verfügung haben.

Ob es geschickt ist, mit einer bestimmten Person gerade jetzt etwas Bestimmtes zu verhandeln; welche Lenkbewegungen ich mache, um diesen drohenden Zusammenstoß zu vermeiden; ob mein Gegenüber von einer Sache etwas versteht oder nicht; ob ich jemandem wirklich willkommen bin oder ob er nur mühsam höflich zu mir ist; ob jemand eine „gute" Sekretärin ist oder nicht – alles das meinen wir in der Lebenspraxis meist sehr genau beurteilen zu können. Unser „sechster Sinn", unser „Fingerspitzengefühl" sagen uns, wie die Dinge „wirklich" beschaffen sind –

und das heißt: erst unsere Interpretation einer gegebenen Situation macht diese Situation zu dem, was sie „ist".

„Interpretation" ist also kein willkürliches, von intellektuellen Besserwissern erfundenes Hineinlegen von Tiefsinn in Dinge, in die nichts hineinzulegen ist, sondern im Gegenteil unentbehrlicher Bestandteil unseres Alltagshandelns.

Zwar fügt die Interpretation dem „physikalistisch" zu erhebenden Befund *etwas* hinzu – aber *was* sie ihm hinzufügt, ist nicht in ihr Belieben gestellt.

Interpretation ist etwas Subjektives und Objektives gleichzeitig. Die *Subjektivität* der Interpretation besteht darin, daß wir als unser Leben lebende menschliche Personen eine Lebenssituation verstehen – über das hinaus, was sich der physikalistischen Wahrnehmung erschließt. Die *Objektivität* der Interpretation jedoch besteht darin, daß dieses Verstehen keinen beliebigen Inhalt haben kann, sondern am gegebenen Gegenstand auch von anderen Subjekten nachvollzogen werden muß und kann.

III. Die hermeneutische Individuierung

In wie unerhört feiner Weise der ausgereifte Historismus unterscheiden kann, hat Reinhard *Wittram* eindringlich gezeigt.

So sind Wörter wie ‚Staat‘, ‚Geist‘ oder ‚Kultur‘, hermeneutisch genau genommen, nicht geeignet, einen „überzeitlichen" Gegenstand zu bezeichnen. Denn sie entstammen selbst einer historischen Situation und sind daher genau nur auf bestimmte historische Gebilde anwendbar.[105]

Strenggenommen können wir nicht von antiken oder mittelalterlichen ‚Staaten‘ sprechen, da es dieses Wort im Sinne von politischen Gebilden wie „Reich", „Land", „Hoheitsgebiet" damals noch nicht gab.

Das lateinische Wort *status*, von dem sich unser ‚Staat‘ ableitet, hieß ursprünglich nichts weiter als Stand, Lage, Zustand. (So spricht man noch heute vom *status quo*, dem gegebenen Zustand, und im Geschäftsleben nennt man eine kurzfristige Bestandsaufnahme, um die finanzielle Situation eines Unternehmens zu überblicken, einen ‚Status‘.) Noch im 18. Jahrhundert finden wir einen Buchtitel „Allerneuester Staat des Königreiches

Polen", worin ‚Staat' ersichtlich nichts weiter als „Zustand"
heißt.[106] Erst seit dem 17. Jahrhundert wird ‚Staat' in der Bedeutung „res publica", „civitas", „regnum", „imperium", „Herrschaft" gebräuchlich.[107]

Jedoch zeigte sich nun ein Bedürfnis, das Wort ‚Staat' auch
rückwirkend auf solche Gegenstände anzuwenden, die zu ihrer
eigenen Zeit noch nicht als ‚Staat' bezeichnet wurden:

> „So spät auch der ‚moderne Staat' entstanden sein mag – längst und
> immer gab es Obrigkeit und öffentliche Ordnung, Gemeinwesen, die
> mit Macht und mit Rechten ausgestattet waren, Königreiche und Kom-
> munen, Fürstentümer und Gewalten. Für alle diese politischen Gebil-
> de bürgerte sich mit der Bezeichnung ‚Staat' ein von einer anderen
> Wirklichkeit abstrahierter Begriff ein, dessen Inhalt sich vom Fürsten-
> staat bis zur Parteiendemokratie freilich auch wieder grundlegend ge-
> wandelt hat. Heinrich Mitteis nannte sein ... Buch ... ‚Der Staat des
> hohen Mittelalters' ... .

Das Bedürfnis nach einer übergreifenden Bezeichnung ist nicht von
der Hand zu weisen, wir erkennen es bereits an, indem wir uns des
Wortes ‚politisch' bedienen, und wir bewegen uns im ganzen Bereich
des politischen Denkens auf dem vereinigenden Boden der griechisch-
römischen Begriffstradition. ‚Staat' ist von allen zeitgeschichtlich
gefüllten Begriffen dieses Bereiches vermutlich der neutralste, weil am
stärksten abstraktionsfähige."[108]

Aber: „Der vom Historismus geprägte Historiker kann ... nicht
beim Allgemeinen stehenbleiben, ihn verlangt es nach Unterscheidung
und Sonderung, nach der Anschauung des jeweils Besonderen. Er wird
es infolgedessen nicht unbeachtet lassen, daß der Begriff Staat die
Eigenart der regna und civitates zu überdecken und das jeweils Besondere zu verwischen imstande ist."[109]

Was schon für ein Wort wie ‚Staat' gilt, gilt jedoch in noch
viel stärkerem Maße für eine Zusammensetzung wie ‚Nationalstaat':[110]

> „Wer eine historische Erscheinung in der Gesamtheit ihrer zeitge-
> nössischen Bezüge verstehen will – und nur dann kommt man ihr
> nah –, wird die verdeutlichenden Bezeichnungen so wählen müssen,
> daß die Besonderheiten nicht verdunkelt werden. Läßt sich der Be-
> griff ‚Nationalstaat' so verwenden, daß nicht der ganze moderne
> Gehalt durchscheint? Der Begriff ‚Staat', der ja älter ist, hat sich
> weitgehend formalisiert und neutralisiert. Beim ‚Nationalstaat' klingt
> das ganze 19. Jahrhundert an, man hört die Kanonen von Solferino

mit, die Trompete von Vionville, die Stimme Heinrich von Treitschkes, man sieht Uniformen und Bratenröcke .... Die geistige Welt, in der sich der moderne Nationalstaat formierte, ist toto coelo von der mittelalterlichen unterschieden, und es fragt sich, ob die Äußerungen des Nationalbewußtseins, die ... für das ganze Mittelalter in Fülle belegt [werden], ohne den über dem Leben waltenden universalistischen Geist der kirchlichen Bildung und Devotion, der Heidenmission, der unverbrüchlichen sozialen Ordnungen ganz an dem ihnen zukommenden geschichtlichen Ort gesehen werden können."

Hiermit ist ganz klargestellt: der Historiker wehrt sich gerade dagegen, Wörter zu allgemein zu gebrauchen und damit eben den „eignen Geist" für „den Geist der Zeiten" auszugeben. Er hat eine Scheu davor, von der jeweils gegebenen historischen Situation, der adäquat zu verstehenden Sinneinheit zu abstrahieren und ein Wort so frisch-fromm-fröhlich-frei zu verwenden, wie es ihm sein Gegenwartsbewußtsein eingibt.

In ähnlichem Sinne sagt auch Wilhelm Kamlah:[111]

„... ,der Begriff ,Revolution' ist nur auf die Neuzeit anwendbar'.... [Dieser] Satz setzt eine Bestimmung des Terminus ,Revolution' voraus, die der Historiker etwa folgendermaßen formulieren könnte: ,Eine Revolution ist die gewaltsame Übernahme der politischen Herrschaft durch eine neue soziale Schicht auf Grund eines theoretischen Gesellschaftsprogramms.' In dieser Definition sind wiederum Termini enthalten, deren Verwendung zuvor zu normieren wäre. Ob die Definition *angemessen* ist, darüber hat freilich nicht der Logiker, sondern der Historiker zu urteilen."

In der Geschichte muß also die Verwendung jedes Wortes vorher hermeneutisch abgesichert werden. Wir müssen sorgfältig feststellen, ob ein bestimmtes Wort auch auf einen bestimmten historischen Gegenstand anwendbar ist (Beispiel: ,Staat', ,Geist', ,Kultur').[112]

Wittram faßt zusammen:[113]

„Alle allgemeinen historischen Sachbegriffe haben etwas Gleitendes, sind fortgesetztem Sinnwandel unterworfen und treffen in vielen Fällen nur ungenau. Wir müssen uns deshalb den ganzen Begriffsapparat in Frage stellen lassen, ihn relativieren und von Fall zu Fall auf seine Anwendbarkeit prüfen. Als allgemeine Regel dürfte gelten, daß die Sachbegriffe ,zweischichtig' sind: einerseits historisch zeitgerecht und

von innen her präzise, andrerseits zeitfremd, unscharf, von außen an-
nähernd und generalisierend. Das wäre auch bei Begriffen wie Erziehung, Persönlichkeit, Bürgertum, Gesellschaft u. v. a. nachzuprüfen.“

Soweit wir uns im Bereich einer „Historie, die nichts als
Historie sein will“,[114] bewegen, dürften daher – als Credo des
hermeneutischen Historismus – Wittrams folgende Worte gelten:[115]

„Je ärmer der sprachliche Ausdruck wird, desto geringer ist seine
Nuancierungsfähigkeit, desto weniger kann auch vom Vergangenen
heraufgeholt und wiedererweckt werden. Historische Anschauungskraft
und sprachliche Ausdrucksfähigkeit korrespondieren miteinander. Ob
das eine mit dem andern zum Untergang bestimmt ist, wissen wir
nicht. Sicher ist, daß der sprachliche Ausdruck geübt werden kann.
... Geben wir uns nicht so leicht zufrieden, wenn wir Begriffe und
Bilder verwenden. Es ist etwas Beglückendes darin, den genauen, angemessenen, ganzen Ausdruck zu suchen... . Wir kennen das Ent-
zücken, das uns überkommt, wenn wir in einer Untersuchung oder
Darstellung einen Satz, eine Beschreibung lesen, von der wir sagen
müssen: hier stimmt alles, hier ist alles fein und genau und angemessen.“

Der eigentliche Grund, weshalb wir heute von einer „Krise“
der historischen Wissenschaften bzw. der hermeneutischen Methode sprechen müssen, liegt offensichtlich nicht etwa darin, daß
sich das Programm der adäquaten hermeneutischen Erfassung
jeder historischen Einheit als eine „objektivistische“ Illusion erwiesen hätte. Unsere Überlegungen haben uns deutlich gezeigt,
daß es durchaus nicht unser eigener Geist sein muß, was wir den
Geist der Zeiten heißen.

Nein – der Grund für diese Krise liegt an einer anderen Stelle: nicht im Nichtkönnen, sondern im Nichtmehr*wollen*.

Im gleichen Augenblick, da der Historismus seine letzte Reife,
seine feinsten Möglichkeiten erlangt hat – in diesem Augenblick
wendet sich offenbar das Interesse einer Mehrheit der wissenschaftlich tätigen Personen von solchen hermeneutischen Möglichkeiten ab – zugunsten eines Neo-Dogmatismus, der gar nicht
mehr das „Andere“ als „Anderes“ aufnehmen will, sondern
„eindimensional“ selbstgesetzten Normen folgt. Wir werden
darauf zurückkommen.

IV. Gesetze in der Geschichte

1. Gesetze als „zeitlose menschliche Natur"

Wenn wir auch nicht, wie der analytische Wissenschaftler geneigt ist das zu tun, das „Verstehen" auf Psychisches zurück-
führen können und müssen, so liegt es natürlich doch nahe, der
historischen Interpretation immer wieder Annahmen über gewisse unveränderbare Motive des Menschen zugrundezulegen,
durch die wir erklären können, warum bestimmte historische
Personen so und nicht anders gehandelt haben.

Ein typisches Beispiel hierfür bietet Bernheims Darstellung
Herzog Rudolfs IV. von Österreich, des Fälschers des Privilegium Majus, als „ehrgeizigen Jüngling", als Mann, dem „Gewalt
wie List . . . nicht fremd waren" und so fort.[116]

Gerade solche Stellen bei Bernheim und anderen Historikern
des 19. Jahrhunderts erwecken in uns ein gewisses Unbehagen
etwa in der Richtung, daß es hier eben doch „der Herren eigner
Geist" sei, „in dem die Zeiten sich bespiegeln". Wendungen wie
„ehrgeiziger Jüngling" und „Gewalt wie List" sind für unser
Empfinden „typisch 19. Jahrhundert"; wir ahnen – selbst hermeneutisch abtastend, nämlich Bernheims Ausdrucksweise –, daß
damit die Eigenart „des mittelalterlichen Menschen" nicht adäquat erfaßt wird, daß hier zu viel von dem Lebensgefühl des
19. Jahrhunderts selbst einfließt.

In der Tat zeigen solche für die klassische bürgerliche Geschichtsschreibung des 19. Jahrhunderts charakteristische Rede-
wendungen an, daß das 19. Jahrhundert eben noch nicht „historistisch" genug dachte, noch zu viel vom eigenen Gegenwarts-
gefühl in die Interpretation vergangener Zeiten einfließen ließ,
noch viel zu unbefangen wertete und zensierte, „lobte und ta-
delte", wie August Nitschke sagt.[117]

Für uns viel abgebrühtere Historisten stellt sich angesichts
unseres Beispiels die Frage: Ist es überhaupt *nötig*, derart der
eigenen Gegenwart entnommene seelische Motivationen für
den Nachweis der Fälschung des Privilegium Majus heranzu-
ziehen? Offenbar nicht. Denn die von Bernheim selbst so pla-

stisch geschilderte Quellenlage weist eindeutig auf den Tatbestand der Fälschung des Majus, ohne daß wir überhaupt genötigt wären, noch besondere Annahmen über gleichsam „überzeitliche" persönliche Motive des Fälschers zu machen.

Natürlich kommen wir nicht darum herum, ein „Motiv" für
die Fälschung anzunehmen; denn sonst hätte sie nicht stattfin-
den können. Aber dieses Motiv müssen und können wir nicht
mit naiv „gegenwärtigen" Wendungen wie „ehrgeizig" oder
„List" umschreiben. Denn wir wissen ja gar nicht, ob es geistig-
seelische „Zustände", die der Geschichtsschreiber des 19. Jahrhunderts mit solchen Wörtern verband, im Mittelalter so überhaupt gegeben hat.

Wir werden daher auch unsere Interpretation für das Motiv
nach Möglichkeit „objektivieren", das heißt in die betrachtete
Zeit selbst hineinverlegen wollen.

So könnten wir etwa sagen: zu solch einer Urkundenfälschung
bedurfte es gar keiner individuellen „Charakterzüge" oder „psy-
chischer Zustände" – sondern die Situation selbst legte die Fälschung nahe: Österreich war durch die Festlegung des Kurfürstenkollegiums benachteiligt worden und wollte dafür einen
Ausgleich schaffen. Subjektiv war dafür keine besondere „Bosheit" erforderlich, und der Fälscher brauchte auch gar kein Un-
rechtsgefühl zu haben. Vielleicht war der mittelalterliche Mensch
so „anders", daß das Fälschen von Urkunden für ihn nur eine
Routinehandlung war, wie heute etwa die Entgegennahme von
Geld für eine Leistung, was für uns ja auch nichts Unmorali-
sches hat.

In der Tat läßt sich zeigen, daß gerade in der Bewertung des
Phänomens der Urkundenfälschung durch mittelalterliche Instanzen von Bernheim bis heute eine deutliche Verschärfung des
„hermeneutischen" Bewußtseins im Sinne genaueren Erfassens
der Zeitverhältnisse vor sich gegangen ist.

So bringt Bernheim Fälschungen mit Motiven wie „Gewinn-
sucht, ... Ruhmsucht, falscher Patriotismus, ... Bosheit und
Rachsucht, ... Gelehrteneitelkeit"[118] und ähnlichen in Verbindung – wobei er bezeichnenderweise überhaupt nicht zwischen
solchen Fälschungen mittelalterlicher Quellen, die schon im Mittelalter selbst, und solchen, die erst in späteren Jahrhunderten

vorgenommen worden sind, unterscheidet; schon das ist natürlich unhistorisch, weil es unterstellt, es seien immer die gleichen
überhistorischen Motive gewesen, die die Menschen zu Fälschungen verleitet hätten. Auch in Bezug auf die Fälschung von
Urkunden als einer besonderen Quellenart spricht Bernheim
noch einmal ausdrücklich von „allen möglichen Motiven des
menschlichen Egoismus", die geistliche und weltliche Instanzen
zu Fälschungen veranlaßt hätten.[119]

Demgegenüber schlägt v. Brandt als Repräsentant des ausgereiften Historismus der Mitte unseres Jahrhunderts zu unserem Thema völlig andere Töne an:[120]

„Die Fälschung von Urkunden ist im Mittelalter, namentlich in der
Zeit etwa vom 10. bis zum 13. Jahrhundert in einer Massenhaftigkeit
betrieben worden, von der sich der Laie kaum eine Vorstellung machen
kann. Man hat ... angenommen, daß ... von den für geistliche Empfänger bestimmten Urkunden (soweit sie angeblich vor dem 12. Jahrhundert entstanden) schätzungsweise zwei Drittel ganz oder teilweise
gefälscht sind.

Der Historiker muß sich fragen, welches die Gründe für diese Erscheinung sind, wenn er Wesen und Quellenwert der Fälschungen nicht
gröblich mißverstehen will. Dabei wird etwa folgendes festzustellen
sein:

1. Das Verhältnis des antiken und des mittelalterlichen Menschen
zu Wahrheit und Lüge, zu Urheberrecht und Recht des Fremden überhaupt, ist ein anderes, als wir es heute gewöhnt sind. Der Begriff
der Wahrheit ist kein absoluter, er ist relativ und subjektiv ge-
färbt, auch von religiösen und sozialen Rangordnungen abhängig.
Die Massenhaftigkeit gerade der kirchlichen Fälschungen erklärt
sich hiermit: zugunsten eines kirchlich-religiösen Zwecks erscheint es
zulässig, die subjektive Wahrheitsüberzeugung auch durch eine pia
fraus, also eine ,Fälschung', zu befestigen. Denn die Welt ist unvollkommen in ihren Einrichtungen. Unvollkommenheiten im Sinne des
Ideals der Civitas dei – also was dem kirchlichen Interesse zuwider-
läuft – können und sollen beseitigt werden. Die Rechtswidrigkeit
einer Handlung ist nicht in ihr selbst begründet, sondern erst in ihrer
Absicht.

2. Die Gewalt spielt in der mittelalterlichen Rechtsordnung eine
viel größere, ... auch theoretisch anerkannte Rolle, als etwa im
modernen ... Rechtsstaat. Es wurde als unvermeidbar hingenommen,
daß das ,Faustrecht' einen erheblichen Anteil an der Ordnung der

... Machtverhältnisse nahm. Hinsichtlich solcher ... Machtmittel be-
fanden sich die geistlichen Träger der Bildung ... gegenüber der im
Weltlichen herrschenden Kriegerkaste unleugbar im Nachteil. Gegen
das rechtschaffende Machtmittel des Schwertes wehrte sich die geistliche Seite mit der ihr monopolistisch eigenen Waffe: der Feder.

3. ... Da Regierungen und Verwaltungen nicht beweglich genug
sind, um ... faktischen Entwicklungen Rechnung zu tragen, muß ...
[der Betroffene korrigieren]. Man ,fälscht': das heißt z. B., man bringt
den durch frühere Beurkundung festgelegten Rechtszustand auf den
inzwischen erreichten tatsächlichen Stand, den – nach der häufig
wohl ehrlichen Überzeugung des ,Fälschers' – der ursprüngliche Aus-
steller auch billigen müßte. ... [Es] fehlt also wohl dem mittelalterlichen Menschen nicht selten überhaupt das Gefühl, eine Fälschung ...
zu begehen. Seiner Absicht nach handelt es sich um eine ,Berichtigung',
zu der er sich durchaus befugt fühlt."

Der Gegensatz könnte nicht deutlicher sein: bei Bernheim der
Rückzug auf allgemeine psychische Regungen – bei v. Brandt die
genaue Analyse spezifisch mittelalterlicher Gegebenheiten, die
unseren eigenen Vorstellungen widersprechen und es uns verbieten, unsere Maßstäbe einfach auf frühere Zeiten zu übertragen
und diese früheren Zeiten dann als nach unseren Maßstäben
„moralisch minderwertig" zu klassifizieren.

Die Frage, wie weit die heutige, streng „historistische" Auffassung vom Mittelalter der „Wahrheit" wirklich nahekommt,
darf offenbleiben. Aber unbestreitbar ist, daß die in der gegenwärtigen Geschichtsauffassung konsequent verfolgte Tendenz, in
der fremden historischen Einheit wirklich „das Andere" sehen zu
wollen, dieser „Wahrheit" zumindest näher kommt, als die unhistorisch moralisierende Betrachtungsweise Bernheims.

Freilich will auch der moderne Historismus „überzeitliche" Motive nicht ganz ausschließen. So sagt v. Brandt in einem vierten
Punkt:[121]

„4. Ehrgeiz und Machtlust gibt es zudem im Mittelalter wie zu allen
Zeiten, noch dazu ungebändigter durch pseudomoralische Erwägungen,
als in Zeiten vollkommenerer Rechtszustände – weil die Wahrscheinlichkeit des Ertapptwerdens damals geringer war."

Aber auch hier liegt offensichtlich wiederum der Knüppel beim
Hunde: warum war die Wahrscheinlichkeit des Ertapptwerdens
geringer? Doch auch, weil man gar nicht ertappen *wollte!*

2. Gesetze als wiederkehrende Abläufe

Wie wir im ersten Band und auch im vorliegenden Band anläßlich der Besprechung des „Verstehens" gesehen haben, ist es das Bestreben einer sich als analytisch verstehenden Wissenschaft, zur Formulierung von allgemeinen Sätzen – oder Gesetzen – zu gelangen, aus denen sich dann alle Einzelfälle ableiten lassen.[122]

Nach dieser Auffassung hat die einzelne geschichtliche Tatsache keinen Eigenwert. Denn nicht sie und ihre Sicherung ist das Endziel der Geschichtsforschung, sondern die Aufstellung allgemeiner Sätze, für die die Einzeltatsachen nur – an und für sich unwichtiges – Material beitragen. Gegenstand der „empirischen" Methode ist daher für diese Auffassung auch nicht die quellenkritische Sicherung der Tatsachen unter Anwendung hermeneutischer, historisch-philologischer Verfahren, sondern die Bestätigung und Widerlegung von Gesetzeshypothesen nach dem induktiven Verfahren.[123]

Für die analytische Geschichtsmethodologie ist also die Frage nach den „Gesetzen" in der Geschichte bereits positiv beantwortet. Es mag da im einzelnen noch Schwierigkeiten geben – grundsätzlich steht es mit den Gesetzen in der Geschichtswissenschaft nicht anders als in den Naturwissenschaften, der Psychologie, der Sozialpsychologie, der Soziologie und so fort.[124]

Eines haben uns nun unsere bisherigen Betrachtungen mit ziemlicher Sicherheit erkennen lassen: Wenn wir es mit der „Hermeneutik" wirklich ernst nehmen, müssen wir zu der Einsicht gelangen: Im Bereich des Geschichtlichen kann es keine Gesetze geben. Die Geschichte ist offenbar gerade der Bereich des Unwiederholbaren und des Unvorhersehbaren. Warum es gerade diese unverwechselbare Individualität Johann Sebastian Bach geben mußte – und warum dieser Bach nun gerade diese Johannespassion schreiben mußte – das ist offenbar durch allgemeine Gesetze nicht zu erklären.

Die Geschichte – so hat man auch gesagt – ist unbegrenzt offen. Das heißt, auf die Zukunft bezogen: wir wissen nicht, welche Möglichkeiten im Menschen noch liegen, was er noch wird verwirklichen können. Im Jahre 1650 hätte sich Bachs Musik nie-

mand „vorstellen" können – aber ebensowenig können wir uns
heute „vorstellen", was für unerahnbare Leistungen der Mensch
noch hervorbringen wird. Auch die in den letzten Jahren so viel
beredete „Futurologie" kann uns da nicht viel helfen. Denn sie
kann immer nur gegebene Linien in die Zukunft hinein verlängern, nicht aber das Unvoraussehbare voraussehen.[125]

Wilhelm Dilthey hat gesagt: „Was der Mensch sei . . ., erfährt
er erst in der Entwicklung seines Wesens durch die Jahrtausende
und nie bis zum letzten Worte, nie in allgemeingültigen Begriffen,
sondern immer nur in den lebendigen Erfahrungen, welche aus
der Tiefe seines ganzen Wesens entspringen."[126]

Die Einsicht, daß es in der Geschichte keine Gesetze geben
kann, weil die menschlichen Hervorbringungen sich immer wieder unerwartet neu konstituieren und insofern nur nachträglich
hermeneutisch in ihrer Einzigartigkeit erfaßt werden können,
ist so typisch „historistisch", wissenschaftstheoretisch so „spät",
daß zu verstehen ist, wenn nur wenige Geschichtsphilosophen
diese Einsicht wirklich nachzuvollziehen vermochten.

Im Sinne dessen, was wir über die Geschichtsmodelle vom
„Fortschritt", vom „Verfall" und von der zyklischen Wiederkehr der gleichen Abläufe gesagt haben, lag es von jeher wesentlich näher, immer wieder Gesetzlichkeiten in der Geschichte zu
finden bzw. in sie hineinzuprojizieren.

Eine Sonderstellung hinsichtlich des Problems der „Gesetze"
in der Geschichte nehmen die einzigartigen Geschichtsphilosophen Hegel und Marx und ihre Nachfolger ein; wir können von
ihnen in diesem Zusammenhang noch nicht sprechen, da erst
im Dialektik-Teil unseres Bandes ein angemessener Aufriß des
von ihnen Geleisteten möglich ist.

Daher sei an dieser Stelle nur noch einmal auf den kühnen
Entwurf von Oswald Spengler hingewiesen, der die Weltgeschichte als Gesamtheit von immer gleichartigen Abläufen verschiedener Kulturen interpretiert. Und insofern wir selbst
einer noch nicht zu Ende gegangenen Kultur angehören, können wir – nach Spengler – durch Analogieschluß von bereits
abgelaufenen Kulturen auf unsere eigene Kultur deren Geschichte vorhersagen.[127]

Nun lassen sich ganz zweifellos Analogien, Parallelismen,

Gleichartigkeiten in der Geschichte nicht bestreiten. Die Ähnlichkeit etwa zwischen der Spätantike und unserer eigenen Gegenwart als sogenannten „alexandrinischen", das heißt: weniger
produktiven als systematisch sammelnden Zeitaltern bietet sich
zu augenfällig an, als daß man als Historiker leichten Herzens
an ihr vorbeigehen möchte.

Selbst ein so „historistischer" und der hermeneutischen Praxis
eng verbundener Geschichtsphilosoph wie Reinhard Wittram
glaubt sagen zu können:[128]

„Man kann den Begriff der historischen Gesetzmäßigkeit mit Ein-
schränkungen und Vorbehalten, wie ich meine, unbedenklich verwenden. Für bestimmte Zusammenhänge legt er sich nahe. Die großen
produktionsgeschichtlichen und sozialökonomischen Wandlungen von
der Bedarfsdeckungs- zur Marktwirtschaft, von den Manufakturen
zur technisierten Produktion, von der Agrar- zur Industriegesellschaft haben so viel Folgerichtigkeit und Gleichförmigkeit an sich, daß
man in der entsprechenden Größenordnung von ,sozusagen gesetzmäßigen' Verläufen sprechen kann. Der Gesetzesbegriff ist in der Geschichtswissenschaft eine Hilfsvorstellung, die manchen großräumigen
und großzeitlichen Ablauf recht gut veranschaulichen kann. Freilich
kann er gerade das nicht, wofür er meist in Anspruch genommen wird:
er ist keine Formel für die historische Notwendigkeit schlechthin. Ge-
setzlichkeit und Notwendigkeit sind im Bereich der Geschichte nicht
synonym."

Und an anderer Stelle, doch etwas skeptischer:[129]

Es „kann nur soviel bemerkt werden, daß der Begriff des historischen Gesetzes sich im strengen Sinn überhaupt nicht halten läßt. Will
man allgemeingültige Regeln annehmen, so ist von Fall zu Fall genau
zu prüfen, in welchen Grenzen von Wiederholungen und Gleichförmig-
keiten die Rede sein kann. Die historische Notwendigkeit, die hinter
jedem Prozeß und jedem Ereignis steht, ist viel schwerer aufzuschlie-
ßen und zu enträtseln, als daß ein einzelner Schlüssel dafür genügen
könnte."

„Gesetze in der Geschichte" – das ist in diesem Zusammenhang
im Sinne der Grundlage „großräumiger und großzeitlicher Abläufe" zu verstehen. Wir werden noch festzustellen haben, ob
es nicht auch eine andere Auffassung dessen geben kann, was
ein „Gesetz" in der Geschichte ist. Zunächst aber noch folgender Exkurs.

Exkurs. Der Begriff des „Typus". Der Begriff des „Typus" hat in der Geschichtsphilosophie der letzten Jahrzehnte eine große Rolle gespielt.[130]

„Typus" heißt eigentlich so viel wie „Schlag" und danach das durch den Schlag Geformte: die bestimmte Gestalt, die Ausprägung – ganz in dem Sinne, wie wir ja auch von „Menschenschlag" sprechen.

In der Geschichtswissenschaft gibt es bei genauerer Betrachtung zwei Begriffe des Typus: einen im Grunde unhistorischen und einen eigentlich historisch-hermeneutischen.

1. Der „unhistorische" Begriff des Typus gehört in die unmittelbare Nachbarschaft des soeben von uns besprochenen Begriffs des „Gesetzes" im Sinne der Ursache immer wiederkehrender Abläufe. „Gesetzmäßigkeit", „Gleichförmigkeit", „Typus" wäre in diesem Sinne etwa dasselbe.

Hiernach gibt es über die gesamte Geschichte hinweg immer wieder die gleichen „Typen" von Menschen. Solche „Typologien" hat zum Beispiel die Psychologie in großer Zahl aufgestellt. Das klassische Beispiel für eine Typologie von Menschen-„charakteren" ist die schon aus dem griechischen Altertum stammende Lehre von den vier „Temperamenten" des Sanguinikers, Phlegmatikers, Cholerikers und Melancholikers, denen die neuere Zeit noch andere Typologien an die Seite gestellt hat.

Im Sinne der Temperamentenlehre zum Beispiel also könnte man alle großen Männer der Geschichte danach untersuchen, welchem der vier Temperamentstypen sie angehört haben. Dieses Verfahren ist offenbar unhistorisch. Und zwar schon deswegen, weil jede Typologie das philosophische Gepräge der Zeit trägt, in der sie entstanden ist, und auf andere Zeiten daher nicht angewendet werden kann.

Dabei haben wir noch ganz von dem Problem abgesehen, ob eine solche Typologie schon „in sich", das heißt, in der historischen Situation ihrer Entstehung angewendet, sinnvoll ist. Jede Typologie hat nämlich bereits völlig außerhalb jeder historischen Fragestellung folgende beiden Grundmängel: a) Sie ist nur „eindimensional", das heißt, sie versucht die menschlichen Individuen auf eine einzige Merkmalsskala zu reduzieren; das Individuum wäre aber zumindest als „Schnittpunkt" mehrerer

Typen-Dimensionen zu interpretieren. b) Jede Typologie muß das Problem der *Zwischen*stufen zwangsläufig vernachlässigen.

2. Der andere mögliche Begriff des Typus nun ist der eigentliche „historische". Er ist dadurch gekennzeichnet, daß er nicht Objekte aus verschiedenen historischen Einheiten miteinander analogisch in Beziehung setzen will – vielmehr beschränkt er sich auf den Bereich einer historischen Einheit selber. Er meint also das, was *für eine bestimmte historische Einheit „typisch"* ist.[131]

Den Brief Johann Sebastian Bachs etwa können wir sofort ungefähr datieren, weil er bestimmte für die erste Hälfte des 18. Jahrhunderts „typische" Eigenschaften zeigt. Alle Briefe der Jahre um 1730 haben in ihrem „Stil" etwas gemeinsam – und dieses Gemeinsame empfinden wir als das für die Zeit eben „Typische". Und auch hier wieder erübrigen sich induktive Untersuchungen, „wieviel Prozent" von Äußerungen einer historischen Einheit wirklich typisch für diese Einheit sind.

Dieser Begriff des „Typus" nun steht insofern in Gegensatz zu dem des Individuums, als er das bezeichnet, was in einer Zeit allen Individuen gemeinsam ist.

Hierfür ein einfaches Beispiel. Angenommen, es gäbe einen „tumben Tor", dem die Gepflogenheit des Grüßens unbekannt ist. Dieser Parzival oder Eulenspiegel könnte zum Beispiel die Floskel „Auf Wiedersehen", mit der wir uns ganz routinemäßig verabschieden, als einen rein individuellen Ausdruck des sich Verabschiedenden dafür auffassen, daß dieser sich aufrichtig freue, den so Angesprochenen in kurzer Zeit „wiederzusehen". In Wirklichkeit, so wissen wir, ist „Auf Wiedersehen" nichts als eine standardisierte Grußformel, die man auch jemandem gegenüber anwendet, den man nicht leiden kann und den man daher gar nicht wiederzusehen wünscht. Genau wie diesem „tumben Tor" aber geht es oft dem mit einer bestimmten Geschichtsepoche nicht Vertrauten: er hält bestimmte Wendungen in einer Quelle (einer Königsbiographie, einer Urkunde und so fort) für individuelle Erzeugnisse gerade dieses Verfassers in diesem Dokument, während es sich in Wirklichkeit um stehende, für die Zeit typische Wendungen handelt.[132]

Der Begriff des „Zeittypischen" ist also ein hermeneutischer

Interpretationsbegriff; in gewisser Weise geht er in den des „*Zeitgeistes*" über. Und zwar dadurch, daß wir sagen: Alle Äußerungen einer Zeit sind gerade für diese Zeit „typisch". Wir erkennen die Bachzeit nicht nur aus Bachs Briefen, sondern auch aus seiner Musik, aus den ihn darstellenden Gemälden und der Kleidung und Perücke, die er auf diesen Gemälden trägt, aus seinen Kantatentexten, aus den philosophischen Schriften von Christian Wolff.[133]

Nur in dieser historisch-hermeneutischen Bedeutung dürfte der Begriff des Typus in der Geschichte seinen Sinn haben.

3. „Gesetze" in analytischer Betrachtung

Wir hatten bereits gesehen, daß die analytischen Wissenschafts-theoretiker durchaus an die Möglichkeit glauben, „Gesetze" oder allgemeine Sätze in der Geschichtswissenschaft aufzufinden. Sie verstehen dabei diese Gesetze nach dem Muster entsprechender Allgemeinaussagen in den Naturwissenschaften, der Sozialpsychologie und so fort. Wir bemühten uns dann zu zeigen, daß dieser Gesetzesbegriff für die Geschichtswissenschaft unzulänglich ist, weil er die hermeneutische Erfassung des Individuellen als Aufgabe der Geschichtswissenschaft nicht sieht.

Jedoch gäbe es unter Umständen eine Möglichkeit, auch den *analytischen* Gesetzesbegriff für die Geschichte noch zu retten. Das können wir aber nur dadurch verwirklichen, daß wir den Begriff des Gesetzes erheblich tiefer verankern, als das in der analytischen Wissenschaftstheorie bisher üblich war.

Erste Versuche hierfür haben wir bereits im ersten Band gemacht.[134] Wir haben es nämlich dort unternommen, das Verhältnis zwischen „individuellen Gegebenheiten" und Gesetzen etwas genauer zu bestimmen.

Eine „individuelle Gegebenheit" ist zum Beispiel die Tatsache, daß zu einer bestimmten Zeit an einem bestimmten Ort der Erde ein anderer Planet, etwa Jupiter, dort und dort zu sehen ist; sie läßt sich als das Ergebnis des Zusammenwirkens von „Gesetzen" und „Randbedingungen" interpretieren: Der Umlauf der Planeten im Sonnensystem bestimmt sich nach den Keplerschen Gesetzen. Die Tatsache hingegen, daß es im Sonnen-

system gerade soundsoviele Planeten auf den und den Umlauf-
bahnen mit der und der Größe und sonstigen Eigenschaften gibt,
ist eine „Randbedingung", die erst bewirkt, daß zu einem bestimmten Augenblick ein bestimmter Planet von der Erde aus
gesehen dort und dort zu stehen scheint.

Diese Randbedingungen aber, die Besonderheiten im Sonnensystem also, wiederum sind auch selbst als „individuelle Gegebenheiten" anzusprechen, die ihrerseits aus „Gesetzen" und
„Randbedingungen" entstanden sind – etwa nach den chemisch-
physikalischen Gesetzen, denen gemäß Planetensysteme aus Zen-
tralsternen entstanden, während die besonderen Gegebenheiten in der Sonne nun gerade zu diesem besonderen Planeten-
bestand im Sonnensystem geführt haben.

In diesem Sinne können wir uns jede tatsächliche Gegebenheit als aus „Gesetzen" und „Randbedingungen" entstanden
vorstellen, und jede „Randbedingung" können wir wiederum
als individuelle Gegebenheit interpretieren, die ihrerseits aus
Gesetzen und vorausgesetzten Randbedingungen entstanden ist.
Wir gelangen so zu folgendem Schema:[135]

$$
\begin{array}{ll}
R_1 \quad G_1 & \\
\diagdown\diagup & \\
I_1 \!\rightarrow\! R_2 \quad G_2 & G = \text{Gesetz} \\
\diagdown\diagup & R = \text{Randbedingung} \\
I_2 \!\rightarrow\! R_3 \quad G_3 & I = \text{Individuelle Gegebenheit} \\
\diagdown\diagup & \\
I_3 \!\rightarrow\! R_4 \quad G_4 & \\
\diagdown\diagup & \\
I_4 \ldots &
\end{array}
$$

Übertragen wir nun diese Überlegungen auf die Geschichte,
so ergibt sich folgendes.

Sofern überhaupt Gesetze in der Geschichte existieren, dürfen
wir sie uns nicht so grobschlächtig vorstellen, wie manche analytischen Wissenschaftstheoretiker das meinen, etwa nach dem
Muster: „Der Mensch verhält sich immer so, daß er die größt-
mögliche Belohnung erfährt."[136]

Sondern: die Geschichte, wie sie tatsächlich abläuft und wie sie
tatsächlich Erzeugnisse des Menschengeistes, etwa politische Er-

eignisse, soziale Zustände, Kunstwerke und wissenschaftliche Gedanken, hervorbringt, ist nur zu denken als ein unendlich vielfältiges Gewebe von individuellen Gegebenheiten, die in unzählbar vielen Stufen – etwa im Sinne unseres obigen Schemas – durch immer neue Zerlegung von Gegebenheiten in die sie konstituierenden Gesetze und Randbedingungen zurückzuführen sind – solange bis wir bei einem „Urzustand" anlangen, aus dem wir die tatsächliche Vielfalt der Gegebenheiten ableiten könnten.

In diesem Falle wäre es dann möglich, auch kleinste – und daher unmittelbar nicht zu erklärende – Einzelheiten des gegebenen Geschichtsverlaufes über ein Geflecht von Gesetzen und Randbedingungen exakt und doch unter Berücksichtigung alles Individuellen auf einen solchen Urzustand zurückzuführen und damit zu erklären.

Angenommen, es wäre realisierbar, auf diese Weise die Geschichte mit ihren unzählbar vielen unwiederholten und unwiederholbaren Gegebenheiten analytisch transparent zu machen, so würde sich die Hermeneutik, und das heißt in diesem Zusammenhang: die nachträgliche Erfassung geschichtlicher Gegebenheiten als nun einmal so und nicht anders gegeben – als überflüssig erweisen. Denn in dieser Sicht ist die Hermeneutik nichts anderes als ein Notbehelf: ein unvollkommener Ersatz für einem vorgegebenen Urzustand, aus dem heraus Gesetze und die analytische Ableitung aller Gegebenheiten der Geschichte aus Randbedingungen sich in irgend einer Weise entwickeln.

Die Hermeneutik wäre so dem Versuch vergleichbar, die Konstruktion einer komplizierten Maschine aus ihren von außen wahrnehmbaren Leistungen zu rekonstruieren – das heißt: als „schwarzen Kasten" zu betrachten –, statt eine Klappe zu öffnen und die Wirkungsweise der Maschine selbst zu studieren.

Um das an einem Beispiel zu zeigen: In der Geschichte ist ein Kunstwerk entstanden, genannt „Johann Sebastian Bachs Johannespassion". Dieses Werk besteht aus bestimmten gleichzeitig und nacheinander erklingenden Kombinationen von Noten und Textwörtern, die wir hermeneutisch als eine der bedeutendsten und tiefsten Hervorbringungen des menschlichen Geistes würdigen.

Da es nun die Johannespassion tatsächlich „gibt", sie also irgendwann und irgendwo einmal entstanden ist, muß es auch „Umstände" geben, die dahin geführt haben, daß die Johannespassion gerade so und nicht anders „geworden" ist. Eine analytische Geschichtswissenschaft, die ihren Namen wirklich verdient, müßte also exakt erklären können, warum jede Note der Johannespassion so aussieht, wie sie gerade aussieht – eben nach dem Grundsatz, daß alles, was in der Geschichte tatsächlich hervorgetreten ist, dieses Hervortreten irgendwelchen Faktoren verdankt, die bei entsprechender Bemühung grundsätzlich auch aufgedeckt werden können müßten.

Es liegt jedoch auf der Hand, daß unsere Spekulation in doppelter Hinsicht fragwürdig ist.

a) Einmal ist es – jedenfalls unter den gegebenen Verhältnissen menschlichen Denkens und Forschens – utopisch zu meinen, so komplizierte Zusammenhänge könnten jemals erforscht werden. Schon aus diesem Grunde ist die Hermeneutik als einziger dem Gegenstand wirklich adäquater Zugang zum Reich der Geschichte unentbehrlich und unersetzbar.

b) Zum anderen stellt sich natürlich die Frage, ob das Modell von „Gesetz und Randbedingung" dem, was wir die Geschichtlichkeit des Menschen nennen, überhaupt angemessen ist. Es ist durchaus denkbar, daß die Hermeneutik eben nicht einfach ein Surrogat für die uns fehlende analytische Einsicht in den Ablauf der Weltgeschichte ist – sondern daß sie vielmehr die einzig angemessene Weise überhaupt darstellt, sich der Geschichte und dem menschlichen Leben überhaupt zu nähern.

Wie dem auch sei – das ganze Problem ist zur Zeit unentscheidbar. Es bleibt uns daher gar nichts anderes übrig, als die Hermeneutik als das einzige exakte Instrument, das der Geschichtswissenschaft überhaupt zur Verfügung steht, dankbar entgegenzunehmen und weiter zu entwickeln.

2. KAPITEL

HISTORISCHE UND SYSTEMATISCHE FRAGESTELLUNG

Wir hatten gesehen, daß Gegenstand der Geschichtswissenschaft grundsätzlich alles sein kann, was der Mensch je hervorgebracht hat – womit zwangsläufig Abgrenzungsprobleme als Scheinprobleme erledigt sind. Ob wir „politische" oder „Kultur"-Geschichte treiben sollen, ob die Geschichtswissenschaft es nur mit den „erfolgreichen" Individuen, Staaten, Gruppen zu tun habe oder nicht, und so fort – solche und ähnliche Fragen erledigen sich durch unsere Bestimmung von selbst.

A. Historische und systematische Disziplinen

I. Der Dualismus des Wissenschaftsbetriebes

Aber ein anderes Problem bleibt. Wenn wir uns an unseren Universitäten und Hochschulen umschauen und feststellen, was eigentlich für Wissenschaften heute tatsächlich betrieben und wie sie betrieben werden, dann fällt uns folgendes auf.

Zwar haben wir festgestellt, daß Gegenstand der Geschichtswissenschaft *alles* sei oder jedenfalls sein könne, was der Mensch jeweils hervorgebracht hat.

Die Praxis des Wissenschaftsbetriebes jedoch gibt uns sehr bald zu erkennen, daß die einzelnen Wissenschaftsdisziplinen zur Geschichte ihres jeweiligen Gegenstandes offenbar ein ganz *verschiedenes* Verhältnis haben.

In einigen Disziplinen nämlich spielt die Betrachtung und die Interpretation der Geschichte dieses Gegenstandes eine große Rolle – in anderen wieder nicht.

So verstehen sich offenbar alle die oder doch die meisten der Disziplinen, die herkömmlicherweise in den „philosophischen Fakultäten" zusammengefaßt sind, als historische Wissenschaften.

Voran die im engeren Sinne so genannte „Geschichtswissenschaft", deren Gegenstand vor allem die politischen, sozialen, wirtschaftlichen und rechtlichen Hervorbringungen des Menschen im Laufe seiner Geschichte sind. Die Geschichtswissenschaft betrachtet also nicht einfach den gegenwärtigen Staat oder den Staat „schlechthin", sondern sie betrachtet politische Ereignisse und Gebilde, die sich im Laufe der Geschichte von den alten Ägyptern bis auf unsere Zeit „finden".

Ebenso betrachten die Literatur-, die Kunst- und die Musik-„wissenschaft" nicht einfach die Kunst der Gegenwart oder die Kunst „schlechthin", sondern bestimmte Kunstwerke, so wie sie die Geschichte vor uns hingestellt hat: also etwa die Gedichte Goethes, die Gemälde Rembrandts oder die Kantaten Bachs.

Und in ähnlicher Weise haben es die sogenannten „Philologien", das heißt die historisch gerichteten Sprachwissenschaften, wie Klassische Philologie, Germanistik, Anglistik, Romanistik, Slawistik, Finno-Ugristik, Arabistik, Sinologie und so fort nicht etwa mit der Sprache der Gegenwart oder der Sprache „schlechthin" zu tun, sondern mit jeweils bestimmten historisch gewachsenen Sprachen in Gestalt ihrer historisch überlieferten Denkmäler zu tun, also zum Beispiel mit dem Gotischen in Gestalt der Ulfilas-Bibel.

Nun gibt es aber an unseren Hochschulen auch Wissenschaften, die ganz anders arbeiten als die historischen Wissenschaften der Philosophischen Fakultät.

Die Mathematiker zum Beispiel betrachten nicht nur das Werk von Gauß, um sich an dessen Genialität zu erbauen, sondern sie schaffen neue Mathematik.

Die Naturwissenschaftler geben sich nicht damit ab, die Arbeiten früherer großer Physiker oder Chemiker historisch-hermeneutisch zu verstehen, sondern schaffen ihrerseits neue Naturwissenschaft in Gestalt neuer Forschungsergebnisse.

Die Techniker, speziell etwa die Bauingenieure, beschränken sich nicht darauf, geschichtlich gegebene Bauwerke wie etwa die „Sieben Weltwunder" der Antike, das Ulmer Münster oder den Eiffelturm in ihrer Konstruktion zu interpretieren, sondern bauen selber neue Brücken, Fernsehtürme, Olympiastadien.

Die Mediziner bestaunen nicht nur Robert Koch oder Ferdinand Sauerbruch als geniale Ärzte, sondern schaffen selbst neue medizinische Leistungen.

Die Wirtschaftswissenschaftler betrachten nicht stattgefundene wirtschaftliche Ereignisse nur historisch, sondern entwickeln Me-

thoden und Modelle, die es gestatten sollen, die gegenwärtige
Wirtschaft zu beeinflussen und zu planen.

Das heißt: die genannten Wissenschaften tun genau das, was
die geschichtlichen Wissenschaften ausdrücklich ablehnen zu
tun: sie betrachten ihren Gegenstand unter dem Aspekt der
Gegenwart (bzw. sogar auch der Zukunft) und damit ge-
schichtslos, als „Gegenstand schlechthin".

Wir finden also im Gesamtbereich der an den Hochschulen
betriebenen Wissenschaften einen merkwürdigen *Dualismus*
zwischen zwei Gruppen von Disziplinen:

– die einen betrachten ihren Gegenstandsbereich lediglich
historisch,

– die anderen hingegen entwickeln ihren Gegenstandsbereich
selbst produktiv weiter.

Wir wollen diese beiden Gruppen von Wissenschaften vorläufig als *historische* und *systematische* Wissenschaften bezeichnen.

II. Selber machen und nicht selber machen

1. Warum gibt es systematische Wissenschaften?

Nun wird durch diesen Dualismus selbstverständlich unsere Definition: Gegenstand der Geschichtswissenschaft seien *alle*
Hervorbringungen des Menschen überhaupt, nicht aufgehoben.

Denn natürlich bleibt es uns völlig unbenommen, auch die
Gegenstandsbereiche der „systematischen" Wissenschaften historisch zu betrachten.

So gibt es eine Geschichte der Mathematik, der Naturwissenschaften, der Medizin. Und es gibt nicht nur das technische Fach
„Architektur", in dem man lernt, selber neue Häuser zu bau-
en, sondern auch das historische Fach „Baugeschichte", in dem
historisch gegebene Bauten, etwa mittelalterliche Kirchen oder
barocke Residenzen, hermeneutisch als Hervorbringungen einer
bestimmten historischen Situation interpretiert werden.

Der Unterschied zwischen beiden Wissenschaftsgruppen liegt
also keineswegs etwa darin, daß man in den Gegenstandsberei-
chen der systematischen Wissenschaften nicht historisch forschen
könnte. Das kann man sehr wohl. Und in der Praxis des Wissenschaftsbetriebes wird die historische Erforschung scheinbar ge-

schichtsfremder Gegenstandsbereiche sogar noch ausgebaut. So wurde etwa an der Universität, an der ich tätig bin, erst vor kurzem die außerplanmäßige Professur für Geschichte der Medizin in ein Ordinariat umgewandelt.

Der Unterschied zwischen beiden Wissenschaftsgruppen ist also anderswo zu suchen. Der systematisch arbeitende Wissenschaftler *könnte* zwar auch historisch forschen, wenn er wollte. Aber er *will* es gar nicht. Das bloße historische Betrachten der Leistungen anderer hat für ihn keinen Reiz. Denn er hat die Tätigkeit in einer systematischen Wissenschaft gerade deshalb gewählt, weil er in deren Bereich selber produktiv sein will. Er hat Mathematik studiert, weil er die Mathematik oder die Naturwissenschaften selber weitertreiben – nicht aber, weil er sich in Pascals oder Gauß' Schriften interpretierend versenken will. Er hat Architektur studiert, nicht um den Kölner Dom bewundernd zu betrachten, sondern um selbst Bauwerke hervorzubringen, die das Gesicht der Erde verändern sollen.

Er hat Medizin studiert, um selber andere Menschen zu heilen, und nicht, um sich an den Werken und Taten von Paracelsus und Robert Koch zu erfreuen.

Er hat Wirtschaftswissenschaften studiert, nicht weil ihn der Verlauf der mittelalterlichen Salzstraßen interessierte, sondern weil er in der Wirtschaftsplanung akuten Notständen steuern will.

Wir können die „systematischen" Wissenschaften also auch „normative", „praktische" oder „Handlungs"-Wissenschaften nennen.

Das heißt: sie gehen von einer Vorstellung darüber aus, wie es *in ihrem Gegenstandsbereich aussehen soll:* wie Häuser, Städte, Landschaften aussehen *sollen,* wie wahre mathematische Sätze lauten *sollen,* wie eine gesunde Menschheit, eine vernünftige Wirtschaft aussehen *soll;* und sie wollen daher sagen, was die Menschen praktisch *tun* sollen, um den gewünschten Zustand herzustellen.

2. *Warum gibt es historische Wissenschaften?*

Nun erhebt sich natürlich die entgegengesetzte Frage: wenn es der Sinn der systematischen Wissenschaften ist, Welt und Ge-

sellschaft nach bestimmten Normen zu *gestalten* – warum ist
dann nicht jede wissenschaftliche Betätigung überhaupt „systematisch"? Warum gibt es dann überhaupt noch rein historische
Wissenschaften? Sind sie dann nicht überflüssig, weil gesellschaftlich nutzlos?

Unsere Antwort lautet: Es gibt historische Wissenschaften,
weil es menschliche Leistungen gibt, die der sich mit ihnen be-
schäftigende Wissenschaftler *gar nicht selber hervorbringen
könnte, selbst wenn er es wollte.*

Wer sich mit Goethe, Rembrandt oder Bach beschäftigt, kann
das ganz offensichtlich nicht in der Absicht tun, selber Gedichte zu schreiben wie Goethe, Porträts zu malen wie Rembrandt oder Kantaten zu komponieren wie Bach. Er weiß von
vornherein, daß er das nie erreichen wird, und daß daher seine
Beschäftigung mit Goethe, Rembrandt oder Bach nicht den
Zweck haben kann, sich in den Stand zu setzen, es ihnen
gleichzutun.

Wir können den Unterschied also auch wie folgt formulieren: Der systematische Wissenschaftler tritt von vornherein
mit dem Anspruch auf, im Prinzip dasselbe leisten zu können
wie die jeweils „Besten" des fraglichen Gegenstandsbereiches.
Es bestehen also hier bestenfalls graduelle, nicht prinzipielle
Unterschiede.

Der historische Wissenschaftler hingegen ist weit davon
entfernt, daran zu denken oder gar den Anspruch zu stellen,
selber das zu leisten, was er als Leistung anderer Personen erforscht. Ein Kunst- oder Musikhistoriker, der sich mit Rembrandt oder Bach beschäftigt, wird gar nicht auf den Gedanken kommen, selbst einmal Federzeichnungen oder Fugen in
der Art des ihnen so vertrauten Meisters zu versuchen, weil
er es als Sakrileg empfinden würde, sich mit ihm auf eine
Stufe zu stellen. Bezeichnend für diese bewußte Abstinenz ist
zum Beispiel die Tatsache, daß viele Kunstwissenschaftler –
im Gegensatz zu den ausübenden Künstlern – die von ihnen
historisch studierte Kunst praktisch gar nicht beherrschen, also
etwa nicht malen oder komponieren können.

Das ist aber auch eben deshalb nicht notwendig, weil es
Goethe, Bach oder Rembrandt ohnehin niemand gleichtun kann.

Wir können also formulieren: Rein historische Wissenschaften gibt es deshalb, weil es menschliche Einzelleistungen von so einsamer Qualität gibt, daß kein anderer Mensch hoffen darf, gleiche oder auch nur ähnliche Leistungen hervorzubringen.

Diese Überlegenheit gewisser Spitzen-Hervorbringungen des menschlichen Geistes wirkt nun aber nicht nur lähmend, sondern auch anregend.

Das heißt: jene Überlegenheit *verhindert* nicht nur, daß wir solche Hervorbringungen als Aufforderung zu analoger Produktion auffassen (wie der Mathematiker, der Techniker, der Mediziner und so fort das in ihren Bereichen tun) – sondern sie *regt* uns gleichzeitig zu rein „anschauender" Beschäftigung mit gewissen „Meisterleistungen" gerade *an*.

Die Tatsache, daß wir selber keinen „Faust", keine „Johannespassion" und keine „Nachtwache" schaffen können, gibt offenbar keine sinnvolle Begründung für den Entschluß her, uns dann mit ihren Werken wissenschaftlich eben überhaupt nicht zu beschäftigen. Denn in diesem Fall rechtfertigt allein die „Größe" des Gegenstandes auch seine wissenschaftliche Bearbeitung. Wir würden auf eine mögliche Bereicherung unseres Lebens mutwillig verzichten, wollten wir es ablehnen, uns mit den Werken von Goethe, Rembrandt oder Bach zu beschäftigen. Der Mensch lebt nicht vom Brot allein – und daher auch nicht allein von jenen – wissenschaftlichen und außerwissenschaftlichen – Betätigungen, die für die Befriedigung unmittelbarer gesellschaftlicher Bedürfnisse da sind. – Diese Frage haben wir jedoch später noch ausführlich zu erörtern.[1]

Bisher haben wir die Verhältnisse in den historischen Wissenschaften bewußt am Beispiel der Kunst betrachtet. Denn hier kommt das spezifisch „Unerreichbare" in manchen Leistungen der Geschichte am deutlichsten zum Ausdruck.

Jedoch scheint es nun nicht mehr schwer, das Gemeinte auch auf den Gegenstand der „Geschichtswissenschaft" im engeren Sinne, nämlich die politische Geschichte, anzuwenden.

Es ist bekannt, daß viele Jahrhunderte lang, bis hinein in unsere Gegenwart, die politische Geschichte – nicht anders als die Kunstgeschichte auch – als Angelegenheit der „großen Männer" betrachtet wurde. „Geschichte" – das war in dieser

Sicht nicht etwas, was wir täglich am eigenen Leibe erleben, sondern das waren die „unvergänglichen" Taten der großen Staatsmänner und Heerführer. Perikles und Alexander, Cäsar und Augustus, Karl der Große und Martin Luther, Napoleon und Bismarck, Lenin und Churchill wurden nicht anders betrachtet als Goethe, Rembrandt oder Bach auch; als Großmeister ihres Metiers, die gewöhnlichen Sterblichen prinzipiell unerreichbare Leistungen vollbracht haben.

Die Betrachtung der politischen Geschichte zog so – genau wie die der Kunstgeschichte – die Menschen gerade deshalb in ihren Bann, weil sie hier nicht ihre eigenen Angelegenheiten wiederfanden, sondern eine grundsätzlich unerreichbare höhere Welt der großen Taten, der „Haupt- und Staatsaktionen", für die der Durchschnittsmensch bestenfalls zum Statisten oder zum Schlachtvieh taugte.[2]

Damit wird aber bereits deutlich: eine solche Auffassung von der politischen Geschichte als der Bühne für die großen Männer wird schon in dem Augenblick zweifelhaft, da wir unseren Blick von den großen Männern abwenden und die Geschichte als Sozial-, Wirtschafts- und Rechtsgeschichte ins Auge fassen. Denn Subjekt einer solchen gesellschaftlich verstandenen Geschichte sind ja offensichtlich gerade die gewöhnlichen Sterblichen, im Falle der Gegenwart also wir selber. Damit aber treten wir aus unserer Statistenrolle heraus und beschäftigen uns mit Gegenständen, deren handelnde Subjekte potentiell wir selbst sein können. Darüber bald Näheres.

III. Der Überhang des Historischen

Unsere Betrachtungen zeigen uns: Es gibt grundsätzlich zwei völlig verschiedene Motive, aus denen wir uns mit einer Wissenschaft abgeben können.

– Das eine Motiv ist das Interesse an der interpretierenden Beschäftigung mit menschlichen Leistungen, von denen wir von vornherein wissen, daß wir sie *nicht nachvollziehen* können, und deren Betrachtung gerade deshalb geeignet ist, uns eine „Größe" sehen zu lassen, die uns selbst, als handelnden Personen, versagt ist. Aus diesem Motiv entspringen die *historischen* Wissenschaften.

– Das andere Motiv dagegen ist unser Interesse an der eigenen Leistung, am handelnden Eingreifen in die Welt und der Veränderung dieser Welt. In diesem Bereich sehen wir fremde Leistungen von vornherein als *nachvollziehbar* an; sie sind für uns lediglich Muster und Anregung für gleichartige eigene Handlungen. Aus diesem Motiv entspringen die *systematischen* (normativen, praktischen, Handlungs-) Wissenschaften.[2]

Nun wäre diese Zweiteilung offensichtlich völlig unproblematisch, wenn beide Typen von Wissenschaften in unserer sozialen Wirklichkeit funktionsgerecht verteilt wären, und das heißt: wenn jeder menschlichen Leistung eben jene Art von Wissenschaft zugeordnet wäre, die ihr angemessen ist: allen und nur den nicht nachvollziehbaren Hervorbringungen die historischen Wissenschaften – und allen und nur den nachvollziehbaren Hervorbringungen die systematischen Wissenschaften.

Aber leider liegt hier einiges im Argen.

Grundsätzlich sind hinsichtlich dieser Zuordnung, wie wir leicht sehen, zwei Fehler möglich: Gegenstände historischer Wissenschaften können fälschlich systematisch – und Gegenstände systematischer Wissenschaften können fälschlich historisch genommen werden.

– Der Fehler erster Art läge etwa vor, wenn jemand die Musik Bachs – anstatt sie nur „verstehen" zu wollen – als unmittelbare Anweisung für eigenes Komponieren mißverstehen würde. Dieses normative Mißverständnis großer Kunst hat es in der Geschichte natürlich immer wieder gegeben. Ein solcher „Fehler erster Art" interessiert uns hier weniger.

– Ganz anders steht es leider mit dem Fehler zweiter Art. Er besteht darin, daß Angelegenheiten, die eigentlich systematisch behandelt werden müssen, da sie in den Bereich dessen fallen, was der Mensch aktiv handelnd, bestimmend, normierend regeln müßte, stattdessen rein historisch, interpretierend, registrierend, passiv aufgefaßt werden.

Es leuchtet ein, daß dieser Fehler zweiter Art äußerst gefährlich ist. Denn er führt dazu, daß wichtige Angelegenheiten unserer Gesellschaft, die des handelnden, entscheidenden Eingreifens bedürften, nur historisch interpretiert werden, ohne daß sich in der gegenwärtigen Wirklichkeit etwas ändert.

Ein Beispiel für die weitgehende Beschränkung auf die historische Betrachtungsweise dort, wo sie nicht am Platze ist, bietet etwa die Erziehungswissenschaft.[3] Auch die deutsche Soziologie und Wirtschaftswissenschaft etwa neigten, vor allem in früheren Jahrzehnten, stark zu rein historischen Betrachtungsweisen und sind erst in der letzten Zeit – vor allem auch unter angelsächsischem Einfluß – wieder stärker zu systematischen Wissenschaften geworden.

Dieses historistische Mißverständnis eigentlich systematischer Disziplinen lag nahe und ist im Grunde sehr verständlich.

Denn vergegenwärtigen wir uns: Grundsätzlich sind ja *alle* menschlichen Hervorbringungen mögliche Gegenstände historischer Forschung. Jeder beliebigen Disziplin – so sahen wir –, auch etwa den technischen Fächern und der Medizin, kann daher ein historischer Forschungsbereich zugeordnet werden.

Dazu kommt noch, daß der Historismus in den langen Jahrzehnten seines Aufkommens und seiner Blüte eine – heute vielleicht schon unvorstellbare – Faszination auf die Wissenschaftler, vor allem die Geistes- und Sozialwissenschaftler, ausüben mußte. Die ganze Welt war plötzlich verstehbar geworden – immer neue Gegenstände erschlossen sich dem Zugriff der alles schmiegsam abtastenden, begreifenden hermeneutischen Methode. Es ist nicht ganz unverständlich, daß hier sehr oft das Unterscheidungsvermögen verloren ging. Wirklich war ja schwer einzusehen, weshalb man zwar Cäsar, Goethe, Rembrandt und Bach, nicht aber Pestalozzi oder die Arbeiterbewegung des 19. Jahrhunderts rein historisch betrachten sollte. „Geschichte" ist doch alles – warum also soll man nicht auch alles historisch interpretieren dürfen?

Wir sehen, das eigentliche Problem ist: in weiten Bereichen besteht ein *Konkurrenz*verhältnis zwischen beiden Betrachtungsweisen.

Bach ist ein klarer Fall; man darf ihn mit gutem Gewissen rein historisch betrachten. Die Technik ist ein ebenso klarer Fall; man studiert sie lediglich, um selber praktisch in die Welt einzugreifen; eine historistische Einstellung kann hier niemandem – oder nur den Spezialisten für „Geschichte der Technik" – in den Sinn kommen.

Jedoch in Gegenstandsgebieten wie Erziehung, Wirtschaft, Gesellschaft, Recht ist das sehr problematisch. Sie waren zunächst einmal offen für jede mögliche Betrachtungsweise. Man konnte sie einerseits rein historisch betrachten, und man konnte sie andererseits zum Gegenstand normativer Überlegungen machen. Und im Zweifelsfall trug in Deutschland der Historismus den Sieg davon.

B. Historische und systematische Wahrheit

I. Historische und systematische Wahrheit in der Philosophie

Bisher haben wir sehr allgemein von „historischen" und „systematischen" Disziplinen gesprochen, ohne uns jedoch den genauen logischen Standort solcher Begriffe zu vergegenwärtigen.

Das wollen wir nunmehr nachholen – und zwar am Beispiel einer Disziplin, die wir bisher bewußt noch nicht erwähnt haben, die aber ihr gerüttelt Teil an der bisher erörterten Problematik durch die Jahrzehnte getragen hat: das ist die *Philosophie*.

Auch die Philosophie gehört nämlich – ähnlich wie die Erziehungswissenschaft, die Soziologie oder die Ökonomie – zu jenen Disziplinen, die ihrer gesellschaftlichen Funktion nach eindeutig „systematischen" Charakter tragen, in der Praxis zumindest der deutschsprachigen Wissenschaft aber meist rein historisch betrieben wurden.

Wie überall, so hielt auch in der Philosophie der Historismus im 19. Jahrhundert seinen Einzug. Während es bis dahin in der Philosophie selbstverständliche und daher unreflektierte Vorstellung war, daß frühere „Systeme" unvollkommen seien und man selbst daher erst die „wahre" Philosophie zu schaffen habe, bürgerte sich im Zuge des Historismus mehr und mehr die Auffassung ein, Aufgabe der akademischen Philosophie sei zunächst die möglichst adäquate, hermeneutisch korrekte Erfassung dessen, was frühere Philosophen gesagt hatten – wobei dann die Frage nach dem „gut" oder „schlecht", dem „richtig" oder „falsch" dessen, was ein historischer Philosoph gesagt hatte, völlig entfiel.

Charakteristisch für diese „historistische" Situation der Philosophie ist etwa folgender Ausschnitt aus einer Beschreibung
der Aufgaben des philosophischen Forschens und Lernens:[4]

„... Grundlage philosophischen Nachdenkens sind im allgemeinen
im Studium Texte: Texte von Philosophen und Fachwissenschaftlern.
... Durch den Bezug auf Texte übernimmt das Fach Philosophie weite
Gebiete philologischer [!] Arbeit, die sich z. T. mit den sprachwissen-
schaftlichen Problemen der jeweiligen Philologie decken, je nach Schrift-
sprache des Philosophen. Sofern es sich um Fachtexte handelt, müssen
sowohl die jeweilige, oft historische [!] Terminologie als auch die ...
Problemlage des bestimmten Faches beherrscht werden ..."

Diese aus dem Jahre 1969 stammende Äußerung kennzeichnet die Situation. Für den Fachphilosophen stehen im Vordergrund seines Bewußtseins *Texte* als solche – *nicht* etwa *Probleme*
als solche. Daß Probleme in Texten enthalten sind, ist selbstverständlich. Aber eben deshalb sprechen systematische Wissenschaften gar nicht ausdrücklich von den Texten, die sie zum
Studium ihrer Probleme heranziehen. Auch ein Mathematiker
benutzt „Texte" – aber er würde nicht darauf verfallen, bei
einer Charakterisierung seiner Tätigkeit das Wort ‚Text' zu
verwenden. Denn dieses Wort stammt eindeutig aus der historisch-philologischen Sphäre und bedeutet soviel wie: „Sprach-
liches Objekt einer historisch interpretierenden Bemühung".

Helmuth Plessner kennzeichnet die historistische Philosophie
des 20. Jahrhunderts wie folgt:[5]

„Schwächere Charaktere ... weichen ... in hermeneutische
Analysen vergangener Philosophien aus, woraus die Geschichte,
aber kaum das Leben, Nutzen zieht." Freilich: „Ihre [der „jüngeren Philosophengeneration"] geringere Kraft und Neigung
zu ‚systematischer' Forschung, ihr Streben zur geschichtlichen
Analyse ist für den, der die inneren Spannungen der Problematik überblickt, nur allzu begreiflich."

In einem Satz gesagt: die historistische Philosophie des 19.
und 20. Jahrhunderts ersetzte die „systematische Wahrheit"
durch die „historische Wahrheit".

Die systematische Wahrheit ist das, was ich, als hier und
jetzt Philosophierender, aus meinem gegenwärtigen Bewußtsein
heraus nach bestem Wissen und Gewissen als „wahr" ansehen

muß. Nach diesem Maßstab kann das, was ein historischer Philosoph – und heiße er auch Kant oder Hegel – sagt, falsch und daher korrekturbedürftig sein.

Die historische Wahrheit dagegen ist das, was ich aufgrund möglichst adäquater hermeneutischer Interpretation eines (vergangenen oder gegenwärtigen) philosophischen Textes als das von dem historischen Philosophen Ausgesagte bzw. Gemeinte feststelle – ohne Rücksicht darauf, ob ich persönlich es für systematisch wahr halte oder nicht. Nach diesem Maßstab kann das, was ein historischer Philosoph sagt, niemals falsch sein – ich kann es nur falsch wissen oder interpretieren.

Hierfür ein – historisch, nicht systematisch – einfaches Beispiel.

In der Einleitung der „Kritik der reinen Vernunft" findet man die berühmte Behauptung *Kants,* es gebe „synthetische Urteile a priori",[6] das heißt Urteile, „deren Wahrheit wir einzusehen vermögen, obwohl wir sie einerseits logisch nicht beweisen können [synthetisch], andererseits aber auch zu ihrer Stützung keine Beobachtungsdaten benötigen [a priori]."[7]

Kant bringt auch Beispiele für Sätze, die seiner Meinung nach „synthetische Urteile a priori" sind.

So behauptet er: „Mathematische Urteile sind insgesamt synthetisch" und führt als Belege die Sätze „$7 + 5 = 12$" und „. . . die gerade Linie zwischen zwei Punkten [ist] die kürzeste . . ."[8] an. In beiden Fällen geht Kants Beweisführung dahin, daß das Prädikat dieser Sätze, nämlich „12" bzw. „kürzeste", nicht im Subjekt, nämlich in „$7 + 5$" bzw. „gerade Linie" enthalten sei. Daher seien diese Sätze *keine analytischen,* in denen das Prädikat das im Subjekt Enthaltene nur zerlegt oder „erläutert", sondern *synthetische,* in denen das Prädikat zu dem im Subjekt Enthaltenen etwas hinzutut, es „erweitert".[9]

Soweit Kant. „A priori", das heißt von der Erfahrung unabhängig, sind mathematische Sätze auf jeden Fall. Aber sind sie auch synthetisch?

Der historistische Philosoph wird etwa so argumentieren:

„Kant war ein hochbedeutender philosophischer Kopf. (Diese Aussage ist hermeneutisch begründbar.) Hieraus folgt, daß seine Äußerungen ihre Wahrheit in sich tragen. Wenn Kant also sagt, daß die von ihm als Beispiele angeführten Sätze synthetisch und nicht analytisch seien, so wird er damit schon recht haben – auch wenn ich, der Historiker, da ich von Mathematik und Logik nicht genug verstehe, es so genau nicht durchschaue.

Aber selbst wenn es Mathematiker und Logiker gibt, die in dieser Frage einen anderen Standpunkt einnehmen als Kant, besagt das gar nichts gegen die Wahrheit dessen, was Kant gesagt hat. Denn da es in der Geschichte keinen Fortschritt gibt, kann das, was neuere Philosophen zu dem Thema ‚synthetische Urteile a priori‘ sagen, nicht richtiger sein als das, was Kant darüber gesagt hat. Wenn sich hier zwei Philosophen widersprechen, so drücken sie eben jeder die ihrer historischen Situation jeweils adäquate Meinung aus, haben also beide in ihrer Weise recht. Im übrigen bin ich ja Kantforscher und daher für das, was moderne Philosophen über von Kant angeschnittene Probleme sagen, gar nicht zuständig. Mir geht es um den Kantschen Text und um sonst nichts.“

Ganz anders der systematisch denkende, in diesem Falle empiristisch argumentierende Philosoph des 20. Jahrhunderts, den Wolfgang Stegmüller folgendermaßen referiert:

„Die Vertreter des modernen Empirismus ... leugnen ... die Existenz synthetisch-apriorischer Erkenntnisse. Weder in der Mathematik noch im Gebiete der Naturwissenschaften stoßen wir nach ihrer Auffassung auf derartige Aussagen; die von Kant gebrachten Beispiele sind ausnahmslos falsch. Was die mathematischen Erkenntnisse betrifft, so stützen sich diese auf keine Prinzipien, die über das Formallogische hinausgehen [sie sind also analytisch]. Wenn Kant zu einem anderen Ergebnis gelangte, so beruhte dies darauf, daß er auf der einen Seite die Reichweite des logischen Denkens stark unterschätzte ... und auf der anderen Seite einer Fehldeutung der mathematischen Beweismethode erlegen ist. ...“[10]

Was bei dieser Diskussion der modernen empiristischen Philosophie mit Kant auffällt, das ist: Kant wird hier aus der pietätvoll konservierenden historischen Atmosphäre erbarmungslos in die Ebene gegenwärtiger systematischer Auseinandersetzung gezogen. Man fragt gar nicht mehr danach, wer

Kant ist und wann er gelebt hat; man nimmt nur seine Meinung zu einem Problem als solche und diskutiert ganz unge-
rührt darüber, ob sie richtig oder falsch ist; ja man scheut sich
nicht, schlankweg zu behaupten, Kant sei logisch und mathematisch ungenügend informiert gewesen, erreiche also den
Standard heutiger Einsicht in diese Dinge nicht. Es gibt
nur eine „Wahrheit", und diese Wahrheit ist für unsere Zeit,
für Kants Zeit und für alle anderen Zeiten immer die gleiche; Kants Aussagen können daher in keiner Weise „an sich
selbst" gemessen werden, sondern nur daran, ob sie – absolut
genommen – wahr oder falsch sind. (In unserem Zusammenhang spielt es keine Rolle, ob nun wieder andere moderne
Philosophen den Empiristen die Richtigkeit ihrer Argumente bestreiten und der Sache nach Kant wieder näher kommen. Denn in jedem Fall bewegt sich diese Debatte ja in dem
hier beschriebenen Feld rein systematischer Auseinandersetzungen.[11])

Aus dem Bisherigen ergibt sich folgendes:

Für den historischen Philosophen sind Kants Äußerungen –
als bestimmte geschichtliche Hervorbringungen – in eine Linie
etwa mit einer Bachschen Kantate oder einem Goetheschen
Gedicht zu setzen. Genau wie solche Kunstwerke haben sie ihre
„Wahrheit in sich" und können durch andersartige Äußerungen
nicht aufgehoben oder überholt werden. Sie sind Monumente
eines überdurchschnittlichen Geistes, die durch nachfolgende
Beiträge zum gleichen Thema nicht entwertet werden können –
sowenig wie etwa Bachs Musik durch die Beethovens oder
Goethes Gedichte durch die Heißenbüttels.

Ganz zweifellos ist diese Sicht der Dinge bis zu einem gewissen Grade legitim. So sind unsere großen Philosophen – von
Platon bis Wittgenstein – zweifellos auch bedeutende Schriftsteller gewesen und können in dieser Eigenschaft durchaus wie
Urheber von Kunstwerken auch historisch gewürdigt werden.

Aber offensichtlich besteht hier doch noch ein Unterschied.
Kunstwerke etwa – so verschieden, ja (in wohlzuverstehendem
Sinne) gegensätzlich sie auch sein können – können einander
nicht widersprechen. Man kann sie nebeneinanderstellen und
jedes in seiner Art verstehen und lieben. Bach und Beethoven,

Goethe und Heißenbüttel können wir neben- oder nacheinander als das würdigen, was sie jeweils sagen zu wollen für sich in Anspruch nehmen.

So einfach liegen die Dinge in der Wissenschaft – und in diesem Zusammenhang dürfen wir die Philosophie als eine wissenschaftliche Disziplin betrachten – offensichtlich nicht. Denn jede Wissenschaft sieht ihr Ziel darin, zu Aussagen zu kommen, die sie als „wahr" bzw. „falsch" in Anspruch nehmen will. Wenn daher zwei Philosophen über irgend eine Frage – etwa die der Existenz synthetischer Urteile a priori – verschiedene Ansichten äußern, so muß der Philosoph – so weit er nicht nur Historiker sein will – zu einer Entscheidung darüber kommen, was er selbst denn – nach bestmöglichem Abwägen des Für und Wider – in dieser Frage als „wahr" zum Ausdruck bringen will. Das bedeutet natürlich nicht, daß er sich die eine oder andere Ansicht wörtlich zu eigen machen müßte. Er kann beide für unzureichend erklären und eine dritte, unter Umständen Elemente beider in sich aufnehmende Meinung äußern. Er kann auch die Fragestellung als solche für sinnlos erklären und stattdessen eine andere Fragestellung wählen.

Aber: in allen diesen Fällen begnügt er sich nicht damit, gegebene Meinungen als solche zu registrieren und nebeneinanderzustellen, sondern er bekennt selbst Farbe: er sagt, was für ihn „wahr" bzw. „falsch" sein soll.

An dieser Stelle muß ein erfahrungsgemäß bei Mathematikern leicht auftretendes Mißverständnis dessen ausgeräumt werden, was wir hier unter dem systematisch gerichteten Anspruch auf eindeutiges Aussprechen von „wahr" und „falsch" verstehen. „Wahr" und „falsch" ist hier für beliebige Stufen auf der Objekt/Meta/Metameta/. . .-Leiter gemeint. Will sagen: Die Tatsache, daß es etwa speziell in der Mathematik unentscheidbare Probleme gibt, das heißt: Aussagen, von denen wir nicht sagen können, ob sie wahr oder falsch sind, ändert nichts daran, daß in jedem Falle die Mathematik – als systematische Wissenschaft – den Anspruch auf eine nicht historisch relativierbare Bestimmtheit ihrer Aussagen erhebt. So erhebt ja die Meta-Aussage: „In der Mathematik gibt es unentscheidbare Probleme und daher Aussagen, von denen wir nicht sagen können, daß sie wahr oder falsch sind" ihrerseits zweifellos Anspruch darauf, wahr zu sein. Und den gleichen Anspruch würde etwa die Aussage erheben: „Diese Fragestellung ist sinnlos". Es geht also nur darum, daß eine systematische Wissenschaft *überhaupt* ihre Aussagen als „wahr" oder „falsch" in Anspruch nimmt und nicht historistisch einräumt: „Der eine hält eben dies und der andere das für wahr".

Hier wird deutlich, in welchem Sinne auch Wissenschaften, die nur Aussagen über Sachverhalte machen, bereits *normativ* sind.

Unter „Normen" im engeren Sinne versteht man eigentlich nur Sollens-Sätze, wie etwa: „Du sollst nicht töten". In einem solchen Sollens-Satz wird nichts über einen Sachverhalt ausgesagt – etwa darüber, ob eine bestimmte Person eine andere tatsächlich getötet *hat* oder nicht –, sondern lediglich eine Forderung für das künftige Verhalten von Menschen aufgestellt. Sachverhaltsaussagen wären demgegenüber Sätze wie „Es gibt Morde" oder „Brutus hat Cäsar getötet". Sachverhaltsaussagen dieser Art sind also insofern keine Normen, als sie nur bestimmte Gegebenheiten registrieren, nicht aber künftige Gegebenheiten beeinflussen wollen.

Ein Satz wie „Es gibt synthetische Urteile a priori" ist zwar im strengen Sinne auch keine Norm. Denn dann müßte er lauten: „Es *soll* synthetische Urteile a priori geben" oder besser: „Du sollst synthetische Urteile a priori aufstellen".

Aber nun vergleiche man einmal den Satz *„Es gibt* synthetische Urteile a priori"* (oder auch: *„Es gibt keine* synthetischen Urteile a priori"*) mit dem Satz: *„Kant hat behauptet,* es gebe synthetische Urteile a priori. *Die Empiristen* des 20. Jahrhunderts haben das *bestritten. Beide* haben in ihrer Weise *recht,* da sie die ihrer historischen Situation jeweils immanente Wahrheit aussprechen." Hier wird deutlich, daß schon die eindeutige Behauptung eines philosophischen Sachverhalts als bestehend oder nicht bestehend im Vergleich zu historischen Aussagen über Autoren, die jeweils einander widersprechende Aussagen über diesen Sachverhalt gemacht haben, ein normativer Akt ist. Wenn ich sage: „Es gibt synthetische Urteile a priori", so „will" ich damit, daß etwas Bestimmtes als wahr gelten „soll".

In unserem Zusammenhang bezeichnen wir freilich eindeutige, das heißt den Anspruch auf Geltung als „wahr" oder „falsch" erhebende Sachverhaltsaussagen nur deshalb als „quasi normativ", weil wir sie – als einen Unterfall der *systematischen* Aussagen – von den bloß *historischen* Aussagen unterscheiden wollen.

Wir können also sagen:

Eine *systematische* wissenschaftliche Aussage ist eine Aussage, die Bestimmtes als wahr oder falsch gelten lassen will – wobei es sekundär ist, ob der als wahr oder falsch gelten sollende Satz eine bloße Sachverhaltsaussage („Es gibt synthetische Urteile a priori" im Gegensatz zu: „Es gibt keine synthetischen Urteile a priori") oder eine eigentlich normative Aussage („Du sollst nicht töten" im Gegensatz zu: „Du darfst ruhig töten" oder: „Du sollst töten") ist.

Eine *historische* wissenschaftliche Aussage ist eine Aussage, die gegensätzliche systematische Aussagen nur registrierend nebeneinanderstellt, ohne sich selbst für eine Möglichkeit zu entscheiden („Die einen Philosophen sagen, es gebe synthetische Urteile a priori, die anderen streiten das ab" oder: „In manchen Gesellschaften ist Töten verboten, in anderen wiederum nicht").

Nun ist jedoch klar, daß die Begriffe „wahr" und „falsch" auch im Bereich der historischen Aussagen nicht einfach außer Kraft gesetzt werden können. Das ergibt sich schon aus dem Begriff der historischen *Tatsache*. Eine historische Aussage ist natürlich nur (und immer) dann wahr, wenn sie mit den – quellenkritisch erhobenen – geschichtlichen Tatsachen in Übereinstimmung steht. Daher wären zum Beispiel folgende historische Aussagen eindeutig falsch:

„Bachs ‚Kunst der Fuge' ist zu seinen Lebzeiten nicht zum Druck vorbereitet worden."

„Das Dorf Weihersdorf bei Eichstätt ist nach einem Weiher benannt."

„Eine Frauenkirche ist eine Kirche, die nur von Frauen betreten werden darf."

„Kant hat gesagt: ‚Es gibt keine synthetischen Urteile a priori'."

Nicht nur im systematischen, sondern auch im historischen Bereich gibt es also die Begriffe „wahr" und „falsch". Der Unterschied ist aber folgender: im historischen Bereich beziehen sie sich nur auf die Übereinstimmung mit quellenkritisch-hermeneutisch erhobenen Gegebenheiten, die wir nachträglich nur interpretieren, nicht aber ändern können; im systematischen Bereich hingegen beziehen sie sich auf Entscheidungen über Aussagen, mit denen der Aussagende selbst in seinen Gegenstandsbereich hier und heute gestaltend eingreifen will, die also aktuell gelten sollen.

Wir müssen daher zwischen historisch wahren Aussagen oder *historischen Wahrheiten* und systematisch wahren Aussagen oder *systematischen Wahrheiten* unterscheiden.

Soweit sich historische Wahrheiten nicht nur auf Ereignisse oder Tatsachen (die Tatsache etwa, daß Bach die „Kunst der Fuge" geschrieben hat), sondern – wie es in der Wissenschaft der Fall ist – auch auf Aussagen beziehen, die ihrerseits systematische Wahrheit für sich in Anspruch nehmen (also etwa auf Kants quellenkritisch belegte Behauptung, es gebe synthetische Urteile a priori), kann die historische Wahrheit nur die Form einer Meta-Aussage über jene Aussage haben, die die systematische Wahrheit repräsentiert:

„Kant hat gesagt: ‚Es gibt synthetische Urteile a priori'" wäre also eine historisch wahre Aussage über einen Satz, dessen Urheber für ihn die systematische Wahrheit in Anspruch genommen hat.

Wir können daher zusammenfassen:

Die Meta-Aussage: „Kant hat gesagt: ‚Es gibt synthetische Urteile a priori" ist eine *historisch wahre* Aussage genau dann, wenn Kant diesen Satz tatsächlich ausgesprochen bzw. niedergeschrieben hat. Ob dagegen die Objekt-Aussage: „Es gibt synthetische Urteile a priori" eine *systematisch wahre* Aussage ist oder nicht, ist nicht schon dadurch positiv entschieden, daß Kant diese Aussage tatsächlich getan hat – mag Kant auch ein noch so bedeutender Philosoph gewesen sein. Über die Wahrheit oder Falschheit dieser Objekt-Aussage kann vielmehr lediglich die gegenwärtige aktuelle (quasi „normative") Diskussion dieses Problems entscheiden, in der Argumente vorgetragen und Prüfverfahren angeboten, angenommen oder verworfen werden.

„Historische" und „systematische" Wahrheit sind voneinander unabhängig. Das heißt: Der Satz: „Kant hat gesagt: ‚Es gibt synthetische Urteile a priori'" ist *historisch wahr* unabhängig davon, ob wir den Satz: „Es gibt synthetische Urteile a priori" als *systematisch wahr* anerkennen oder nicht. – Und umgekehrt: Der Satz: „Es gibt synthetische Urteile a priori" bzw. „Es gibt keine synthetischen Urteile a priori" muß auf seine *systematische* Wahrheit oder Falschheit unabhängig von dem *historischen* Tatbestand geprüft werden, welche Ansicht Kant zu diesem Problem geäußert hat.

Den Unterschied zwischen der historischen und der systematischen Wahrheit kann man auch an folgender Überlegung deutlich machen.

In einer wissenschaftlichen Darstellung vertreten Zitate und Referate dessen, was andere Autoren zu einem Thema gesagt haben, die *historische* Wahrheit. Indem der Autor andere Autoren zitiert oder referiert, sieht er von seiner eigenen Ansicht zu dem fraglichen Gegenstand ab. Er kann an solchen Stellen nicht einfach sagen, was er selbst für richtig hält, sondern er muß das wiedergeben, was andere tatsächlich gesagt haben – mag er es nun billigen oder nicht. Der Wortlaut (oder zumindest der Sinn) der zu machenden Aussagen wird von fremder Seite vorgeschrieben und damit dem Willen und der Willkür des Autors selbst entzogen. Er darf als Meinung eines anderen nur wiedergeben, was dieser wirklich gesagt hat, auch wenn der Referierende es für systematisch falsch hält, da er sich sonst eines Verstoßes gegen die historische Wahrheit schuldig machen würde.

Die eigenen Ausführungen des Autors hingegen vertreten die *systematische* Wahrheit – nämlich das, was er selbst nach bestem Wissen und Gewissen, nach eigenem Dafürhalten, über eine Sache zu sagen weiß. Hier braucht er keinerlei Rücksicht auf historisch gegebene Gedankengänge zu nehmen. Er kann sich von ihnen lösen – ja die Beziehung zu ihnen kann ihm völlig gleichgültig sein. Denn hier kommt es nur auf das an, was er selbst denkt – ganz im Sinne der eigenwilligen Äußerung Ludwig Wittgensteins im Vorwort des *Tractatus:* „... darum gebe ich auch keine

Quellen an, weil es mir gleichgültig ist, ob das was ich gedacht habe, vor mir schon ein anderer gedacht hat."

Der systematisch Denkende macht sich also von der historischen Tatsächlichkeit dessen, was andere gedacht haben, unabhängig: haben sie dasselbe gedacht – nun gut; haben sie nicht dasselbe gedacht – was geht es mich an?

Handgreiflich wird dieser Sachverhalt bei der *Korrektur* eines Textes: Zitate und Referate müssen sorgfältig anhand der *Vorlage* verglichen werden, weil es hier auf die Übereinstimmung zwischen dieser Vorlage und ihrer Zitierung und Referierung durch den Autor ankommt – ohne Rücksicht auf die eigene Meinung des Autors.

Seine eigenen Ausführungen hingegen wird wohl kaum ein Autor mit seinem Manuskript vergleichen, sondern unmittelbar in den Fahnen korrigieren. Denn sie bilden einen „systematischen" Sinnzusammenhang, der auf seine Stimmigkeit hin immer neu geprüft wird. Die ursprüngliche Formulierung im Manuskript ist ihm (nicht vielleicht späteren Wissenschaftshistorikern!) gleichgültig, da er seine Formulierungen ohnehin immer neu durcharbeitet und ihn daher nur ihr jeweils neuester Stand, ihre systematische Richtigkeit aufgrund seiner letzten Einsicht interessiert. Nicht auf die „historische" Übereinstimmung mit einem gegebenen Text als solche kommt es hier an, sondern allein auf die „systematisch" angemessenste Formulierung nach dem jeweils letzten Stand der Reflexion des Autors selbst.

Die historische Wahrheit hat es also immer mit einer *Relation* von Aussagen verschiedener Autoren zu tun: der Autor A hat etwas gesagt, das der Autor B „korrekt" wiedergeben oder interpretieren muß. Die systematische Wahrheit dagegen hat es immer nur mit der Aussage eines *einzigen* Autors zu tun, die einen Sachverhalt möglichst zutreffend formulieren will.

Man versteht die Herrschaft der „historischen Wahrheit" in der Philosophie der letzten Jahrzehnte nur, wenn man sich immer wieder klar macht, wie sehr es der Hermeneutik auf das ankommt, was der zu interpretierende Text selbst sagen *will*. Und wir wissen ja, welcher quellenkritischer und interpretatorischer Anstrengung es allein schon bedarf, lediglich den vom Verfasser gewollten Text als solchen festzustellen.

So sagt Hans-Georg Gadamer:[12]

„So wie der Empfänger eines Briefes ... zunächst die Dinge mit den Augen des Briefschreibers sieht, d. h. für wahr hält, was dieser schreibt ..., so verstehen wir auch überlieferte Texte auf Grund von Sinnerwartungen ... . Und wie wir Nachrichten eines Korrespondenten glauben, weil er dabei war oder es sonst besser weiß, so sind wir grundsätzlich der Möglichkeit offen, daß ein überlieferter Text es besser weiß, als die eigene Vormeinung gelten lassen will. Erst das Scheitern des Versuchs, das Gesagte als wahr gelten zu lassen, führt zu dem Bestreben, den Text als die Meinung eines anderen ... ‚zu verstehen‘. Das Vorurteil der Vollkommenheit [des zu verstehenden Textes] enthält also nicht nur dies Formale, daß ein Text seine Meinung vollkommen aussprechen soll, sondern auch, daß das, was er sagt, die vollkommene Wahrheit ist.“

„Was mir einer sagt, ob im Gespräch, Brief oder Buch oder wie immer, steht ja zunächst ... unter der Voraussetzung, daß es seine und nicht meine Meinung ist, die da ausgesprochen wird und die ich zur Kenntnis zu nehmen habe, ohne daß ich dieselbe zu teilen brauche.“

Und Peter Krausser führt aus:[13]

„... ein sehr wichtiger Grundsatz der Hermeneutik ... besagt, daß eine kritische Interpretation, die eine höchstmögliche kontrollierbare Objektivität anstrebt, stets – bis zum Beweis des Gegenteils – davon ausgehen muß,

a) daß der Autor des interpretierten Textes in demselben eine interessante und wahre Theorie, nicht aber eine uninteressante und unwahre vorträgt und also

b) daß man, wenn der Text in diesem Sinne irgendwo nicht verständlich erscheint, den Grund oder Fehler stets zuerst bei sich selbst und den eigenen Interpretationsgesichtspunkten suchen sollte und nur, wenn das scheitert, bei den interpretierten Aussagen (für deren Fehler man dann aber auch noch eine Erklärung liefern sollte)!“

Der Hermeneutiker gibt also einem Schriftsteller zunächst stets die (systematische) Wahrheit seiner Gedanken vor. Und erst, wenn der Leser – aus seinem systematischen Problemverständnis heraus – an der Voraussetzung der Wahrheit des Gelesenen nicht mehr festhalten kann, darf er sagen, es sei nicht wahr.

Bis hierhin ist Gadamer und Krausser völlig zuzustimmen. In der Tat geht es stets – auch unter der systematischen Fragestellung – darum, das, was ein Autor sagen will, angemessen zu verstehen.

Wenn wir zum Beispiel an einem mathematischen Problem arbeiten, benutzen wir hierfür ja auch die Schriften anderer Autoren; und wir müssen das von ihnen Gesagte verstehen, um weiterzukommen.

Unsere Differenz zu Gadamer und Krausser liegt aber in folgendem: wenn wir nach angemessenen Bemühungen davon überzeugt sind, daß das in dem von uns bearbeiteten Text Gesagte (systematisch) „falsch" ist, bedeutet das für die systematische Fragestellung, daß wir uns um diesen Text fürderhin nicht mehr zu kümmern brauchen, da er uns ja nicht weiterhilft. Gadamer – und in gewisser Weise auch Krausser – sind der Meinung, daß man den Text dann eben „als die Meinung eines anderen ‚zu verstehen'" habe (bzw., so Krausser, daß man die Fehler des Textes dann ihrerseits erklären solle).

Hier zeigt sich wieder, wie leicht bei Erörterungen über die Theorie der Hermeneutik der systematische und der historische Gesichtspunkt miteinander vermengt werden. Gadamer und Krausser geht es beim hermeneutischen Geschäft einerseits um die Prüfung der systematischen Wahrheit des Gesagten – andererseits aber wollen sie gleichzeitig nicht auf die rein historische Würdigung des bearbeiteten Textes verzichten: „Wenn das Gesagte schon systematisch falsch ist, so wollen wir es doch wenigstens historisch verstehen."

Natürlich ist es theoretisch möglich, so zu verfahren – einen Autor gleichzeitig systematisch zu kritisieren und historisch in Schutz zu nehmen. Jedoch erheben sich hier zwei Einwände:

1. Ist ein solches doppeltes Verfahren praktisch durchführbar? In der Praxis der Wissenschaft zeigt sich nämlich: beide Fähigkeiten, die der historischen Interpretation und der systematischen Kritik eines wissenschaftlichen Textes, fallen nur bei den wenigsten Gelehrten zusammen. Wer historisch interpretiert, ist meist überfordert, wenn er sich außerdem auch um die Frage der systematischen Wahrheit kümmern soll – und wer systematisch fragt, dürfte kaum die Zeit und Geduld aufbringen, einen für systematisch falsch gehaltenen Text weiter-

hin noch historisch zu erschließen. Gadamers und Kraussers Konzeptionen erforderten einen „Superwissenschaftler", den es in der Praxis nicht gibt.

Vielmehr ist hier – zum Zwecke der „Isolierung der Schwierigkeiten" – eine Arbeitsteilung üblich geworden, so daß ein Wissenschaftler in der Regel nur einer der beiden Aufgaben gegenübersteht:

Ein Historiker etwa hat es in der Regel mit relativ leicht verständlichen Sachverhalten zu tun; die spezifische Schwierigkeit liegt für ihn in der *Fülle* der zu bewältigenden und zu ordnenden Gegenstände.

Ein Mathematiker umgekehrt etwa hat es mit einer „in sich" extrem *schwer zugänglichen* Materie zu tun; dafür kann er sich historische Quisquilien weitgehend ersparen.

Nur der Philosoph hätte es – nach Gadamer und Krausser – stets mit der historischen und der systematischen Wahrheit zugleich zu tun. Er soll eine Fülle von Texten historisch-hermeneutisch interpretieren, die *gleichzeitig* „in sich", das heißt systematisch, extrem schwierig sind.

Der ideale Philosoph müßte also ein anschmiegsamer Hermeneutiker und ein scharfsinniger Systematiker gleichzeitig – sozusagen Ranke und Gauß in einer Person sein. Das geht aber ersichtlich über die Kraft wohl aller Wissenschaftler – auch Ranke und Gauß selbst waren ja jeweils nur eines. Es ist daher verständlich, daß sich die Fachphilosophen auf eine der beiden Funktionen spezialisieren. Entweder werden sie Philosophiehistoriker – dann werden sie darauf verzichten, zu den von ihnen historisch-philologisch erforschten Problemen auch noch systematische Beiträge zu liefern; oder sie werden systematische Philosophen – dann nimmt sie die Diskussion der systematischen Wahrheit derart in Anspruch, daß sie einem einzelnen Autor als solchem kaum noch hermeneutisch gerecht werden können.

2. Ist ein solches doppeltes Verfahren überhaupt wünschenswert? Wie wir schon gesehen haben, verliert die rein historische Arbeit auf einem Gebiet immer dann an Bedeutung, wenn sie in Konkurrenz zu dringend notwendigen systematischen Arbeiten auf dem gleichen Gebiet steht. Schon aus diesem Grun-

de hat die Philosophiehistorie zur Zeit wenig Chancen; sie bezieht ihre Berechtigung im Grunde lediglich daraus, daß die großen Philosophen als solche bedeutende Individuen waren, die daher auch ein rein historisches Interesse beanspruchen dürfen – nicht anders als Goethe, Rembrandt oder Bach auch.

II. Das „Steinbruch"-Prinzip

Eins dürfte bereits aus den bisherigen Erörterungen klar geworden sein: „Systematisches" Arbeiten bedeutet nicht etwa, historische Gegenstände und Sachverhalte völlig zu ignorieren.

Selbst eine Wissenschaft wie die Mathematik hat es offensichtlich mit historischen Objekten zu tun, was schon die große Zahl geschichtlicher Namen andeutet, die in dieser Wissenschaft vorkommen: Vom „Lehrsatz des Pythagoras" über die „euklidische Geometrie" zum „Pascalschen Dreieck" und zur „Gaußschen Kurve".

Darüber hinaus beschäftigen sich die Mathematiker häufig mit Problemen, die historische Mathematiker aufgeworfen haben, die aber bis heute nicht gelöst sind. Beispiele wären die sogenannte „Fermatsche Vermutung", die sich auf eine Verallgemeinerung des Pythagorassatzes bezieht ($x^n + y^n = z^n$) und in deren Bezeichnung wiederum der Name eines historischen Mathematikers aus dem 17. Jahrhundert auftaucht,[14] oder das Problem, ob es ungerade „vollkommene Zahlen" (das heißt Zahlen, die die Summe ihrer echten Teiler sind, wie zum Beispiel $6 = 1 + 2 + 3$) gibt, das bereits aus der pythagoreischen Schule stammt.[15]

Nun – aus unserer Erörterung des Verhältnisses zwischen „historischer" und „systematischer" Wahrheit ist uns längst klar geworden, daß die bloße Beschäftigung mit „historischen" Gegenständen mit „Historismus" als Methode nichts zu tun hat: auch der moderne Empirist liest ja Kant, um ihn zu widerlegen.

So wird derjenige, der einen Mathematiker bei seiner Arbeit beobachtet, sehr bald bemerken, daß er – bei allem selbstverständlichen Umgang mit den großen historischen Namen seiner Wissenschaft – nicht im entferntesten daran denkt, wirklich „historisch" im hermeneutischen Sinne vorzugehen.

Denn: den Mathematiker als systematischen Wissenschaftler (die Tätigkeit des Mathematikhistorikers als solchen, der natürlich nach der historischen Methode arbeitet, steht hier nicht zur Debatte) interessiert nicht der historische Autor als „Einheit", die es historisch interpretierend zu erfassen gälte, sondern nur das systematische Problem, mit dem er sich gerade beschäftigt. Der alte Autor ist für den Mathematiker nur der *Lieferant eines Problems,* das im übrigen rein systematisch und ohne Rücksicht auf jeweils historisch bedingte Hintergründe bearbeitet wird. Begriffe wie „Summe", „echter Teiler" und so fort sind „überhistorisch" jedenfalls in dem Sinne, daß die Zeitgenossen des Pythagoras mit ihnen genau so hantierten wie der gegenwärtige Mathematiker.

Das bedeutet: trotz dauernder Beschäftigung mit Fragen, die Fachgenossen längst vergangener Zeiten aufgeworfen haben, weiß der Mathematiker als solcher von „Geschichte" im Sinne des Historismus nichts.[16]

Historische mathematische Gedankengänge sind für den Mathematiker also nur soweit von Interesse, wie er aus ihnen die Materialien für die Lösung aktueller, und das heißt: systematisch verstandener Probleme entnehmen kann. Wenn ein historischer Mathematiker solche Materialien nicht zu bieten hat, weil seine Probleme längst gelöst, weiterentwickelt oder als falsch gestellt erkannt worden sind, interessiert er auch nicht mehr.

Historistische Zeitalter pflegen alte Gebäude, etwa gotische Kirchen oder barocke Schlösser, liebevoll so wieder herzurichten, wie sie ursprünglich einmal ausgesehen haben. Sie stehen unter „Denkmalsschutz", und niemand darf ihrer Fassade auch nur einen Kratzer zufügen. Andere Zeiten jedoch gingen mit alten Gebäuden anders um. Sie ließen sie nicht nur einfach verfallen, statt sie zu restaurieren; wenn sie vielmehr selbst neue Gebäude errichten wollten, holten sie die wertvollen Marmor- und Sandsteinblöcke aus den alten Ruinen, um sie für gegenwärtige Zwecke zu verwenden. Alte Gebäude waren für solche unhistoristischen Zeiten also nichts als *Steinbrüche.*

So erklärt sich unser etwas brutaler Vergleich: historische Schriftsteller sind für einen systematisch arbeitenden Wissenschaftler nur ein Steinbruch, aus dem man sich das für den Bau eines neuen Hauses herausholt, was man verwerten kann; alles andere läßt man liegen, wo es liegt.

III. Systematisches Fragen und Hermeneutik

Unsere Erörterungen über den Unterschied zwischen der „historischen" und der „systematischen" Fragestellung sollten nicht etwa den Eindruck erwecken, als sei „Hermeneutik" lediglich Angelegenheit der Historisten – der Systematiker habe mit Hermeneutik nichts zu tun.

So ist es nicht. Wie unser erstes „hermeneutisches" Beispiel, nämlich das von der mathematischen Aufgabe mit dem Äquatorseil, bereits zeigte, ist das Phänomen des „hermeneutischen Zuganges" keineswegs auf historische Gegenstände beschränkt.

Auch systematische Probleme können wir als solche nur hermeneutisch erfassen. Denn auch diese Probleme begegnen uns zum Beispiel als Texte in einem mathematischen Buch oder als Diskussionsbeiträge von Gesprächspartnern.

Unsere erste Aufgabe ist es in diesem Falle, zu *verstehen*, was der Gesprächspartner oder der Autor meinen. Erst wenn wir das geleistet haben, können wir uns sinnvoll mit dem Problem beschäftigen. Über ein Problem nachdenken können wir erst dann, wenn wir eine gegebene Aussagenfolge, die sich mit diesem Problem beschäftigt, möglichst genau erfaßt haben.

Die Hermeneutik als Methode des ersten Zuganges zu einem Problem hat also überall in der Wissenschaft ihren Platz – ob wir nun gerade historisch oder systematisch arbeiten. Jedoch ist die Funktion der Hermeneutik, ihr Stellenwert innerhalb der jeweiligen Fragestellung verschieden, je nachdem, ob wir historisch oder systematisch fragen.

Greifen wir auf unser Kant-Beispiel zurück. Jeder Philosoph, der die „Kritik der reinen Vernunft" aufschlägt, wird zunächst das gleiche tun: er wird sich darum bemühen, möglichst genau zu verstehen, was Kant sagen will. Aber nach diesem ersten Schritt werden die Wege des Historikers und des Systematikers sehr bald auseinandergehen. Der Historiker wird sagen: „Sehr bezeichnend, was Kant aus der geistesgeschichtlichen Situation des 18. Jahrhunderts heraus über analytische und synthetische Urteile sagt!" Der Systematiker dagegen wird vielleicht vor sich hin knurren: „Das muß man doch alles ganz anders formulieren!"

Beide Leser Kants beginnen also ihre Arbeit auf gleiche Weise. Aber dann trennen sich ihre Wege durchaus. Der Historiker wird im Bannkreis Kants verbleiben und sich um ein immanentes Verständnis seiner Gedankengänge bemühen, ohne die systematische Kritik zu seinem Thema machen zu wollen. Der Systematiker dagegen wird schnell zu seinen eigenen Problemen übergehen und nur das noch von Kant berücksichtigen, was in die Lösung seiner Fragen hineinpaßt.

Sehr deutlich wird dieser Unterschied sich in der verwendeten *Terminologie* auswirken: der Historiker wird konsequent auf Kants eigene Terminologie eingehen, der Systematiker dagegen wird sehr bald seine eigene Terminologie an die von Kant aufgeworfenen Fragen herantragen und dadurch zu erkennen geben, daß es ihm um seine eigenen Sorgen geht und nicht um die Kants.

Im Blick auf Gadamers und Kraussers Äußerungen können wir sagen: den ersten Schritt, nämlich das als-wahr-Nehmen des gegebenen Textes, gehen Historiker und Systematiker noch gemeinsam. Jedoch trennen sich ihre Wege in dem Augenblick, wo der Versuch scheitert, „das Gesagte als wahr gelten zu lassen": Der Historiker wird es dann trotzdem weiter „als Meinung eines anderen" verfolgen; der Systematiker hingegen wird von ihm ablassen und alles weitere in seiner eigenen Terminologie formulieren.

Die hermeneutische Erfassung dessen, was ein Autor gesagt hat, muß also auch in den systematischen Wissenschaften am Anfang stehen, da sie sonst gar nicht arbeitsfähig wären. Nur ist das Verstehen hier nicht Selbstzweck als Erfassen der historischen Eigenart des fraglichen Textes, sondern Mittel zum Zweck als Erfassen des Problems.

In diesem Sinne verfahren sogar positivistische oder behavioristische Wissenschaftler „hermeneutisch", ohne von Wort und Sache jemals gehört zu haben: sie müssen ja das, was sie an Fachliteratur lesen, verstehen können. Schon das sprachliche Erfassen eines in einer fremden Sprache geschriebenen Aufsatzes ist ein hermeneutischer Akt.

In den ausdrücklichen Forschungsschritten eines positivistischen Wissenschaftlers ist dann freilich von „Hermeneutik" nichts mehr zu spüren: so etwa, wenn ein Sozialpsychologe versucht, mit Hilfe standardisierter Methoden und der Stichprobenstatistik, Problemen auf die Spur zu kommen, die man mit unmittelbar „lebenswissenschaftlichen", etwa phänomenologischen, Methoden viel überzeugender und zudem für den Leser interessanter lösen könnte.

Das Ergebnis unserer Diskussion des Problems der „historischen" und der „systematischen" Wahrheit läßt sich wie folgt zusammenfassen.

Die Geschichte ist einmal so geschehen, wie sie geschehen ist. Sie läßt sich nachträglich nicht mehr ändern, sondern nur noch angemessen interpretieren. Die soziale Ordnung des Mittelalters ist so beschaffen gewesen, wie sie nun einmal beschaffen gewesen ist – ob wir selbst das schätzen oder nicht. Dieser Tatbestand der nachträglichen Unabänderlichkeit der Geschichte gilt aber nicht nur für Ereignisse und Zustände im engeren Sinne, sondern ebenso für Aussagen historischer Wissenschaftler, die seinerzeit Anspruch darauf erhoben haben, wahr zu sein. Kant hat behauptet, es gebe synthetische Urteile a priori. Das ist historisch wahr – unabhängig davon, ob wir den Inhalt dieser Behauptung heute als wahr ansehen oder nicht.

Was in der Geschichte geschehen ist, können wir also nicht leugnen; aber andererseits müssen wir es auch nicht billigen.

Aus dem *Nichtleugnen* dessen, was geschehen ist, erwächst die *historische* Fragestellung. Aus dem *Nichtbilligen* dessen, was gegeben ist, erwächst die *systematische* Fragestellung.

Unsere historische Feststellung, daß es einmal eine feudalistische Gesellschaftsordnung gegeben hat, schließt nicht ein, daß wir – indem wir das feststellen – eine solche feudalistische Gesellschaftsordnung auch für die Gegenwart oder Zukunft wünschen.

Und ebenso: Unsere Feststellung, daß Kant die Existenz synthetischer Urteile a priori behauptet hat, ist nicht gleichbedeutend damit, daß wir selbst ebenfalls die Existenz synthetischer Urteile a priori anerkennen müssen.

Hinsichtlich der Geschichte sind wir an das gebunden, was tatsächlich der Fall gewesen ist. Im Bereich unseres eigenen Handelns können wir prinzipiell selbst bestimmen, was der Fall sein soll. Die „systematische Wahrheit" ist insofern unserem eigenen Handeln anheimgegeben, als wir nach eigenem Wissen und Gewissen entscheiden können und müssen, was wir als wahr gelten lassen wollen, ohne dabei an die Aussagen historischer Autoritäten gebunden zu sein. Denn diese Aussagen verpflichten uns nur historisch, nicht aber systematisch. Daß Kant die Existenz von synthetischen Urteilen a priori anerkannt hat, sind wir genötigt festzustellen. Dagegen sind wir nicht genötigt, unsererseits die Existenz synthetischer Urteile a priori anzuerkennen, sondern können diese Frage nach bestem Wissen und Gewissen selber entscheiden. Gelangen wir dann ebenfalls zur Anerkennung der Existenz synthetischer Urteile a priori, so nicht, um mit Kant konform zu gehen, sondern weil uns ein selbständiger systematischer Prüfungsprozeß dazu veranlaßt.

C. Geschichte und Gegenwart

Unsere Unterscheidung zwischen „historischen" und „systematischen" Disziplinen – oder besser gesagt: zwischen der „historischen" und der „systematischen" Fragestellung einem Gegenstand gegenüber – scheint nun fundamental für unsere Bestimmung des Verhältnisses des Menschen der jeweiligen Gegenwart zu seiner Geschichte zu sein.

Wir waren zu folgendem Ergebnis gekommen: eine Beschäftigung mit der Geschichte als Geschichte – „Historie, die nichts als Historie sein will" – hat immer dann einen Sinn, wenn wir nicht in Versuchung geraten, selbst das hervorbringen zu wollen, was wir historisch betrachten. Das ist eindeutig der Fall gegenüber bedeutenden Kunstwerken, wie denen von Goethe, Rembrandt oder Bach. Ist dagegen der Gegenstand unserer wissenschaftlichen Tätigkeit so geartet, daß wir den Stand der Dinge im Bereich dieses Gegenstandes potentiell selber weitertreiben können, dann sind wir verpflichtet, in diesen Bereich auch selber handelnd einzugreifen. Typische Beispiele für solche Bereiche sind Mathematik, Naturwissenschaften, Technik und Medizin, aber auch – und nicht zuletzt – Erziehung, Gesellschaft, Wirtschaft und schließlich Philosophie. Da wir sämtliche Hervorbringungen des Menschen zum Gegenstand historischer Betrachtung machen können, ist es uns an sich nicht verwehrt, auch solche Bereiche historisch zu studieren, die wir eigentlich handelnd gestalten müßten. Nur: in diesem Falle besteht ein deutliches *Konkurrenz*verhältnis zwischen dem historischen und dem systematischen Vorgehen auf dem gleichen Gebiet. Und damit ist uns die Gewissensfrage gestellt, wie wir uns verhalten sollen; eine Frage, die gegenüber etwa Bach offensichtlich entfällt: denn Bachs Musik können wir nur so hinnehmen und interpretieren, wie sie nun einmal, in einem unverwechselbaren und unwiederholbaren historischen Augenblick, entstanden ist.

Wir können geradezu formulieren: ob uns ein Gegenstand nur historisch fesselt oder der systematischen Befragung unterworfen wird, hängt weitgehend vom Bestehen jenes Konkurrenzverhältnisses ab.

Angesichts des gleichen Gegenstandes, der uns rein historisch-hermeneutisch fesseln könnte, wenn er keine Bedeutung für unsere Praxis hätte, verlieren wir jedes Interesse an seiner historischen Erforschung, wenn wir gleichzeitig das beunruhigende Gefühl haben, dadurch unsere Verpflichtung der Gegenwart gegenüber zu versäumen.

Hierfür ein Beispiel. Angenommen, wir lebten nicht selbst in Städten. Dann könnte unter Umständen das Ausgraben antiker Stadtanlagen für uns seinen „Selbstzweck" haben, weil wir Städte als eine menschliche Hervorbringung bewundern würden, die uns selbst versperrt ist – wie etwa im Falle der Bachschen Musik. Angesichts der Tatsache aber, daß wir selbst Städte und gewaltige Stadtplanungsprobleme haben, kann es uns unverantwortlich erscheinen, Geldmittel in die bloße Erforschung antiker Städte statt in die Verbesserung unserer eigenen Städte zu stecken.

Das heißt: angesichts der Konkurrenz zwischen der „zweckfreien" Erforschung antiker Stadtanlagen nur um des Wissen-

wollens willen und den drängenden Problemen, vor die uns
etwa der ständig wachsende individuelle Verkehr bei der Planung
unserer eigenen Städte stellt, fällt es uns einfach schwer, die
Arbeitskraft, die der Lösung dieser Probleme zugutekommen
könnte, auf Troja, Mykene oder Pompeji zu wenden.

Oder ein anderes Beispiel: die heute bestehenden aktuellen
sozialen Probleme in aller Welt lassen es uns uninteressant erscheinen, die „soziale Frage" des 19. Jahrhunderts rein historisch
zu studieren.

I. Code für die Gegenwart?

Die von uns eingeführte Unterscheidung zwischen „historischer" und „systematischer" Fragestellung den Gegenständen
der Geschichte gegenüber könnte also dazu führen, die Antwort auf die Frage: „Was bedeutet die Geschichte für die (jeweilige) Gegenwart des Menschen?" differenziert zu beantworten.

Zahlreiche Äußerungen sprechen von der Verankerung des
Geschichtsinteresses in der Gegenwart.

So beschwört Theodor Schieder den „Zwang, die Geschichte
als eine ständig wirkende Macht zu verstehen, die wie ein ge-
waltiger Strom aus der Vergangenheit über die Gegenwart in
die Zukunft fließt . . . ."[17]

Und Reinhard Wittram spricht von der „Einsicht, daß wir
nur von der jeweiligen Gegenwart her Geschichte treiben kön-
nen": „. . . geleitet von der Hoffnung, mit der Kenntnis des
Ursprungs, des Zusammenhangs, des Gewordenseins einen
Code in die Hand zu bekommen, der uns die Geheimschrift der
Gegenwart auflösen hilft."[18]

Nun ist zunächst folgendes eindeutig klar. In jedem Fall be-
schäftigen wir uns ja als Menschen unserer Gegenwart mit der
Geschichte. Wir können unser Bewußtsein nicht auf eine frü-
here Zeit zurückschrauben. Zum Beispiel: wir hören Bach nicht
mit den Ohren der Bachzeit, sondern mit Ohren, die bereits
Beethoven, Schönberg und Stockhausen gehört haben. Dieser
Tatsache können wir auch nicht dadurch entgehen, daß wir
Bach auf Instrumenten und womöglich sogar in Kostümen und

Perücken des 18. Jahrhunderts in barocken Schloßsälen bei Kerzenschein spielen.

Jede Betrachtung der Geschichte also – gleichgültig, wie sie sonst im einzelnen auch aussehen mag – ist von vornherein dadurch bestimmt, daß sie in der jeweiligen Gegenwart durch Menschen dieser Gegenwart erfolgt. (Das gleiche gilt natürlich auch für die „räumliche" oder „soziale" Dimension der Geschichte, die wir in diesem Zusammenhang nicht eigens betrachten wollen.)

Wie sehr die Sicht der Geschichte durch die jeweilige Gegenwart bestimmt ist, zeigt uns gerade die Geschichte des Historismus. Wir haben gesehen, daß der Historismus selbst eine geschichtliche Bewegung mit verschiedenen Stadien ist. Insbesondere wurde uns klar, daß das Verständnis der Eigenartigkeit vergangener Epochen auf dem Wege etwa von Bernheim zu v. Brandt und Quirin noch einen deutlichen Wandel durchgemacht hat: wir glauben heute das Mittelalter sehr viel adäquater zu verstehen als die Historiker der Jahrhundertwende.

Bereits hier aber wird die seltsame Doppelbödigkeit des Verhältnisses von Geschichte und Gegenwart deutlich.

Einerseits nämlich ist der Inhalt unseres Mittelalterverständnisses von der jeweiligen Gegenwart abhängig, aus der heraus das Mittelalter interpretiert wird.

Andererseits aber nimmt zumindest die ausgereifte historische Interpretation des Mittelalters, für die uns die Namen v. Brandt und Quirin standen, für sich in Anspruch, das Mittelalter „adäquat" zu interpretieren, das heißt: es in seiner „Andersheit" zu begreifen und gerade nicht Maßstäbe der Gegenwart an mittelalterliche Phänomene zu legen.

Hieraus ergibt sich: alle Gebundenheit des Historikers an seine jeweilige Gegenwart vermag nicht auszuschließen, daß er sich zumindest subjektiv an die Geschichte „entäußert" sieht und bis zu einem gewissen Grade auch mit Recht annehmen darf, geschichtliche Zustände „objektiv" zu sehen.

Mit anderen Worten: die Gebundenheit des Historikers an seine Gegenwart schließt die Möglichkeit einer „Historie, die nichts als Historie sein will" nicht aus.

Diesen Gedanken legt gerade die Fortsetzung des oben begonnenen Schieder-Zitates nahe. Schieder schreibt nämlich im Anschluß an das Zitierte:[19]

(Der „Zwang, die Geschichte als eine ständig wirkende Macht zu verstehen, ...) wird für jeden von uns immer größer, je näher dieser Strom unserm Leben kommt. Darum sind wir an der uns am nächsten liegenden Geschichte am stärksten interessiert, wir halten sie daher für interessanter als alle übrigen Epochen (Burckhardt).“

Hieraus wäre zu schließen: Wenn ein Interesse, das die Geschichtsbetrachtung der Gegenwart dienstbar machen will, sich vor allem auf die jüngste Vergangenheit richtet, dann wäre das Interesse an ferner liegenden, „andersartigen“ Epochen etwa der antiken, der mittelalterlichen oder der außereuropäischen Geschichte ja gerade nicht aus diesem Gegenwartsinteresse erklärbar – dann muß es offenbar noch andere Motive geben, sich mit der Geschichte zu beschäftigen.

An diesem Punkte nun zeigt sich, wie grundlegend wichtig unsere Unterscheidung zwischen der „historischen“ und der „systematischen“ Fragestellung der Geschichte gegenüber ist.

Die *historische* Fragestellung nämlich rückt die Geschichte *als Geschichte* in den Vordergrund des Interesses, während für die *systematische* Fragestellung die Geschichte nichts weiter als ein *Steinbruch* ist, aus dem wir uns Material für die Bearbeitung gegenwärtig *aktueller* Probleme holen.

Die Sachlage scheint mir nun die zu sein: in der Geschichtsphilosophie, in der Geschichtswissenschaft und auch in der hermeneutischen Theorie (und ebenso in der dialektischen Sozialphilosophie, von der aber erst im nächsten Teil die Rede sein kann) wurde bislang zwischen „historischer“ und „systematischer“ Fragestellung, zwischen „Historie, die nur Historie sein will“ und „Steinbruchhistorie“, zwischen Geschichte als Selbstzweck und Geschichte als Mittel zum Zweck nicht ausdrücklich unterschieden, obwohl eine solche Unterscheidung einige Klarheit in die Verhältnisse bringen könnte.

Die Theorie der Hermeneutik etwa im Sinne Gadamers ist so formuliert, daß sie zwischen den Belangen eines Kant-Philologen und eines Mathematikers, die beide die „Kritik der reinen Vernunft“ lesen, nicht unterscheidet. Und ebenso unterscheiden die Geschichtsphilosophie und die allgemeinen Ausführungen der Fachhistoriker nicht zwischen einem Verständnis für die Geschichte um ihrer selbst willen und einem handfesten „Lernen aus der Geschichte" für die praktischen Zwecke der Gegenwart, sondern lassen alles in pauschale Wendungen zusammenfließen.

Speziell in der historistischen Geschichtswissenschaft entstand hieraus ein gewisser Gegensatz zwischen Praxis und Theorie der Forschung. In der Praxis war man reiner Historist, das will sagen: in der konkreten Einzelforschung trieb man Geschichte um ihrer selbst willen, ohne einen Gegenwartsbezug erkennen zu lassen. Über dieser Praxis jedoch erhob sich dann ein theoretischer Überbau, in dem ganz allgemein von den Verpflichtungen die Rede war, die die Geschichtswissenschaft der Gegenwart gegenüber habe, ohne daß im einzelnen angegeben werden konnte, worin diese Funktion der Geschichtswissenschaft für die Gegenwart tatsächlich bestehen soll. Ist es zum Beispiel so gemeint, daß die Erforschung Bismarcks dem gegenwärtigen Bundeskanzler Leitlinien seines täglichen politischen Handelns an die Hand geben soll? Offensichtlich doch nicht.

Hier zeigt sich, daß wir das Problem „Geschichte und Gegenwart" sinnvoll überhaupt erst dann lösen können, wenn wir die eindeutig *systematische*, die *„Steinbruch"*-Verwendung der Geschichte *als solche*, als Möglichkeit der Verwendung geschichtlicher Gegenstände, ins Bewußtsein heben. Denn diese Steinbruch-Verwendung der Geschichte hat ja mit der Selbstverständlichkeit des Alltagsbetriebes bereits das verwirklicht, was die Geschichtsphilosophen immer nur in vagen Wendungen auszusprechen vermögen: ein „geschichtlicher" Gegenstand wird der Gegenwart unmittelbar nutzbar gemacht – freilich so, daß von seinem historisch verstandenen Selbstzweck nicht mehr viel übrig bleibt.

Nachdem wir klargestellt haben, daß in den „systematisch" betriebenen Wissenschaften – bis hin zur Soziologie – der historische Gegenstand ohnehin der Gegenwart dienstbar gemacht wird, darf sich offenbar die reine Geschichtswissenschaft von der Verantwortung für die Herstellung dieser Gegenwartsbeziehung in gewisser Weise *entlastet* fühlen. Sie braucht einfach deshalb nicht mehr so um die Aktualität ihres Tuns besorgt zu

sein, weil sich andere Disziplinen ohnehin dieser in der Geschichte steckenden Aktualität in zweckentsprechender Weise
bemächtigen.

II. Kann man historische Wissenschaften ahistorisch treiben?

Das Problem scheint mir folgendes zu sein: die geschichtlichen
Wissenschaften sind heute ihrer selbst unsicher geworden und
glauben daher, ihre Existenz außerhalb des Geschichtlichen
selbst rechtfertigen zu sollen. Nur so läßt es sich verstehen, von
den Vertretern bisher so genannter „geisteswissenschaftlicher"
Disziplinen immer häufiger die Versicherung zu hören, man ar-
beite ja überhaupt nicht (mehr) „historisch".[20]

Gefördert wird solche Distanzierung von der historischen
Methode durch einen Sachverhalt, über den wir bereits ausführlich sprachen: die Bezeichnung „Geschichtswissenschaft" für
eine bestimmte Gruppe geisteswissenschaftlicher Disziplinen
legt den Gedanken nahe, als habe es ausschließlich diese „Geschichts"wissenschaft mit „Geschichte" zu tun, aber schon
nicht mehr die Philologien und die Kunstwissenschaften.

Eine so verengte Auffassung von „Geschichtswissenschaft"
begünstigt heute, in einer Situation der Infragestellung der
Alleinherrschaft der historisch-philologischen Methode, die schon
immer gelegentlich zu findende Vorstellung, die Philologien
und Kunstwissenschaften seien gar keine Geschichtswissen-
schaften, mehr und mehr. Interessant ist in diesem Zusammenhang folgende Bemerkung Theodor Schieders:[21]

„Die großen Sinneinheiten der Geschichte sind nicht offenbare, ma-
nifeste Gegebenheiten wie in den Kunstwissenschaften die großen
Opera: Goethes Faust, Bachs Matthäus-Passion, Dürers Apostelbild,
sondern sie werden erst manifest in den historischen Darstellungen."

Hier werden also die „Sinneinheiten der Geschichte" den
„großen Opera" der Kunst gegenübergestellt; seltsamerweise
taucht hier gar nicht der Gedanke auf, daß die genannten
Kunstwerke doch ebenfalls „Sinneinheiten der Geschichte" sind
– insofern nämlich, als sie in einer bestimmten historischen
Situation entstanden und von den Nachgeborenen hermeneutisch erfaßbar sind.

Unter solchen Auspizien ist es dann nicht mehr verwunderlich, immer wieder – sowohl von Geschichtswissenschaftlern als auch von Vertretern der fraglichen Disziplinen selbst – zu hören, Philologen und Kunstwissenschaftler seien gar keine Historiker:[22]

„... die Philologien von einst haben sich zu modernen Literatur- und Sprachwissenschaften entwickelt, in denen die Entfernung von historischen Prinzipien immer deutlicher wird."

Begründet werden solche Thesen in der Regel mit dem Hinweis auf die tatsächlich ständig zunehmende Bedeutung der analytischen Methoden, der Statistik und der Datenverarbeitung für sprach-, literatur-, kunst- und musikwissenschaftliche Untersuchungen.

Nun ist ganz klar: selbstverständlich können sich Sprach-, Literatur-, Kunst- und Musikwissenschaft streng systematisch-normativ verstehen – nicht anders als etwa Mathematik und Technik auch.

Daß wir in Gestalt der „Sprachanalyse" heute eine normative Sprachwissenschaft mit engen Beziehungen zur Philosophie, insbesondere zur Logik haben, und daß daher viele „Linguisten" überhaupt nur noch unhistorisch arbeiten, ist bekannt und wurde uns auch aus unseren Erörterungen im ersten Band klar.

Und ebenso wäre etwa auch eine normative Musikwissenschaft denkbar als eine Wissenschaft, die nur noch Anweisungen darüber geben will, wie Musik in Gegenwart und Zukunft komponiert oder realisiert werden soll, wobei dann gewisse Satztechniken Bachs – im „Steinbruch"-Sinne – als Anregung dienen können.

Hieraus wird ersichtlich: in der Tat können Sprach-, Literatur- und Kunstwissenschaften heute ahistorisch-normativ aufgefaßt werden – und zweifellos gibt es zahlreiche wissenschaftliche Institute, die diese Gegenstandsbereiche überhaupt nicht mehr anders bearbeiten.

Nun müssen wir jedoch einen Schritt weitergehen und folgendes feststellen: das Kriterium dafür, ob wir irgend eine wissenschaftliche Betätigung als „historisch" oder „ahistorisch" bezeichnen, kann nicht einfach die angewendete Methode sein.

Wir können also nicht sagen: eine Wissenschaft, die philologisch-historische Methoden verwendet, ist historisch – eine
Wissenschaft dagegen, die nichthistorische Methoden verwendet, ist systematisch. Vielmehr kommt es nicht auf die Methode, sondern auf die *Fragestellung* an. Entscheidend ist also allein, ob eine Wissenschaft einen historischen Gegenstand, sagen
wir Goethes Dichtungen, um seiner selbst willen oder als Steinbruch betrachtet.

Wenn statistische und andere nichthermeneutische Methoden nur dem Zweck dienen, einen historischen Gegenstand noch
genauer und noch adäquater zu erfassen, als es bislang mit den
herkömmlichen philologischen Methoden der Fall war, dann
können wir nicht sagen, daß wir es mit einer nichthistorischen
Wissenschaft zu tun haben. Denn im Endstadium solcher wissenschaftlichen Bemühungen werden wir es immer wieder mit
einer hermeneutischen Hinwendung zu der jeweiligen historischen Gestalt zu tun haben, für deren optimale Erfassung nichthermeneutische wie hermeneutische Bemühungen nur eine die-
nende Rolle spielen.[23]

III. „Lernen aus der Geschichte" als Kombination des systematischen und des historischen Zuganges

Bisher haben wir es mit zwei Möglichkeiten des Verhältnisses
zur Geschichte zu tun gehabt: der historischen mit ihrem
Prinzip des adäquaten Erfassens und der systematischen mit
ihrem Prinzip des aktuellen Verwertens historischer Gegebenheiten.

Jedoch gibt es auch Fälle, in denen wir beide Prinzipien, das
historische und das systematische, kombinieren müssen und
können. Das bedeutet: wir erfassen die Geschichte zwar historistisch, benutzen aber dieses Verständnis zur besseren Be-
wältigung von Gegenwartsproblemen. Nur auf diese eigentümliche Kombination – die sich aber auf einen ganz bestimmten Teilbereich unseres Umgangs mit der Geschichte überhaupt
beschränkt – passen genau genommen jene viel allgemeiner gemeinten Wendungen, nach denen der Mensch sich aus seiner
Geschichte verstehen müsse und könne.

Bei dieser Kombination historistischer und systematischer Momente lassen sich nun wieder zwei Fälle unterscheiden:

1. Wir können eine gegebene Situation als geschichtlich entstanden verstehen und damit besser bewältigen.

2. Wir können eine gegebene Situation aufgrund unseres historischen Bewußtseins als vorübergehend oder partiell erkennen und uns daher bei Bedarf von ihr auch distanzieren.

1. *Die Bewältigung der Gegenwart aus der Geschichte*

Die Gegenwart aus der Geschichte bewältigen heißt: etwas geschichtlich verstehen und dieses Verständnis einer gegenwärtigen Situation nutzbar machen – ganz im Sinne Wittrams, der von der „formende[n] und sinngebende[n] Kraft des historischen Gegenwartserlebnisses" spricht, „verbunden mit der fortwirkenden Überzeugung von der Nachweisbarkeit der historischen Zusammenhänge – der Überzeugung, daß wir studieren und erklären können, wie unsere Zeit ... aus dem Vergangenen geworden ist. Das ist ... ohne Zweifel ein bleibender und wiederkehrender Antrieb des historischen Interesses .... Wie war es möglich? Wo kommt dieses und jenes her: der kommunistische Weltglaube, die Ausbreitung des Nationalismus über die Welt, die Mechanisierung des Lebens, die Umbildung der Gesellschaftskörper, die Zerreißung Deutschlands, die Hemmungen und Hindernisse aller Europapläne? Fragen über Fragen ..., geleitet von der Hoffnung, mit der Kenntnis des Ursprungs, des Zusammenhangs, des Gewordenseins einen Code in die Hand zu bekommen, der uns die Geheimschrift der Gegenwart auflösen hilft."[24]

Ein besonders aufschlußreiches Beispiel für dieses bessere Durchschauen einer gegenwärtigen Situation dank der Einsicht in geschichtliche Zusammenhänge bietet das Sichzurechtfinden in einer *fremden Stadt*.

Wer mit einigem Geschichtsverständnis eine normale europäische Stadt betritt, wird sich in ihr auch dann sehr bald orientieren können, wenn er sie noch nie gesehen hat – er braucht hierfür unter Umständen noch nicht einmal einen Stadtplan.

Eine europäische Stadt – soweit sie nicht vor kurzem erst

aus einem Dorf entstanden oder eine Neugründung des 19. oder 20. Jahrhundert ist – besteht nämlich aus einem mittelalterlichen oder frühneuzeitlichen Stadtkern, der von den „Gründer"-Vorstädten der zweiten Hälfte des 19. Jahrhunderts und weiter von den Siedlungen, Gartenvorstädten und Wohnvierteln unseres Jahrhunderts – bis hin zu den Trabantenstädten der Gegenwart – konzentrisch umgeben ist. Der alte Stadtkern ist sehr oft auf Anhieb dadurch zu erkennen, daß er entweder von einem mehr oder weniger kreisrunden, elliptischen oder bohnenförmigen Straßenzug, dem Überbleibsel einer mittelalterlichen Stadtumwallung, oder einer entsprechend geformten, nach außen oft sternförmig gezackten Grünanlage mit oder ohne Gewässer, einer ehemaligen Festungsanlage der letzten Jahrhunderte, umgeben ist.

Der Besucher kann ziemlich sicher sein, daß er innerhalb dieses Stadtkerns die meisten für ihn wichtigen Gebäude finden wird: die alten Kirchen und Profanbauten, die öffentlichen Gebäude, wie Rathaus, Landratsamt, Gerichte, Bezirks- oder Landesregierung, ferner wohl auch die großen Bankniederlassungen, die Warenhäuser, die besten Geschäfte und Lokale.

Der Hauptbahnhof der Stadt liegt in der Regel unmittelbar am Rande des alten Stadtkernes oder wenig davon entfernt. Im zweiten Falle hat sich zwischen dem Bahnhof und dem alten Stadtkern ein neueres Geschäftsviertel entwickelt, das viele der genannten Funktionen des Stadtkerns mit übernehmen kann. Das ist nur dadurch zu erklären, daß im 19. Jahrhundert einerseits die Eisenbahn (*nicht mehr* der Pferdewagen, *noch nicht* das Auto) das Hauptverkehrsmittel war und andererseits die „Stadt" zunächst noch lediglich aus dem alten Kern bestand, so daß jeder, der eine Stadt besuchte, zwangsläufig die Gegend zwischen Bahnhof und Innenstadt passieren mußte. Aus diesem Zusammenspiel zwischen Hauptbahnhof und Stadtkern allein erklärt sich schon weitgehend die „Struktur" einer uns fremden Stadt: das Zentrum des öffentlichen Verkehrs ist entweder der Bahnhofsvorplatz oder ein Platz in der Innenstadt.

Die historisch bedingte Struktur einer europäischen Stadt ist so prägnant, daß jemand, der historisches Fingerspitzengefühl besitzt, bei vielen Straßen schon am Namen ablesen kann, in welcher Gegend der Stadt sie sich befinden muß.

Eine „Bäckerstraße" oder „Schustergasse" ist mit Sicherheit in einem mittelalterlichen Stadtkern zu suchen, da diese Namen auf die zunftweise Niederlassung der Handwerker hinweisen. Eine Straße namens „Contrescarpe" ist im ehemaligen Festungsgelände, also knapp außerhalb des Stadtkernes zu finden. Eine „Augustastraße" wiederum dürfte wahrscheinlich eine Hauptstraße in einem zur „Gründerzeit" des 19. Jahrhunderts erbauten Viertel sein; denn Augusta hieß die Gemahlin des ersten Hohenzollernkaisers Wilhelms I., und daher wird man nach ihr eine in den ersten Jahren des Kaiserreiches von 1871 gebaute repräsentative Straße genannt haben. Auch die „Äußere Bayreuther Straße", die „Weender Landstraße", den „Engelbosteler Damm" oder die „Elbchaussee" wird man außerhalb des alten Stadtkernes suchen; außerdem wird es sich um verkehrsreiche Hauptstraßen handeln, an denen man nicht sehr ruhig schlafen oder wohnen wird, denn Bezeichnungen wie diese deuten auf alte Land- und heutige Ausfallstraßen hin.

Eine „Bebelstraße" werden wir in einer in den zwanziger Jahren, eine „Gorch-Fock-Straße" in einer in den dreißiger Jahren erbauten Siedlung vermuten, während eine „Thomas-Mann-Straße" erst nach 1945 entstehen konnte. Die „Celler Straße" in Hannover heißt so, weil sie nach Celle führt – denn beide Städte stehen in engen geographischen und historisch-politischen Beziehungen. Eine „Komotauer Straße" in einer westdeutschen Stadt hingegen kann nur in einer nach 1945 neugebauten Gegend liegen, da solche Bezeichnungen nicht auf „gewachsenen" Beziehungen beruhen, sondern Ausdruck der politischen Situation nach dem zweiten Weltkrieg sind.

Unsere Beispiele sollen zeigen, wie man sich der Geschichte aus ganz praktischen Belangen bedienen kann: eine „Hermeneutik der Straßennamen" ermöglicht es uns unter Umständen, ein wichtiges Geschäft schnell abzuwickeln oder uns unser Hotel richtig auszusuchen.

Einen charakteristischen Fall der Verwertung des hermeneutisch-geschichtlichen Bewußtseins für die Gegenwartspraxis bietet auch das „Bibliographieren", das heißt der genaue Nachweis von

Büchertiteln, die zunächst nur ungefähr bekannt sind. Wie wir oben bereits an einigen Beispielen ausführten, hat der Bibliographie-Fachmann Hans Baer gezeigt, daß man Büchertitel – aufgrund eines in langem Umgang mit der Geistesgeschichte und mit Büchern aller Art erworbenen „Titelgefühls" – oft auf das Jahr genau, einfach aufgrund ihres Wortlautes, zu datieren vermag. So kann ein Buch *Bauern, Bonzen und Bomben* nur um 1930, ein Buch *Und führen, wohin du nicht willst* nur um 1950 erschienen sein. Baer bemerkt hierzu treffend:[25]

> „Natürlich ist uns diese Tatsache im größeren, literarhistorischen Zusammenhang durchaus geläufig. Einen Barockromantitel von einem Romantikertitel zu unterscheiden bietet insgemein keine Schwierigkeiten. Doch daß die Lehre daraus auch auf die Gegenwart übertragen werden kann und dem Bibliographierenden in kniffligen Fällen gute Dienste zu leisten vermag, wird übersehen."

2. *Die Distanzierung von der Gegenwart aus der Geschichte*

In der Konsequenz des Historismus liegt zunächst der „Perspektivismus".[26] Das bedeutet: der Tatbestand des Wandels aller Verhältnisse im Laufe der Geschichte – oder allgemeiner gesagt, der Verschiedenartigkeit aller historischen Einheiten – bezieht sich ja keineswegs nur auf die Geschichte als Gegenstand des Betrachtenden, der solche Verschiedenheiten wahrnimmt. Sie gilt ebenso für die Situation dieses Betrachtenden selbst, für sein eigenes Interpretationsschema, mit dem er an geschichtliche Gegenstände herangeht.

Insofern sind nicht nur verschiedene historische Einheiten „verschiedenartig", sondern ebenso die Interpretationen ein und desselben Gegenstandes durch Subjekte, die verschiedenen historischen Einheiten angehören.

So erklärt sich die im Historismus aufgekommene These: „Die Geschichte jedes Gegenstandes muß alle dreißig Jahre neu geschrieben werden" – nicht weil sich der Gegenstand „als solcher" änderte oder weil zum Beispiel neue Quellenkenntnisse hinzugekommen sind, sondern weil eine neue Generation den Gegenstand neu auslegt.

Diese Überlegung rechtfertigt nun scheinbar einen zu beobachtenden dauernden Wechsel der Interpretationsgesichtspunkte. So

braucht man etwa nur zwei sozialphilosophische Schriften miteinander zu vergleichen, von denen die eine 1940 und die andere
1970 erschienen ist. 1940 herrschten Wörter wie „Rasse" und
„Volk" – 1970 Wörter wie „repressiv" und „Emanzipation".

Dieser Wechsel der leitenden Vokabeln scheint sich aus dem
unbestreitbaren Wechsel der geschichtlichen Situation von selbst
zu ergeben und damit eo ipso gerechtfertigt zu sein.

Doch macht hier einiges stutzig. Bei näherer Betrachtung
zeigt sich nämlich, daß die Schriftsteller, die besonders ausge-
prägt ein bestimmtes Zeitvokabular pflegen, sehr oft nicht die
tiefsten und selbständigsten Geister ihrer Zeit sind (eine Aussage, die hermeneutisch zu begründen wäre). Im Gegenteil: wer
um 1940 gar zu eifrig Wörter wie „Rasse" und „völkisch" in den
Mund nahm, zog damit den Verdacht auf sich, weniger einer
geschichtlichen Lage im tieferen Sinne Rechnung zu tragen, als
vielmehr sich der damals üblichen Tonart um seines Fortkom-
mens willen anzubequemen. Das Problem des „Perspektivismus"
erweist sich daher bei kritischer Betrachtung zunächst noch gar
nicht als geschichtsphilosophisches, sondern als soziologisches Problem der „beflissenen Anpassung ans je Geltende" (Adorno).[27]
Diesseits aller Prüfung der tatsächlichen philosophisch-wissen-
schaftlichen Notwendigkeit einer jeweils „zeitgemäßen" Sprechweise wenden anpassungsbedürftige Autoren, ohne nach jener
Notwendigkeit erst zu fragen, eine solche Sprechweise schon deshalb an, weil sie damit in ihrer Gegenwart reüssieren.

Durchstoßen wir diese Oberfläche sozialpsychologischer Be-
dingtheiten, so stellt sich die Frage nach der wissenschaftlichen
Notwendigkeit zeitgemäßer und damit zeitgebundener Rede-
weisen. Bei der Prüfung dieser Frage werden wir bemerken, daß
die Geschichte durchaus nicht so kurzwellig verläuft, wie es auf
den ersten Blick scheint. Denn: ein Begriffsgefüge, das höchsten
Ansprüchen genügen soll, *kann* sich gar nicht so schnell ändern,
wie das im Tagesschrifttum den Anschein hat. Unter dieser Per-
spektive ist es bezeichnend, daß die beiden heute herrschenden
Denkweisen, die „analytische" und die „historistisch"-„dialektische", ihre Wurzeln tief im 19. Jahrhundert haben: Gottlob
Frege und Bertrand Russell einerseits, die Historisten, Hegel und
Marx andererseits haben Wesentliches von dem ausgesprochen,

was heute noch gilt. Es bedarf daher hier gar nicht jener kurz-
welligen Beflissenheit. Gerade unser Grundlagendenken darf
ruhig „unzeitgemäß" wirken, weil eben Fundamente nicht so
schnell umgebaut werden können wie Holzwände im Überbau.

Durch Überlegungen solcher Art können wir natürlich die
Tatsache, daß es so etwas wie ein Tagesdenken, einen Perspektivismus, der kurzwelliges Anpassungsdenken begünstigt, gibt,
nicht aus der Welt schaffen. Der Perspektivismus als solcher, der
Historismus auf der Seite des interpretierenden Subjekts gleichsam, ist eine Tatsache, die wir ihrerseits als historische Gegebenheit zu würdigen haben.

Darin liegt auch kein Widerspruch. Denn indem wir – als
kritische Philosophen – die Tagesbedingtheit nicht nur der Ereignisse selbst, sondern auch ihrer Interpretation durch wissenschaftliche Subjekte, feststellen, machen wir ja die Tatsache der
historischen Wandelbarkeit dieser Interpretationen selber zum
Objekt kritischer Geschichtsbetrachtung.

Hier kehrt also der Gegensatz zwischen „historischer" und
„systematischer" Betrachtungsweise wieder: als Historiker können wir nur zur Kenntnis nehmen, daß sich die Interpretationen
des Menschen und der Geschichte selber im Laufe der Geschichte
sehr kurzfristig wandeln. Leugnen können wir – als Historiker –
diese Tatsache nicht. Dagegen können wir sie – als Systematiker –
mißbilligen. Wir können darauf hinweisen, daß kurzfristig sich
wandelnde Interpretationen der Geschichte nur sozial bedingt,
philosophisch aber nicht notwendig sind und daher aufgehoben
werden können, sobald man sich einer oberflächlichen Zeit-
bedingtheit entzieht.

Wir verstehen also einerseits Interpretationslagen historisch,
als Ausfluß einer jeweils gegebenen politisch-sozialen Situation;
wir überwinden sie aber andererseits systematisch als nicht notwendig und als ein bewußtes oder unbewußtes Vorbeigehen an
der „langwellig" zu entwickelnden Wahrheit.

Daß andererseits der Begriff der „Langwelligkeit" einen lang-
fristigen und daher wohlverstandenen und legitimen *Wandel*
unserer Interpretationsgrundlagen einschließt, liegt auf der
Hand. So haben die mathematische Logik, der Historismus und
die Hegelsche Philosophie unser Denken völlig umgestaltet und

insofern die historische Bedingtheit der Grundlagen auch jedes systematischen Denkens demonstriert. Aber das besagt keineswegs, daß die Grundlagen unseres Denkens etwa zwischen 1966 und 1970 sich so grundstürzend geändert hätten, daß es nötig wäre, heute zu verbrennen, was man noch vor vier Jahren angebetet hat.

DRITTER TEIL

DIE DIALEKTIK

1. KAPITEL

WAS IST DIALEKTIK?

A. DIALEKTIK ALS „INTERPRETIERENDER DIALOG"

Wenn wir verstehen wollen, was „Dialektik" ist, so gehen wir am besten von der Grundbedeutung aus.

„Dialektik" kommt vom griechischen „dialegein" = sich unterreden. Mit demselben Wort hängt auch „Dialog" zusammen: „Dialektik" kann man also geradezu erklären als „Kunst, einen Dialog zu führen".

Hierdurch haben wir bereits eine wichtige Begriffsbestimmung gewonnen: „Dialektik" hat es mit der menschlichen *Rede* zu tun, sie scheint eine Erscheinung der Sprache zu sein. In unserer Terminologie können wir also auch sagen: „Dialektik" hat es zunächst mit *Aussagen* zu tun, und – vorsichtig ausgedrückt – nicht mit möglichen *Gegenständen* solcher Aussagen.

Verdeutlichen wir das an einem Beispiel. Das Beispiel selbst stammt in seiner Grundsubstanz von Theodor *Litt,* die spezielle Formulierung und Ausführung für unsere Zwecke von mir.[1]

Zwei Gesprächspartner, A und B, diskutieren über die *Erziehung* und wollen herausbekommen, was man unter Erziehung sinnvollerweise verstehen sollte. Zu diesem Zweck führen beide *Vergleiche* ein.

A sagt: „Die Erziehung ist mit der Tätigkeit des Bildhauers zu vergleichen. Der Erzieher ist der Bildhauer, und der zu Erziehende die Marmorfigur, die der Bildhauer nach seinen Ideen und nach seinem Willen formt."

B sagt: „Nein! Ich finde eher, die Erziehung ist mit dem Gartenbau zu vergleichen. Der Erzieher ist der Gärtner, und der zu Erziehende die Pflanze; denn der Erzieher kann mit dem Kind nicht machen, was er will, sondern nur durch richtige Pflege die Anlagen entwickeln, die in dem Kind bereits gegeben sind."

Nun diskutieren A und B über ihre Thesen. Dabei kommen sie zu diesem Ergebnis:

– Der Vergleich mit dem Bildhauer dürfte aus folgendem Grunde schief sein: Der Bildhauer ist gegenüber seinem Material weitgehend frei; er kann aus ihm gestalten, was er will. (Dabei sehen wir davon ab, daß im Werkstoff bestimmte – in der Materialstruktur liegende – Grenzen gegeben sind: so kann man zum Beispiel aus Marmor sicher keine Fäden formen.) Der Erzieher kann dagegen nicht aus jedem Kind beliebig alles machen, weil jede menschliche Person bestimmte Dispositionen bereits mitbringt.

– Der Vergleich mit dem Gärtner dagegen ist aus dem entgegengesetzten Grunde schief: der Gärtner kann wirklich nur die in einem Pflanzenkeim schon angelegten Dispositionen zur Entfaltung bringen. Er kann durch richtige Ernährung, Beheizung und sonstige Behandlung seiner Pflanzen wohl dafür sorgen, daß sie besonders wohlgeratene „Exemplare" ihrer Gattung werden – aber er kann die gegebenen Eigenschaften dieser Gattung nicht oder nur in geringem Maße beeinflussen.

Auch das Kind bringt nun zwar, wie wir sahen, gewisse Dispositionen mit – aber diese Dispositionen bestimmen seine Entwicklung nicht so vollständig, wie das bei der Pflanze der Fall ist: vielmehr hat der Erzieher einen weiten Spielraum, ein Kind in irgendeiner Weise zu beeinflussen.

– Unsere beiden Gesprächspartner einigen sich daher etwa wie folgt:

Einerseits sind im zu erziehenden Menschen bestimmte Dispositionen gegeben. Der Erzieher kann daher nicht – wie der Bildhauer – aus jedem Menschen alles machen. Andererseits aber bieten diese gegebenen Dispositionen einen Spielraum, innerhalb dessen der Erzieher – anders als der Gärtner – die Eigenschaften des Individuums beeinflussen kann.

Was Erziehung ist, läßt sich also nur durch eine „Verschränkung" der Faktoren „Mitgebrachte Disposition" und „Erziehereinfluß" bestimmen.

Wohlgemerkt: es kommt uns bei diesem Beispiel nicht darauf

an, ob die *Fragestellung* Theodor Litts angemessen und ob die – von ihm kunstvoll ausgebreitete – Lösung des Problems unseren heutigen Ansprüchen noch genügt (man könnte etwa einwenden: ob „Bildhauer" oder „Gärtner" – in jedem Fall wird der Erziehungsvorgang unzulässigerweise rein individualistisch gesehen, und so fort). Uns kann es ja nur darum gehen, zu erläutern, was man sich unter „Dialektik" vorzustellen hat. Und für diesen Zweck ist es sogar gut, wenn wir Litts Fragestellung und Vergleiche als „veraltet" empfinden. Denn genau dies verweist uns darauf, daß die Dialektik es mit *Interpretationen* von Sachverhalten im Medium menschlicher Rede zu tun hat – unabhängig davon, ob wir diese Interpretationen anerkennen oder nicht.

Wenn A sagt: „Der Erzieher ist ein Bildhauer!", und B sagt dagegen: „Nein, der Erzieher ist ein Gärtner!", und sie einigen sich dann in einem Gespräch auf eine Interpretation, die ihnen beiden annehmbar erscheint – dann ist es unerheblich, ob wir, die wir etwa dieses Gespräch nachträglich auf dem Tonband anhören, mit der ursprünglichen Fragestellung und der Lösung überhaupt einverstanden sind oder nicht.

Mit einem von uns nicht eingeführten, weil uns zu kompliziert und verfänglich erscheinenden (und daher auch in Anführungsstriche gesetzten) Ausdruck könnten wir sagen: die Dialektik bezieht sich nicht auf etwas *„Reales"*, sondern immer nur auf bestimmte *Aussagen*, die als solche in einem Dialog diskutiert werden.

Wie unser Beispiel zeigt, vollzieht sich die Dialektik immer in drei Schritten:

1. A behauptet etwas,
2. B behauptet etwas,
3. in der Diskussion wird nach einer gemeinsamen Lösung gesucht.

B. Thesis – Antithesis – Synthesis

Diese drei Schritte werden herkömmlicherweise[2] als „Thesis", „Antithesis" und „Synthesis" bezeichnet. Also:

1. „Thesis": „Der Erzieher ist ein Bildhauer."

2. „Antithesis": „Der Erzieher ist ein Gärtner."

3. „Synthesis": „Der Erzieher ist weder ein Bildhauer noch
   ein Gärtner. Vielmehr ist die Erziehung etwas, was nur in
   der Diskussion der beiden gegensätzlichen Thesen (Thesis
   und Antithesis) als ‚Verschränkung' der mit beiden Vergleichen
   gemeinten Sachverhalte zutagetreten kann."

Die Tatsache, daß in allen drei Wörtern das Wort „Thesis"
erscheint, ist ein deutlicher Hinweis darauf, daß es die Dialektik mit *Aussagen* zu tun hat. Denn das griechische Wort *thesis*
(wörtlich: „Setzung") hat in der Philosophie die Bedeutung
„Satz", „Lehrsatz", „Aussage" bekommen: *antithesis* heißt daher „Gegenaussage", und *synthesis* hatte schon im klassischen
Griechisch bezeichnenderweise auch die Bedeutung „Übereinkunft", „Verabredung", „Vertrag". Die *sprachliche* Bedeutung
von *thesis* und seiner Komposita ist also unverkennbar.

Diese Feststellung ist deshalb so wichtig, weil wir heute in
der Alltagssprache und der Sprache mancher Wissenschaftsdisziplinen diese Wörter auch in nichtsprachlicher Bedeutung
benutzen. So sprechen wir ganz unbefangen von dem „Gegensatz" zwischen Tag und Nacht, zwischen Sonne und Regen
und so fort, ohne uns noch bewußt zu sein, daß ein „Gegensatz" (als Übersetzung von *antithesis*) eigentlich nur eine
sprachliche Gegenäußerung ist.

Freilich sprechen wir etwa in der Chemie von „Synthese" und
meinen damit lediglich die Zusammenfügung von zwei Stof-
fen zu einem neuen: „synthetische Fasern" sind solche Texti-
lien, die nicht auf natürlichem Wege aus pflanzlichen und tie-
rischen Erzeugnissen (Flachs, Wolle u. ä.), sondern durch chemische Reaktionen in der Retorte gewonnen worden sind.

Dieses Mißverständnis, eine „Synthese" sei ein „realer", das
heißt: außersprachlicher Vorgang, wird natürlich noch ver-
stärkt, wenn man, auf der Suche nach Beispielen für den Vorgang der „Dialektik", etwa folgendes Beispiel aus der Chemie
nimmt:

Das uns als gewöhnliches Kochsalz bekannte harmlose weiße
kristallische Pulver ist, chemisch gesehen, Natriumchlorid, das
heißt: eine Zusammensetzung (Verbindung) aus einem grünen,
stechend riechenden, giftigen Gas: Chlor, und einem blendend

weißen, sich bei Zimmertemperatur an offener Luft von selbst entzündenden Metall: Natrium.

Also: aus der „These" Chlor und der „Antithese" Natrium ergibt sich als „Synthese" das harmlose Kochsalz, das mit keinem seiner beiden etwas problematischen Elemente Ähnlichkeit besitzt. Was an diesem Beispiel besonders irre führt, das ist gerade das, was es so bestechend anschaulich zu machen scheint: daß in der „Synthese", dem Kochsalz, von „These" und „Antithese" äußerlich nichts mehr zu merken ist: wir haben zwei unter sich völlig verschiedene Stoffe A und B, die zu einem dritten, wiederum von beiden verschiedenen Stoff C zusammengesetzt werden. Genau das ist aber mit „Dialektik" nicht gemeint. In der Dialektik bestehen, wenn man so will, Ähnlichkeitsbeziehungen unter allen drei beteiligten Gliedern:

„These" und „Antithese" müssen sich in der Diskussion aufeinander beziehen lassen, es muß ein Gespräch zustandekommen können. Das ist nicht möglich bei Personen, die sich „nichts zu sagen" haben, deren Aussagen nicht aufeinander bezogen werden können.

Ferner hat erst recht die „Synthese" „Ähnlichkeit" sowohl mit der „These" als auch der „Antithese", weil sie ja in der Diskussion aus ihnen beiden entsteht.

Aus der Natur genommene Beispiele für die Dialektik müssen also immer prekär bleiben, weil sie die Tatsache verdunkeln, daß die Dialektik zunächst einmal ein Verhältnis von *Aussagen* untereinander ist.

Interessanterweise ist später Friedrich Engels, der Freund Marx', diesem Mißverständnis unterlegen: Er begründete eine „Dialektik der Natur",[3] aus deren philosophischen Schiefheiten sich dann der Leninismus-Stalinismus speiste.

Hiermit haben wir vorläufig klarzustellen versucht, was *ungefähr* man unter „Dialektik" zu verstehen hat.

Im weiteren Verfolg unserer Bemühungen stoßen wir nunmehr auf eine weitere Besonderheit der Dialektik: Ihre Bedeutung für die gegenwärtige Wissenschaftstheorie ist nur an ihrer *geschichtlichen Entwicklung* – oder vorsichtiger gesagt: durch die Betrachtung der *Autoren,* denen ihre heutige Gestalt und Bedeutung zu danken ist – zu zeigen und zu verstehen.

Natürlich hat *jede* der von uns besprochenen Methoden ihre genau angebbare und bei Bedarf detailliert darstellbare Geschichte. Das gilt für die Induktion wie für die Sprachanalyse, für die Hermeneutik wie für die Phänomenologie. Aber wir haben niemals die Notwendigkeit gespürt, diese Geschichte als solche zu unserem Gegenstand zu machen. Es gibt eine Sprachanalyse, eine Induktion, eine Phänomenologie, eine Hermeneutik. Alle diese Methoden haben ihre „Begründer" oder „Heroen" gehabt und wurden von zahlreichen produktiven Köpfen ausgebildet.

Aber sie können unabhängig von der Nennung eines einzelnen Verfassernamens, als systematische Zusammenhänge, dargestellt werden.

Bei der Dialektik ist das nicht möglich. Zwar haben wir bisher ebenfalls unser bewährtes Verfahren eingeschlagen, nur die Sache selbst, ohne viel Rücksicht auf historische Autoren, zu beschreiben.

Aber nunmehr sind wir an einem Punkt angelangt, an dem wir ohne Blick auf die Geschichte nicht mehr auskommen.

Die Dialektik ist nämlich von zwei ganz bestimmten Autoren entwickelt worden – als ihr höchstpersönliches Werk. An ihrer Person hängt, mit ihnen steht und fällt die Dialektik. Sie bedeuten für die Dialektik weit mehr, als etwa John Stuart Mill für die Induktion, Gottlob Frege für die Logik und Sprachphilosophie, Karl Friedrich Gauß für die heutige Mathematik, Edmund Husserl für die Phänomenologie oder Leopold von Ranke für den Historismus bedeuten.

Denn der Tatbestand „Dialektik" hängt unmittelbar an ihren sprachlichen Formulierungen, ohne deren genaue Beachtung die Zusammenhänge verfälscht werden.

Diese beiden Autoren sind Georg Wilhelm Friedrich *Hegel* (1770–1831) und Karl *Marx* (1818–1883).[4]

Wir stellen das zunächst ohne Wertung fest. Aber schon jetzt dürfen wir andeuten: genau in dieser Bindung an zwei bestimmte „Heilige" und deren „Bibeln", nämlich ihre mit allen Finessen der Editionstechnik in „reiner" Form rekonstruierten Schriften liegt die offensichtliche Schwäche der Dialektik, verstanden als wissenschaftliche Methode. Nach unserem bishe-

rigen Verständnis von „wissenschaftlicher Methode" ist es schon
etwas Seltsames, daß eine Methode, die doch losgelöst von bestimmten Personen angewendet werden können muß, so stark
an bestimmte einmalige historische Figuren gebunden erscheint.
Jedoch – diese Bemerkung geschehe hier zunächst „beiseite" –
im Theaterflüstern.

2. KAPITEL

HEGEL

A. Das dialektische Schema in Hegels Werken

„Dialektik" bedeutet (wie wir schon sahen) ursprünglich „Kunst
des Gespräches" und bekam dann auch (ähnlich wie „Rhetorik")
den negativen Nebensinn des Leeren, Verfälschenden, Trüge-
rischen.[1]
Erst Hegel gab der „Dialektik" einen neuen Sinn. Was bei
Hegel Dialektik heißt, zeigt sich schon ganz handgreiflich: Die
Schriften Hegels sind in der Regel nach einem durchgehenden
Dreierschema aufgebaut. Das heißt: eine ganze Schrift besteht
aus drei Teilen, jeder dieser Teile wieder aus drei Abschnitten,
jeder dieser Abschnitte wiederum aus drei Unterabschnitten
und so fort.
Als Beispiel geben wir das Inhaltsverzeichnis der „Encyclopädie der philosophischen Wissenschaften":[2]

Erster Teil. Die Wissenschaft der Logik
Vorbegriff. A. . . . B. . . . C. . . .
Erste Abteilung. Die Lehre vom Sein
A. Die Qualität
a) Sein
b) Dasein
c) Fürsichsein
B. Die Quantität
a) Reine Quantität

Das Inhaltsverzeichnis ist nicht vollständig wiedergegeben. Auslassungen von Untergliederungen sind durch Punkte hin-

ter dem Gliederungsbuchstaben gekennzeichnet. Vom Dritten
Teil, der Philosophie des Geistes, sind alle diejenigen Überschriften aufgeführt, die für Hegels Philosophie besonders
wichtig sind.

Unsere Übersicht ist formal und inhaltlich interessant.

Formal zeigt sie die wirklich bis zum Exzeß getriebene Drei-
gliederung des gesamten Textes (einige wenige Abschnitte fügen
sich nicht in das Schema; auch enthalten nicht immer parallele
Abschnitte gleichermaßen Unterabschnitte).

Inhaltlich soll unser Beispiel auch eine Vorstellung von Hegels Terminologie geben. Mit Bedacht haben wir daher das Inhaltsverzeichnis gerade von Hegels „Encyclopädie", eines kurz-
gefaßten „Grundrisses" seiner gesamten Philosophie, ausgewählt.

An wichtigen Einteilungen und Einzeltermini finden wir
hier: die Großeinteilung der Philosophie in Logik, Naturphilosophie und Philosophie des Geistes;

in der „Logik" Termini wie Sein, Dasein, Fürsichsein;

in der Geistesphilosophie die berühmte Dreiteilung „subjektiver, objektiver, absoluter" Geist;

die Einteilung der Lehre vom subjektiven Geist in Anthro-
pologie, Phänomenologie und Psychologie;

die Phänomenologie des Geistes mit: Bewußtsein, Selbstbewußtsein, Vernunft;

die Einteilung des objektiven Geistes in Recht, Moralität
und Sittlichkeit;

die Gliederung wiederum der Sittlichkeit in Familie, bürgerliche Gesellschaft und Staat;

endlich die Einteilung des absoluten Geistes in Kunst, Religion und Philosophie.

Es handelt sich hier um Gedankenverknüpfungen, zum Teil
auch um Termini, die erst durch Hegel Eingang in die philosophische Diskussion fanden und daher auch in der Weiter-
entwicklung der Dialektik eine große Rolle spielten.

Schon unser Blick in ein Hegelsches Inhaltsverzeichnis verdeutlicht uns auf neue Weise, wie wenig es die Dialektik mit
„Realverhältnissen", mit außersprachlichen Gegebenheiten zu
tun hat. Denn offensichtlich sind Hegels in dialektischen Dreier-

schemata zusammengefaßte Termini als reine Interpretationsbegriffe zu verstehen.

Bewußtsein, Selbstbewußtsein, Vernunft – subjektiver, objektiver, absoluter Geist – das alles „gibt" es offensichtlich nicht in irgend einer „Wirklichkeit", sondern es ist von Hegel konstruiert worden, um etwas zu interpretieren.

Ähnliches gilt selbst für die – unserer naiven Auffassung nach – „konkreteren" Ausdrücke wie Recht, Moralität, Sittlichkeit – Familie, bürgerliche Gesellschaft, Staat – Kunst, Religion, Philosophie. Diese Wörter bezeichnen zwar lauter Gegenstände, die uns zweifellos vertrauter sind, als „Fürsichsein" oder „Bewußtsein" – aber ihre Zusammenordnung als solche, in eine Reihe, ein System, ein Schema, eine Gedankenbewegung ist offensichtlich weitgehend die Angelegenheit des Philosophen Hegel als eines Interpreten der Welt.

B. Dialektik als Serpentine

Wenn wir uns nunmehr einigen Textbeispielen aus Hegels Schriften zuwenden, wird dieser Eindruck des Dialektischen als einer „Redeweise" noch deutlicher.

Wir zitierten bereits im Hermeneutik-Teil die Sätze, mit denen Hegel selbst seine Dreiheit von Logik, Naturphilosophie und Philosophie des Geistes erläutert:[3]

„I. Die Logik, die Wissenschaft der Idee an und für sich,

II. Die Naturphilosophie als die Wissenschaft der Idee in ihrem Anderssein,

III. Die Philosophie des Geistes, als der Idee, die aus ihrem Anderssein in sich zurückkehrt".

Als Nichtkenner Hegels verstehen wir von diesen Sätzen nicht sehr viel. Aus Wendungen wie „an und für sich", „Anderssein" und „in sich zurückkehren" können wir nur soviel entnehmen, daß Hegel hier den dialektischen Dreischritt als eine Art *Bewegung* von *Gedanken* auffaßt. Auch ein Gespräch kann man ja als eine solche Gedankenbewegung ansehen.

In der Tat sagt Hegel: „Das bewegende Prinzip des Begriffs . . . heiße ich die *Dialektik* . . .".[4]

Hegels Rede vom „Anderssein" und „in sich zurückkehren" läßt uns an ein anderes Beispiel denken.

Im Verlauf unserer wissenschaftlichen Arbeit lesen wir ein Buch A, das wir in bestimmter Weise verstehen oder auch noch nicht richtig verstehen. Dann lesen wir ein Buch B und darauf, vielleicht nach längerer Pause, wieder das Buch A. Plötzlich sehen wir dieses Buch A „mit ganz anderen Augen": die Lektüre des Buches B hat uns Perspektiven eröffnet, die wir vorher an dem Buch A nicht wahrnahmen.

In diesem Falle wäre also die „Synthese" das „mit den Augen von B" gelesene Buch A. Der Hinzutritt von B bewirkt, daß wir A sozusagen auf höherer Stufe sehen: wir sind scheinbar am Ausgangspunkt wieder angelangt und doch anderswo. Ein bildlicher Vergleich hierfür wäre eine Serpentine oder eine Straße, die schraubenförmig um den ganzen Berg herumführt: wir stehen wieder am selben Punkt und doch woanders, nämlich eine „Etage" höher.

Auch einen Vergleich aus unserer Lebenspraxis können wir wählen (unter der Voraussetzung, daß wir uns vor dem Mißverständnis hüten, die Dialektik habe es mit „Realverhältnissen" zu tun): das „Anderssein" und „Zurückkehren" können wir an einem Menschen verdeutlichen, der – wie das auch und gerade in akademischen Berufen selbst heute noch häufig der Fall ist – lange Lehr- und Wanderjahre in fremden Städten, Ländern und sogar Erdteilen verbringt, aber in mittleren Jahren in seine Vaterstadt zurückkehrt: er lebt dann äußerlich wieder in den gleichen Verhältnissen wie in seiner Jugend, sieht sie aber mit anderen Augen: er ist einmal um den Berg gegangen, hinter dem andere Leute wohnen.

Hier zeigt sich aber gleich noch etwas anderes: der dialektische Fortgang ist prinzipiell unendlich. Denn es ist ja nicht gesagt, daß man nach einer Schraubendrehung einfach stehen bleibt – man kann sie unbegrenzt fortsetzen.

Greifen wir auf den Ausgangspunkt des Begriffs Dialektik zurück: die wissenschaftliche Diskussion.

Die Einigung, die zwei Gesprächspartner erzielen, ist ja nicht endgültig. Denn die neu gewonnenen Einsichten werden sofort wieder in Frage gestellt – entweder von den Gesprächspartnern selber oder von Dritten, Außenstehenden. Auch das ist sehr handgreiflich zu verdeutlichen.

Im Vorwort vieler Bücher finden wir Sätze wie folgende: „Die Gedanken dieses Buches sind aus Diskussionen mit X erwachsen", das heißt: der Autor hat mit seinem Freunde X diskutiert, so wie wir das dargestellt haben. Das Ergebnis dieser Diskussion, also die „Synthese" aus zwei ursprünglich in bestimmter Weise gegensätzlichen Aussagen oder Aussagenfolgen, wird in einem Buch schriftlich fixiert und gilt nunmehr, obwohl ursprünglich selber Ergebnis eines Gespräches, als die „einseitige" Äußerung eines einzelnen Autors. Das heißt: die ehemalige „Synthese" wird im Fortgang der Diskussion selber wieder zur „These": sie wird durch Gegner in Form von „Antithesen" bestritten – sei es in mündlicher Diskussion, sei es in schriftlicher Auseinandersetzung. Hier kommt es nun zu neuen, gemeinsam akzeptierten Einsichten als einer „Synthese" und so fort.

Auch auf den Fall der „Schraubenbewegung" wäre diese Überlegung zu übertragen: Nachdem jemand das Buch A wiedergelesen hat, liest er ein Buch C, gewinnt dadurch weitere neue Einsichten und wird nun wiederum das Buch A mit neuem Gewinn lesen (ähnlich der Mann in seiner Heimatstadt, der eine zweite Weltreise unternimmt und danach als wiederum „Anderer" nach Hause kommt).

Das dialektische Schema ist daher darzustellen als eine Folge von Dreierschritten, in denen jedesmal die gewonnene Synthese die These für einen neuen Dreierschritt darstellt:

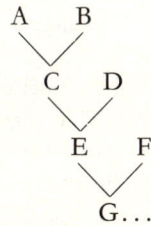

Oder, um die Tatsache besser darzustellen, daß A auf jeder Stufe verändert wiederkehrt:

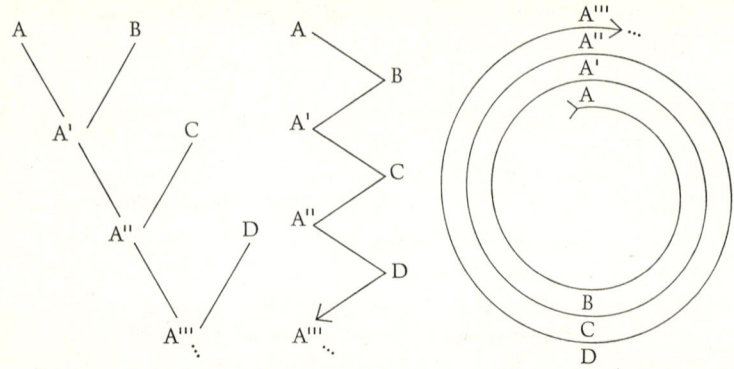

Es ist jedoch für unseren Zusammenhang nicht notwendig, das Schema der Dialektik weiter zu vertiefen.

Vielmehr wollen wir Hegels Anwendung der dialektischen Methode an zwei Punkten seiner Philosophie zeigen, die für uns wichtig sind: nämlich an seiner *Geschichts*philosophie und seiner *Gesellschafts*philosophie.

C. Hegels Geschichtsdialektik

Hegels *Geschichtsphilosophie* ist uns aus zwei Gründen wichtig: Einmal erhalten wir dadurch die Ergänzung unserer geschichtsphilosophischen Erörterungen des vorigen Teils, in denen wir Hegel – eben wegen der Einzigartigkeit seines Ansatzes – zunächst aussparen mußten, und zum anderen bietet Hegels Geschichtsphilosophie die ersten Grundlagen zum Verständnis der marxistischen Geschichtsauffassung, der wir uns später zuzuwenden haben werden.

Wir zitieren daher aus der Einleitung von Hegels „Vorlesungen über die Philosophie der Weltgeschichte", die unter dem (offensichtlich bereits bezeichnenden) Titel „Die Vernunft in der Geschichte" veröffentlicht worden ist.

„Ich will über den vorläufigen Begriff der Philosophie der Weltgeschichte ... bemerken, daß ... man ... der Philosophie den Vorwurf macht, daß sie mit Gedanken an die Geschichte gehe.... Der einzige Gedanke, den sie mitbringt, ist aber der einfache Gedanke der Vernunft, daß die Vernunft die Welt beherrscht, daß es also auch in der Weltgeschichte vernünftig zugegangen ist. Diese Überzeugung und Einsicht ist eine Voraussetzung in Ansehung der Geschichte als solcher überhaupt."[5]

„Die philosophische Betrachtung hat keine andere Absicht, als das Zufällige zu entfernen. ... Wir müssen in der Geschichte einen allgemeinen Zweck aufsuchen, den Endzweck der Welt, nicht einen besondern des subjektiven Geistes oder des Gemüts, ihn [den allgemeinen Zweck] müssen wir durch die Vernunft erfassen, die keinen besondern endlichen Zweck zu ihrem Interesse machen kann, sondern nur den absoluten."[6]

„Den Glauben und Gedanken muß man zur Geschichte bringen, daß die Welt des Wollens nicht dem Zufall anheimgegeben ist. Daß in den Begebenheiten der Völker ein letzter Zweck das Herrschende, daß Vernunft in der Weltgeschichte ist, ... ist eine Wahrheit, die wir voraussetzen; ihr Beweis ist die Abhandlung der Weltgeschichte selbst: sie ist das Bild und die Tat der Vernunft."[7]

„Der Gesichtspunkt der philosophischen Weltgeschichte ist ... nicht einer von vielen allgemeinen Gesichtspunkten, abstrakt herausgehoben, so daß von den andern abgesehen würde. Ihr geistiges Prinzip ist die Totalität aller Gesichtspunkte. Sie betrachtet das konkrete, geistige Prinzip der Völker und seine Geschichte und beschäftigt sich nicht mit einzelnen Situationen, sondern mit einem allgemeinen Gedanken, der sich durch das Ganze hindurchzieht. ... Die Geschichte hat vor sich den konkretesten Gegenstand, der alle verschiedenen Seiten der Existenz in sich zusammenfaßt; ihr Individuum ist der Weltgeist. ... Das Allgemeine ... ist das unendlich Konkrete, das alles in sich faßt, das überall gegenwärtig ist, weil der Geist ewig bei sich ist ... ."[8]

Der eben zitierte Abschnitt ist auch bedeutsam für Hegels Verwendung der Termini „abstrakt" und „konkret". Der unbefangene Leser ist natürlich geneigt, Hegels Philosophie des „Weltgeistes" für ein Nonplusultra an „Abstrakt"heit zu halten; demgegenüber betont Hegel, daß das „Allgemeine" gerade das „unendlich Konkrete" sei.

Diese Feststellung ist deshalb wichtig, weil Marx und der Marxismus „abstrakt" und „konkret" in entsprechender Weise verwenden und man ihre Argumentationen daher nicht angemessen versteht, wenn man diese Interpretation der beiden Wörter nicht berücksichtigt. Wir werden im gegebenen Zusammenhang darauf zurückkommen.

„Die Volksgeister sind die Glieder in dem Prozesse, daß der Geist zur freien Erkenntnis seiner selbst komme. ... Der Geist eines Volkes ist ... zu betrachten als die Entwickelung des Prinzips, das in die Form eines dunkelen Triebes eingehüllt ist, der sich herausarbeitet, sich objektiv zu machen strebt. Ein solcher Volksgeist ist ein bestimmter Geist, ein konkretes Ganzes; er *muß* in seiner Bestimmtheit erkannt werden."[9]

Welche Rolle spielen nun aber die „großen Männer" in der Geschichte, wenn der „Geist" das eigentliche Prinzip der Geschichte ist?

„Es sind nun die großen welthistorischen Individuen, die solches höhere Allgemeine ergreifen und zu ihrem Zwecke machen, die den Zweck verwirklichen, der dem höhern Begriffe des Geistes gemäß ist."[10]

„Die welthistorischen Menschen ... wissen ... und wollen ihr Werk, weil es an der Zeit ist. Es ist das, was im Innern schon vorhanden ist. ... Weil sie es [das Allgemeine] aus dem Innern schöpfen, ... scheinen sie es bloß aus sich selbst zu schöpfen; und die neuen Weltverhältnisse, die Taten, die sie hervorbringen, erscheinen als ihre Hervorbringungen, ihr Interesse und ihr Werk. Aber sie haben das Recht auf ihrer Seite, denn sie sind die Einsichtigen ... und wissen am besten, um was es zu tun ist; und was sie tun, ist das Rechte. Die Andern müssen ihnen gehorchen, weil sie das fühlen. ... So sind die geschichtlich großen Individuen nur an ihrer Stelle zu verstehen; und nur das ist das Bewunderungswürdige an ihnen, daß sie sich zu Organen dieses ... Geistes herausgebildet haben."[11]

„Jene Individuen ... wußten ..., daß dies selbst, was sie wollten, das Affirmative sei. ... jenen welthistorischen Individuen zu widerstreben, ist ein ohnmächtiges Unterfangen. Sie sind unwiderstehlich getrieben, ihr Werk zu vollbringen."[12]

Sie sind „die Geschäftsführer eines Zwecks ...., der eine Stufe in dem Fortschreitungsgange des allgemeinen Geistes bildet."[13]

„Man kann es die List der Vernunft nennen, daß sie die Leidenschaften für sich wirken läßt ...."[14]

Wie interpretiert Hegel nun die Weltgeschichte, wie sie tatsächlich abgelaufen ist?

[1.] „Das erste Zeitalter ..., worin wir den Geist betrachten, ist mit dem Kindesgeiste zu vergleichen. Da herrscht die sogenannte Einheit des Geistes mit der Natur, die wir in der orientalischen Welt finden. ...

[2.] Das zweite Verhältnis des Geistes ist das der Trennung, der Reflexion des Geistes in sich, das Heraustreten aus dem bloßen Gehorsam und Zutrauen. Dieses Verhältnis spaltet sich in zwei. Das erste ist das Jünglingsalter des Geistes ... . Dieses ist die griechische Welt. Das andere Verhältnis ist das des Mannesalters des Geistes .... Dieses ist die Römerwelt. ...

[3.] Viertens folgt dann das germanische Zeitalter, die christliche Welt. Wenn man auch hier den Geist mit dem Individuum vergleichen könnte, so würde dieses Zeitalter das Greisenalter des Geistes heißen müssen. ... Im christlichen Zeitalter ist der göttliche Geist in die Welt gekommen, hat in dem Individuum seinen Sitz genommen, das nun vollkommen frei ist, substanzielle Freiheit in sich hat. Dies ist die Versöhnung des subjektiven Geistes mit dem objektiven. ... – Dieses alles nun ist das Apriorische der Geschichte, dem die Erfahrung entsprechen muß [!]. Diese Stufen sind die Grundprinzipien des allgemeinen Prozesses; wie aber jede innerhalb ihrer selbst wieder ein Prozeß ihres Gestaltens, wie die Dialektik ihres Überganges ist, dies Nähere ist der Ausführung vorzubehalten.“[15]

Nach unseren Zitaten können wir Hegels Geschichtsphilosophie also etwa wie folgt kurz zusammenfassen:

Das regierende Prinzip der Weltgeschichte ist der „Weltgeist“.[16] Durch ihn wird der Ablauf der Geschichte bestimmt. Die handelnden Individuen sind lediglich seine „Geschäftsführer“, die durch die „List der Vernunft“, indem sie scheinbar ihre eigenen Zwecke verfolgen, dem Fortgang des Weltgeistes dienen; deshalb haben sie immer recht.

Die tatsächliche Geschichte interpretiert Hegel bildlich als „Lebenslauf“ des Geistes mit Kindheit, Mannes- und Greisenalter. Hierbei sieht er zugleich wieder das dialektische Schema erfüllt: es gibt drei Zeitalter oder „Welten“, die orientalische, die antike und die christliche Welt.

Damit die dialektische Dreiheit erhalten bleibt, werden griechische und römische Welt in einer Stufe zusammengefaßt. Das dritte, das christliche Zeitalter bringt „die Versöhnung des subjektiven Geistes mit dem objektiven“ – womit die genaue Parallele zwischen dem Ablauf der Weltgeschichte und dem dialektischen Dreischritt der Hegelschen Geistesphilosophie (subjektiver, objektiver, absoluter Geist) erreicht ist.

Auf den ersten Blick ist Hegels Geschichtsinterpretation also nichts weiter als eine vor- und unhistorische Betrachtungsweise, die nicht jede Epoche „unmittelbar zu Gott" sein läßt, sondern einen „Fortschreitungsgang" nach bestimmten Gesichtspunkten annimmt. Ganz grob läßt sich Hegels Geschichtsphilosophie also unter die „Fortschrittstheorien" einreihen, das heißt also unter diejenigen Geschichtstheorien, die weder einen Abstieg der Geschichte zum immer Schlechteren noch eine zyklische Wiederkehr analoger Entwicklungen annehmen, sondern eine stetige „Verbesserung" des Weltzustandes. Diese „Verbesserung" liegt bei Hegel in dem Gedanken, daß im dialektischen Dreischritt die dritte Stufe die eigentlich vollkommene ist – wie das aus der Interpretation des „christlichen Zeitalters" durch Hegel ja deutlich herausklingt.

Natürlich zögern wir, Hegels gewaltigen Geschichtsentwurf so einzuordnen. Was uns so zögern läßt, ist das Bewußtsein dafür, daß diese Geschichtstheorie nur die Anwendung eines der tiefsinnigsten und genialsten allgemeinphilosophischen Denksysteme auf die Geschichte darstellt. Seine Konzeption der „Dialektik" und des „Geistes" sind mit so banalen Etikettierungen wie „Fortschrittstheorie" nicht ausgeschöpft – in ihnen steckt ein philosophisches Potential, das weit über sein allerdings etwas naiv wirkendes Geschichtsschema hinausweist.

Und diese von uns hier nicht auslotbare Tiefe der Hegelschen Philosophie ist eben der Grund dafür, daß Hegel – über den Marxismus – eine so gewaltige und das Gesicht der Welt verwandelnde Wirkung ausüben konnte. Den Marxismus zu widerlegen, ist eben deshalb auch heute noch so unglaublich schwer, weil er sich klugerweise von vornherein des bestgearbeiteten und solidesten Werkzeuges versichert hat, dessen er habhaft werden konnte: der kaum zu bewältigenden Tiefe der Hegelschen Gedanken und Denkmethoden.

Man kann diesen Punkt gar nicht ernst genug nehmen. Denn diese Ahnherrschaft Hegels verschaffte dem marxistischen Denken von Anfang an ein Diskussionsniveau, wie es anspruchsvoller nicht vorzustellen ist. Die Affinität des Marxismus und damit der proletarischen Bewegung überhaupt zur „Wissenschaft" beruht letzten Endes auf dieser Verbindung zu Hegel. Sie erklärt auch, warum Marxisten mit Recht ungehalten sind, wenn sie wegen ihres „Totalitarismus" mit dem Faschismus in einen Topf geworfen werden.[17] Denn dem Faschismus fehlt einfach der von Hegel bestimmte wissenschaftliche Standard.

Das gilt unbeschadet der Tatsache, daß Hegel auch als Ahnherr faschistischer Ideen „entlarvt" worden ist.[18] Denn: was die *Faschisten* von Hegel übernommen haben, ist ja im Grunde nur das „Räuspern und Spucken": gewisse inhaltliche Momente seiner Philosophie, die das Obrigkeitliche, Preußische, Christliche betonen: „Die Andern müssen ihnen gehorchen" – so hieß es in einem von uns zitierten Satz. In vielem Inhaltlichen war Hegel ein Kind seiner Zeit. Aber wer Hegel liest, bemerkt ja, daß dieses Inhaltliche nicht allein wichtig ist – sondern daß es vor allem auf das „Formale", auf die ungeheure Kraft seines philosophischen Reflektierens ankommt.

D. Hegels Dialektik der bürgerlichen Gesellschaft

Schon aus dem Inhaltsverzeichnis der „Encyclopädie" ersahen wir, daß Hegel den dritten Schritt des „objektiven Geistes", nämlich die „Sittlichkeit", wiederum in die drei Schritte „die Familie", „die bürgerliche Gesellschaft", „der Staat" zerlegt.[19]

Diese dialektische Dreiteilung der „Sittlichkeit" nimmt Hegel in seiner „Philosophie des Rechts" wieder auf.[20]

Schon der Ausdruck „bürgerliche Gesellschaft" wirkt wie eine Vorwegnahme der Marxschen Geschichts- und Gesellschaftstheorie.[21] Hegels Ausführungen können diesen Eindruck nur bestätigen:

„Wenn die bürgerliche Gesellschaft sich in ungehinderter Wirksamkeit befindet, so ist sie innerhalb ihrer selbst in fortschreitender Bevölkerung und Industrie begriffen. – Durch die Verallgemeinerung des Zusammenhangs der Menschen durch ihre Bedürfnisse ... vermehrt sich die Anhäufung der Reichtümer ... auf der einen Seite, wie auf der anderen Seite die Vereinzelung und Beschränktheit der besonderen Arbeit und damit die Abhängigkeit und Not der an diese Arbeit gebundenen Klasse ... ."[22]

„Das Herabsinken einer großen Masse unter das Maß einer gewissen Subsistenzweise ... und damit zum Verluste des Gefühls des Rechts ... und der Ehre, durch eigene Tätigkeit und Arbeit zu

bestehen, – bringt die Erzeugung des Pöbels hervor, die hinwie-
derum zugleich die größere Leichtigkeit, unverhältnismäßige Reichtümer in wenige Hände zu konzentrieren, mit sich führt."[23]

„Wird der reicheren Klasse die direkte Last aufgelegt, oder ...
wären in anderem öffentlichen Eigentum (reichen Hospitälern, Stif-
tungen, Klöstern) die direkten Mittel vorhanden, die der Armut zu-
gehende Masse auf dem Stande ihrer ordentlichen Lebensweise zu erhalten, so würde die Subsistenz der Bedürftigen gesichert, ohne durch
die Arbeit vermittelt zu sein, was gegen das Prinzip der bürgerlichen
Gesellschaft und des Gefühls ihrer Individuen von ihrer Selbständigkeit und Ehre wäre; – oder sie würde durch Arbeit (durch Gelegenheit
dazu) vermittelt, so würde die Menge der Produktionen vermehrt, in
deren Überfluß und dem Mangel der verhältnismäßigen selbst produktiven Konsumenten, gerade das Übel bestehet, das auf beide Weisen
sich nur vergrößert. Es kommt hierin zum Vorschein, daß bei dem
[= trotz des] Übermaße des Reichtums die bürgerliche Gesellschaft
nicht reich genug ist, d. h. an dem ihr eigentümlichen Vermögen nicht
genug besitzt, dem Übermaße der Armut und der Erzeugung des
Pöbels zu steuern."[24]

„Durch diese ihre Dialektik wird die bürgerliche Gesellschaft über
sich hinausgetrieben, [und zwar] zunächst diese bestimmte Gesellschaft,
um außer ihr [außerhalb ihrer selbst] in anderen Völkern, die ihr an
Mitteln, woran sie Überfluß hat, oder überhaupt an Kunstfleiß u. s. f.
nachstehen, Konsumenten und damit die nötigen Subsistenzmittel zu
suchen."[25]

In diesen vier erstaunlichen Paragraphen sind die wesentlich-
sten Züge der Marxschen Kapitalismuskritik bereits enthalten:

1. Die bürgerliche Gesellschaft häuft Reichtümer an, vergrößert dadurch aber die „Abhängigkeit und Not der an ... Arbeit gebundenen Klasse".

2. Das Herabsinken dieser Masse unter das Existenzminimum
erzeugt den Pöbel, also das Proletariat – was andererseits wieder die Konzentration der Reichtümer begünstigt.

3. Durch öffentliche Mittel könnte der Unterhalt der Bedürftigen ohne Arbeit gesichert werden; das aber ginge gegen das
individualistische Prinzip der bürgerlichen Gesellschaft. Und
dann dieser atemberaubende Satz, daß im Grunde „die bürgerliche Gesellschaft nicht reich genug ist", weil sie nämlich von
ihren Voraussetzungen aus der Armut nicht steuern kann.

4. So wie die bürgerliche Gesellschaft beschaffen ist, muß sie

sich den Weltmarkt erschließen. Hiermit beschreibt Hegel den
„Kolonialismus" und den „Imperialismus" der zweiten Hälfte
des 19. Jahrhunderts, der dann in der marxistischen Theorie
eine so große Rolle spielen wird.

Allein diese beiden aus Hegels Denkgebäude herausgebro-
chenen Steine, die Philosophie der Weltgeschichte und die Dialektik der bürgerlichen Gesellschaft, vermögen die ungeheure
Kraft der interpretierenden Aufschließung der Welt anzudeu-
ten, durch die Hegel – sehr zu Recht und völlig begreiflicher-
weise – zunächst auf die Philosophie der ausgehenden ersten
Hälfte des 19. Jahrhunderts und dann noch einmal – nach einer
Periode des Vergessenseins – auf die Philosophie des 20. Jahrhunderts gewirkt hat. Und beide Male war es der Marxismus –
zunächst Marx selbst, und später marxistische Philosophen –,
der sich speziell der durch diese beiden Bausteine umschrie-
benen Hegelschen Geschichts- und Gesellschaftsphilosophie angenommen hat.

Nur von Hegel aus können wir Marx und den Marxismus
verstehen – und wer weiß, was Hegel gesagt hat, der hat
schon ein gut Teil dessen verstanden, was nunmehr Marx sagen
wird.

3. KAPITEL

MARX

A. Das Kommunistische Manifest

Den besten Zugang zu Marx' Gedankenwelt bildet nach wie vor
eine Lektüre des „Kommunistischen Manifestes" (oder, wie es
eigentlich heißt, des „Manifestes der Kommunistischen Partei"),
das (nach gemeinsamen Vorarbeiten durch Marx und Engels
von Marx allein verfaßt) im Revolutionsjahr 1848 veröffentlicht wurde.[1] Diese Schrift faßt die wesentlichen Gedanken der
marxistischen Philosophie zusammen. Wir können uns daher

für unsere einführenden Zwecke ganz auf das Kommunistische
Manifest konzentrieren und brauchen Auszüge aus anderen
Schriften lediglich zur Verdeutlichung von Gedanken heranzu-
ziehen, die auch im Kommunistischen Manifest schon angedeutet
erscheinen.

Wir zitieren zunächst die wichtigsten Stellen aus dem Kommunistischen Manifest und versuchen, danach die entscheidenden
Punkte herauszuheben.

„Die Geschichte aller bisherigen Gesellschaft ist die Geschichte von
Klassenkämpfen.

Freier und Sklave, Patrizier und Plebejer, Baron und Leibeigener,
Zunftbürger und Gesell, kurz, Unterdrücker und Unterdrückte standen in stetem Gegensatz zueinander, führten einen ununterbrochenen,
bald versteckten, bald offenen Kampf, einen Kampf, der jedesmal mit
einer revolutionären Umgestaltung der ganzen Gesellschaft endete oder
mit dem gemeinsamen Untergang der kämpfenden Klassen.

In den früheren Epochen der Geschichte finden wir fast überall eine
vollständige Gliederung der Gesellschaft in verschiedene Stände, eine
mannigfaltige Abstufung der gesellschaftlichen Stellungen. Im alten
Rom haben wir Patrizier, Ritter, Plebejer, Sklaven; im Mittelalter
Feudalherren, Vasallen, Zunftbürger, Gesellen, Leibeigene, und noch
dazu in fast jeder dieser Klassen wieder besondere Abstufungen.

Die aus dem Untergange der feudalen Gesellschaft hervorgegangene
moderne bürgerliche Gesellschaft hat die Klassengegensätze nicht aufgehoben. Sie hat nur neue Klassen, neue Bedingungen der Unterdrük-
kung, neue Gestaltungen des Kampfes an die Stelle der alten gesetzt.

Unsere Epoche, die Epoche der Bourgeoisie, zeichnet sich jedoch dadurch aus, daß sie die Klassengegensätze vereinfacht hat. Die ganze
Gesellschaft spaltet sich mehr und mehr in zwei große feindliche Lager,
in zwei große, einander direkt gegenüberstehende Klassen: Bourgoisie
und Proletariat.“[2]

„Die Bourgeoisie hat in der Geschichte eine höchst revolutionäre
Rolle gespielt.

Die Bourgeoisie, wo sie zur Herrschaft gekommen, hat alle feudalen,
patriarchalischen, idyllischen Verhältnisse zerstört. Sie hat die bunt-
scheckigen Feudalbande, die den Menschen an seinen natürlichen Vor-
gesetzten knüpften, unbarmherzig zerrissen und kein anderes Band
zwischen Mensch und Mensch übriggelassen, als das nackte Interesse,
als die gefühllose ‚bare Zahlung‘. Sie hat die heiligen Schauer der
frommen Schwärmerei, der ritterlichen Begeisterung, der spießbürger-
lichen Wehmut in dem eiskalten Wasser egoistischer Berechnung er-

tränkt. Sie hat die persönliche Würde in den Tauschwert aufgelöst und an die Stelle der zahllosen verbrieften und wohlerworbenen Freiheiten die eine gewissenlose Handelsfreiheit gesetzt. Sie hat, mit einem Wort, an die Stelle der mit religiösen und politischen Illusionen verhüllten Ausbeutung die offene, unverschämte, direkte, dürre Ausbeutung gesetzt.

Die Bourgeoisie hat alle bisher ehrwürdigen und mit frommer Scheu betrachteten Tätigkeiten ihres Heiligenscheins entkleidet. Sie hat den Arzt, den Juristen, den Pfaffen, den Poeten, den Mann der Wissenschaft in ihre bezahlten Lohnarbeiter verwandelt. Die Bourgeoisie hat dem Familienverhältnis seinen rührend-sentimentalen Schleier abgerissen und es auf ein reines Geldverhältnis zurückgeführt."[3]

„Die Bourgeoisie kann nicht existieren, ohne die Produktionsinstrumente, also die Produktionsverhältnisse, also sämtliche gesellschaftlichen Verhältnisse fortwährend zu revolutionieren. Unveränderte Beibehaltung der alten Produktionsweise war dagegen die erste Existenzbedingung aller früheren industriellen Klassen. Die fortwährende Umwälzung der Produktion, die ununterbrochene Erschütterung aller gesellschaftlichen Zustände, die ewige Unsicherheit und Bewegung zeichnet die Bourgeoisepoche vor allen früheren aus. Alle festen eingerosteten Verhältnisse mit ihrem Gefolge von altehrwürdigen Vorstellungen und Anschauungen werden aufgelöst, alle neugebildeten veralten, ehe sie verknöchern können. Alles Ständische und Stehende verdampft, alles Heilige wird entweiht, die Menschen sind endlich gezwungen, ihre Lebensstellung, ihre gegenseitigen Beziehungen mit nüchternen Augen anzusehen."[4]

„Die Bourgeoisie hat in ihrer kaum hundertjährigen Klassenherrschaft massenhaftere und kolossalere Produktionskräfte geschaffen als alle vergangenen Generationen zusammen. Unterjochung der Naturkräfte, Maschinerie, Anwendung der Chemie auf Industrie und Ackerbau, Dampfschiffahrt, Eisenbahnen, elektrische Telegraphen, Urbarmachung ganzer Weltteile, Schiffbarmachung der Flüsse, ganze aus dem Boden hervorgestampfte Bevölkerungen – welch früheres Jahrhundert ahnte, daß solche Produktionskräfte im Schoß der gesellschaftlichen Arbeit schlummerten. Wir haben aber gesehen: Die Produktions- und Verkehrsmittel, auf deren Grundlage sich die Bourgeoisie heranbildete, wurden in der feudalen Gesellschaft erzeugt. Auf einer gewissen Stufe der Entwicklung dieser Produktions- und Verkehrsmittel entsprachen die Verhältnisse, worin die feudale Gesellschaft produzierte und austauschte, die feudale Organisation der Agrikultur und Manufaktur, mit einem Wort die feudalen Eigentumsverhältnisse den schon entwickelten Produktivkräften nicht mehr.

Sie hemmten die Produktion, statt sie zu fördern. Sie verwandelten sich in ebenso viele Fesseln. Sie mußten gesprengt werden, sie wurden gesprengt.

An ihre Stelle trat die freie Konkurrenz mit der ihr angemessenen gesellschaftlichen und politischen Konstitution, mit der ökonomischen und politischen Herrschaft der Bourgeoisklasse.

Unter unsren Augen geht eine ähnliche Bewegung vor. Die bürgerlichen Produktions- und Verkehrsverhältnisse, die bürgerlichen Eigentumsverhältnisse, die moderne bürgerliche Gesellschaft, die so gewaltige Produktions- und Verkehrsmittel hervorgezaubert hat, gleicht dem Hexenmeister, der die unterirdischen Gewalten nicht mehr zu beherrschen vermag, die er heraufbeschwor. Seit Dezennien ist die Geschichte der Industrie und des Handels nur noch die Geschichte der Empörung der modernen Produktivkräfte gegen die modernen Produktionsverhältnisse, gegen die Eigentumsverhältnisse, welche die Lebensbedingungen der Bourgeoisie und ihrer Herrschaft sind. Es genügt, die Handelskrisen zu nennen, welche in ihrer periodischen Wiederkehr immer drohender die Existenz der ganzen bürgerlichen Gesellschaft in Frage stellen. In den Handelskrisen wird ein großer Teil nicht nur der erzeugten Produkte, sondern sogar der bereits geschaffenen Produktivkräfte regelmäßig vernichtet. In den Krisen bricht eine gesellschaftliche Epidemie aus, welche allen früheren Epochen als ein Widersinn erschienen wäre – die Epidemie der Überproduktion. Die Gesellschaft findet sich plötzlich in einen Zustand momentaner Barbarei zurückversetzt; eine Hungersnot, ein allgemeiner Vernichtungskrieg scheinen ihr alle Lebensmittel abgeschnitten zu haben; die Industrie, der Handel scheinen vernichtet, und warum? Weil sie zuviel Zivilisation, zuviel Lebensmittel, zuviel Industrie, zuviel Handel besitzt. Die Produktivkräfte, die ihr zur Verfügung stehen, dienen nicht mehr zur Beförderung der bürgerlichen Zivilisation und der bürgerlichen Eigentumsverhältnisse; im Gegenteil, sie sind zu gewaltig für diese Verhältnisse geworden, sie werden von ihnen gehemmt; und sobald sie dies Hemmnis überwinden, bringen sie die ganze bürgerliche Gesellschaft in Unordnung, gefährden sie die Existenz des bürgerlichen Eigentums. Die bürgerlichen Verhältnisse sind zu eng geworden, um den von ihnen erzeugten Reichtum zu fassen. – Wodurch überwindet die Bourgeoisie die Krisen? Einerseits durch die erzwungene Vernichtung einer Masse von Produktivkräften; andererseits durch die Eroberung neuer Märkte und die gründlichere Ausbeutung der alten Märkte. Wodurch also? Dadurch, daß sie allseitigere und gewaltigere Krisen vorbereitet und die Mittel, den Krisen vorzubeugen, vermindert."[5]

„Die Waffen, womit die Bourgeoisie den Feudalismus zu Boden geschlagen hat, richten sich jetzt gegen die Bourgeoisie selbst.

Aber die Bourgeoisie hat nicht nur die Waffen geschmiedet, die ihr
den Tod bringen; sie hat auch die Männer gezeugt, die diese Waffen
führen werden – die modernen Arbeiter, die *Proletarier*. In demselben Maße, worin sich die Bourgeoisie, d. h. das Kapital, entwickelt,
in demselben Maße entwickelt sich das Proletariat, die Klasse der
modernen Arbeiter, die nur so lange leben, als sie Arbeit finden, und
die nur so lange Arbeit finden, als ihre Arbeit das Kapital vermehrt.
Diese Arbeiter, die sich stückweis verkaufen müssen, sind eine Ware
wie jeder andere Handelsartikel und daher gleichmäßig allen Wechsel-
fällen der Konkurrenz, allen Schwankungen des Marktes ausgesetzt.

Die Arbeit der Proletarier hat durch die Ausdehnung der Maschinerie und die Teilung der Arbeit allen selbständigen Charakter und
damit allen Reiz für den Arbeiter verloren. Er wird ein bloßes Zu-
behör der Maschine, von dem nur der einfachste, eintönigste, am
leichtesten erlernbare Handgriff verlangt wird. Die Kosten, die der
Arbeiter verursacht, beschränken sich daher fast nur auf die Lebensmittel, die er zu seinem Unterhalt und zur Fortpflanzung seiner Race
bedarf. Der Preis einer Ware, also auch der Arbeit, ist aber gleich ihren
Produktionskosten. In demselben Maße, in dem die Widerwärtigkeit
der Arbeit wächst, nimmt daher der Lohn ab.“[6]

„Die bisherigen kleinen Mittelstände, die kleinen Industriellen,
Kaufleute und Rentiers, die Handwerker und Bauern, alle diese
Klassen fallen ins Proletariat hinab, teils dadurch, daß ihr kleines
Kapital für den Betrieb der großen Industrie nicht ausreicht und der
Konkurrenz mit den größeren Kapitalisten erliegt, teils dadurch, daß
ihre Geschicklichkeit von neuen Produktionsweisen entwertet wird.
So rekrutiert sich das Proletariat aus allen Klassen der Bevölkerung.“[7]

„Die Mittelstände, der kleine Industrielle, der kleine Kaufmann,
der Handwerker, der Bauer, sie alle bekämpfen die Bourgeoisie, um
ihre Existenz als Mittelstände vor dem Untergang zu sichern. Sie sind
also nicht revolutionär, sondern konservativ. Noch mehr, sie sind
reaktionär, denn sie suchen das Rad der Geschichte zurückzudrehen.
Sind sie revolutionär, so sind sie es im Hinblick auf den ihnen bevor-
stehenden Übergang ins Proletariat, so verteidigen sie nicht ihre gegenwärtigen, sondern ihre zukünftigen Interessen, so verlassen sie ihren
eigenen Standpunkt, um sich auf den des Proletariats zu stellen.“[8]

„Aber mit der Entwicklung der Industrie vermehrt sich nicht nur das
Proletariat; es wird in größeren Massen zusammengedrängt, seine
Kraft wächst, und es fühlt sie mehr. ... immer mehr nehmen die
Kollisionen zwischen dem einzelnen Arbeiter und dem einzelnen

Bourgeois den Charakter von Kollisionen zweier Klassen an. . . . Stellenweis bricht der Kampf in Emeuten [= Meutereien] aus.

Von Zeit zu Zeit siegen die Arbeiter, aber nur vorübergehend. Das eigentliche Resultat ihrer Kämpfe ist nicht der unmittelbare Erfolg, sondern die immer weiter um sich greifende Vereinigung der Arbeiter. Sie wird befördert durch die wachsenden Kommunikationsmittel, die von der großen Industrie erzeugt werden und die Arbeiter der verschiedenen Lokalitäten miteinander in Verbindung setzen. Es bedarf aber bloß der Verbindung, um die vielen Lokalkämpfe von überall gleichem Charakter zu einem nationalen, zu einem Klassenkampfe zu zentralisieren. Jeder Klassenkampf aber ist ein politischer Kampf. Und die Vereinigung, zu der die Bürger des Mittelalters mit ihren Vizinalwegen Jahrhunderte bedurften, bringen die modernen Proletarier mit den Eisenbahnen in wenigen Jahren zustande.

Diese Organisation der Proletarier zur Klasse, und damit zur politischen Partei, wird jeden Augenblick wieder gesprengt durch die Konkurrenz unter den Arbeitern selbst."[9]

„Die Lebensbedingungen der alten Gesellschaft sind schon vernichtet in den Lebensbedingungen des Proletariats. Der Proletarier ist eigentumslos; sein Verhältnis zu Weib und Kindern hat nichts mehr gemein mit dem bürgerlichen Familienverhältnis; die moderne industrielle Arbeit, die moderne Unterjochung unter das Kapital, dieselbe in England wie in Frankreich, in Amerika wie in Deutschland, hat ihm allen nationalen Charakter abgestreift. Die Gesetze, die Moral, die Religion sind für ihn ebenso viele bürgerliche Vorurteile, hinter denen sich ebenso viele bürgerliche Interessen verstecken."[10]

„Indem wir die allgemeinsten Phasen der Entwicklung des Proletariats zeichneten, verfolgten wir den mehr oder minder versteckten Bürgerkrieg innerhalb der bestehenden Gesellschaft bis zu dem Punkt, wo er in eine offene Revolution ausbricht und durch den gewaltsamen Sturz der Bourgeoisie das Proletariat seine Herrschaft begründet."[11]

Hierzu (aus der Kritik des Gothaer Programms):

„Zwischen der kapitalistischen und der kommunistischen Gesellschaft liegt die Periode der revolutionären Umwandlung der einen in die andre. Der entspricht auch eine politische Übergangsperiode, deren Staat nichts andres sein kann als die revolutionäre Diktatur des Proletariats."[12]

„Sind im Laufe der Entwicklung die Klassenunterschiede verschwunden und ist alle Produktion in den Händen der assoziierten Individuen konzentriert, so verliert die öffentliche Gewalt den politischen Charakter. Die politische Gewalt im eigentlichen Sinn ist die organisierte Gewalt einer Klasse zur Unterdrückung einer andern. Wenn das

Proletariat im Kampfe gegen die Bourgeoisie sich notwendig zur Klasse vereint, durch eine Revolution sich zur herrschenden Klasse macht und als herrschende Klasse gewaltsam die alten Produktionsverhältnisse aufhebt, so hebt es mit diesen Produktionsverhältnissen die Existenzbedingungen des Klassengegensatzes, der Klassen überhaupt, und damit seine eigene Herrschaft als Klasse auf.

An die Stelle der alten bürgerlichen Gesellschaft mit ihren Klassen und Klassengegensätzen tritt eine Assoziation, worin die freie Entwicklung eines jeden die Bedingung für die freie Entwicklung aller ist."[13]

Und (wieder aus der Kritik des Gothaer Programms): „... Mißstände sind unvermeidbar in der ersten Phase der kommunistischen Gesellschaft, wie sie eben aus der kapitalistischen Gesellschaft nach langen Geburtswehen hervorgegangen ist. Das Recht kann nie höher sein als die ökonomische Gestaltung und dadurch bedingte Kulturentwicklung der Gesellschaft.

In einer höheren Phase der kommunistischen Gesellschaft, nachdem die knechtende Unterordnung der Individuen unter die Teilung der Arbeit, damit auch der Gegensatz geistiger und körperlicher Arbeit verschwunden ist; nachdem die Arbeit nicht nur Mittel zum Leben, sondern selbst das erste Lebensbedürfnis geworden; nachdem mit der allseitigen Entwicklung der Individuen auch ihre Produktivkräfte gewachsen und alle Springquellen des genossenschaftlichen Reichtums voller fließen – erst dann kann der enge bürgerliche Rechtshorizont ganz überschritten werden und die Gesellschaft auf ihre Fahnen schreiben: Jeder nach seinen Fähigkeiten, jedem nach seinen Bedürfnissen!"[14]

Aus diesen – möglichst repräsentativ ausgewählten – Ausschnitten einer repräsentativen Marxschen Schrift ergeben sich die Grundgedanken des klassischen Marxismus, knapp skizziert, etwa wie folgt:

1. Die Geschichte wird interpretiert als die Geschichte von Klassenkämpfen.

2. Die Geschichte hat mehrere Epochen durchlaufen, in denen die Klassenkampfsituation jeweils eine andere war. Zu unterscheiden sind: die Epoche der Sklaverei, die Feudalzeit und die Epoche der Bourgeoisie.

3. In dieser bisher letzten, gegenwärtigen Epoche haben sich die Klassengegensätze vereinfacht: Nur zwei Klassen, Bourgeoisie und Proletariat, stehen einander gegenüber.

Kennzeichnend für Marx' feines Geschichtsverständnis ist,

daß die Bourgeoisie für ihn nicht einfach ein „Buhmann" ist. Ihre Stellung wird vielmehr relativiert: sie hat selbst ihre Zeit gehabt; sie hat in bezug auf das Feudalzeitalter revolutionär gewirkt, und sie lebt weiterhin davon, „sämtliche gesellschaftlichen Verhältnisse fortwährend zu revolutionieren". „Veränderung" und „Revolution" betrachtet also auch Marx keineswegs als Tätigkeit, die etwa dem Proletariat vorbehalten seien.

4. Marx interpretiert die Wirtschaftsgeschichte als einen Konflikt zwischen den „Produktionsverhältnissen" und den „Produktivkräften". Die Produktionsverhältnisse sind die gegebenen rechtlichen und sozialen Ordnungen, die Produktivkräfte dagegen die lebendige Initiative der Menschen, die Neues schaffen wollen.

In diesem Sinne wurden zunächst die Produktivkräfte der Bourgeoisie durch die Produktionsverhältnisse des Feudalzeitalters gehemmt; diese mußten daher gesprengt werden. Und nun zeigt sich das gleiche Verhältnis auf der nächsten Stufe: die bourgeoisen Produktionsverhältnisse hemmen wiederum die Produktivkräfte – und diese Produktivkräfte werden repräsentiert durch den Proletarier, den Industriearbeiter, der seine Arbeitskraft wie eine Ware verkaufen muß.

5. Die zunächst vereinzelten Proletarier solidarisieren sich allmählich zu einer Klasse, und das heißt: zur politischen Partei (aus welcher Marxschen Gleichsetzung der sowjetische Marxismus seine Rechtfertigung beziehen wird).

6. Durch die Krise der Bourgeoisie und die Erstarkung des Proletariates kommt es schließlich zur Revolution: das Proletariat „begründet seine Herrschaft", wie Marx im Manifest noch zurückhaltend sagt; später, in der Kritik des Gothaer Programms, heißt es dann: „revolutionäre Diktatur des Proletariats".

7. Diese Diktatur des Proletariats ist eine unerfreuliche, aber unvermeidbare „Übergangsperiode", denn es liegt auf der Hand, daß die Zustände der kapitalistischen Gesellschaft nicht von heute auf morgen verschwinden können.

Daher besteht die kommunistische Gesellschaft aus zwei Phasen; einer Übergangsphase (die man später „sozialistische"

Gesellschaft nennen wird) und der zweiten Phase der eigentlichen kommunistischen Gesellschaft, in der dann das Prinzip
gilt: „Jeder nach seinen Fähigkeiten, jedem nach seinen Bedürfnissen!"

Wir sehen: in der Marxschen Lehre finden sich bereits alle
wichtigen Motive des späteren ausgebauten Marxismus beisam-
men.

B. Kritik der Marxschen Geschichtsinterpretation

Im Zentrum von Marx' Denken, wie es sich im „Manifest" darstellt, steht ersichtlich die Geschichtsphilosophie: der „Marxismus" ist eine Geschichtsinterpretation, aus der sich alle Folgerungen wie von selbst ergeben.

Marx kennt, wie Hegel, eine Abfolge von Geschichtsepochen.
Bei Marx sind es vier: die Sklavengesellschaft, das Feudalzeitalter, die Epoche der Bourgeoisie (oder der Kapitalismus), und
schließlich die klassenlose Gesellschaft.

Die Rolle der Dialektik hingegen ist eine andere als bei Hegel. Diese Tatsache beschäftigt uns weniger in dem Sinne, daß
nach üblicher Auffassung Hegel „Idealist" und Marx „Materia-
list" gewesen sein soll; das heißt, daß für Hegel der Weltgeist
und für Marx die ökonomischen Verhältnisse maßgebend waren.[15] Eine solche Idealismus-Materialismus-Diskussion kann in
unserem Rahmen nur in die Irre führen. Denn im Zusammenhang unserer Wissenschaftstheorie haben wir keine Veranlas-
sung, uns mit Wörtern wie „Idealismus" und „Materialismus"
überhaupt zu befassen und sie zu definieren; uns geht es hier
lediglich um die „Dialektik" als wissenschaftliche Methode.[16]

Wenn wir daher nach der Rolle der Dialektik bei Hegel und
bei Marx fragen, so interessiert uns nur die Rolle, die die Dialektik im Verhältnis zur Geschichte spielt.

Bei Hegel bedeutet „Dialektik" in der Geschichte etwa: die
Geschichte besteht in einer Abfolge von drei Zeitaltern, die die
Glieder eines dialektischen Dreischrittes darstellen; dieser Dreischritt ist gleichzeitig der des „Geistes" als subjektiven, objektiven und absoluten Geistes.[17]

Bei Marx hingegen bilden nicht unmittelbar die Geschichts-

epochen selbst die Schritte der dialektischen Bewegung. Sondern: die jeweiligen gesellschaftlich-ökonomischen Konflikte
jeder Epoche werden in gewisser Weise parallel gesehen, und
erst die Eigenart und die Ergebnisse dieser jeweils analogen
Auseinandersetzungen stellen die Dialektik der Geschichte
dar.

Das ist folgendermaßen zu verstehen. Jede Epoche ist durch
Klassenkämpfe gekennzeichnet. In jeder Epoche gibt es einen
Konflikt zwischen Produktionsverhältnissen und Produktiv-
kräften, und die Lösung dieses Konfliktes bietet jeweils die neue
Epoche: Aus dem Konflikt beider Faktoren in der Feudalzeit
entstand der Kapitalismus – und aus dem gleichen Konflikt im
Kapitalismus entsteht schließlich die klassenlose Gesellschaft.
Wir können also sagen: im Sinne des dialektischen Schemas
bringt die neue Epoche die Synthese, die aus den Antithesen der
alten Epoche entsteht und selbst wieder zur These auf der neuen
Stufe wird – indem nämlich der Ausgleich zwischen Produktionsverhältnissen und Produktivkräften der vorigen Epoche zu
den ihrerseits wieder ausgleichsbedürftigen Produktionsverhältnissen der nächsten Epoche wird.[18]

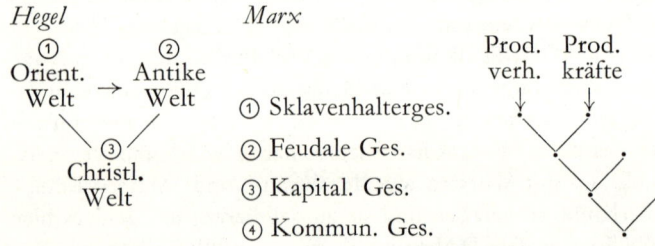

Hegel   *Marx*

①   ②   Prod.   Prod.
Orient.   Antike   verh.   kräfte
Welt → Welt   ① Sklavenhalterges.   ↓   ↓
      ③   ② Feudale Ges.
    Christl.   ③ Kapital. Ges.
     Welt   ④ Kommun. Ges.

Unsere Zeichnung läßt es sehr anschaulich erkennen: bei Hegel sind die Zeitalter selbst die Glieder der Dialektik, bei Marx
dagegen sind die Epochen lediglich die Stufen, auf denen sich
jeweils die Dialektik vollzieht.

Bei Hegels wie bei Marx' Geschichtsphilosophie fällt uns nun
eines auf: sie sind in sich abgeschlossen. In einem bestimmten
Augenblick muß die Geschichte aufhören, weil das Schema eine
Fortsetzung nicht vorsieht.

Bei Hegel ist das die Gegenwart. Das christliche Zeitalter ist

als letztes Stadium der Dialektik notwendigerweise Abschluß
der Geschichte: „der Geist kehrt zurück zu seinen Begriffen" –
etwas anderes kann er nun offensichtlich nicht mehr tun, seine
dialektische Bewegung ist unwiderruflich zu Ende. Hegels Geschichtsphilosophie ist eine Geschichtsphilosophie ohne Zukunft.[19]

Den gleichen Mangel weist nun aber auch – bei näherer Beleuchtung – Marx' Geschichtskonstruktion auf.

Zwar: eine „Geschichtsphilosophie ohne Zukunft" ist Marx'
Lehre keineswegs. Im Gegenteil: bei ihm ist ja alles auf die
Zukunft ausgerichtet. Denn diese Zukunft ist die klassenlose
proletarische Gesellschaft, die aus der gegenwärtigen kapitalistischen Gesellschaft durch die proletarische Revolution entstehen soll. Aber: diese zukünftige klassenlose Gesellschaft *soll
die letzte Stufe,* die letzte Epoche der Geschichte bilden! *Danach*
soll *nichts Neues* mehr kommen können.

Das ist nun allerdings auffällig. Denn wenn wir davon ausgehen, daß der Mensch und seine Gesellschaft in die Zukunft hin
grundsätzlich *offen* sind, dann kann es offenbar auch keinen Abschluß der Geschichte, kein endgültig letztes Zeitalter geben.
Dann muß sich ja der Mensch in unvorhersehbarer Weise
immer weiter wandeln können, dann kann unmöglich eine
klassenlose Gesellschaft das letzte Ziel sein.

Hier steckt ersichtlich ein Widerspruch in Marx' Geschichts-
konzept, der es zur Metaphysik stempelt.

Wenn die Dialektik gesellschaftlicher Konflikte immer wieder
neue Geschichtsepochen aus sich heraustreibt – warum soll dann
dieser Prozeß nicht grundsätzlich unendlich sein, das heißt: beliebig viele Glieder haben? Warum soll dann ausgerechnet mit
der vierten Epoche, der proletarischen, Schluß sein?

Natürlich hat Marx darauf eine einfache Antwort parat:
Klassenkämpfe kann es nur solange geben, wie es Klassen gibt.
Da es in der klassenlosen Gesellschaft aber keine Klassen mehr
gibt, muß die Dialektik hier zum Stillstand kommen, wie ein
Elektromotor, wenn man den Stecker aus der Wand zieht. Ge-
rade weil die Geschichte durch Klassenkämpfe definiert ist, muß
sie sich selbst aufheben, wenn es keine Klassen und damit keine
Klassenkämpfe mehr gibt.

Die marxistische Geschichtsinterpretation geht also von folgenden Voraussetzungen aus:

1. Man kann die Geschichte als Folge von Klassenkämpfen verstehen.

2. Der Kampf zwischen Bourgeoisie und Proletariat ist der letzte Klassenkampf in der Geschichte. Danach kann es keine Klassenkämpfe mehr geben, sondern nur noch eine klassenlose Gesellschaft.

3. In der klassenlosen Gesellschaft ist der Mensch wunschlos glücklich; sein Streben nach Veränderung der gegebenen gesellschaftlichen Verhältnisse hat damit aufgehört.

Der Marxismus hat den großen Vorzug, daß er von hochintelligenten Leuten vertreten wird, und daß er innerhalb seiner Voraussetzungen äußerst scharfsinnige Argumentationen ermöglicht. Aber mit allen anderen Weltanschauungen, Glaubenslehren und Doktrinen hat der Marxismus gemeinsam, daß man seine Voraussetzungen akzeptieren muß, wenn man sich mit ihm identifizieren will.

Alle noch so scharfsinnigen Einzelschlüsse werden hinfällig, wenn ihre Grundlage, der Glaube an den Marxismus als an die einzig richtige Interpretation der Geschichte, erschüttert wird.

Wir können daher den drei Thesen der marxistischen Geschichtsinterpretation drei Fragen gegenüberstellen:

1. Warum *muß* man die Geschichte als Folge von Klassenkämpfen deuten? Zwar haben wir gesehen, daß die Interpretation geschichtlicher Gegebenheiten nicht einfach willkürlich ist, sondern sich in gewisser Weise zwingend aus der „Logik der Hermeneutik", der Nötigung, geschichtliche Befunde in bestimmter und nicht beliebiger Weise auszulegen, ergibt. Insofern könnte man der Meinung sein, daß die Marxsche Auslegung der Geschichte sich hermeneutisch an den Zeugnissen nachweisen lassen können müßte.

Nun entsteht aber folgendes Dilemma. Die Hermeneutik der Geschichte geht, wie wir sahen, gerade von der Voraussetzung aus, daß man der Geschichte *unbefangen* gegenübertreten muß – daß sich die Interpretation an das halten muß, was aus den Zeugnissen als „Geist der Zeit" herausgeholt werden kann.

In diesem Sinne sind viele der genialen Deutungen der Geschichte, die sich etwa in den von uns zitierten Ausführungen des Kommunistischen Manifestes finden, zweifellos zutreffend und lassen sich vom historischen, „bürgerlichen" Historiker nur bestätigen. Aber: Marx will ja mehr. Er will nicht einzelne historische Gegebenheiten möglichst scharfsinnig und doch anschmiegsam auslegen (das Ziel jedes guten Historikers), sondern er will den Geschichtsverlauf *überhaupt* einer umfassenden Deutung unterwerfen. Diesen Anspruch aber können wir genau genommen gar nicht mehr mit dem Wort „Interpretation" bezeichnen, so wie wir dieses Wort im Hermeneutik-Kapitel bestimmt haben. Mit einiger Vorsicht könnte man vielmehr das, was Marx der Geschichte unterstellen möchte, als umfassendes *Gesetz* bezeichnen. So differenziert Marx' Interpretation der Geschichte klingt, wenn er sie global vorträgt – so schwer dürfte es doch sein, alle Einzelbefunde der Geschichtsforschung dieser Interpretation einzuordnen. Bei näherer Prüfung vermöchte die marxistische Geschichtsdeutung nicht dem Schicksal zu entgehen, das die „bürgerliche" Geschichtswissenschaft nicht nur Autoren wie Spengler oder Toynbee, sondern selbst Hegel bereitet hat: nämlich dem im Detail zu erhärtenden Urteil, hier liege zwar eine höchst geniale, aber in ihrem Anspruch, alles in der Geschichte auf einen Nenner bringen zu wollen, doch auch wieder dilettantische Geschichtstheorie vor.

Natürlich wäre eine solche Kritik auch wieder an eine bestimmte geschichtsphilosophische Voraussetzung gebunden: die Voraussetzung nämlich, daß heilsgeschichtliche, gesetzliche und zyklisch-analogische Geschichtsdeutungen irgend einer Art der prinzipiellen Komplexität und Offenheit des Prozesses der menschlichen Geschichte nicht gerecht werden können: daß speziell also die Reduzierung der Geschichtsvorgänge auf Klassenkämpfe und ökonomische Konflikte unzulässig ist, weil sie den möglichen und tatsächlichen Reichtum menschlicher Selbstverwirklichung verkürzt.

Ein solcher Standpunkt ist historisch – und insofern selber „metaphysisch" bedingt. Jedoch: wie wir gesehen haben, schließt der historistische Standpunkt systematisch-normative Gesichtspunkte nicht aus. Das, was wir wollen (systematische Wahrheit), und das, was tatsächlich geschehen ist (historische Wahrheit), sind

insofern unabhängig voneinander, als wir das, was bisher geschehen ist, nicht leugnen dürfen, aber auch nicht zu billigen brauchen.

Wir können also sehr wohl für die *Zukunft* etwas Bestimmtes
wollen – etwa die Gesellschaft in bestimmter Weise verändern.
Das bedeutet aber noch lange nicht, daß wir auch die Vergangenheit in einer uns beliebigen Weise interpretieren dürfen. Das will
sagen: selbst dann, wenn Marx' Theorie normativ, für die Zukunft, richtig wäre (was wir freilich ebenfalls bezweifeln müssen),
wäre sie historisch, für die Vergangenheit, eben deshalb zweifelhaft, weil das bereits Geschehene uns nicht erlaubt, es in einer
pauschalen, ad hoc erfundenen Theorie zu interpretieren statt
hermeneutisch aus dem, was es uns selbst zu verstehen gibt.

2. Woher weiß man so genau, daß die Geschichte in eine
klassenlose Gesellschaft einmünden wird?

3. Woher weiß man, daß in einer klassenlosen Gesellschaft
die Menschen wunschlos glücklich sein werden, daß sie keine
weitere Veränderung der Verhältnisse mehr wollen?

Es ist klar, daß der Marxismus sich gegen Einwände dieser
Art von vornherein, wie man heute sagt, „immunisiert" hat: jeden grundsätzlichen Einwand dieser Art tut er ohne weiteres
damit ab, daß er sagt: wer so frage, zeige ja nur, daß er ein
Bourgeois sei; denn der Bourgeois muß natürlich daran interessiert sein, die marxistische Geschichtstheorie als falsch hinzustellen. Hierauf wäre wiederum zu antworten: wer die marxistische Geschichtsinterpretation mit ihrer Gegenüberstellung der
bürgerlichen und der proletarischen Klasse nicht anerkennt,
kann auch nicht genötigt werden, sein eigenes Denken als
„bourgeois" klassifizieren zu lassen. Denn: der Interpretationsbegriff „Bourgeois" ist als solcher ja überhaupt nur unter der
Voraussetzung anwendbar, daß die marxistische Interpretation
der Geschichte richtig ist. Niemand jedoch braucht das Schubfach
zu akzeptieren, in das ihn ein anderer hineinstecken möchte.

Wir sehen hieraus: die Wirkung des Marxismus hängt letzten
Endes von einem Akt des Glaubens ab. Wenn es heute so aussieht, als ob die Geschichtsdeutung des Marxismus in aller Welt
immer mehr an Raum gewinnt, so ist der Grund dafür nicht seine
theoretische Richtigkeit – die ja immer wieder mit Argumenten in

Frage gestellt werden könnte –, sondern die Faszination, die er als scharfsinnige und heilsträchtige Lehre zugleich auf Intellektuelle einerseits und auf Mühselige und Beladene andererseits ausübt. Nicht weil man sich dem Marxismus nicht verschließen *könnte*, sondern weil man es weithin gar nicht *will*, gibt man sich ihm hin. Gerade daß man mit dem Andersdenkenden nicht mehr diskutiert, sondern jedes seiner Argumente als Ausfluß bourgeoisen Denkens von vornherein abtut, ohne auf es einzugehen, zeigt ja, daß die theoretische Auseinandersetzung gar nicht gesucht wird. Der ständige „Bourgeoisieverdacht" immunisiert den Marxismus zwar, verbaut ihm aber auch die Möglichkeit, seine Position überhaupt in vernünftigem Gespräch zu rechtfertigen; eine Lehre, die sich jeder Diskussion, jeder Infragestellung durch den Hinweis auf die Klassendeterminiertheit der Kritik entzieht, muß bei dieser den Verdacht doch erst herausfordern, daß es mit ihrer theoretischen Fundierung nicht weit her sein kann, da sie andernfalls sich der Diskussion ja in aller Unbefangenheit stellen könnte.

Nicht daß der Marxismus die bürgerliche Wissenschaft wirklich widerlegt, macht ihn so gefährlich, sondern daß er zunehmend mehr Menschen dazu verführt, auf diese Widerlegung zu verzichten und die marxistische Geschichtsdeutung einfach unbefragt zu übernehmen und anderen – womöglich mit Gewalt – zu oktroyieren.

4. KAPITEL

MARXISMUS UND KRITISCHE THEORIE

A. Marx und seine Erben

Wie entwickelte sich die Marxsche Lehre nun weiter – was war ihr geschichtliches Schicksal?

Die Zeit um die Jahrhundertwende war erfüllt von der Auseinandersetzung zwischen „orthodoxen" Marxisten und „Revisionisten". Denn natürlich traten sehr bald Autoren auf, die Marx' Lehre in vielem zwar für zutreffend erklärten, jedoch in anderen Punkten Korrekturen anzubringen für richtig hielten – „die Polarisierung der Gesellschaft um Bourgeoisie und Proletariat" oder „die Verelendung der Arbeiterschaft" etwa betreffend.[1]

Da wir es in unserem wissenschaftstheoretischen Zusammenhang nur mit dem „reinen" Marxismus (in einem noch zu klärenden Sinne) zu tun haben, brauchen wir uns mit dem marxistischen Revisionismus hier nicht näher zu beschäftigen.

Sehr viel wichtiger für uns ist, daß – aus dem Schoß der Orthodoxie heraus – im ersten Viertel des 20. Jahrhunderts eine neue und geschichtlich wesentliche wichtigere Differenzierung des Marxismus eintrat: nämlich die in „Leninismus" und „westeuropäischen Marxismus".

Diese Differenzierung ist nicht zu verstehen ohne die Rolle von Friedrich *Engels* (1820–1895) für die Ausbildung der marxistischen Lehre.

Marx und Engels waren nicht nur seit Beginn der 1840er Jahre befreundet, sondern arbeiteten Zeit ihres Lebens eng zusammen.

Darüber hinaus ging Engels als Autor jedoch eigene Wege. Marx hatte (wie Hegel und viele Philosophen gerade der deutschen Tradition) kein besonderes Verhältnis zum naturwissenschaftlichen Denken. Engels dagegen versuchte, in Anlehnung an den zeitgenössischen Positivismus und Materialismus die Marxsche Lehre auch nach der naturwissenschaftlichen Seite hin auszubauen.

Jürgen Habermas geht mit diesem Engelsschen Unternehmen einer „Dialektik der Natur" hart ins Gericht:[2]

„... die objektivistisch verstümmelte Dialektik, die, mit Engels eigenen Worten, weiter nichts als die Wissenschaft von den allgemeinen Bewegungs- und Entwicklungsgesetzen der Natur, der Menschengesellschaft und des Denkens ist, spricht ein ontologisches Gesetz aus, das alle Seinsbereiche gleichermaßen bestimmen soll. Für den jungen Marx war Dialektik wesentlich historisch, und eine Dialektik der Natur, unabhängig von gesellschaftlichen Bewegungen, überhaupt undenkbar. Die Natur hatte nur Geschichte in bezug auf den Menschen, der Mensch nur in bezug auf die Natur. Kritik blieb in jedem Betracht auf Revolution bezogen; kein Gegenstand also, der nicht kritisch im Rahmen der Revolutionstheorie des Historischen Materialismus müßte begegnen können, Natur nicht ausgenommen. Engels degradiert dagegen die Dialektik der Geschichte zu einer Disziplin neben den Disziplinen der Dialektik der Natur und der Logik. Die Welt wird als eine in ihrer Materialität begründete Einheit aufgefaßt und als ein Entwicklungsprozeß, dessen Wesen mit Hilfe der dialektischen Methode gedeutet werden kann. Die Pseudodialektik des Umschlags von Quantität in Qualität erlaubt dabei, über den Vulgärmaterialismus hinauszugehen und quantitativ [qualitativ?] unterschiedene Seinsweisen für die tote, die lebendige und die bewußtseinsfähige Materie zu setzen, ohne deshalb die These der allgemeinen Materialität aufgeben zu müssen."

Nun erwuchs aus der Tradition der russischen sozialistischen Intelligenz um die Jahrhundertwende als ihr bedeutendster Kopf Wladimir Iljitsch Uljanow, genannt *Lenin* (1870–1924). Und aus Lenins Lehre und Praxis entwickelte sich schließlich der sowjetische Marxismus, wie wir ihn heute kennen.[3] Die Marx-Engelssche Lehre wurde im „historischen" und im „dialektischen Materialismus" systematisiert. Der „historische Materialismus" entsprach etwa der geschichtsphilosophisch orientierten Theorie von Marx, wie wir sie in den Grundzügen kennengelernt haben;[4] der „dialektische Materialismus" hingegen wurde aus der Engelsschen „Dialektik der Natur" entwickelt.[5]

Die „harte", Leninsche Linie des Marxismus wurde – in eigenständiger Abwandlung – von *Mao* Tse-tung (1893–) fortgesetzt.

Etwa seit den zwanziger Jahren bildete sich eine ganz neue Richtung des Marxismus, die inzwischen aber seine geistig und wissenschaftstheoretisch bedeutendste geworden ist: der „westeuropäische Marxismus", wie er vor allem von den Autoren Georg Lukács, Ernst Bloch, Karl Korsch, Herbert Marcuse, Max Horkheimer, Theodor W. Adorno und Jürgen Habermas geprägt wurde. Auch die französischen Marxisten Henri Lefèvbre, Roger Garaudy und Louis Althusser wären in diesem Zusammenhang zu nennen.

Die Bezeichnung „Kritische Theorie" trifft streng genommen nur auf die „Frankfurter" Horkheimer, Adorno und Habermas, allenfalls noch auf Marcuse zu.

Begriffe wie „orthodox" oder „revisionistisch" sind auf diesen westeuropäischen Marxismus unanwendbar. Er ist gewissermaßen gleichzeitig orthodox und unorthodox.

„Orthodox" ist er insofern, als er die Marxsche Lehre keineswegs widerlegen oder korrigieren, sondern im Gegenteil in ihrem „Selbstverständnis", das heißt: ihrem hermeneutisch wohlzuverstehenden Sinn, tiefer begründen will.

„Unorthodox" ist der westeuropäische Marxismus hingegen insofern, als er zum Zweck der solideren Fundierung des Marxismus sich philosophischer Traditionen und Denkmittel bedient, die dem früheren nachmarxistischen Marxismus und dem Sowjetmarxismus fernlagen.

So ist der westliche Marxismus dadurch gekennzeichnet, daß er gleichsam durch Marx hindurch unmittelbar auf *Hegel* zurückgreift. Sowohl dem Marxismus der zweiten Jahrhunderthälfte als auch dem Sowjetmarxismus war Hegel aus dem Blick geraten; man wußte zwar theoretisch, daß Marx starke Impulse von Hegel empfangen hatte, interessierte sich deshalb aber nicht „direkt" für Hegel.

Hegel war nämlich, was man sich heute kaum noch vorstellen kann, in der zweiten Hälfte des 19. Jahrhunderts so gut wie vergessen.[6] Man nahm seine dunkle Sprache nicht ernst. Erst Anfang des 20. Jahrhunderts setzte in Deutschland eine „Hegel-Renaissance" ein, die die „bürgerliche" Philosophie allgemein ergriff und die zunächst speziell mit dem Marxismus gar nichts zu tun hatte.[7] Aber: aus diesem Boden erwuchs das Hegelverständnis der Autoren des westlichen Marxismus.

Schon diese Tatsache, daß nämlich das Interesse westlicher Marxisten an Hegel aus einer allgemeinphilosophischen, „bürgerlichen" Hegel-Renaissance entsprang, ist ein Hinweis auf den geistigen Standort der in Betracht kommenden Autoren. Zumindest die hier genannten deutschen Philosophen (hierzu auch Lukács gerechnet) waren nämlich auch wissenschaftlich durchaus „bürgerlicher" Herkunft, das heißt: sie standen in der breiten und tiefen Tradition abendländischer Bildung, für die Hegel nur Exponent war. Den Initiatoren dieses Marxismus stand eine feine persönliche Bildung und ein Beheimatetsein in der gesamten Geistes- und Philosophiegeschichte zu Gebote, wie sie der philosophische Laie mit dem Wort „Marxismus" normalerweise nicht verbindet. Diesen Autoren konnte daher nichts ferner liegen als eine Dogmatisierung und Primitivisierung des Mar-

xismus, wie sie die östlichen Marxisten, anknüpfend an Engels'
Dialektik der Natur, betrieben hatten. Im Gegenteil: erst diese
Autoren machten die marxistische Lehre zu einer auch außerhalb des Marxismus ernst zu nehmenden philosophischen
Theorie, zu einem höchst reflektierten und differenzierten Zusammenhang, wie ihn nur eine universale „bürgerliche" Bildung
hervorbringen konnte; der Laie wird sich das am besten an den
faszinierenden, von genialen sachlichen und sprachlichen Ein-
fällen nur so funkelnden Schriften Ernst *Blochs* klarmachen
können.

Freilich – wir sagten vorhin: diese marxistischen Denker
haben den Marxismus nicht „revidiert", sondern im Gegenteil
vertieft und in seinem „Eigentlichen" erst herausgearbeitet.
Aber in letzter Konsequenz bleibt natürlich die Frage, ob hier
der Marxismus als solcher nicht doch schließlich aufgehoben
wird. Für die Leistung unserer Autoren am Marxismus paßt
vielleicht am besten das Wort „sublimieren" mit seiner Doppel-
bedeutung: „verfeinern" und „auflösen". Die universale Feinheit und Freiheit des Denkens speziell der Frankfurter Autoren
führt schließlich doch dazu, daß sie den Marxismus in gewisser
Weise hinter sich lassen und in eine allgemein abendländische
Bildungsphilosophie wieder einmünden.[8]

Und das ist auch der Grund dafür, daß wir die Autoren des
westeuropäischen Marxismus in unsere wissenschaftstheoretischen
Erörterungen mit einbeziehen. Denn sie haben die Hegel-Marx-
sche Dialektik zu einem wissenschaftstheoretischen Ansatz entwickelt, der in seiner umfassenden Bedeutung für die wissenschaftliche Arbeit gleichrangig etwa neben die induktive oder die
hermeneutische Methode getreten ist und daher ebenso gründlich
diskutiert werden muß.

In den letzten Jahren entstand ein neuer „Revisionismus" vor
allem in Polen und Jugoslavien, wie er durch einen Namen wie
Leszek *Kolakowski* gekennzeichnet werden kann.[9]

Bedingt durch die verschiedene geschichtliche Entwicklung des
Marxismus in Ost und West finden wir heute eine merkwürdige
Verkehrung der Fronten vor:

Der Marxismus in den „kapitalistischen" Ländern ist, durch
seine Rückbeziehung auf Hegel und die klassische Philosophie,

strikt geisteswissenschaftlich orientiert und unterhält zur Zeit noch kaum innere Beziehungen zu logischen, mathematisch-naturwissenschaftlichen oder kybernetischen Denkweisen – die vielmehr als „positivistisch" oder „technokratisch" gelten.

Der Marxismus in den »sozialistischen« Ländern hingegen hat – hierin der Engelsschen und Leninschen Tradition einer etwas zu unbefangenen Übernahme jeweils zeitgenössischer naturphilosophischer Vorstellungen folgend – Denkweisen wie die der mathematischen Logik oder der Kybernetik bis zur fast völligen Verdrängung ursprünglich marxistischer Ansätze in sich aufgenommen. In gewisser Weise stehen daher heute der westliche Positivismus und die offizielle Philosophie der Ostblockstaaten einander näher als der westliche und der östliche Marxismus. Bezeichnend für diese Situation ist etwa das *Wörterbuch der Kybernetik* von Georg *Klaus* und Mitarbeitern.[10]

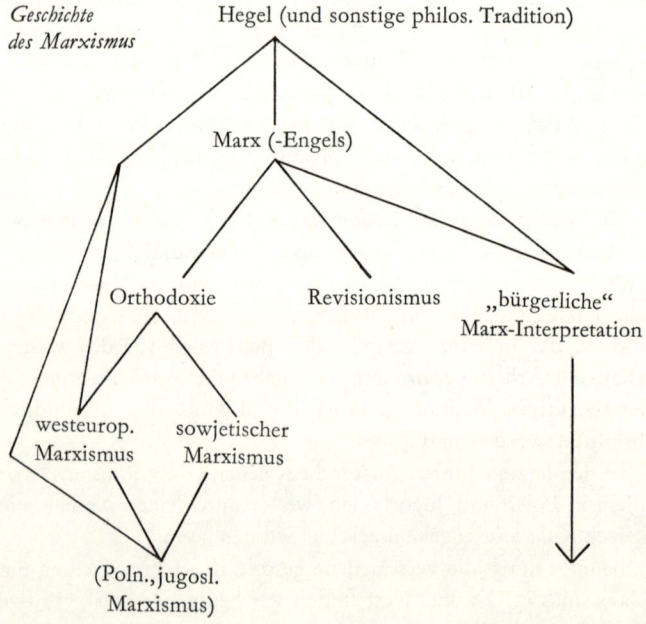

Geschichte des Marxismus

Hegel (und sonstige philos. Tradition) — Marx (-Engels) — Orthodoxie — Revisionismus — „bürgerliche" Marx-Interpretation — westeurop. Marxismus — sowjetischer Marxismus — (Poln., jugosl. Marxismus)

Die beiden für unsere wissenschaftstheoretische Fragestellung wichtigsten westeuropäischen Marxisten sind Georg *Lukács*

(1885–) und Jürgen *Habermas* (1929–). Ihnen sei daher ein jeweils eigener Abschnitt gewidmet.

Lukács unterscheidet sich von den anderen westeuropäischen Marxisten durch seine deutliche Affinität zur Leninschen Orthodoxie – jedoch nicht in seiner umfassenden Bildung. Habermas, der jüngste der bedeutenden „Frankfurter" Philosophen, dagegen hat sich vom Marxismus in Richtung einer allgemeiner fundierten dialektisch-kritischen Sozialphilosophie in gewisser Weise entfernt.

B. Georg Lukács

Georg Lukács' Buch *Geschichte und Klassenbewußtsein* erschien 1923. Es ist die wohl bedeutendste marxistische Veröffentlichung außerhalb der Schriften von Marx und Engels selbst, weil hier mit einer unnachahmlichen Tiefe, Klarheit und Radikalität zugleich die Begründung eines „orthodoxen" Marxismus aus den Voraussetzungen der Hegelschen Geschichtsphilosophie gegeben wird.

In dem Abschnitt *Was ist orthodoxer Marxismus?* begründet Lukács, warum es sinnlos ist, zu meinen, der orthodoxe Marxismus müsse und könne überwunden werden:[11]

„... angenommen – wenn auch nicht zugegeben –, die neuere Forschung hätte die sachliche Unrichtigkeit sämtlicher einzelnen Aussagen von Marx einwandfrei nachgewiesen, so könnte jeder ernsthafte ‚orthodoxe' Marxist alle diese neuen Resultate bedingungslos anerkennen, sämtliche einzelnen Thesen von Marx verwerfen – ohne für eine Minute seine marxistische Orthodoxie aufgeben zu müssen. Orthodoxer Marxismus bedeutet also nicht ein kritikloses Anerkennen der Resultate von Marx' Forschung, bedeutet nicht einen ‚Glauben' an diese oder jene These, nicht die Auslegung eines ‚heiligen' Buches. Orthodoxie in Fragen des Marxismus bezieht sich vielmehr ausschließlich auf die *Methode*. Sie ist die wissenschaftliche Überzeugung, daß im dialektischen Marxismus die richtige Forschungsmethode gefunden wurde, daß diese Methode nur im Sinne ihrer Begründer ausgebaut, weitergeführt und vertieft werden kann. Daß aber alle Versuche, sie zu überwinden oder zu ‚verbessern' nur zur Verflachung, zur Trivialität, zum Eklektizismus geführt haben und dazu führen mußten."

In der Tat – gerade dem Nichtmarxisten, dem jedoch daran gelegen ist, das „Selbstverständnis" des Marxismus möglichst adäquat zu erfassen, ist durchaus nicht ganz wohl, wenn er die Schriften offenbarer „Revisionisten" liest. Denn er versteht sehr gut, daß der Marxismus seine Schlagkraft eben aus dem strengen, die Marxschen Intentionen strikt beizubehalten suchenden Ausbau der „Methode", wie Lukács sagt, zieht. Gerade der Nichtmarxist ist ja als solcher nicht genötigt, in einer innermarxistischen Diskussion selbst Farbe zu bekennen, sich auf eine bestimmte Linie innerhalb des Marxismus festzulegen, sondern vermag sich einem unverfälscht orthodoxen Selbstverständnis gegenüber offenzuhalten. Was den Nichtmarxisten an Lukács so fasziniert, ist ein Marxismus von einer Präzision und Geschlossenheit, die gerade den nichtmarxistischen Leser zu einer Abwandlung des geflügelten Wortes von Alexander über Diogenes animieren können: „Wenn ich nicht Nichtmarxist wäre, so würde meinen intellektuellen Ansprüchen nur ein orthodoxer Marxismus im Sinne Lukács' genügen."

Gerade im Sinne eines solchen orthodoxen Marxverständnisses wird man allerdings die von Lukács in den eben zitierten Sätzen gemachte Unterscheidung zwischen den „einzelnen Thesen" Marx' und seiner „Methode" nicht zu ernst nehmen wollen. Denn eine solche Trennung von Inhalt und Methode wäre unmarxistisch. Auch ist der Gedanke an eine mögliche „sachliche Unrichtigkeit sämtlicher einzelnen Aussagen von Marx" natürlich eher als Gedankenspiel aufzufassen: „angenommen – wenn auch nicht zugegeben –"! Es ist daher selbstverständlich, daß Lukács' Begriff der Marxschen „Methode" auch inhaltliche Momente enthält: so etwa die beiden Grundpfeiler der Marxschen Geschichtsphilosophie, daß die Geschichte durch Klassenkämpfe bestimmt sei, und daß sich in jeder Geschichtsepoche die Auseinandersetzung zwischen Produktionsverhältnissen und Produktivkräften neu vollziehe. Das wird in den weiteren Erörterungen Lukács' unmißverständlich klar:

„Die materialistische Dialektik ist eine revolutionäre Dialektik. Diese Bestimmung ist so wichtig und für das Verständnis ihres Wesens derart ausschlaggebend, daß sie zuerst, noch bevor die dialektische Methode selbst behandelt werden könnte, erfaßt werden muß, um die richtige Einstellung zu der Frage zu erhalten. Es handelt sich dabei um die Frage von Theorie und Praxis."[12]

„Erst wenn das Bewußtwerden den *entscheidenden Schritt* bedeutet, den der Geschichtsprozeß seinem eigenen, sich aus Menschenwillen zusammensetzenden, aber nicht von menschlicher Willkür abhängigen, nicht vom menschlichen Geiste erfundenem Ziele entgegen tun muß; wenn die geschichtliche Funktion der Theorie darin besteht, diesen Schritt praktisch möglich zu machen; wenn eine geschichtliche Situation gegeben ist, in der die richtige Erkenntnis der Gesellschaft für eine Klasse zur unmittelbaren Bedingung ihrer Selbstbehauptung im Kampfe wird; wenn für diese Klasse ihre Selbsterkenntnis zugleich eine richtige Erkenntnis der ganzen Gesellschaft bedeutet; wenn demzufolge für eine solche Erkenntnis diese Klasse zugleich Subjekt und Objekt der Erkenntnis ist und auf diese Weise die Theorie *unmittelbar und adäquat* in den Umwälzungsprozeß der Gesellschaft eingreift: wird die Einheit von Theorie und Praxis, die Voraussetzung der revolutionären Funktion der Theorie möglich.

Eine solche Situation ist mit dem Auftreten des Proletariats in der Geschichte entstanden. ... Die Theorie, die dies ausspricht, verknüpft sich nicht in mehr oder weniger zufälliger Weise, durch vielfach verschlungene und mißdeutete Beziehungen mit der Revolution. Sondern sie ist ihrem Wesen nach nichts als der gedankliche Ausdruck des revolutionären Prozesses selbst. ...

Die Klarheit über diese Funktion der Theorie ist zugleich der Weg zur Erkenntnis ihres theoretischen Wesens: der Methode der Dialektik. Das Übersehen dieses schlechthin entscheidenden Punktes hat in die Diskussionen über die dialektische Methode viel Verworrenheit gebracht. ... [Auch in Friedrich Engels' *Antidühring* „fehlt" „dieses Moment":] ... er beschreibt die Begriffsbildung der dialektischen Methode im Gegensatz zur ‚metaphysischen'; er betont mit großer Schärfe, daß in der Dialektik die Starrheit der Begriffe (und der ihnen entsprechenden Gegenstände) aufgelöst wird; daß die Dialektik ein ständiger Prozeß des fließenden Übergangs aus einer Bestimmung in die andere, ein ununterbrochenes Aufheben der Gegensätze, ihr Ineinanderübergehen ist; daß demzufolge die einseitige und starre Kausalität von der Wechselwirkung abgelöst werden muß. Aber die wesentlichste Wechselwirkung: *die dialektische Beziehung des Subjekts und Objekts im Geschichtsprozeß* wird nicht einmal erwähnt, geschweige denn in den – ihr zukommenden – Mittelpunkt der methodischen Betrachtung gerückt. Jedoch ohne diese Bestimmung hört die dialektische Methode – trotz aller, freilich letzten Endes doch bloß scheinbarer, Beibehaltung der ‚fließenden' Begriffe usw. – auf, eine revolutionäre Methode zu sein. Der Unterschied von der ‚Metaphysik' wird dann nicht mehr darin gesucht, daß in jeder ‚metaphysischen' Betrachtung das Objekt, der Gegenstand der Betrachtung unberührt, unverändert verharren muß, daß deshalb die Betrachtung selbst bloß *anschauend* bleibt und nicht praktisch wird, während für die dialektische Methode das *Verändern der Wirklichkeit* das Zentralproblem ist. Bleibt diese zentrale Funktion der Theorie unbeachtet, so wird der Vorteil der ‚fließenden' Begriffsbildung ganz problematisch: eine rein ‚wissenschaftliche' Angelegenheit. Die Methode kann je nach dem Stand der Wissenschaft angenommen oder verworfen werden, ohne daß sich an der zentralen Einstellung zur Wirklichkeit, daran, ob sie als veränderbar oder unveränderlich aufgefaßt wird, das geringste ändern würde."[13]

„Darum führt jeder Versuch, die dialektische Methode ‚kritisch' zu vertiefen, notwendig zu einer Verflachung. Denn der methodische Ausgangspunkt einer jeden ‚kritischen' Stellungnahme ist eben die Trennung von Methode und Wirklichkeit, von Denken und Sein. Sie betrachtet ja gerade diese Trennung als den Fortschritt, der ihr im Sinne einer echten Wissenschaftlichkeit dem groben, unkritischen Materialismus der Marxschen Methode gegenüber als Verdienst angerechnet werden soll. Dies steht ihr selbstredend frei. Es muß aber festgestellt werden, daß sie sich nicht in der Richtung, die das innerste Wesen der dialektischen Methode ausmacht, bewegt."[14]

„Wenn ... [der] Sinn der dialektischen Methode verdunkelt wird, so muß sie selbst notwendigerweise als überflüssige Zutat, als bloßes Ornament der marxistischen ‚Soziologie' oder ‚Ökonomie' erscheinen. Ja, sie erscheint geradezu als Hemmnis für die ‚nüchterne', ‚unbefangene' Erforschung der ‚Tatsachen', als leere Konstruktion, um deretwillen der Marxismus den Tatsachen Gewalt antut. [Der Revisionist Eduard] Bernstein hat, teils infolge seiner von philosophischen Kenntnissen gänzlich ungehemmten ‚Unbefangenheit', diesen Einwand gegen die dialektische Methode am klarsten ausgesprochen und am schärfsten formuliert. Die realen, die politischen und wirtschaftlichen Folgerungen jedoch, die er aus dieser seiner Stellungnahme, der Befreiung der Methode von den ‚dialektischen Fallstricken' des Hegelianismus, zieht, zeigen deutlich, wohin dieser Weg führt. Zeigen, daß gerade die Dialektik aus der Methode des historischen Materialismus entfernt werden muß, wenn eine folgerichtige Theorie des Opportunismus, der revolutionsfreien ‚Entwicklung', des kampflosen ‚Hineinwachsens' in den Sozialismus begründet werden soll."[15]

Diese Ausführungen zeigen recht deutlich, wie Lukács die dialektische „Methode" verstanden wissen will. In der Tat sind es gerade die „Kritiker" des orthodoxen Marxismus, die Revisionisten, die „die Trennung von Methode und Wirklichkeit, von Denken und Sein" fordern und „gerade diese Trennung als den Fortschritt" gegenüber „dem groben, unkritischen Materialismus der Marxschen Methode" betrachten. Demgegenüber stellt Lukács lapidar fest: „Die materialistische Dialektik ist eine revolutionäre Dialektik" – „die dialektische Methode" also „eine revolutionäre Methode", für die „das Verändern der Wirklichkeit das Zentralproblem ist". Die Dialektik ist eine spezifisch *geschichtliche* Methode:[16]

Die „Beschränkung der Methode auf die historisch-soziale Wirklichkeit ist sehr wichtig. Die Mißverständnisse, die aus der Engelsschen Darstellung der Dialektik entstehen, beruhen wesentlich darauf, daß Engels – dem falschen Beispiel Hegels folgend – die dialektische Methode auch auf die Erkenntnis der Natur ausdehnt. Wo doch die entscheidenden Bestimmungen der Dialektik: Wechselwirkung von Subjekt und Objekt, Einheit von Theorie und Praxis, geschichtliche Veränderung des Substrats der Kategorien als Grundlage ihrer Veränderung im Denken etc. in der Naturerkenntnis nicht vorhanden sind."

C. Jürgen Habermas

Dem Rahmen unserer Darstellung gemäß beschränken wir uns auf Habermas' Stellungnahme zu wissenschaftstheoretischen Fragen.

I. Analytische Wissenschaftstheorie und Dialektik

Hierbei können wir uns vor allem auf Habermas' Aufsatz *Analytische Wissenschaftstheorie und Dialektik* stützen, dessen Titel schon die Bedeutung für unser Thema umschreibt, und zwei weitere Aufsätze. Alle diese Beiträge sind in Habermas' Auseinandersetzung mit der analytischen Wissenschaftstheorie (oder, wie Habermas auch gern sagt, dem „Positivismus") entstanden, vor allem mit Karl R. Popper und Hans Albert. Auf die Äußerungen von Popper und Albert innerhalb der Kontroverse gehen wir im folgenden nicht noch einmal ein, da wir die analytische Wissenschaftstheorie unsererseits ja bereits diskutiert haben.

Habermas setzt mit einem Zitat von Adorno ein und weist dabei auf die Beziehung Adornos zu Hegel hin, womit die von

uns betonte Linie von Hegel (über Marx) zu den Frankfurtern
von vornherein deutlich ausgezogen wird.

„„Die gesellschaftliche Totalität führt kein Eigenleben oberhalb des
von ihr Zusammengefaßten, aus dem sie selbst besteht. Sie produ-
ziert und reproduziert sich durch ihre einzelnen Momente hindurch.
[Viele von diesen bewahren eine relative Selbständigkeit, welche die
primitiv-totalen Gesellschaften sei es nicht kennen, sei es nicht dulden.]
So wenig [aber] jenes Ganze vom Leben, von der Kooperation und
dem Antagonismus seiner Elemente abzusondern ist, so wenig kann
irgendein Element auch bloß in seinem Funktionieren verstanden werden ohne Einsicht in das Ganze, das an der Bewegung des Einzelnen
selbst sein Wesen hat. System und Einzelheit sind reziprok und nur in
ihrer Reziprozität zu erkennen.' Adorno begreift Gesellschaft in Kategorien, die ihre Herkunft aus der Logik Hegels nicht verleugnen. Er
begreift Gesellschaft als Totalität in dem streng dialektischen Sinne, der
es verbietet, das Ganze organisch aufzufassen nach dem Satze: es sei
mehr als die Summe ihrer Teile; ebensowenig aber ist Totalität eine
Klasse, die sich umfangslogisch bestimmen ließe durch ein Zusammen-
nehmen aller unter ihr befaßten Elemente. Insofern fällt der dialektische Begriff des Ganzen nicht unter die berechtigte Kritik an den
logischen Grundlagen jener Gestalttheorien, die auf ihrem Gebiete
Untersuchungen nach den formalen Regeln analytischer Kunst überhaupt perhorreszieren; und überschreitet dabei doch die Grenzen formaler Logik, in deren Schattenreich Dialektik selber nicht anders scheinen kann denn als Schimäre.

... Ausdrücke, die sich auf die Totalität des gesellschaftlichen Lebenszusammenhanges beziehen, gelten heute bereits als Ideologie. Soweit das Selbstverständnis der Sozialwissenschaften von der analytischen Wissenschaftstheorie bestimmt ist, wittert die vermeintlich radi-
kale Aufklärung in jedem dialektischen Zug ein Stück Mythologie –
vielleicht nicht einmal ganz zu Unrecht; denn die dialektische Aufklärung, deren Stringenz sich die plane zu entwinden sucht, behält
vom Mythos in der Tat eine durch den Positivismus preisgegebene Einsicht fest, die nämlich: daß der von Subjekten veranstaltete Forschungsprozeß dem objektiven Zusammenhang, der erkannt werden soll, durch
die Akte des Erkennens hindurch selber zugehört. Diese Einsicht setzt
freilich Gesellschaft als Totalität voraus, und Soziologen, die sich aus
deren Zusammenhang reflektieren.""[17]

„Die Forderung indessen, daß sich die Theorie in ihrem Aufbau und
der Struktur des Begriffs an die Sache anmessen, daß die Sache in der
Methode ihrem eigenen Gewicht nach zur Geltung kommen soll, ist,
jenseits aller Abbildtheorie, nur dialektisch einzulösen. Erst der wissen-

schaftliche Apparat erschließt einen Gegenstand, von dessen Struktur
ich gleichwohl vorgängig etwas verstanden haben muß, wenn die gewählten Kategorien ihm nicht äußerlich bleiben sollen. Dieser Zirkel
ist durch keine aprioristische oder empiristische Unmittelbarkeit des
Zugangs zu brechen, sondern nur in Anknüpfung an die natürliche
Hermeneutik der sozialen Lebenswelt dialektisch durchzudenken. Anstelle des hypothetisch-deduktiven Zusammenhangs von Sätzen tritt
die hermeneutische Explikation von Sinn; statt einer umkehrbar eindeutigen Zuordnung von Symbolen und Bedeutungen gewinnen un-
deutlich vorverstandene Kategorien ihre Bestimmtheit sukzessive mit
dem Stellenwert im entwickelten Zusammenhang . . . . Theorien dieses
beweglicheren Typs nehmen noch in die subjektive Veranstaltung der
wissenschaftlichen Apparatur reflektierend auf, daß sie selbst Moment
des objektiven Zusammenhangs bleiben, den sie ihrerseits der Analyse
unterwerfen."[18]

„Die analytisch-empirischen Verfahrensweisen dulden nur einen
Typus von Erfahrung, den sie selbst definieren. Einzig die kontrol-
lierte Beobachtung physischen Verhaltens, die in einem isolierten Feld
unter reproduzierbaren Umständen von beliebig austauschbaren Subjekten veranstaltet wird, scheint intersubjektiv gültige Wahrnehmungs-
urteile zu gestatten. Diese repräsentieren die Erfahrungsbasis, auf der
Theorien aufruhen müssen, wenn die deduktiv gewonnenen Hypothesen nicht nur logisch richtig, sondern auch empirisch triftig sein sollen. Erfahrungswissenschaften im strikten Sinne bestehen darauf, daß
alle diskutablen Sätze mindestens indirekt durch jene sehr eng kanali-
sierte Erfahrung kontrolliert werden.

Dagegen sträubt sich eine dialektische Theorie der Gesellschaft. Wenn
der formale Aufbau der Theorie, die Struktur der Begriffe, die Wahl
der Kategorien und Modelle nicht blindlings den abstrakten Regeln
einer allgemeinen Methologie folgen können, sondern, wie wir gesehen
haben, vorgängig an einen präformierten Gegenstand sich anmessen
müssen, darf Theorie nicht erst nachträglich mit einer dann freilich
restringierten Erfahrung zusammengebracht werden. Die geforderte
Kohärenz des theoretischen Ansatzes mit dem gesamtgesellschaftlichen
Prozeß, dem die soziologische Forschung selbst zugehört, verweist
ebenfalls auf Erfahrung. Aber Einsichten dieser Art stammen in letzter Instanz aus dem Fond einer vorwissenschaftlich akkumulierten Erfahrung, die den Resonanzboden einer lebensgeschichtlich zentrierten
sozialen Umwelt, also die vom ganzen Subjekt erworbene Bildung
noch nicht als bloß subjektive Elemente ausgeschieden hat."[19]

Die Grundgedanken der dialektischen Wissenschaftstheorie
stellen sich hiernach folgendermaßen dar:

Die Wissenschaft – zumindest die Sozialwissenschaft – hat es mit dem „gesellschaftlichen Lebenszusammenhang" zu tun. Dieser Zusammenhang ist eine „Totalität", das heißt eine Ganzheit. Diese Ganzheit ist aber nicht im Sinne der Gestaltpsychologie zu verstehen, sondern „dialektisch".[20]

Damit ist gleich im ersten Absatz das Zauberwort gefallen. Aber was heißt nun „dialektisch" im Sinne der Frankfurter Schule und speziell Habermas'? Das wird im zweiten Absatz deutlich: „Dialektisch" bedeutet, „daß der von Subjekten veranstaltete Forschungsprozeß dem objektiven Zusammenhang, der erkannt werden soll, durch die Akte des Erkennens selber zugehört. Diese Einsicht setzt ... Gesellschaft als Totalität voraus, und Soziologen, die sich aus deren Zusammenhang reflektieren".[21]

Wir sehen, daß Habermas sich hier der Begrifflichkeit Hegels und des 19. Jahrhunderts überhaupt bedient: „subjektiv", „objektiv", „erkennen".

Wir können den damit formulierten Grundgedanken der Frankfurter Wissenschaftstheorie etwa so „übersetzen": der forschende Wissenschaftler gehört selbst der Gesellschaft an, innerhalb derer er forscht; er steht immer in einer sozialen Situation. Daher kann er die Gesellschaft nicht von außen betrachten, sondern nur als etwas, zu dem er selbst gehört und das die Art seines Betrachtens mit bestimmt. Also zum Beispiel: wir können ein gesellschaftliches Problem wie das der Frauenemanzipation nicht einfach „von außen" betrachten, denn in unsere Forschungen geht unser eigenes Leben von vornherein mit ein – und zwar im Falle unseres Beispiels sogar in doppelter Hinsicht: in Form unserer Vorurteile über „das Wesen der Frau", wie wir sie aus unserer Gesellschaftsschicht, durch unsere Bildungstradition mitbekommen haben – und in Form unseres eigenen Umganges mit Frauen.

Daher: „ ... eine dialektische Theorie ... bezweifelt, daß die Wissenschaft in Ansehung der von Menschen hervorgebrachten Welt ebenso indifferent verfahren darf, wie es in den exakten Naturwissenschaften mit Erfolg geschieht. Die Sozialwissenschaften müssen sich ... der Angemessenheit ihrer Kategorien an den Gegenstand versichern ... ."[22]

„Dialektisch" ist in diesem Zusammenhang also zunächst etwa
wie „hermeneutisch" zu verstehen: Ich muß von dem, was ich
als Wissenschaftler erforschen will, schon als „Subjekt" (oder
banaler ausgedrückt: als Privatperson) etwas wissen: wir müssen unter Rückgriff auf den hermeneutischen Zirkel „an die
natürliche Hermeneutik der sozialen Lebenswelt"[23] anknüpfen.
Unsere wissenschaftlichen Einsichten „stammen" somit „in letzter Instanz aus dem Fond einer vorwissenschaftlich akkumulierten Erfahrung, die den Resonanzboden einer lebensgeschichtlich
zentrierten sozialen Umwelt, also die vom ganzen Subjekt erworbene Bildung [!] noch nicht als bloß subjektive Elemente
ausgeschieden hat".[24]

Nachdem Habermas zunächst seinen Begriff der Dialektik
praktisch durch den der Hermeneutik erklärt hat, wendet
er sich nunmehr geschichtsphilosophischen Gesichtspunkten zu
und differenziert dabei das Verhältnis von Dialektik und Hermeneutik:

„Das Verhältnis von Theorie und Erfahrung bestimmt auch das von
Theorie und Geschichte. Die analytisch-empirischen Verfahrensweisen
bemühen sich um die Überprüfung von Gesetzeshypothesen stets in
gleicher Weise, ob es sich nun um historisches Material oder um Erscheinungen der Natur handelt. In beiden Fällen muß eine Wissenschaft, die auf diesen Titel in striktem Sinne Anspruch erhebt, generalisierend verfahren; und die gesetzmäßigen Abhängigkeiten, die sie
fixiert, sind ihrer logischen Form nach grundsätzlich gleich."[25]
„Auch die historischen Wissenschaften bemessen sich, der analytischen Wissenschaftstheorie zufolge, in den gleichen Kriterien; freilich
kombinieren sie die logischen Mittel für ein anderes Erkenntnisinteresse. Ihr Ziel ist nicht die Ableitung und Bestätigung universeller Gesetze, sondern die Erklärung individueller Ereignisse. Dabei unterstellen die Historiker eine Menge trivialer Gesetze, meist psychologische
oder soziologische Erfahrungsregeln, um von einem gegebenen Ereignis auf eine hypothetische Ursache zu schließen. Die logische Form
der kausalen Erklärung ist allemal die gleiche; aber die Hypothesen,
um deren empirische Überprüfung es geht, beziehen sich in den gene-
ralisierenden Wissenschaften auf deduktiv gewonnene Gesetze bei
beliebig gegebenen Randbedingungen, in den historischen Wissenschaften auf diese Randbedingungen selber, die bei pragmatisch vorausgesetzten Regeln der Alltagserfahrung als Ursache eines bezeugten
individuellen Ereignisses interessieren. Bei der Analyse bestimmter Ur-

sachen einzelner Ereignisse mögen Gesetze, auf die man sich stillschweigend stützt, als solche problematisch werden; sobald dann das
Interesse der Untersuchung von den hypothetisch singulären Sätzen, die
spezifische Ereignisse erklären sollen, abschwenkt und sich auf die
hypothetisch-generellen Sätze, etwa auf die bis dahin als trivial einfach unterstellten Gesetze sozialen Verhaltens überhaupt richtet, wird
der Historiker zum Soziologen; die Analyse gehört dann in den Bereich einer theoretischen Wissenschaft. Popper zieht daraus die Konsequenz, daß die Überprüfung von Gesetzeshypothesen nicht zum
Geschäft der historischen Wissenschaften gehört. Empirische Gleich-
förmigkeiten, die in Form allgemeiner Sätze über die funktionelle
Abhängigkeit kovarianter Größen ausgedrückt werden, gehören einer
anderen Dimension an als die konkreten Randbedingungen, die sich als
Ursache bestimmter historischer Ereignisse auffassen lassen. So etwas
wie historische Gesetze kann es demnach überhaupt nicht geben. Die
in den historischen Wissenschaften verwendbaren Gesetze haben den
gleichen Status wie alle übrigen Naturgesetze.

Demgegenüber behauptet eine dialektische Theorie der Gesellschaft
die Abhängigkeit der Einzelerscheinungen von der Totalität; die
restriktive Verwendung des Gesetzesbegriffs muß sie ablehnen. Über die
partikularen Abhängigkeitsverhältnisse historisch neutraler Größen
hinaus zielt ihre Analyse auf einen objektiven Zusammenhang, der
auch die Richtung der historischen Entwicklung mit bestimmt. Dabei
handelt es sich freilich nicht um jene sogenannten dynamischen Gesetzmäßigkeiten, die strikte Erfahrungswissenschaften an Ablaufmodellen
entwickeln. Die historischen Bewegungsgesetze beanspruchen eine zugleich umfassendere und eingeschränktere Geltung. Weil sie vom spezifischen Zusammenhang einer Epoche, einer Situation nicht abstrahieren,
gelten sie keineswegs generell. Sie beziehen sich nicht auf die anthropologisch durchgehaltenen Strukturen, auf geschichtlich Konstantes; sondern auf einen jeweils konkreten Anwendungsbereich, der in der
Dimension eines im ganzen einmaligen und in seinen Stadien unumkehrbaren Entwicklungsprozesses, also schon in Kenntnis der Sache
selbst und nicht bloß analytisch, definiert ist. Andererseits ist der
Geltungsbereich dialektischer Gesetze auch umfangreicher, gerade weil
sie nicht die ubiquitären Beziehungen einzelner Funktionen und isolierter Zusammenhänge erfassen, sondern solche fundamentalen Abhängigkeitsverhältnisse, von denen eine soziale Lebenswelt, eine epochale
Lage im ganzen, eben als eine Totalität bestimmt und in allen ihren
Momenten durchwirkt ist . . .".[26]

„Historische Gesetzmäßigkeiten dieses Typs bezeichnen Bewegungen,
die sich, vermittelt durch das Bewußtsein der handelnden Subjekte,

tendenziell durchsetzen. Gleichzeitig nehmen sie für sich in Anspruch, den objektiven Sinn eines historischen Lebenszusammenhangs auszusprechen. Insofern verfährt eine dialektische Theorie der Gesellschaft hermeneutisch. Für sie ist das Sinnverständnis, dem die analytisch-empirischen Theorien bloß einen heuristischen Wert beimessen, konstitutiv. Sie gewinnt ja ihre Kategorien zunächst aus dem Situationsbewußtsein der handelnden Individuen selber; im objektiven Geist einer sozialen Lebenswelt artikuliert sich der Sinn, an den die soziologische Deutung anknüpft, und zwar identifizierend und kritisch zugleich. Dialektisches Denken scheidet die Dogmatik der gelebten Situation nicht einfach durch Formalisierung aus, freilich überholt es den subjektiv vermeinten Sinn gleichsam im Gang durch die geltenden Traditionen hindurch und bricht ihn auf. Denn die Abhängigkeit dieser Ideen und Interpretationen von den Interessenanlagen eines objektiven Zusammenhangs der gesellschaftlichen Reproduktion verbietet es, bei einer subjektiv sinnverstehenden Hermeneutik zu verharren; eine objektiv sinnverstehende Theorie muß auch von jenem Moment der Verdinglichung Rechenschaft geben, das die objektivierenden Verfahren ausschließlich im Auge haben.

Wie Dialektik dem Objektivismus, unter dem die gesellschaftlichen Verhältnisse geschichtlich handelnder Menschen als die gesetzmäßigen Beziehungen zwischen Dingen analysiert werden, entgeht, so erwehrt sie sich auch der Gefahr der Ideologisierung, die solange besteht, als Hermeneutik die Verhältnisse naiv an dem allein mißt, wofür sie sich subjektiv halten. Die Theorie wird diesen Sinn festhalten, aber nur, um ihn hinter dem Rücken der Subjekte und der Institutionen an dem zu messen, was sie wirklich sind. Dadurch erschließt sie sich die geschichtliche Totalität eines sozialen Zusammenhangs ..."[27]

„Indem die dialektische Betrachtungsweise die verstehende Methode derart mit den vergegenständlichenden Prozeduren kausalanalytischer Wissenschaft verbindet und beide in wechselseitig sich überbietender Kritik zu ihrem Rechte kommen läßt, hebt sie die Trennung von Theorie und Geschichte auf: nach dem Diktum der einen Seite hätte sich Historie theorielos bei der Erklärung spezifischer Ereignisse zu bescheiden, der hermeneutischen Ehrenrettung zufolge bei einer kontemplativen Vergegenwärtigung vergangener Sinnhorizonte. Damit objektiv sinnverstehend die Geschichte selbst theoretisch durchdrungen werden kann, muß sich, wenn anders die geschichtsphilosophische Hypostasierung eines solchen Sinnes vermieden werden soll, Historie zur Zukunft hin öffnen. Gesellschaft enthüllt sich in den Tendenzen ihrer geschichtlichen Entwicklung, also in den Gesetzen ihrer historischen Bewegung erst von dem her, was sie nicht ist ..."[28]

„Erst in dem Maße, in dem die praktischen Absichten unserer historischen Gesamtanalyse, in dem also die dirigierenden Gesichtspunkte ... ihrerseits dialektisch aus dem objektiven Zusammenhang legitimiert werden können, dürfen wir wissenschaftliche Orientierung im praktischen Handeln überhaupt erwarten. Wir können Geschichte nur in dem Verhältnis machen, in dem sie uns als machbare entgegenkommt. Insofern gehört es zu den Vorzügen, aber auch den Verpflichtungen einer kritischen Sozialwissenschaft, daß sie sich ihre Probleme von ihrem Gegenstand selbst stellen läßt: ‚man würde die Wissenschaft fetischisieren, trennte man ihre immanenten Probleme radikal ab von den realen, die in ihren Formalismen blaß widerscheinen‘. Dieser Satz Adornos ist die dialektische Antwort auf das Postulat der analytischen Wissenschaftstheorie: die erkenntnisleitenden Interessen unerbittlich darauf zu prüfen, ob sie wissenschaftsimmanent oder bloß lebenspraktisch motiviert sind."[29]

Habermas charakterisiert also zunächst die analytische Auffassung der Geschichtswissenschaft: ihr zufolge hat der Historiker es mit der „Erklärung individueller Ereignisse" zu tun: „So etwas wie historische Gesetze kann es demnach überhaupt nicht geben. Die in den historischen Wissenschaften verwendbaren Gesetze haben den gleichen Status wie alle übrigen Naturgesetze."[30] Geschichtsspezifische Gesetze gibt es für die Analytiker also nicht.

Diese „restriktive Verwendung des Gesetzesbegriffs" möchte Habermas „ablehnen" – das heißt, er plädiert für die Existenz geschichtsspezifischer Gesetze. An dieser Stelle wird bereits deutlich, daß Habermas' Denken mindestens so stark von Hegel und Marx wie etwa vom Historismus her bestimmt ist.

Diese „dialektischen Gesetze" (wie er selbst sagt) in der Geschichte bestimmt Habermas nun folgendermaßen näher: sie sind zu denken als die Bestimmung eines „objektiven Zusammenhanges", der mehr darstellt als „die partikularen Abhängigkeitsverhältnisse historisch neutraler Größen" (das heißt: mehr als ahistorische, „analytisch" verstandene Faktoren für die Ereignisse). Dieser „objektive Zusammenhang" „bestimmt" „auch die Richtung der historischen Entwicklung mit". Die so charakterisierten „historischen Bewegungsgesetze beanspruchen eine zugleich umfassendere und eingeschränktere Geltung. Weil sie vom spezifischen Zusammenhang einer Epoche, einer Situation nicht abstrahieren [insofern also „hermeneutisch", „historistisch" zu verstehen sind!], gelten sie keineswegs generell. Sie beziehen sich nicht auf die anthropologisch durchgehaltenen Strukturen, auf geschichtlich Konstantes [also auf etwas, was man „allgemeine Gesetze" nennen könnte]; sondern auf einen jeweils konkreten Anwendungsbereich, der in der Dimension eines im ganzen einmaligen und in seinen Stadien unumkehrbaren Entwicklungsprozesses, also schon in Kenntnis der Sache selbst [das bedeutet: „hermeneutisch"] und nicht bloß analytisch, definiert ist. Andrerseits ist der Geltungsbereich dialektischer Gesetze [!] auch umfangreicher, gerade weil sie *nicht* die [zwar] *ubiquitären* [das heißt: allgemeingültigen] Beziehungen [jedoch] *einzelner* Funktionen und *isolierter* Zusammenhänge erfassen [also die Welt analytisch interpretieren], *sondern* solche fundamentalen Abhängigkeitsverhältnisse, von denen eine soziale Lebenswelt, eine epochale Lage im ganzen [also genau das, was wir eine „historische Einheit" nannten], eben als eine Totalität bestimmt und in allen ihren Momenten durchwirkt ist ...".[31] „Insofern" also „verfährt eine dialektische Theorie der Gesellschaft hermeneutisch".[32]

Nunmehr distanziert sich Habermas von der Hermeneutik. Die Dialektik „erwehrt" sich nämlich „der Gefahr der Ideologisierung, die solange besteht, als Hermeneutik die Verhältnisse naiv an dem allein mißt, wofür sie sich subjektiv halten. Die Theorie wird diesen [„subjektiv vermeinten"] Sinn festhalten, aber nur, um ihn hinter dem Rücken der Subjekte und der Institutionen an dem zu messen, was sie wirklich sind." Denn: „Die Abhängigkeit dieser Ideen und Interpretationen [der „geltenden Traditionen"] von den Interessenanlagen ... der gesellschaftlichen Reproduktion verbietet es, bei einer subjektiv sinnverstehenden Hermeneutik zu verharren".[33]

Der Dialektiker verläßt sich also nicht – hermeneutisch – auf das, was die geschichtlichen Gegenstände selber von sich sagen, sondern späht gleichsam heimlich durchs Schlüsselloch!

Im folgenden wird nun ganz deutlich, daß Habermas unter der dialektischen Methode in der Wissenschaft in der Tat eine Verschränkung zweier Komponenten versteht: „... die dialektische Betrachtungsweise" *„verbindet"* „die verstehende Me-

thode ... mit den vergegenständlichenden Prozeduren kausalanalytischer Wissenschaft" und läßt „beide *in wechselseitig sich
überbietender Kritik* [das eben ist „Dialektik"!] zu ihrem
Rechte kommen".[34] Die dialektische Methode brächte hiernach
so etwas wie eine „Synthese" hermeneutischer und analytischer
Betrachtungsweise.

Hierdurch nun hebt die dialektische Betrachtungsweise „die
Trennung von Theorie und Geschichte auf:" die einseitig analytische Methode wäre „theorielos", die einseitig hermeneutische Methode hingegen verharrte lediglich „bei einer kontemplativen Vergegenwärtigung vergangener Sinnhorizonte".[35]

Der dialektisch arbeitende Wissenschaftler muß seine Probleme dem „objektiven Zusammenhang" selber entnehmen, wie
die Geschichte ihn vermittelt; einen Unterschied zwischen
„wissenschaftsimmanent" und „bloß lebenspraktisch" kann
man nicht machen.[36]

Damit verläßt Habermas das Problem der Geschichte wieder und geht dem Grundproblem des Verhältnisses von „Wissenschaft und Leben" nach, wie es sich im sogenannten „Wert-
urteilsstreit" gestellt hat.[37]

„Das Postulat der sogenannten Wertfreiheit stützt sich auf eine
These, die man, Popper folgend, als Dualismus von Tatsachen und
Entscheidungen formulieren kann. Die These läßt sich durch eine
Unterscheidung von Gesetzestypen erläutern. Auf der einen Seite
gibt es die empirischen Regelmäßigkeiten in der Sphäre natürlicher
und geschichtlicher Erscheinungen, also Naturgesetze; auf der anderen
Seite Regeln menschlichen Verhaltens, also soziale Normen."[38]

„Der Dualismus von Tatsachen und Entscheidungen nötigt zu einer
Reduktion zulässiger Erkenntnis auf strikte Erfahrungswissenschaften
und damit zu einer Eliminierung von Fragen der Lebenspraxis aus
dem Horizont der Wissenschaften überhaupt. Die positivistisch be-
reinigte Grenze zwischen Erkennen und Werten bezeichnet freilich
weniger ein Resultat als ein Problem. Denn des abgeschiedenen Bereichs
der Werte, Normen und Entscheidungen bemächtigen sich nun die
philosophischen Deutungen eben auf der Basis einer mit der reduzier-
ten Wissenschaft geteilten Arbeit von neuem."[39]

Das bedeutet also: eine Wissenschaft, die es ablehnt, den „Bereich der Werte, Normen und Entscheidungen" als ihren Ge-

genstand zu betrachten, überläßt diesen Bereich damit außerwissenschaftlichen Instanzen, und das bedeutet: dem Irrationalen.

In die vom Positivismus offengelassene Lücke tritt der „Dezisionismus" ein, das heißt eine Lehre, die die Regelung sozialer Verhältnisse außerwissenschaftlichen „Entscheidungen" anheimgibt:[40]

> „Schließlich scheut sich der *Dezisionismus* nicht länger, Normen ganz und gar auf Entscheidungen zurückzuführen. ... Sobald man bestimmte fundamentale Werturteile als Axiome setzt, läßt sich jeweils ein deduktiver Zusammenhang von Aussagen zwingend analysieren; dabei sind freilich jene Prinzipien ebensowenig wie die den Naturgesetzen entgegengesetzten Normen einer irgend rationalen Erfassung zugänglich: ihre Annahme beruht einzig auf Entscheidung. Solche Dezisionen mögen dann in einem existentialistisch-persönlichen Sinne (Sartre), in einem öffentlich politischen Sinne (Carl Schmitt), oder aus anthropologischen Voraussetzungen institutionalistisch (Gehlen) gedeutet werden, die These bleibt dieselbe: daß lebenspraktisch relevante Entscheidungen, ob sie nun in der Annahme von Prinzipien, in der Wahl eines lebensgeschichtlichen Entwurfs oder in der Wahl eines Feindes bestehen, durch wissenschaftliche Kalkulation niemals ersetzt oder auch nur rationalisiert werden können. – Wenn aber die praktischen, aus der erfahrungswissenschaftlich reduzierten Erkenntnis eliminierten Fragen derart aus der Verfügungsgewalt rationaler Erörterungen überhaupt entlassen; wenn Entscheidungen in Fragen der Lebenspraxis von jeder nur irgend auf Rationalität verpflichteten Instanz losgesprochen werden müssen, dann nimmt auch der letzte, ein verzweifelter Versuch nicht wunder: durch Rückkehr in die geschlossene Welt der mythischen Bilder und Mächte eine sozial verbindliche Vorentscheidung praktischer Fragen institutionell zu sichern (Walter Bröcker). Diese Ergänzung des Positivismus durch *Mythologie* entbehrt, wie Horkheimer und Adorno nachgewiesen haben, nicht eines logischen Zwangs, dessen abgründige Ironie nur Dialektik zum Gelächter befreien könnte.
>
> Redliche Positivisten, denen solche Perspektiven das Lachen verschlagen, behelfen sich mit dem Programm einer ‚offenen Gesellschaft'."

Zu Habermas' Aufsatz hat Hans *Albert* Stellung genommen, und in seiner Antwort auf Albert verdeutlicht Habermas noch einmal seine Position:

> „Meine Kritik richtet sich nicht gegen die Forschungspraxis strik-

ter Erfahrungswissenschaften . . . . Meine Kritik richtet sich ausschließlich gegen die positivistische Deutung solcher Forschungsprozesse. Denn
das falsche Bewußtsein einer richtigen Praxis wirkt auf diese zurück.
Ich bestreite nicht, daß die analytische Wissenschaftstheorie die Forschungspraxis gefördert und zur Klärung methodologischer Entscheidungen beigetragen hat. Daneben wirkt sich aber das positivistische
Selbstverständnis restriktiv aus; es stellt die verbindliche Reflexion an
den Grenzen empirisch-analytischer (und formaler) Wissenschaften
still. Gegen diese verschleiert normative Funktion eines falschen Bewußtseins wende ich mich. Den positivistischen Verbotsnormen zufolge müßten ganze Problembereiche aus der Diskussion ausgeschlossen
und irrationalen Einstellungen überlassen werden, obwohl sie einer
kritischen Klärung, wie ich meine, sehr wohl fähig sind. Ja, wenn jene
Probleme, die mit der Wahl von Standards und dem Einfluß von
Argumenten auf Einstellungen zusammenhängen, kritischer Erörterung
unzugänglich wären und bloßen Dezisionen überlassen bleiben müßten,
dann wäre die Methodologie der Erfahrungswissenschaften selber um
nichts weniger irrational. Weil unsere Chancen, über strittige Probleme eine Einigung auf rationalem Wege zu erzielen, faktisch recht
begrenzt sind, halte ich prinzipielle Vorbehalte, die uns an der Ausschöpfung dieser Chancen hindern, für gefährlich. Um mich der
Dimension umfassender Rationalität zu vergewissern und den Schein
der positivistischen Schranken zu durchschauen, schlage ich freilich einen altmodischen Weg ein. Ich vertraue auf die Kraft der Selbstreflexion: Wenn wir das, was in Forschungsprozessen geschieht, reflektieren, gelangen wir zu der Einsicht, daß wir uns immer schon in einem
Horizont vernünftiger Diskussion bewegen, der weiter gezogen ist, als
es der Positivismus für erlaubt hält.«[41]

„Mir wirft Albert eine recht unwissenschaftliche Strategie vor:
Immunisierung und Verschleierung nennt er sie. Wenn man bedenkt,
daß ich die Prüfungsbedingungen, auf deren Ausschließlichkeit Albert
insistiert, selber zur Diskussion stelle, scheint mir jene Bezeichnung
nicht besonders sinnvoll. Ich würde es vorziehen, von Umgehungs-
strategie zu sprechen: Man muß dem Positivisten klarmachen, daß
man sich bereits hinter seinem Rücken postiert hat. Ob das ein sym-
pathisches Verfahren ist, weiß ich nicht; mir jedenfalls ist es vom Gang
der Diskussion vorgeschrieben: Alberts Einwände beruhen auf Voraussetzungen, die ich ihrerseits gerade in Frage gestellt hatte. Alberts
Strategie hingegen könnte ich in Symmetrie zum Vorwurf der Ver-
dunkelung als Dummstellen charakterisieren: Man will nicht verstehen,
was der andere sagt. Diese Strategie, die den Gegner zwingen soll, die
eigene Sprache anzunehmen, ist einige Jahrhunderte alt und seit

den Tagen Bacons außerordentlich erfolgreich. Die Fortschritte der exakten Wissenschaften beruhen zu einem guten Teil darauf, daß sie traditionelle Fragestellungen in eine neue Sprache übertragen; sie finden keine Antwort auf Fragen, die sie nicht selbst formuliert haben. Andererseits wird dieselbe Strategie zum Hemmschuh, wenn man über den Status solcher Forschungen im ganzen diskutieren will. Das methodisch geübte Kannitverstan trocknet eine Diskussion aus, die sich schon im Umkreis eines gemeinsam vorausgesetzten Vorverständnisses immer bewegen muß. Auf diesem Wege fördert man allenfalls einen Ethnozentrismus wissenschaftlicher Subkulturen, der die Offenheit wissenschaftlicher Kritik zerstört."[42]

II. Erkenntnis und Interesse

An anderer Stelle[43] faßt Habermas seine wissenschaftstheoretischen Überlegungen in seiner Lehre von den „erkenntnisleitenden Interessen" zusammen.

Er unterscheidet „drei Kategorien von Forschungsprozessen"[44] als Gegenstand der

1. empirisch-analytischen Wissenschaften,
2. historisch-hermeneutischen Wissenschaften,
3. kritisch orientierten Wissenschaften (oder systematischen Handlungswissenschaften).[45]

Diesen drei Wissenschaftsrichtungen ordnet er jeweils ein „Erkenntnisinteresse" zu:

1. das technische (den empirisch-analytischen Wissenschaften),
2. das praktische (den historisch-hermeneutischen Wissenschaften),
3. das emanzipatorische (den kritisch orientierten Wissenschaften).

„Für drei Kategorien von Forschungsprozessen läßt sich ein spezifischer Zusammenhang von logisch-methodischen Regeln und erkenntnisleitenden Interessen nachweisen. Das ist die Aufgabe einer kritischen Wissenschaftstheorie, die den Fallstricken des Positivismus entgeht. In den Ansatz der empirisch-analytischen Wissenschaften geht ein technisches, in den Ansatz der historisch-hermeneutischen Wissenschaften ein praktisches und in den Ansatz kritisch orientierter Wissenschaften jenes emanzipatorische Erkenntnisinteresse ein, das schon den traditionellen Theorien uneingestanden . . . zugrunde lag."[46]

Das führt er nun im einzelnen aus.

[1.] „In den *empirisch-analytischen Wissenschaften* legt das Bezugs-
system, das den Sinn möglicher erfahrungswissenschaftlicher Aussagen
präjudiziert, Regeln sowohl für den Aufbau der Theorien als auch für
deren kritische Überprüfung fest. Zu Theorien eignen sich hypothe-
tisch-deduktive Zusammenhänge von Sätzen, die die Ableitung von
empirisch gehaltvollen Gesetzeshypothesen gestatten. Diese lassen sich
als Aussagen über die Kovarianz beobachtbarer Größen interpretieren;
sie erlauben bei gegebenen Anfangsbedingungen Prognosen. Empirisch-
analytisches Wissen ist mithin mögliches prognostisches Wissen. Freilich ergibt sich der *Sinn* solcher Prognosen, nämlich ihre technische Ver-
wertbarkeit, erst aus den Regeln, nach denen wir Theorien auf die
Wirklichkeit anwenden.

In der kontrollierten Beobachtung, die oft die Form des Experi-
ments annimmt, erzeugen wir Anfangsbedingungen und messen den
Erfolg der dabei ausgeführten Operationen. Nun möchte der Empirismus den objektivistischen Schein an den in Basissätzen ausgedrückten
Beobachtungen festmachen: darin soll nämlich ein evident Unmittelbares ohne subjektive Zutat verläßlich gegeben sein. In Wahrheit sind
die Basissätze keine Abbildungen von Tatsachen an sich, sie bringen
vielmehr Erfolge oder Mißerfolge unserer Operationen zum Ausdruck. Wir können sagen, daß Tatsachen und die Relationen zwischen
ihnen deskriptiv erfaßt werden; aber diese Redeweise darf nicht ver-
schleiern, daß sich die erfahrungswissenschaftlich relevanten Tatsachen
als solche durch eine vorgängige Organisation unserer Erfahrung im
Funktionskreis instrumentalen Handelns erst konstituieren.

Beide Momente zusammen genommen, der logische Aufbau der zu-
lässigen Aussagensysteme und der Typus der Prüfungsbedingungen,
legen die Deutung nahe: daß erfahrungswissenschaftliche Theorien die
Wirklichkeit unter dem leitenden Interesse an der möglichen informa-
tiven Sicherung und Erweiterung erfolgskontrollierten Handelns erschließen. Dies ist das Erkenntnisinteresse an der technischen Verfügung über vergegenständlichte Prozesse."[47]

[2.] „Die *historisch-hermeneutischen Wissenschaften* gewinnen ihre
Erkenntnisse in einem anderen methodologischen Rahmen. Hier kon-
stituiert sich der Sinn der Geltung von Aussagen nicht im Bezug-
system technischer Verfügung. Die Ebenen von formalisierter Sprache
und objektivierter Erfahrung sind noch nicht auseinandergetreten;
denn weder sind die Theorien deduktiv aufgebaut, noch werden die
Erfahrungen organisiert im Hinblick auf den Erfolg von Operationen.
Sinnverstehen bahnt anstelle der Beobachtung den Zugang zu den Tat-

sachen. Der systematischen Überprüfung von Gesetzesannahmen dort
entspricht hier die Auslegung von Texten. Die Regeln der Hermeneutik bestimmen daher den möglichen Sinn geisteswissenschaftlicher Aussagen.

An jenes Sinnverstehen, dem die Tatsachen des Geistes evident
gegeben sein sollen, hat der Historismus den objektivistischen Schein
reiner Theorie geknüpft. Es sieht so aus, als ob sich der Interpret in den
Horizont der Welt oder der Sprache hineinversetzte, aus der ein überlieferter Text jeweils seinen Sinn bezieht. Aber auch hier konstituieren
sich die Tatsachen erst im Verhältnis zu den Standards ihrer Feststellung. Wie das positivistische Selbstverständnis den Zusammenhang
von Meßoperationen und Erfolgskontrollen nicht ausdrücklich in sich
aufnimmt, so unterschlägt es auch jenes an der Ausgangssituation haf-
tende Vorverständnis des Interpreten, durch das hermeneutisches Wissen stets vermittelt ist. Die Welt des tradierten Sinnes erschließt sich
dem Interpreten nur in dem Maße, als sich dabei zugleich dessen eigene
Welt aufklärt. Der Verstehende stellt eine Kommunikation zwischen
beiden Welten her; er erfaßt den sachlichen Gehalt des Tradierten, indem er die Tradition auf sich und seine Situation *anwendet*.

Wenn aber die methodischen Regeln in dieser Weise Auslegung mit
Applikation vereinigen, dann liegt die Deutung nahe: daß die hermeneutische Forschung die Wirklichkeit unter dem leitenden Interesse
an der Erhaltung und der Erweiterung der Intersubjektivität möglicher handlungsorientierender Verständigung erschließt. Sinnverstehen
richtet sich seiner Struktur nach auf möglichen Konsensus von Handelnden im Rahmen eines tradierten Selbstverständnisses. Dies nennen
wir, im Unterschied zum technischen, das praktische Erkenntnisinteresse."[48]

[3.] „Die systematischen *Handlungswissenschaften*, nämlich Ökonomie, Soziologie und Politik, haben, wie die empirisch-analytischen
Naturwissenschaften, das Ziel, nomologisches Wissen hervorzubringen.
Eine kritische Sozialwissenschaft wird sich freilich dabei nicht bescheiden. Sie bemüht sich darüber hinaus, zu prüfen, wann die theoretischen Aussagen invariante Gesetzmäßigkeiten des sozialen Handelns
überhaupt und wann sie ideologisch festgefrorene, im Prinzip aber ver-
änderliche Abhängigkeitsverhältnisse erfassen. Soweit das der Fall ist,
rechnet die *Ideologiekritik*, ebenso übrigens wie die *Psychoanalyse*,
damit, daß die Information über Gesetzeszusammenhänge im Bewußtsein des Betroffenen selber einen Vorgang der Reflexion auslöst; dadurch kann die Stufe unreflektierten Bewußtseins, die zu den Aus-
gangsbedingungen solcher Gesetze gehört, verändert werden. Ein
kritisch vermitteltes Gesetzeswissen kann auf diesem Wege das Ge-

setz selbst durch Reflexion zwar nicht außer Geltung, aber außer Anwendung setzen.

Der methodologische Rahmen, der den Sinn der Geltung dieser Kategorie von kritischen Aussagen festlegt, bemißt sich am Begriff der *Selbstreflexion.* Diese löst das Subjekt aus der Abhängigkeit von hypostasierten Gewalten. Selbstreflexion ist von einem emanzipatorischen Erkenntnisinteresse bestimmt. Die kritisch orientierten Wissenschaften teilen es mit der Philosophie."[49]

Im Lichte der vorher besprochenen Ausführungen von Habermas sind diese schwierigen Erörterungen etwa so zu interpretieren:

Das Dreierschema möglicher Wissenschaftsstile und der ihnen zugeordneten Erkenntnisinteressen ist wiederum dialektisch zu verstehen: die „kritisch orientierten" „systematischen Handlungswissenschaften" nehmen Elemente sowohl des Empirisch-Analytischen als auch des Hermeneutischen mit auf.

Sowohl die empirisch-analytische als auch die hermeneutische Zugangsweise *allein* sind unzulänglich, da beide dem „objektivistischen Schein" ausgeliefert sind:

die empirisch-analytische Methode, indem sie „Basissätze" (das heißt Protokollaussagen) als „Abbildungen von Tatsachen an sich" mißversteht,[50] und die hermeneutische Methode, indem sie glaubt, daß „sich der Interpret in den Horizont der Welt oder der Sprache hineinversetzte, aus der ein überlieferter Text jeweils seinen Sinn bezieht";[51] hier wird das „Vorverständnis des Interpreten" unterschlagen, „durch das hermeneutisches Wissen stets vermittelt ist. Die Welt des tradierten Sinnes erschließt sich dem Interpreten nur in dem Maße, als sich dabei zugleich dessen eigene Welt aufklärt."[52]

Die systematischen Handlungswissenschaften gehen zwar auf nomologisches (auf Gesetze gerichtetes) Wissen aus, verknüpfen aber ihre Bemühungen mit einer Selbstreflexion, die offenbar, ohne daß Habermas es an dieser Stelle ausdrücklich sagte, wieder nur aus der Hermeneutik erwachsen kann.[53]

Auch in diesem Zusammenhang wird wieder deutlich: Habermas' Kritik an der Hermeneutik, seine These, das „Sichhineinversetzen" „in den Horizont der Welt", mit der man sich historisch beschäftigt, sei Illusion, da hermeneutisches Wissen stets durch Vorverständnis vermittelt sei, ist nur unter der

Voraussetzung einer „*systematischen*" Fragestellung sinnvoll. Denn nur in diesem Fall geht der Fragende ausdrücklich von seiner Gegenwartssituation aus, für die er Klärung und Hilfe sucht. Dagegen fragt es sich doch, ob eine „Historie, die nichts als Historie sein will", nicht gerade dadurch gekennzeichnet ist, daß sie das „Anderssein" des historischen Gegenstandes von vornherein voraussetzt und im Verstehen zu ergreifen sucht.[54]

Eine endgültige Stellungnahme zu Habermas' wissenschaftstheoretischem Konzept, insbesondere zu dem zentralen Problem des Verhältnisses zwischen „analytischer" und „dialektischer" Betrachtung des sozialen Bereiches, ist im Rahmen dieses Bandes nicht mehr möglich. Sie soll in dem Band Marxismus und bürgerliche Wissenschaft" erfolgen.

ANMERKUNGEN

In der deutschen geisteswissenschaftlichen Literatur war es früher nicht üblich, Bücher außer mit dem Anmerkungsapparat auch noch mit einem gesonderten Literaturverzeichnis zu versehen. Der Leser mußte alle Literaturangaben den Anmerkungen entnehmen, was vor allem angesichts der berüchtigten „aaO"-Verweisungen ohne Angabe der Erstzitierung des betreffenden Titels oft eine mühsame Sache war.

Seit einigen Jahren findet man nun erfreulicherweise immer häufiger wissenschaftliche Veröffentlichungen mit einer gesonderten Bibliographie versehen. Das hat allerdings vielfach dazu geführt, den Anmerkungsapparat drastisch zu rationalisieren; es erscheinen oft überhaupt keine Buchtitel mehr, sondern nur noch Verfassernamen mit Nummern, die auf den vollständigen Titel im Literaturverzeichnis verweisen, oder gar nur die Nummern des Literaturverzeichnisses ohne Angabe der Verfasser der zitierten oder angezogenen Stellen, da sich mit der Nummer des Literaturverzeichnisses ja auch der Name des Verfassers von selbst ergibt.

Vom Standpunkt konsequenter Rationalisierung ist hiergegen nichts einzuwenden; hingegen scheint es mir doch eine gewisse Unfreundlichkeit dem Leser gegenüber zu bedeuten, wenn er jeden einzelnen Literaturhinweis erst entschlüsseln muß. Der Leser hat meiner Meinung nach einen Anspruch darauf, in der Anmerkung selbst zu erfahren, mit welchem Verfasser und welchem Buch er es zu tun hat.

Aus diesem Grunde soll in unserem Anmerkungsapparat ein Mittelweg eingeschlagen werden. Das Literaturverzeichnis enthält alle wichtigen zitierten Titel vollständig. Trotzdem wird in den Anmerkungen jeweils eine gekürzte Titelfassung und nicht bloß eine Nummer zitiert, so daß der Leser immer unmittelbar weiß, von welcher Veröffentlichung die Rede ist. Gekürzte Titel bzw. bloße Titelangaben ohne Ort, Verlag und Jahr verweisen also stets auf das Literaturverzeichnis.

Gelegentlich wird auf das Literaturverzeichnis auch nur durch Nennung von Autorennamen hingewiesen. Der erste Band unserer „Wissenschaftstheorie" ist mit „SEIFFERT, I" zitiert. Bloße Seitenzahlen beziehen sich stets auf den jeweils zuletzt genannten Titel.

In jeder wissenschaftlichen Darstellung müssen beiläufig Titel erwähnt werden, die für das Thema nur periphere Bedeutung haben und das Literaturverzeichnis unnötig anschwellen lassen würden. Diese Titel werden daher nicht im Literaturverzeichnis genannt, dafür jedoch in den Anmerkungen vollständig aufgeführt (bei zwei- oder mehrmaliger Nennung unter Hinweis auf die Anmerkung, in der die erstmalige Zitierung zu finden ist – also nicht mit „aaO"!).

Umgekehrt sind in das Literaturverzeichnis auch eine Anzahl Titel aufgenommen worden, die der Text gar nicht erwähnt, die jedoch von Bedeutung für das Thema sind.

Durch beide Maßnahmen soll erreicht werden, daß das Literaturverzeichnis nicht ein Sammelsurium zufällig zitierter Literatur, sondern eine brauchbare Auswahlbibliographie wird.

ZUR EINFÜHRUNG

[1] Ludwig WITTGENSTEIN: Tractatus logico-philosophicus. Logisch-philosophische Abhandlung. Frankfurt: Suhrkamp 1963. (Edit. Suhrkamp. 12.) S. 114 (Satz 6.52). – Zitiert von Jürgen HABERMAS, in: POSITIVISMUSSTREIT, S. 171; vgl. den ganzen Abschnitt ebenda S. 170 bis 175.

[2] STEGMÜLLER, Hauptströmungen, S. 386 f. – STEGMÜLLER referiert hier die Auffassung des frühen Rudolf CARNAP und bemerkt selbst in dem der von uns zitierten Stelle unmittelbar folgenden Satz: „Die hier geschilderte Fassung des empiristischen Sinnkriteriums [Sinnkriterium: Maßstab dafür, ob eine Aussage als sinnvoll angesehen werden soll] hat sich als zu eng erwiesen." (S. 387.) – Die pointierte Formulierung STEGMÜLLERS soll uns also hier lediglich als Beispiel für eine mögliche extrem empiristische Einstellung dienen; selbstverständlich soll damit nicht behauptet werden, daß sich der spätere CARNAP oder STEGMÜLLER selbst mit dieser Auffassung identifizierten. Das wäre eine wissenschaftshistorische Frage, die uns in diesem Zusammenhang nicht zu interessieren braucht; es gilt nur möglichen Mißverständnissen vorzubeugen.

[3] Vgl. HABERMAS, in: POSITIVISMUSSTREIT, S. 155–170.

ERSTER TEIL. DIE PHÄNOMENOLOGIE

EINLEITUNG. BEHAVIORISMUS UND „LEBENS"WISSENSCHAFT

[1] SEIFFERT, I, S. 195–198.

[2] S. 190–193. – Zum Begriff des „Konstruktes" vgl. jetzt auch SCHNEEWIND, Psychologie.

[3] SEIFFERT, I, S. 196 f. – Klärung in diesen Erörterungen verdanke ich Diskussionen mit Alfred Hoffmann.

[4] Jürgen HABERMAS spricht vom positivistischen „Dualismus von Tatsachen und Entscheidungen"; in: POSITIVISMUSSTREIT, S. 170–175. – Vgl. auch HABERMAS, Theorie und Praxis, S. 239–244.

[5] HABERMAS, Theorie und Praxis, S. 242–244. – In: POSITIVISMUS-STREIT, S. 172–175.

1. KAPITEL. DIE INTERSUBJEKTIVITÄT DES SUBJEKTIVEN

[1] SEIFFERT, I, S. 23–26.

[2] S. 42–46.

[3] Vgl. KAMBARTEL, Erfahrung und Struktur, S. 28–30, zu LOCKE. – Eine treffende Formulierung des Problems hat Ludwig WITTGENSTEIN in seinem Vergleich mit dem Käfer in der Schachtel gegeben: „Angenommen, jeder besäße eine Schachtel, in der sich etwas befindet, das wir ‚Käfer‘ nennen. Keiner sei imstande, in die Schachtel eines anderen zu schauen . . . . Dann könnte es sein, daß jeder ein anderes Ding in der Schachtel hat" – und trotzdem bezeichnen wir jeder unser Ding als „Käfer". (Nach der Erörterung bei Wolfgang STEGMÜLLER, Hauptströmungen, S. 658.)

[4] KAMBARTEL, Erfahrung und Struktur, S. 29 f.

[5] SEIFFERT, I, S. 21–23.

[6] Auch an dieser Stelle sei noch einmal auf das Problem hingewiesen, das wir bereits im ersten Band (S. 22 f.) erörterten: die Sprachanalyse ist die *gegenwärtig* entwickelte und herrschende Methode, bestimmte grundlegende Probleme der Philosophie zu bewältigen. Das letzte Wort kann sie sicherlich nicht sein; sie wird dereinst als *ein* Moment mit anderen in einen neuen, umfassenderen Klärungsversuch eingehen müssen.

[7] Vgl. WITTGENSTEINS Schmerzproblem; STEGMÜLLER, Hauptströmungen, S. 645–672.

[8] Jedes nicht ganz gekonnte Schauspielern wird sich durch bestimmte „Unechtheiten" im Ausdruck über kurz oder lang verraten. Natürlich ist hier „Unechtheit" wieder so ein Wort, das man nur aus der Situation selber verstehen kann. Ohne eine gewisse Lebenserfahrung kommt man bei der Beurteilung, ob eine Bekundung „echt" oder „unecht" ist, nicht aus. Manches, was man bei geringer Erfahrung für „echt" hält, entlarvt man bei größerer Erfahrung als „unecht". Das gilt zum Beispiel für die stereotype Wendung gegenüber Einsendern von Manuskripten oder auch bereits gedruckten Texten: „Ich habe Ihre Ausfüh-

rungen mit Interesse gelesen." – Aber auch hier gilt natürlich, daß nicht jede Äußerung dieser Art „geheuchelt" sein kann; wie wäre es sonst zu erklären, daß Manuskripte wirklich gedruckt, Bücher wirklich Bestseller werden können?! – In den meisten Fällen werden wir – sofern wir nur über einige Lebenserfahrung verfügen – ein „unechtes" und ein „echtes" Lob schon an der Formulierung unterscheiden. Gerade wo simuliert wird, durchschauen wir es als Bestandteil einer Situation. Eben dadurch, daß wir Simulation als Möglichkeit einkalkulieren, können wir uns der Aufrichtigkeit einer Bekundung im gegebenen Falle umso sicherer sein.

[9] Vgl. Otto Friedrich BOLLNOW, Stimmungen, vor allem S. 33–53. BOLLNOWs Fragerichtung ist allerdings eher individualistisch, weniger auf soziale Situationen bezogen.

[10] STRASSER, Phänomenologie, S. 61 f. – Vgl. HUSSERL, Krisis, S. 128 f. – Die Ähnlichkeit zwischen STRASSERs Kochtopf-Argument und gewissen Gedankengängen der mathematischen Konstruktivisten ist unverkennbar; vgl. SEIFFERT, I, S. 121–123.

2. KAPITEL. WAS IST PHÄNOMENOLOGIE?

[1] Zur Einführung in die Phänomenologie auch im „Schul"sinne seien aus unserem Literaturverzeichnis folgende Bücher genannt: BOCHENSKI (Phänomenologie-Abschnitt); BOLLNOW (vor allem *Die Lebensphilosophie, Mensch und Raum, Philosophie der Erkenntnis* und *Das Wesen der Stimmungen*); DIEMER/FRENZEL (Artikel „Phänomenologie"); HUSSERL; PLESSNER; SCHELER; SCHÜTZ; STEGMÜLLER (Kapitel über Brentano, Husserl, Scheler); STRASSER (besonders zu empfehlen). – Wohl der größte Meister „einer schlichten ‚nichtzünftigen' Phänomenologie des Gegebenen" (Joseph KLEIN, in: Die Religion in Geschichte und Gegenwart, 3. Aufl., 3. Band, 1959, Sp. 83) ist Nicolai HARTMANN gewesen, dessen *Problem des geistigen Seins* einer der reichhaltigsten und tiefsten Beiträge zur Lebens- und Geschichtsphilosophie ist, die wir besitzen.

[2] BAHRDT, „Die wohnliche Stadt", S. 13. – Bereits zitiert in SEIFFERT, I, S. 243, und erörtert ebenda S. 242–246. – Vgl. die Ausführungen bei Otto Friedrich BOLLNOW, Mensch und Raum, S. 149–154. S. 152: „Alle sog. ‚Wohnkultur' und aller kunstgewerbliche Geschmack reichen nicht aus, der Wohnung jene Wohnlichkeit zu geben, die jeden Eintretenden sogleich gefangen nimmt."

[3] BOLLNOW, Mensch und Raum, S. 58 f. – Der Absatz zwischen „habe." und „Ebenso" ist von H. S. eingefügt.

[4] PLESSNER, Hochschullehrer I, S. 31–33. – Hierzu auch die klassischen Ausführungen von Max WEBER: Wissenschaft als Beruf. 3. Aufl.
München u. Leipzig: Duncker + Humblot 1930. (Wissensch. Abhandlungen und Reden zur Philos., Pol. u. Geistesgeschichte. VIII.) S. 8–11.
= In: Max WEBER: Gesammelte Aufsätze zur Wissenschaftslehre. Tübingen: Mohr 1922. S. 527–530.

[5] GOLDSCHMIDT, in: PLESSNER, Hochschullehrer I, S. 46.

[6] Vgl. SEIFFERT, I, S. 164–175; 200–202; 232–234.

[7] S. 30–33.

[8] Ich verdanke das Beispiel dem Buch: RUTKOWSKY/REPSCHLÄGER:
Der Hausjurist für alle Rechtsfragen des täglichen Lebens. Erster Band.
12. Aufl. Darmstadt: Juris-Verl. 1954. S. 149–151. – Vgl. auch Ivan
GLASER: Sprachkritische Untersuchungen zum Strafrecht. Am Beispiel
der Zurechnungsfähigkeit. Mannheim u. a.: Bibl. Inst. 1970. (BI-Hochschultaschenbücher. 516/516 a.) Vor allem S. 10–14.

[9] STRASSER, Phänomenologie, Vorwort S. V. – Vgl. auch Günther
BUCK: Lernen und Erfahrung. Zum Begriff der didaktischen Induktion. Stuttgart u. a.: Kohlhammer 1967. S. 83–145, vor allem S. 113
bis 122.

[10] Vgl. das Interview-Material bei PLESSNER, Hochschullehrer I,
S. 55–310. – Zu nennen wären hier auch die Äußerungen bei Hans
ANGER: Probleme der deutschen Universität. ... Tübingen: Mohr
1960. XV, 675 S.

[11] In seinem Vorwort von 1956 distanzierte PLESSNER selbst sich in
gewisser Weise von bestimmten seiner Äußerungen aus dem Jahre
1924: es „mag manche Wendung des Aufsatzes heute reaktionär und
überholt klingen ...“ (S. 14).

ZWEITER TEIL

DIE HERMENEUTIK UND DIE HISTORISCHE METHODE

EINLEITUNG. PHÄNOMENOLOGIE – HERMENEUTIK – GESCHICHTE

[1] SEIFFERT, I, S. 125–129.

1. KAPITEL. „HISTORIE, DIE NICHTS ALS HISTORIE SEIN WILL“

[1] Geschichte als *res gestae* („vollbrachte Taten“); Robin George
COLLINGWOOD, Geschichte, S. 15 f. – „Das Geschichtsdenken der Auf-

klärung [das im Laienverständnis des 20. Jahrhunderts mit entsprechender Verzögerung nachgewirkt hat] war von der Grundidee getragen, daß der Mensch in allen Zonen und Breiten und unter allen geschichtlichen Bedingungen des gleiche ... Wesen sei, das zwar ... vom Wege ... abirren könne, aber auch durch eben diese Verirrungen nur die Unwandelbarkeit seiner Art bestätige." (Theodor SCHIEDER, Geschichte, S. 198.) – Vgl. auch BULTMANN, Eschatologie, S. 10–12.

[2] Um Mißverständnisse zu vermeiden: unsere Schilderung soll nicht einen etwa gegebenen Geschichts*unterricht* kritisieren, sondern nur das *Bild* von der Geschichte beschreiben, das die meisten Menschen heute tatsächlich besitzen. Daß ein guter Unterricht genau die Überlegungen zu seinem Gegenstand machen wird, die wir in dem vorliegenden Teil unseres Bandes anstellen wollen, ist von vornherein selbstverständlich.

[3] Der Alltagsgebrauch des Wortes „Geschichte" hilft uns hier nicht viel weiter. Vgl. die Beispiele für die zahlreichen Verwendungsweisen des Wortes und ihre Charakterisierung bei Karl HEUSSI, Historismus, S. 41–43. – Johan HUIZINGA, Geschichte und Kultur, S. 5, findet folgende drei Bedeutungen von „Geschichte" in unserem Sprachgebrauch: „1) etwas, was geschehen ist, 2) die Erzählung von etwas, was geschehen ist, 3) die Wissenschaft, die sich bemüht, diese Erzählung geben zu können." Ganz offensichtlich führen die Alltagsbedeutungen 1) und 2) nicht über den *res gestae*-Begriff von der Geschichte hinaus; es bliebe Sache der Geschichtswissenschaft im Sinne von Bedeutung 3), das Bewußtsein dafür zu schärfen, daß das tatsächliche Erleben des „Andersseins" auf den „eigentlichen" Begriff von Geschichte im Sinne des „historischen Bewußtseins" führen könnte.

[4] „Was ... wirklich historisches Ereignis ist und Epoche bildet, läßt sich immer nur ... nachträglich erkennen. Besonders gilt dies natürlich für Periodisierungen größeren Stils." (Hans-Joachim SCHOEPS, Geistesgeschichte, S. 40.) – Zum Problem der Periodisierung und der „Zeitalter" als durch Interpretation entstehend vgl.: SCHOEPS, Geistesgeschichte, S. 31–43. – HEIMPEL, Gegenwart, S. 42–66. – KAMLAH, „,Zeitalter'". – KAMLAH, in: KAMLAH/LORENZEN, Propädeutik, S. 103 f. – BESSON, Geschichte, S. 245–269.

[5] WILHELM KAMLAH weist darauf hin, daß das historische Bewußtsein „selbst ein historisches Faktum" ist („,Zeitalter", S. 314).

[6] Nach Leopold v. RANKE „ist ein Fortschritt anzunehmen in allem, was sich sowohl auf die Erkenntnis als auf die Beherrschung der Natur bezieht" – dagegen nicht hinsichtlich der Moral und auch nicht hinsichtlich der „Produktionen des Genius in Kunst, Poesie, Wissenschaft und Staat" (Epochen, S. 11). – Zum Fortschrittsproblem vgl. ferner u. a.: HEUSSI, Historismus, S. 77–88. – COLLINGWOOD, Geschichte, S.

335–349. – Bultmann, Eschatologie, S. 79–83. – Wittram, Interesse, S. 81–94.

[7] Vgl. August Nitschke, in: Besson, Geschichte, S. 253.

[8] Oswald Spenglers *Untergang des Abendlandes* beginnt mit dem Satz: „In diesem Buche wird zum erstenmal der Versuch gewagt, Geschichte vorauszubestimmen." (I, S. 3.) – Vgl. Schieder, Geschichte S. 26; 37; 82 f. – *Eine* nichthistoristische Geschichtsauffassung haben wir an dieser Stelle noch nicht erwähnt: nämlich die „*heilsgeschichtliche*". Sie beruht auf der Vorstellung, daß die Geschichte nach einem von Gott vorherbestimmten „Heilsplan" ablaufe. So unterschied der mittelalterliche Autor Joachim von Fiore (1131–1202) – entsprechend der Trinität – die drei Zeitalter des Vaters, des Sohnes und des Heiligen Geistes. Wie man sieht, ist die heilsgeschichtliche Auffassung insofern mit der Fortschrittsauffassung verwandt, als sie eine „lineare" Entwicklung der Geschichte auf ein bestimmtes Ziel hin annimmt; jedoch ist sie offensichtlich insofern kein Fortschrittsglaube, als die Stationen des Heilsplanes kaum gegeneinander als „schlechter" oder „besser" aufgerechnet werden können: der Heilige Geist ist in diesem Sinne nicht als „Fortschritt" gegenüber dem Sohne oder gar dem Vater denkbar. – Wir sehen: der „heilsgeschichtlichen" Konzeption wohnt eine gewisse Mehrdeutigkeit bei, die die Bestimmung ihres geschichtsphilosophischen Ortes recht schwer macht. Der Heilsplan bezeichnet einerseits einen Fortschritt zu den letzten Stationen, andererseits die Gleichwertigkeit aller Stationen eben als Stationen in Gottes Plan. Die Bedeutung der heilsgeschichtlichen Auffassung für die Fragestellung unseres Bandes liegt darin, daß Hegels und Marx' Geschichtstheorien in gewisser Weise ihr zuzurechnen sind (und damit ihre Problematik teilen). Wir werden das Problem daher dort wieder aufzugreifen haben.

Hier nur folgende bemerkenswerte Äußerung von Reinhard Wittram: „Vergleicht man die beiden Modelle [Zyklen- und Fortschritts- (bzw. heilsgeschichtliches) Modell] miteinander, ... so ist die tiefere Wahrheit u. E. nicht bei der Zyklentheorie, ... sondern beim Kern der Fortschrittsidee." (Interesse, S. 88.)

Zur Heilsgeschichte bzw. zu Joachim von Fiore vgl. Löwith, Heilsgeschehen, insbes. S. 136–147. – Collingwood, Geschichte, S. 60–65. – Bultmann, Eschatologie, S. 65–72, insbes. 71. – Schieder, Geschichte, S. 81–84. – Kamlah, „Zeitalter'". – Wolfgang Mommsen, in: Besson, Geschichte, S. 322–325.

[9] Zum Historismus vgl. folgende Titel unseres Literaturverzeichnisses: Antoni; Bauer, Gerhard; Bernheim; Besson (mehrere einschl. Artikel); Bultmann; Collingwood; Dilthey; Diwald; Freyer;

GADAMER; HARTMANN; HEIMPEL; HEUSSI; HINTZE; HUIZINGA; KAM-
LAH; LITT; LÖWITH; MANNHEIM; MEINECKE; MEYER; MISCH; NIETZ-
SCHE; NITSCHKE; v. RANKE; v. RENTHE-FINK; RICKERT; ROTHACKER;
v. SRBIK; SCHIEDER; SCHOEPS; TROELTSCH; WACH; WINDELBAND;
WITTRAM. − Vor allem die Schriften von BULTMANN, HEUSSI, MANN-
HEIM, MEINECKE, v. RANKE, SCHIEDER, WITTRAM sind für den Anfang
sehr zu empfehlen.

[10] v. RANKE, Epochen, S. 7. − Hervorhebung von H. S.

[11] POPPER, in: NEUSÜSS, Utopie, S. 324.

[12] v. RANKE, Epochen, S. 8.

[13] Da man statt „Historismus" gelegentlich auch die Wortform
„Historizismus" findet und dieses Wort bei dem analytischen Wissenschaftstheoretiker und Geschichtsphilosophen Karl R. POPPER eine zentrale Rolle spielt, ist hier folgende Klarstellung notwendig.

Was POPPER unter „Historizismus" versteht, hat mit „Historismus"
im Sinne der deutschen geschichtsphilosophischen Tradition überhaupt
nichts zu tun. POPPER selbst sagt ja in der Einleitung seines Buches *Das
Elend des Historizismus* unmißverständlich, „daß ich unter ,Histori-
zismus' jene Einstellung zu den Sozialwissenschaften verstehe, die annimmt, daß *historische Voraussage* deren Hauptziel bildet und daß
sich dieses Ziel dadurch erreichen läßt, daß man die ,Rhythmen' oder
,Patterns', die ,Gesetze' oder ,trends' entdeckt, die der geschichtlichen
Entwicklung zugrunde liegen." (S. 2.)

Hiermit ist eindeutig geklärt, daß POPPER gerade an − in unserem
Sinne − *nicht*historistische Geschichtsauffassungen denkt; etwa an zyk-
lische und heilsgeschichtliche, und insbesondere auch an Hegel und
Marx, wie er sie versteht.

[14] Vgl. SCHIEDER, Geschichte, S. 21.

[15] Vgl. v. BRANDT, Werkzeug, S. 7; 11−24, insbes. 15−19, 22.

[16] S. 9.

[17] Vgl. Rudolf STADELMANN in seiner Einleitung zu Jacob BURCK-
HARDTS *Weltgeschichtlichen Betrachtungen:* BURCKHARDTS Leistung
bestand darin, daß er an „die Stelle einer fortschreitenden Erzählung
..., wie man es von Voltaire bis Droysen ... gewohnt war", die
„Schilderung und die ... Analyse der Zeit, ihrer Sitten und Einrichtungen, ... ihrer ... Kunstformen, ihres Persönlichkeitsbegriffs und
ihres Weltgefühls" setzte und so eine neue Ära der Geschichtsdarstellung, gekennzeichnet durch Namen wie DILTHEY und HUIZINGA, eröff-
nete (S. 16).

[18] v. BRANDT, Werkzeug, S. 73. − Wir werden dieses Problem unten
(B III 1) in der Auseinandersetzung mit CARR noch ausführlich erörtern.

¹⁹ Ein anschauliches Beispiel für dieses „kriminalistische" Vorgehen des Historikers werden wir unten (D I) in Gestalt des „Privilegium-Majus"-Falles kennenlernen.

²⁰ v. BRANDT, Werkzeug, S. 68.

²¹ Vgl. S. 72.

²² S. 58–76. – Unabsichtliche Überlieferung: S. 63–64; 66–71. – Absichtliche Überlieferung: S. 64–65; 71–75.

Zur Geschichte der Terminologie sei folgendes angemerkt (vgl. v. BRANDT S. 62 f.): Johann Gustav DROYSEN führte (der Sache nach) die Unterscheidung zwischen unabsichtlicher und absichtlicher Überlieferung ein. Die unabsichtliche Überlieferung nannte er „Überreste", die absichtliche Überlieferung „Quellen". Unter „Denkmälern" (Urkunden, Kunstwerke und ähnliches) verstand er „Dinge, in denen sich beide Formen verbinden" (Historik S. 333; zum Ganzen vgl. S. 332 bis 335 [Kurzformulierung im „Grundriß"] und S. 37–84). Diese Terminologie DROYSENS hatte zwei Nachteile: die Zwischenform „Denkmäler" war unglücklich, und die Bezeichnung „Quellen" für einen Teilbereich dessen, was wir im weiteren Sinne unter „Quellen" verstehen, unpraktisch. – Beide Nachteile vermied Ernst BERNHEIM. Er ließ „Quellen" als Spezialterminus fallen und bezog die „Denkmäler" (Inschriften, Monumente, Urkunden) als Untergruppe in die „Überreste" mit ein, die er im übrigen etwa wie DROYSEN definierte. Die absichtliche Überlieferung nannte er (statt „Quellen" wie DROYSEN) „Tradition" (BERNHEIM, Lehrbuch, S. 255–259). – Ahasver v. BRANDT schließlich übernahm in die Überschriften seiner Darstellung die BERNHEIMschen Termini „Überreste" (S. 66) und „Tradition" (S. 71), operiert aber im Text selbst mit dem von ihm (in Anlehnung an MIKOLETZKYS Wortpaar „Unwillkürlich" – „Willkürlich" [S. 62], das ebenfalls recht gut ist) eingeführten und m. E. äußerst glücklichen Terminuspaar „Unabsichtlich" – „Absichtlich", das ich für die beste Charakterisierung der Quellen-Großgruppen halte und daher in den Vordergrund stelle.

²³ v. BRANDT, Werkzeug, S. 66.

²⁴ S. 64.

²⁵ S. 123.

²⁶ S. 70 f.

²⁷ So der Untertitel des Buches von SCHOEPS *Was ist und was will die Geistesgeschichte: Über Theorie und Praxis der Zeitgeistforschung.*

²⁸ SCHOEPS, Geistesgeschichte, S. 59. – Hier und in den folgenden Zitaten sind etwaige Hervorhebungen bei SCHOEPS nicht berücksichtigt.

²⁹ S. 59.

[30] S. 61.

[31] S. 62–89.

[32] S. 87.

[33] S. 99–116.

[34] Vgl. SEIFFERT, I, S. 187–189.

[35] v. BRANDT, Werkzeug, S. 112.

[36] S. 117–120.

[37] Vgl. BERNHEIM, Lehrbuch, S. 324–561, vor allem 411–447. – QUIRIN, Einführung, S. 160–162.

[38] Zur „lectio difficilior" vgl. QUIRIN, Einführung, S. 162. – Zur »Redundanz"theorie vgl. SEIFFERT, Information, S. 52–79.

[39] Zu Quellenkritik und Editionstechnik allgemein vgl. BERNHEIM, Lehrbuch, S. 324–561. – QUIRIN, Einführung, S. 157–168. – Otto STÄHLIN: Editionstechnik. Ratschläge für die Anlage textkritischer Ausgaben. Völlig umgearb. 2. Aufl. Leipzig u. Berlin: Teubner 1914. VI, 112 S. – Georg WITKOWSKI: Textkritik und Editionstechnik neuerer Schriftwerke. Ein methodologischer Versuch. Leipzig: Haessel 1924. 169 S. – Paul MAAS: Textkritik. 3., verb. u. verm. Aufl. Leipzig: Teubner 1957. 34 S. (1.Aufl. 1927 als T. 7 v. Gercke-Norden, Einl. . . ., Band I, 3. Aufl.) – Hans Werner SEIFFERT: Untersuchungen zur Methode der Herausgebe deutscher Texte. 2. Aufl. Berlin: Akademie-Verl. (1963) 1969. 222 S. (Deutsche Akademie der Wissenschaften zu Berlin. Veröffentlichungen des Instituts für deutsche Sprache und Literatur. 28.) – Peter SZONDI: Hölderlin-Studien. Mit einem Traktat über philologische Erkenntnis. Frankfurt: Insel-Verl. 1967. 151 S.

Auf ein klassisches Beispiel für philologisch-hermeneutische Quellenprobleme stieß ich zufällig bei den Vorarbeiten für diesen Band. Es ist so instruktiv, daß ich es hier näher ausführen möchte.

Einer der Begründer des Historismus im 18. Jahrhundert, Justus MÖSER (ein brillanter Schriftsteller!) hat in der Vorrede zu seiner *Osnabrückischen Geschichte* eine Äußerung getan, die von geschichtsphilosophischen Autoren gern zitiert wird. Sie findet sich zum Beispiel bei Karl MANNHEIM, bei Hans-Joachim SCHOEPS und bei Theodor SCHIEDER und lautet:

Bei MANNHEIM: „Der Stil aller Künste, ja selbst der Depeschen und Liebesbriefe eines Herzogs von Richelieu steht gegeneinander in einigem Verhältniß. Jeder Krieg hat seinen eignen Ton, und die Staatshandlungen haben ihr Colorit, ihr Costume, und ihre Manier in Verbindung mit der Religion und den Wissenschaften." (Zitiert in: MANNHEIM, Wissenssoziologie, S. 478 f., Anm. 114.)

Bei SCHOEPS: „Der Stil aller Künste, ja selbst der Depeschen und Liebesbriefe eines Herzogs von Richelieu steht gegenseitig in einigem

Verhältnis. Jeder Krieg hat seinen eigenen Ton und die Staatsverhandlungen haben ihr Kolorit, ihre Kostüme und ihre Manier in Verbindung mit der Religion und den Wissenschaften." (Zitiert in: SCHOEPS,
Geistesgeschichte, S. 16.)

Bei SCHIEDER: „Der Stil aller Künste, ja selbst der Depeschen und
Liebesbriefe eines Herzogs von Richelieu steht gegeneinander in einigem Verhältnis. Jeder Krieg hat seinen eigenen Ton, und die Staatshandlungen haben ihr Kolorit, ihre Kostüme und ihre Manier in Verbindung mit der Religion und den Wissenschaften." (Zitiert in: SCHIE-
DER, Geschichte, S. 87.)

Nehmen wir an, diese drei Zitate seien Abschriften einer verlorengegangenen Quelle, deren ursprünglichen Wortlaut wir aus diesen Abschriften rekonstruieren wollen, so werden wir folgende Schlüsse
ziehen.

MANNHEIM und SCHIEDER sind untereinander ähnlicher als beide
mit SCHOEPS. Sie haben beide den gleichen Wortlaut (bis auf: *ihr
Costume* – *ihre Kostüme*) und unterscheiden sich lediglich an einigen
Stellen in Orthographie und Interpunktion. SCHOEPS dagegen weicht
im Wortlaut ab: er hat *gegenseitig* statt *gegeneinander* und *Staatsverhandlungen* statt *Staatshandlungen* der anderen beiden.

Wie ist dieses „Zwei gegen einen" zu beurteilen? Wenn zwei Quellen
gegenüber einer dritten den gleichen Wortlaut haben, so kann das
einerseits natürlich bedeuten, daß die eine die andere abgeschrieben
hat. In diesem Fall besagt die Übereinstimmung nichts für die „Richtigkeit" des Wortlautes. Es kann aber auch bedeuten, daß beide unabhängig voneinander die gleiche Vorlage abgeschrieben haben. In
diesem Fall ist die Übereinstimmung umgekehrt ein sehr starkes Indiz
dafür, daß beide richtig abgeschrieben haben und wir also den
ursprünglichen Wortlaut vor uns sehen. Leider bringen nur MANNHEIM
und SCHOEPS, nicht aber SCHIEDER eine Stellenangabe für ihre Zitat-
Vorlage, sodaß nicht nachzuprüfen ist, nach welcher Vorlage SCHIEDER
zitiert hat. Jedoch ist nicht anzunehmen, daß er das Zitat bei MANN-
HEIM entnommen hat. Die Ähnlichkeit zwischen MANNHEIM und
SCHIEDER wird also wohl auf das parallele Abschreiben einer gemeinsamen Vorlage zurückgehen.

Jedoch reicht der bloße Textvergleich für die Bestätigung einer
solchen Vermutung nicht aus. Wir gehen daher jetzt einen Schritt weiter und unterziehen die Textabweichungen einer „hermeneutischen"
Untersuchung.

Staatshandlungen ist im heutigen Deutsch ungewöhnlicher als
Staatsverhandlungen. Es ist die „lectio difficilior" und schon deshalb
wahrscheinlich richtig. Der Kenner der deutschen Sprache des 18. Jahr-

hunderts wird zudem wissen, daß gerade das uns ungewöhnliche Wort *Staatshandlungen* gut in die „Landschaft" des 18. Jahrhunderts paßt. Ähnliches wird man für *gegenseitig* und *gegeneinander* annehmen können.

Interessant ist eine Stelle, die Schoeps und Schieder gegen Mannheim gemeinsam haben. Mannheim: *ihr Costume;* Schoeps und Schieder: *ihre Kostüme.* Bei Schoeps und Schieder wird offensichtlich das französische End-E als deutsches Plural-E mißverstanden und so aus dem eindeutigen Singular (eine Seite vorher heißt es bei Möser: *Das [!] Costume der Zeiten)* ganz unnötiger- und sogar irreführenderweise ein Plural gemacht.

Ohne den Originaltext gesehen zu haben, können wir also mit einiger Sicherheit annehmen, daß Mannheim die genaueste Wiedergabe des Möserschen Textes bietet. Diese Annahme bestätigt sich, wenn wir die von Mannheim und Schoeps als Vorlage genannte Möser-Ausgabe zur Hand nehmen:

Justus Möser: Osnabrückische Geschichte. [1768.] Hg von B. R. Abeken. Erster Theil. ... Berlin: Verl. der Nicolaischen Buchhandlung 1843. Vorrede zur ersten Ausgabe des ersten Theils. S. XXII. (Justus Möser's sämmtliche Werke. Neu geordnet und aus dem Nachlasse desselben gemehrt durch B. R. Abeken. Sechster Theil.)

Hier finden wir den Text buchstäblich wie bei Mannheim – bis auf eine einzige Ausnahme: hinter *Costume* steht bei Mannheim ein Komma, in der Abekenschen Ausgabe nicht! Das ist insofern überraschend, als wir geneigt sein könnten, das Komma vor *und* in Aufzählungen als die „lectio difficilior" und als typisch für das „Colorit" des 18. Jahrhunderts zu nehmen.

Freilich: Nun haben wir die Möser-Philologie immer noch nicht so weit getrieben, daß wir wiederum die Abekensche Ausgabe an den Originaldrucken oder Manuskripten Mösers aus dem 18. Jahrhundert selbst überprüft hätten. Wie zuverlässig der Abekensche Abdruck ist, können wir a priori natürlich auch nicht wissen – braucht uns hier aber nicht weiter zu interessieren.

Das Beispiel zeigt, wie leicht sich auch bei „Berufshistorikern" Unstimmigkeiten in den Zitaten einschleichen können – vermutlich verursacht durch Überlassung von Exzerpten oder Zitatkontrollen an Hilfskräfte.

Unabhängig davon jedoch wird man durchaus darüber streiten können, wieweit eine wörtliche Übernahme von Schreibweisen des Originals in moderne Ausgaben überhaupt nötig ist.

So ist der Mösersche Text in der Ausgabe: Justus Mösers Sämtliche Werke. Dritte Abteilung. Osnabrückische Geschichte und histo-

rische Einzelschriften. Bearb. v. Paul Göttsching. Osnabrückische Geschichte. Allgemeine Einleitung. 1768. Oldenburg u. Hamburg: Stalling
1964. (J. M.s Sämtliche Werke. Historisch-kritische Ausg. in 14 Bänden. ... Band 12,1.) S. 43 orthographisch, interpunktorisch, zum Teil
auch grammatisch normalisiert: „Die von der heutigen Rechtschreibung abweichende Schreibung [MÖSERS] ist nur dort beibehalten, wo
sie auf lautliche Abweichung schließen läßt." (S. 23.)

[40] WITTRAM, Anspruch, S. 29.

[41] CARR, Geschichte, S. 10 f.

[42] S. 8 f. – Über das Verhältnis von Tatsachen und Schlüssen vgl.
auch COLLINGWOOD, Geschichte, S. 142 f.; 187.

[43] CARR, Geschichte, S. 16. – WITTRAM, Interesse, S. 22 f.

[44] v. BRANDT, Werkzeug, S. 36–47. – CARR, Geschichte, S. 11.

[45] v. BRANDT, Werkzeug, S. 45.

[46] S. 46. – Regesten sind Auszüge aus Urkunden, die der Übersicht-
lichkeit halber oder zur Raumersparnis statt des vollen Wortlautes
veröffentlicht werden. Vgl. QUIRIN, Einführung, S. 115–117.

[47] v. BRANDT, Werkzeug, S. 45.

[48] SCHIEDER, Geschichte, S. 76.

[49] Vgl. Ernst SCHWARZ: Deutsche Namenforschung. II. Orts- und
Flurnamen. ... Göttingen: Vandenhoeck + Ruprecht 1950. S. 15.

[50] Vgl. SCHIEDER, Geschichte, S. 37. – WITTRAM, Anspruch, S. 28 f.

[51] CARR, Geschichte, S. 8–10. – COLLINGWOOD, Geschichte, S. 142 f.;
187.

[52] Vgl. WITTRAM, Interesse, S. 22 f.: „Der Historismus hat das Faktum anspruchsvoller, hintergründiger und interessanter gemacht, zugleich freilich auch empfindlicher und anfälliger" – weil nämlich in
eine gesicherte Tatsache die Deutung schon eingegangen ist. – Und
umgekehrt: „Keine Aussage ohne Deckung, ohne überzeugenden Nachweis"! (WITTRAM, Anspruch, S. 29) – Schon Friedrich MEINECKE hatte
gesagt, man vergesse oft, „daß man den alten verachteten Spezial-
wissenschaften nicht nur das Tatsachenmaterial zu danken hat, mit dem
die neuen kühnen ‚Synthesen' des geschichtlichen Lebens gezimmert werden, sondern auch die Verfeinerung und Vergeistigung des historischen
Blickes, ... dessen man sich jetzt rühmt." (MEINECKE, Werke IV,
S. 184; mit Bezug auf Autoren wie Oswald SPENGLER.)

[53] KIRN/LEUSCHNER, Einführung, S. 19 f.

[54] BERNHEIM, Lehrbuch, S. 205 f. – Vgl. auch WITTRAM: „... bei
scharfem und genauem Hinsehen kann das Detail, wenn uns die Überlieferung günstig ist, soviel Farbe und Gestalt gewinnen, daß wir
sagen mögen: dies kann nicht falsch sein." (Interesse, S. 23.)

[55] BERNHEIM, Lehrbuch, S. 7 f.

⁵⁶ WINDELBAND, Präludien 2, S. 154.

⁵⁷ Theodor LESSING, Sinngebung, S. 23.

⁵⁸ Vgl. SCHIEDER, Geschichte, S. 102–104.

⁵⁹ MARX, Kapital I, S. 269 f.

⁶⁰ Vgl. SCHIEDER, Geschichte, S. 37. – WITTRAM, Anspruch, S. 28 f.

⁶¹ Bereits im ersten Band erörterten wir das Problem der Herme-
neutik, insbesondere des hermeneutischen Zirkels, kurz: SEIFFERT, I,
S. 125–129. Vgl. auch SEIFFERT, Information, S. 95–124. – Mit der
Hermeneutik beschäftigen sich folgende in unserem Literaturverzeich-
nis aufgeführte Titel: APEL; BERNHEIM; BETTI; BOECKH; BOLLNOW;
BUBNER/CRAMER/WIEHL; BULTMANN; DIEMER/FRENZEL; DILTHEY;
DIWALD; DROYSEN; EBELING; FREYER; FRIEDRICH/KILLY; GADAMER;
GOMPERZ; HABERMAS; HENRICHS; HEUSSI; KAMLAH; KAMLAH/LOREN-
ZEN; KRAUSSER; KÜMMEL; MANNHEIM; MEINECKE; MISCH; NITSCHKE;
QUIRIN; RADNITZKY; v. RANKE; ROTHACKER; SPRANGER; STEGMÜLLER;
STRASSER; TROELTSCH; WACH; WITTRAM.

⁶² SEIFFERT, I, S. 113–121.

⁶³ In der historischen Sprachwissenschaft kennzeichnet der Stern eine
erschlossene, nicht durch Überlieferung belegte Wortform.

⁶⁴ Vgl. GADAMER, Wahrheit und Methode, S. 250–290. – KÜMMEL,
Vorverständnis. – KAMLAH/LORENZEN, Propädeutik, vor allem S. 15
bis 27. – Eins der bedeutendsten Grundwerke für die historisch-philologische Methode des „Verstehens" ist nach wie vor die „Enzyklopädie" von August BOECKH, deren Lektüre reichen Gewinn für das Verständnis gerade der „handwerklichen" Verwendung der hermeneutischen Methode in konkreten Forschungsfällen – die manchem nicht-
geisteswissenschaftlichen Wissenschaftstheoretiker ein Buch mit sieben
Siegeln zu sein scheint – bietet. – So etwa S. 108 Bemerkungen über
jenen „Cirkel", nach dem „Structur" und „Flexionsform" sich gegenseitig bedingen.

⁶⁵ BOECKH, Enzyklopädie, S. 109 f.

⁶⁶ BERNHEIM, Lehrbuch, S. 592.

⁶⁷ TACITUS, Annalen, I 3. – Vgl. z. B. folgende Übersetzungs-Aus-
gabe: TACITUS: Annalen. Deutsch v. August Horneffer. M. e. Einl. v.
Joseph Vogt und Anmerkungen v. Werner Schur. . . . Stuttgart: Kröner
1964. XLII, 611 S. (Kröners Taschenausgabe. 238.) S. 4.

⁶⁸ Nach BERNHEIM, Lehrbuch, S. 592. – Die Übernahme und Abwandlung der BOECKHschen Interpretation durch BERNHEIM ist übrigens selbst ein Beispiel für die Situation, vor der wir in der Quellenkritik oft stehen: ein späterer Autor gibt den Text eines früheren
ungefähr, aber nicht genau wieder, und wir müssen die Abweichungen

genau registrieren und interpretieren. – Aus Raumgründen können wir den Text BOECKHS leider nicht hierhersetzen.

[69] Andreas GRYPHIUS: Dichtungen. Hg v. Karl Otto Conrady. (Reinbek:) Rowohlt 1968. (Rowohlts Klassiker . . . . 500/501.) S. 20.

[70] (Johann Wolfgang GOETHE:) Gedichte Goethes aus den Jahren 1766–1784. Hg v. Otto Olzien. Göttingen: Vandenhoeck + Ruprecht 1947. (Göttinger Lesebogen zur Deutschen Lit.gesch. 2. Reihe. 4.) S. 15 (Fassung a)).

[71] „Unsere klassische Literatur, die Zeit um und nach 1800, hat die Sprache geschaffen, in der wir uns einigermaßen verständigen. Schiller, Goethe und Kleist können im Ganzen doch noch von uns und von unseren Schulkindern im unbewußten Einklang mit unserer Sprache aufgefaßt werden." So Hermann HEIMPEL (Gegenwart, S. 16). Reinhard WITTRAM dagegen meint: „In vielen Stücken ist auch uns das 19. Jahrhundert schon ferngerückt, so daß wir Gefahr laufen, den Gleichklang der Worte für Übereinstimmung in der Sache zu nehmen und damit den genauen Sinn des Gemeinten zu verfehlen. Das gilt ohne Zweifel bereits für die Sprache Goethes, die Ranke in seiner Jugend noch als ‚zu modern' empfand, während wir uns des Altertümlichen in ihr bewußt werden." (Interesse, S. 33.) – Für die heute über Dreißigjährigen wird man HEIMPEL recht geben wollen; für die heutigen Schüler und Studenten hingegen dürfte die Selbstverständlichkeit der GOETHEschen „Bildungssprache" in Frage gestellt sein. – Davon unabhängig besteht jedoch die Frage des hermeneutischen „Sicheinarbeitens"; vgl. das im Haupttext Folgende.

[72] Der Interpretierende setzt zunächst voraus, daß auch etwas, was er nicht auf Anhieb versteht, „wahr" und damit im Endergebnis auch für ihn verständlich ist: vgl. GADAMER, Wahrheit und Methode, S. XIV; 252–254; 278. – KRAUSSER, Vernunft, S. 20–22.

[73] Zum Problem der Relativität der Sachkenntnis vgl. SEIFFERT, Information, S. 103–108; 144–150.

[74] BURCKHARDT, Weltgeschichtliche Betrachtungen, S. 41.

[75] Johann Sebastian BACH: Gesammelte Briefe. Hg v. Erich H. Müller von Asow. Regensburg: Bosse 1938. (Deutsche Musikbücherei. 1.) S. 86. – Daß es allein schon ein Problem ist, „andersartige" Verhältnisse der Vergangenheit zu erfassen, zeigt zum Beispiel die Tatsache, daß der Leipziger Thomaskantor im 18. Jahrhundert keineswegs (wie man sich das – heutige Gegebenheiten in die Vergangenheit projizierend – vorstellen könnte) nur Kirchenmusiker war, sondern außerdem einerseits Lehrer an der Thomasschule (mit der Verpflichtung, auch Lateinunterricht zu erteilen!), andererseits städtischer Musikdirektor. – Vgl. Friedrich BLUME, in: Die Musik in Geschichte und Gegenwart. . . . Band I. . . . Kassel u. Basel: Bärenreiter-Verl. 1949–1951. Sp. 983–985.

[76] SEIFFERT, I, S. 60; hierzu die Anm. S. 251–253. – KAMLAH/LO-
RENZEN, Propädeutik, S. 128–135.

[77] BACH, Briefe (Anm. 75), S. 87: „... werde genöthiget werden,
mit des Höchsten Beystand meine Fortun anderweitig zu suchen."

[78] v. BRANDT, Werkzeug, S. 78. – Das folgende Zitat S. 121. – Der
berühmte klassische Philologe Ulrich v. WILAMOWITZ-MOELLENDORFF
hat gesagt (die Stelle kann ich zur Zeit nicht nachweisen): „Wer zwischen Varianten, also der fließenden Überlieferung ..., und Schreib-
fehlern nicht unterscheiden kann, ist der Aufgabe des Herausgebers
nicht gewachsen."

Auch diese Bemerkung ist ein Beitrag zum Problem des in einem
bestimmten historischen Zusammenhang „Möglichen" und „nicht Möglichen". Denn: Varianten fallen in den Bereich des für die jeweilige
Quelle „Möglichen", Schreibfehler sind, weil sinnlos, auch in einem von
dem uns Gewohnten abweichenden Text „nicht möglich". Eine erfahrene Sekretärin und ein guter Setzer werden bei der Bearbeitung ihnen
anvertrauter Vorlagen stets zwischen vom Autor beabsichtigten, weil
„historischen" Abweichungen und bloßen Versehen zu unterscheiden
wissen und daher erstere gewissenhaft übernehmen, letztere stillschweigend verbessern. Wer in einem mit der Schreibmaschine geschriebenen Text statt des Wortes ,tätig' die Wortform ,thätig' findet,
wird sich darüber klar sein, daß es sich dabei um eine historische,
früher übliche Schreibweise für ,tätig' handelt, die um der philologischen Akribie willen übernommen werden muß; findet er dagegen
die Wortform ,täzig', so wird er mit Recht vermuten, daß hier ein
schlichter Tippfehler vorliegt, verursacht durch die benachbarte Lage
von ,t' und ,z' auf der Schreibmaschine.

[79] Vgl. Hans BAER: Bibliographie und bibliographische Arbeits-
technik. Eine Einführung. Frauenfeld: Huber 1961. (Bibliothek des
Schweizer Buchhandels. 3.) S. 144–149. – Die zitierten Beispiele:
S. 148 f.; 147 f.; 149.

[80] a) HEGEL, Phänomenologie des Geistes, Vorrede, S. 24. – Hegels
Hervorhebungen sind nicht berücksichtigt. Das Wort „[das]" steht so
(mit eckigen Klammern) in Hoffmeisters Text. – b) HEGEL, Encyclopädie der philosoph. Wissenschaften, Einleitung, § 18, S. 50.

[81] Vgl. SEIFFERT, I, S. 61–63; 77–80.

[82] KAMLAH/LORENZEN, Propädeutik, S. 23.

[83] Ein solches Bild vermittelt zum Beispiel Heinz QUIRINS *Einführung in das Studium der mittelalterlichen Geschichte.* Wir werden
darauf zurückkommen.

[84] BERNHEIM, Lehrbuch, S. 340–345. – Vgl. auch QUIRIN, Einführung, S. 81.

[85] SEIFFERT, I, S. 136–145.

[86] S. 152–155.

[87] STEGMÜLLER, Einheit, S. 9 f.

[88] S. 10 f.

[89] S. 9. – Eine ausführlichere, aber in der Tendenz ähnliche Darstellung seiner Auffassung vom „Verstehen" gibt STEGMÜLLER jetzt in seiner großen Wissenschaftstheorie *(Probleme und Resultate)*, Band I, S. 360–375.

[90] SEIFFERT, I, S. 218–225. – S. 152–155; hierzu S. 259, Anm. 22.

[91] COLLINGWOOD (Geschichte, S. 140) bemerkt treffend: Die im 19. Jahrhundert neu ausgebildete historische Methode „bestand in einer ... gründlichen Tatsachenforschung, die sich nicht um die Aufforderung des Positivismus kümmerte, von dieser Tatsachenforschung sich alsbald einer zweiten (vom Positivismus angenommenen) Stufe, der Auffindung allgemeiner Gesetze, zuzuwenden."

[92] APEL, „Entfaltung", S. 255 f.

[93] Johann Wolfgang GOETHE: Faust. Der Tragödie Erster Theil. Nacht. Vers 577–579. [Gespräch mit Wagner.] GOETHES Werke. Hg im Auftrage der Großherzogin Sophie von Sachsen. 14. Band. Weimar: Böhlau 1887. S. 35.

[94] Vgl. GADAMER, Wahrheit und Methode, S. 250–290; bes. 252–254, 275–283. – Vgl. auch die Bemerkung über die „Andersartigkeit" des Kantorenamtes im 18. Jahrhundert, oben Anm. 75.

[95] QUIRIN, Einführung, S. 22; 24.

[96] So bemerkt Peter WAPNEWSKI, in: KOLBE, Ansichten, S. 105, mit vollem Recht: „Alle historische Wissenschaft hat konservierenden Charakter. Das ist ihr Wesen. Sie zeichnet sich zudem aus durch konservative Haltung. Das braucht ihr Wesen nicht zu sein."

[97] CARR, Geschichte, S. 14.

[98] v. BRANDT, Werkzeug, S. 72 f.

[99] Vgl. auch August NITSCHKE, Mittelalter, S. 201: „Im frühen und hohen Mittelalter war das soziale Leben weitgehend durch die Geistlichkeit bestimmt." Eine solche Aussage kann offensichtlich durch ideologiekritische Einwände gerade nicht widerlegt, sondern nur bestätigt werden!

[100] Zur Erläuterung der Termini „Objekt-" und „Meta-" vgl. SEIFFERT, I, S. 73–77.

[101] Vgl. unten (D IV 1).

[102] KAMLAH/LORENZEN, Propädeutik, S. 104. – Vgl. auch KAMLAH, „Zeitalter'".

[103] Vgl. Ulfert RICKLEFS, „Hermeneutik", S. 292: „Wahre Auslegung zeichnet sich dadurch aus, daß sie den Text für den Leser stärker, reicher, unendlicher werden läßt, nicht ihn zu ersetzen sucht."

[104] Vgl. HABERMAS, Protestbewegung, vor allem die Einleitung, S. 9–50.

[105] WITTRAM, Interesse, S. 35–43. – Schon Justus MÖSER spricht von der „... Geschichte einzelner Worte, welche immer von Jahrhundert zu Jahrhunderte einen andern Sinn erhalten haben ... ." MÖSER, Osnabrückische Geschichte, hg v. B. R. Abeken (Anm. 39), S. IX.

[106] S. 36.

[107] S. 35–37.

[108] S. 37.

[109] S. 37.

[110] S. 38.

[111] KAMLAH/LORENZEN, Propädeutik, S. 88.

[112] Vgl. WITTRAM, Interesse, S. 35–43.

[113] S. 43.

[114] Diese Wendung habe ich gebildet, angeregt durch René KÖNIG, der (KÖNIG, Soziologie, S. 8) „eine Soziologie" fordert, „die nichts als Soziologie ist".

[115] WITTRAM, Interesse, S. 45 f.

[116] BERNHEIM, Lehrbuch, S. 344.

[117] NITSCHKE, in: BESSON, Geschichte, S. 135; vgl. 149.

[118] BERNHEIM, Lehrbuch, S. 331.

[119] S. 338.

[120] v. BRANDT, Werkzeug, S. 120 f.

[121] S. 121.

[122] Vgl. SEIFFERT, I, S. 139–160; 198–225. – Ferner unsere Auseinandersetzung mit STEGMÜLLER, oben (D II 1). – Die wohl schärfste Formulierung der Funktion empirischer Forschung im Rahmen der analytischen Wissenschaftsauffassung hat Ralf DAHRENDORF gegeben: „Die Intention der Erfahrungswissenschaft ist ... stets theoretisch. Empirische Forschung hat ihren logischen Ort strenggenommen nur als Kontrollinstanz der aus Theorien abgeleiteten Hypothesen. ... Prinzipiell ... kann eine Erfahrungswissenschaft mit einem Minimum an empirischer Forschung auskommen: sie bedarf nur der experimenta crucis." (Pfade, S. 35; zitiert in SEIFFERT, I, S. 224.)

[123] Vgl. SEIFFERT, I, S. 218–225.

[124] Vgl. HABERMAS, Zur Logik, S. 29–47.

[125] Zum Problem der Voraussage vgl. SEIFFERT, I, S. 175–184.

[126] DILTHEY, Gesammelte Schriften VI, S. 57.

[127] SPENGLER, Untergang I, S. 3. – Vgl. oben Anm. 8.

[128] WITTRAM, Anspruch, S. 83.

[129] WITTRAM, Interesse, S. 45.

[130] Zum Begriff des „Typus" vgl. u. a. folgende Literatur: Max WEBER, Methodologische Schriften. – SCHIEDER, Geschichte, S. 46–50. – WITTRAM, Interesse, S. 54–58.

[131] In diesem Sinne gebrauchen wir das Adjektiv ‚typisch' auch im Alltag. Wir sagen etwa: „Er ist ein typischer Hamburger", oder: „Das ist eine typisch fränkische Landschaft". ‚Typisch' ist hier hermeneutisch gemeint: es bezeichnet eine Äußerung einer „historischen Einheit", die wir als solche „verstehen".

[132] Vgl. v. BRANDT, Werkzeug, S. 73 f. – QUIRIN, Einführung, S. 169–180. – BERNHEIM, Lehrbuch, S. 186 f.; 401–403; 412 f.; 582–584.

[133] Vgl. SCHOEPS, Geistesgeschichte, S. 13–29. – SCHIEDER, Geschichte, S. 87–90. – Schon Justus MÖSER hatte dieses Phänomen der historischen Stileinheit gesehen: „Der Stil aller Künste, ja selbst der Depeschen und Liebesbriefe ... steht gegeneinander in einigem Verhältniß. Jeder Krieg hat seinen eignen Ton, und die Staatshandlungen haben ihr Colorit, ihr Costume und ihre Manier in Verbindung mit der Religion und den Wissenschaften." MÖSER, Osnabrückische Geschichte, hg v. B. R. Abeken (Anm. 39), S. XXII. – Vgl. Anm. 39.

Zitiert auch bei MANNHEIM, Wissenssoziologie, S. 478 f. Anm. 114; SCHOEPS, Geistesgeschichte, S. 16; SCHIEDER, Geschichte, S. 87.

[134] SEIFFERT, I, S. 149–160.

[135] S. 157.

[136] S. 206.

2. KAPITEL. HISTORISCHE UND SYSTEMATISCHE FRAGESTELLUNG

[1] Vgl. SCHIEDER, Geschichte, S. 106.

[2] Hierzu folgender Satz von Jürgen HABERMAS: „Wir können Geschichte nur in dem Verhältnis machen, in dem sie uns als machbare entgegenkommt." (In: POSITIVISMUSSTREIT, S. 168.)

[3] Vgl. Wolfgang METZGER: Was ist Pädagogik – was könnte sie sein? Betrachtungen eines Außenseiters. München: Ehrenwirth 1969. (Unterr., Erz., Wissensch. u. Praxis. 15.) S. 9–16.

[4] Hans Dieter SCHMITZ, in: (BUNDESASSISTENTENKONFERENZ [Hg]:) Forschendes Lernen, Wissenschaftliches Prüfen. Ergebnisse der Arbeit des Ausschusses für Hochschuldidaktik. Bonn: (BAK) 1970. (Schriften der Bundesassistentenkonferenz. 5.) S. 38.

[5] PLESSNER, Zwischen Philosophie und Gesellschaft, S. 30.

[6] Immanuel KANT: Kritik der reinen Vernunft. Darmstadt: Wissensch. Buchges. 1956. (Werke in sechs Bänden. Hg v. Wilhelm Weischedel. II.) S. 54; 55 ff. – Zum Folgenden vgl. SEIFFERT, Information, S. 117–124.

[7] STEGMÜLLER, Hauptströmungen, S. XXVII; vgl. auch S. 355–359.

[8] KANT (Anm. 6), S. 55; 56; 57.

[9] S. 52 f.; 56; 57.

[10] STEGMÜLLER, Hauptströmungen, S. 357 f.

[11] Vgl. Paul LORENZEN: „Nicht-empirische Wahrheit". = VI. Kapitel von KAMLAH/LORENZEN, Logische Propädeutik, S. 189–234.

[12] GADAMER, Wahrheit und Methode, S. 278; 253.

[13] KRAUSSER, Vernunft, S. 20 f.

[14] Vgl. Heinrich BEHNKE ... [u. a.]: Mathematik I. Frankfurt: Fischer Bücherei 1964. (Das Fischer Lexikon. 29/1.) S. 90.

[15] KAMLAH/LORENZEN, Propädeutik, S. 194 f.

[16] Daß die pythagoreischen Zahlenspielereien als „Zahlenmystik" (vgl. KAMLAH/LORENZEN, Propädeutik, S. 194) einen zeitbedingten Hintergrund haben und *insoweit* auch historisch zu interpretieren sind, interessiert den Mathematiker als solchen nicht.

[17] SCHIEDER, Geschichte, S. 28. – Johan HUIZINGAS berühmt gewordene Definition der Geschichte lautet: „Geschichte ist die geistige Form, in der sich eine Kultur über ihre Vergangenheit Rechenschaft gibt." (Geschichte und Kultur, S. 13.) – Das Schlüsselwort dieses Satzes ist „Rechenschaft". Es bleibt völlig offen – auch in dem Zusammenhang, in dem der Satz bei HUIZINGA steht –, ob „Rechenschaft" hier nur als ein zur Kenntnis Nehmen der Vergangenheit als solcher oder aber als ein Nutzbarmachen des Wissens von der Vergangenheit für Gegenwart und Zukunft verstanden werden soll.

[18] WITTRAM, Interesse, S. 8.

[19] SCHIEDER, Geschichte, S. 28.

[20] Vgl. S. 13.

[21] S. 116.

[22] S. 13.

[23] Folgende Vorlesungsankündigung in deutscher Philologie (Universität Erlangen-Nürnberg, Wintersemester 1969/70, S. 163) ist zweifellos charakteristisch für „moderne" Tendenzen in geisteswissenschaftlichen Disziplinen: „Arbeitsgemeinschaft: EDV [Elektronische Datenverarbeitung] als Hilfsmittel zur Textanalyse (Grundkenntnisse einer Programmiersprache sind Voraussetzung)". Schon das Wort „Textanalyse" weist – gemäß dem oben über das Wort „Text" Gesagten – darauf hin, daß die elektronische Datenverarbeitung hier ganz offensichtlich in den Dienst der präziseren Erfassung historisch gegebener

Texte gestellt werden soll. – Ebenso beschäftigt sich eine Veröffentlichung wie die von Carl August LÜCKERATH: „Prolegomena zur elektronischen Datenverarbeitung im Bereich der Geschichtswissenschaft." In: Historische Zeitschrift 207 (1968). S. 265–296 natürlich – wie schon aus der Titelformulierung ersichtlich – mit der Frage, wie man mit Hilfe technischer Verfahrensweisen historisches Material aller Art besser als bisher erschließen kann. Ja – gerade die Perfektionierung der Datenverarbeitung läßt einen neuen Alexandrinismus befürchten, in dessen Zuge nun auch das letzte, für den „Handbetrieb" glücklicherweise noch uninteressant gebliebene historische Dokument einer beglückten Nachwelt zugänglich gemacht werden kann.

²⁴ WITTRAM, Interesse, S. 8.

²⁵ BAER (1. Kapitel Anm. 79), S. 149. – Vgl. oben (1. Kapitel C 4).

²⁶ Zum historistischen „Perspektivismus" vgl. HEUSSI, Historismus, S. 56–59. – BULTMANN, Eschatologie, S. 131–137. – Zum Problem des Relativismus vgl. MEINECKE, Werke III und IV. – HEUSSI, Historismus, S. 65–77. – BULTMANN, Eschatologie, S. 10–12; 95.

²⁷ Theodor W. ADORNO, Eingriffe, S. 41.

DRITTER TEIL. DIE DIALEKTIK

1. KAPITEL. WAS IST DIALEKTIK?

¹ Theodor LITT: Führen oder Wachsenlassen. ... 4. durchges. u. erw. Aufl. Stuttgart: Klett 1949. (Erziehungswissenschaftliche Bücherei.) Anhang, S. 83–99.

² Die Terminologie in FICHTES Wissenschaftslehre. Vgl. z. B. Johann Gottlieb FICHTE: Werke 1793–1795. ... Stuttgart-Bad Cannstatt: Frommann (Holzboog) 1965. (Ges.ausg. der Bayer. Akad. der Wissenschaften. I, 2.) S. 273 ff.

³ Vgl. unser Literaturverzeichnis. – Zur Kritik an ENGELS' Naturphilosophie: Jürgen HABERMAS, Theorie und Praxis, S. 269–272.

⁴ Die für unsere Fragestellung wichtigsten Schriften von HEGEL und MARX sind im Literaturverzeichnis aufgeführt. Sekundärliteratur ist nur für MARX, nicht für HEGEL genannt.

2. KAPITEL. HEGEL

¹ Zur „Dialektik" vgl. folgende Titel unseres Literaturverzeichnisses: ADORNO; ALBERT; ALTHUSSER; BAHR; BARION; BLOCH, Ernst; ENGELS;

FETSCHER; FLEISCHER; GARAUDY; GOLDMANN; GURVITCH; HABERMAS;
HEGEL; HEISS; HELMS; HOFMANN; HOLZ; HORKHEIMER; JAKUBOWSKI;
KNITTERMEYER; KOLAKOWSKI; KORSCH; KOSIK; LANGE; LEFÈBVRE;
LENIN; LENK; LEONHARD; Die LINKE; LÖWITH; LUKÁCS; LUXEMBURG;
MANNHEIM; MAO; MARCUSE; MARKOVIĆ; MARX; MERLEAU-PONTY;
NEUSÜSS; PETROVIĆ; PINKUS; POPPER; Der POSITIVISMUSSTREIT; RAD-
NITZKY; ROHRMOSER; SEBAG; SCHAFF; SCHMIDT; SCHOELLER; THEU-
NISSEN; TOPITSCH; VRANICKI; WELLMER; WETTER; Die WISSENSCHAFT;
WOLFF/MOORE/MARCUSE; ZELTNER. – Zur ersten Einführung seien der
„RGG"-Artikel von KNITTERMEYER und die Bücher von HEISS und
von BARION: Ideologie, Wissenschaft, Philosophie, vor allem S. 166–236,
genannt.

[2] Ich gebe nicht das Inhaltsverzeichnis der Ausgabe, sondern die
als Bestandteil des Textes ohne Seitenzahlen gedruckte originale „Inhalts-Anzeige" (S. 28–30) wieder. – Die Punkte hinter jeder Überschrift
sind weggelassen.

[3] HEGEL, Encyclopädie, Einleitung, § 18, S. 50.

[4] HEGEL, Philosophie des Rechts, Einleitung, § 31, S. 47. – An anderer Stelle spricht HEGEL von der „dialektischen Bewegung des Satzes
selbst" (Phänomenologie des Geistes, Vorrede, S. 53).

[5] HEGEL, Die Vernunft in der Geschichte, S. 28. – Hier und im folgenden werden HEGELS Hervorhebungen in der Regel nicht berücksichtigt.

[6] S. 29.

[7] S. 29.

[8] S. 32 f.

[9] S. 64.

[10] S. 97.

[11] S. 98.

[12] S. 99.

[13] S. 99 f.

[14] S. 105.

[15] S. 156 f. Die Unstimmigkeit, daß unserem „[3.]" im HEGELschen
Text „Viertens" entspricht, erklärt sich daraus, daß HEGEL seines dialektischen Schemas wegen das griechische und das römische Zeitalter in
einer Stufe zusammenfaßt, beide jedoch für sich zählt; vgl. das in
unserem Text Folgende.

[16] S. 60.

[17] Hierzu vgl. Arnhelm NEUSÜSS, in: NEUSÜSS, Utopie, S. 37–39. –
HOFMANN, Stalinismus, S. 131–134. – HELMS, Fetisch, S. 82–88.

[18] Vgl. TOPITSCH, Die Sozialphilosophie Hegels.

[19] Encyclopädie, Inhalts-Anzeige, S. 30. – Vgl. oben und Anm. 2.

[20] Philosophie des Rechts, Dritter Teil, S. 142–297.
[21] Vgl. auch Karl KORSCH, Karl Marx, S. 5. – Robert HEISS, Dialektik, S. 73–79.
[22] Philosophie des Rechts, § 243, S. 200.
[23] § 244, S. 201.
[24] § 245, S. 201.
[25] § 246, S. 202.

3. KAPITEL. MARX

[1] Vgl. die in unserem Literaturverzeichnis genannten Ausgaben des „Manifests". Wir zitieren hier nach der Studienausgabe von FETSCHER. – Zur Verfasserfrage vgl.: Iring FETSCHER, in: MARX/ENGELS, Studienausgabe III, S. 9 f. – Theo STAMMEN, in seiner Ausgabe des „Manifests", S. 12–17.
[2] Studienausgabe III, S. 59 f.
[3] S. 61.
[4] S. 62.
[5] S. 63 f. – Eine noch klarere Darstellung der „Dialektik" von Produktionsverhältnissen und Produktivkräften gibt MARX in dem Vorwort seiner Schrift *Zur Kritik der Politischen Ökonomie:* „In der gesellschaftlichen Produktion ihres Lebens gehen die Menschen bestimmte, notwendige, von ihrem Willen unabhängige Verhältnisse ein, Produktionsverhältnisse, die einer bestimmten Entwicklungsstufe ihrer materiellen Produktivkräfte entsprechen. Die Gesamtheit dieser Produktionsverhältnisse bildet die ökonomische Struktur der Gesellschaft, die reale Basis, worauf sich ein juristischer und politischer Überbau erhebt, und welcher bestimmte gesellschaftliche Bewußtseinsformen entsprechen. Die Produktionsweise des materiellen Lebens bedingt den sozialen, politischen und geistigen Lebensprozeß überhaupt. Es ist nicht das Bewußtsein der Menschen, das ihr Sein, sondern umgekehrt ihr gesellschaftliches Sein, das ihr Bewußtsein bestimmt. Auf einer gewissen Stufe ihrer Entwicklung geraten die materiellen Produktivkräfte der Gesellschaft in Widerspruch mit den vorhandenen Produktionsverhältnissen oder, was nur ein juristischer Ausdruck dafür ist, mit den Eigentumsverhältnissen, innerhalb deren sie sich bisher bewegt hatten. Aus Entwicklungsformen der Produktivkräfte schlagen diese Verhältnisse in Fesseln derselben um. Es tritt dann eine Epoche sozialer Revolution ein. Mit der Veränderung der ökonomischen Grundlage wälzt sich der ganze ungeheure Überbau langsamer oder rascher um." (MARX/ENGELS, Ausgewählte Schriften I, S. 335 f.)
[6] S. 64 f.

[7] S. 65 f.

[8] S. 68.

[9] S. 66 f.

[10] S. 68.

[11] S. 69.

[12] Studienausgabe III, S. 186.

[13] (Manifest,) S. 77.

[14] (Kritik des Gothaer Programms,) S. 179 f.

[15] Vgl. Karl MARX, im Nachwort zur zweiten Auflage des ersten Bandes des „Kapitals" von 1873: „Meine dialektische Methode ist der Grundlage nach von der Hegelschen nicht nur verschieden, sondern ihr direktes Gegenteil. Für Hegel ist der Denkprozeß, den er sogar unter dem Namen Idee in ein selbständiges Subjekt verwandelt, der Demiurg [Schöpfer] des Wirklichen ... . Bei mir ist umgekehrt das Ideelle nichts andres als das im Menschenkopf umgesetzte und übersetzte Materielle." – Die Dialektik „steht bei ihm [Hegel] auf dem Kopf. Man muß sie umstülpen, um den rationellen Kern in der mystischen Hülle zu entdecken." (MARX/ENGELS, Werke Band 23, S. 27.)

[16] „Idealismus" und „Materialismus" sind typische Wörter der „Bildungssprache". Vgl. KAMLAH/LORENZEN, Propädeutik, S. 23 f.; 82 f. – SEIFFERT, I, S. 123–125.

[17] Vgl. HEGEL, Die Vernunft in der Geschichte, S. 157.

[18] Vgl. Jürgen HABERMAS, Theorie und Praxis, S. 319; auch 265 f., 301. – Helmut FLEISCHER, Marxismus und Geschichte, S. 45–52.

[19] Vgl. COLLINGWOOD, Geschichte, S. 128 f.

4. KAPITEL. MARXISMUS UND KRITISCHE THEORIE

[1] Vgl. Iring FETSCHER, Karl Marx, S. 60–65. – Das Zitat S. 63.

[2] Theorie und Praxis, S. 270 f. – HABERMAS bezieht sich hier u. a. auf einen Aufsatz von Iring FETSCHER, der in dessen *Karl Marx und der Marxismus,* S. 123–144, wieder abgedruckt worden ist. – Vgl. auch Georg LUKÁCS, Geschichte und Klassenbewußtsein, S. 173 f. und 175 Anm. (zitiert unten B)

[3] Vgl. FETSCHER, Karl Marx. – MARCUSE, Die Gesellschaftslehre des sowjetischen Marxismus. – WETTER, Sowjetideologie heute I. – LEONHARD, Sowjetideologie heute II.

[4] Darstellung bei WETTER, Sowjetideologie heute I, S. 150–273, insbes. 150–161.

[5] Darstellung bei WETTER, S. 13–149. – Vgl. HABERMAS, Theorie und Praxis, S. 267 f.; 269–272. – FETSCHER, Karl Marx, S. 132–144.

[6] Fetscher, Karl Marx, S. 60–65.

[7] Vgl. z. B. Wilhelm Windelband, Präludien 1, S. 273–289.

[8] Vgl. die Schriften von Horkheimer, Adorno und Habermas. – Interessant ist in diesem Zusammenhang etwa die Kritik von Helms, Fetisch, S. 77–95. – Vgl. ferner die Kritik an Adorno in Schoeller, Die neue Linke nach Adorno.

[9] Zu Kolakowski vgl. Jürgen Habermas, Theorie und Praxis, S. 324–328. – Vgl. auch die in unserem Literaturverzeichnis genannten Schriften Kolakowskis und der jugoslawischen Marxisten Marković und Petrović.

[10] Georg Klaus (Hg): Wörterbuch der Kybernetik. Band 1.2. (Lizenzausg. nach der 2. Aufl. Berlin: Dietz.) Frankfurt: Fischer Bücherei 1969. XII, 398 S.; S. 399–741. (Fischer Handbücher. 1073–74.)

[11] Georg Lukács, Geschichte und Klassenbewußtsein, S. 171. – In seinem Vorwort von 1967 zur Luchterhand-Werkausgabe identifiziert sich Lukács ausdrücklich mit diesen Sätzen und gibt sie sogar eigens noch einmal wieder (S. 28). – Eine etwas abweichende, kürzere Fassung der hier und im folgenden zitierten Gedanken zum orthodoxen Marxismus und zur dialektischen Methode brachte Lukács bereits in der früheren Schrift *Taktik und Ethik* (1919), die im gleichen Band der Luchterhand-Werkausgabe abgedruckt ist; vgl. dort S. 61–69, vor allem S. 61–63.

[12] S. 172.

[13] S. 172–174.

[14] S. 174.

[15] S. 175.

[16] S. 175 Anm. – Hegel verwendet für die Erklärung der Dialektik etwa das Beispiel „Knospe – Blüte – Frucht" (Phänomenologie des Geistes, Vorrede, S. 10) – ein Bild, das in der Tat jeden, der sich ein Verständnis der Dialektik mühsam anzueignen im Begriff ist, aufs höchste verwirren muß. Eben aus diesem Grunde sind wir im Hegel-Kapitel selbst auch mit Absicht nicht auf mißverständliche Äußerungen Hegels eingegangen; wir tragen die Bemerkung nur aus Anlaß von Lukács' Kritik hier nach.

[17] Jürgen Habermas, in: Positivismusstreit, S. 155 f. (Das Adorno-Zitat im Original ebenda S. 127. – Die eckigen Klammern bezeichnen Stellen bei Adorno S. 127, die bei Habermas S. 155 ausgelassen sind.)

[18] S. 158 f.

[19] S. 159 f.

[20] Im Rahmen unserer *Wissenschaftstheorie* können wir die Gestaltpsychologie nicht erörtern. Vgl. Seiffert, Information, S. 65–69.

[21] Habermas, in: Positivismusstreit, S. 156.

[22] S. 157.

[23] S. 158.

[24] S. 159 f.

[25] S. 161.

[26] S. 162 f.

[27] S. 164.

[28] S. 165.

[29] S. 168. (Das ADORNO-Zitat im Original ebenda S. 129.)

[30] S. 162; 163.

[31] Alles S. 163. – Hervorhebungen von H. S.

[32] S. 164.

[33] S. 164.

[34] S. 165. – Hervorhebung von H. S.

[35] S. 165.

[36] S. 168.

[37] Vgl. S. 169 f.

[38] S. 170.

[39] S. 171.

[40] S. 172 f. – Hervorhebungen von J. H.

[41] S. 235 f.

[42] S. 265 f.

[43] In dem *Aufsatz* „Erkenntnis und Interesse" des Sammelbänd-
chens „Technik und Wissenschaft als ‚Ideologie'", dort S. 146–168. –
Dieser Aufsatz ist nicht zu verwechseln mit dem *Buch* „Erkenntnis und
Interesse". Der Aufsatz ist in unsere Thematik wesentlich unmittelbarer einschlägig als das mehr philosophiehistorisch ausgerichtete Buch.

[44] S. 155.

[45] „systematische Handlungswissenschaften": S. 158.

[46] S. 155. – Hervorhebungen nicht immer berücksichtigt.

[47] S. 155–157.

[48] S. 157 f.

[49] S. 158 f.

[50] S. 156.

[51] S. 157.

[52] S. 157 f.

[53] S. 158 f. – Vgl. etwa HABERMAS, Zur Logik, S. 193.

[54] HABERMAS, Zur Logik, S. 193, spricht von dem „emanzipatorischen Erkenntnisinteresse" einer Soziologie, die „nicht … in geistes-
geschichtlicher Hermeneutik aufgeht".

LITERATURVERZEICHNIS

Das folgende Literaturverzeichnis enthält einerseits nicht alle in den Anmerkungen genannten Titel, andererseits jedoch auch dort nicht erwähnte Literatur. Es ist also als Auswahlbibliographie zu verstehen.

Grundlegende oder besonders wichtige Veröffentlichungen sind mit zwei Sternen, wichtige oder besonders empfehlenswerte Titel mit einem Stern versehen.

Das Verzeichnis bietet in einem einheitlichen Verfasseralphabet Literatur zur Phänomenologie, zu Hermeneutik und historischer Methode und zur Dialektik. Ebenso sind einige wichtige Titel zur Sprachtheorie und zu den Sozialwissenschaften aufgenommen.

Literatur von „Klassikern" der jeweiligen Gebiete aus dem 19. Jahrhundert ist nur sehr bedingt berücksichtigt. Eine Ausnahme mußte – aus im Text erläuterten Gründen – bei HEGEL und MARX/ENGELS gemacht werden; Sekundärliteratur ist jedoch nur für MARX/ENGELS, nicht für HEGEL angeführt.

ADORNO, Theodor W.: Eingriffe. Neun kritische Modelle. Frankfurt: Suhrkamp 1963. 173 S. (Edit. Suhrkamp. 10.)

*ADORNO, Theodor W.: Negative Dialektik. Frankfurt: Suhrkamp 1966. 410 S.

ADORNO, Theodor W.: Stichworte. Kritische Modelle 2. Frankfurt: Suhrkamp 1969. 193 S. (Edit. Suhrkamp. 347.)

*ALBERT, Hans: Traktat über kritische Vernunft. 2., unv. Aufl. Tübingen: Mohr (1968) 1969. XIV, 190 S. (Die Einheit der Gesellschaftswissenschaften. 9.)

*ALTHUSSER, Louis: Für Marx. (Aus dem Franz.) Frankfurt: Suhrkamp 1968. 217 S. (Theorie 2.)

*ANTONI, Carlo: Vom Historismus zur Soziologie. Übers. v. Walter Goetz. Stuttgart: K. F. Koehler o. J. [etwa 1939.] 308 S.

ANTONI, Carlo: L'Historisme. (Aus dem Ital.) Genève: Droz 1963. 128 S. (Travaux d'histoire éthico-politiques. 1.)

ANTONI, Carlo: Storicismo e antistoricismo. A cura di M(ichele) Biscione. Napoli: Morano 1964. 248 S. (Collana di filosofia. 2.)

**APEL, Karl-Otto: „Die Entfaltung der ‚sprachanalytischen' Philosophie und das Problem der ‚Geisteswissenschaften'." In: Philos. Jahrbuch 72 II (1965). S. 239–289.

Englisch unter dem Titel:

APEL, Karl-Otto: Analytic Philosophy of Language and the Geisteswissenschaften. Dordrecht: Reidel 1967. IX, 63 S. (Foundations
of Language. Suppl. Series. 4.)

APEL, Karl-Otto: „Szientifik, Hermeneutik, Ideologie-Kritik: Entwurf einer Wissenschaftslehre in erkenntnisanthropologischer Sicht."
In: Man and World 1 (1968). S. 37–63.

*APEL, Karl Otto: „Das Verstehen (eine Problemgeschichte als Be-
griffsgeschichte)." In: Archiv für Begriffsgeschichte. ... Band I.
Bonn: Bouvier 1955. S. 142–199.

*APEL, Karl Otto: „Wittgenstein und das Problem des hermeneuti-
schen Verstehens." In: Zeitschr. f. Theologie und Kirche 63 (1966).
S. 49-87.

BAHR, Hans-Dieter: Kritik der ‚Politischen Technologie'. Eine Aus-
einandersetzung mit Herbert Marcuse und Jürgen Habermas.
Frankfurt: Europ. Verl.anst.; Wien: Europa-Verl. 1970. 109 S.
(Kritische Studien zur Philosophie.)

*BAHRDT, Hans Paul: Wege zur Soziologie. Mit einem bibliographi-
schen Schlußkapitel „Wege in die soziologische Literatur" von
Hans Peter Dreitzel. München: Nymphenburger Verl.handlung
1966. 296 S. (Sammlung Dialog. 10.)

BAHRDT, Hans Paul: „Die wohnliche Stadt." In: Die Kunst zu
Hause zu sein. Elf Beiträge. ... München: Piper 1965. (Piper
Paperback.) S. 9–24.

*BAHRDT, Hans Paul: „Zur Frage des Menschenbildes in der Sozio-
logie." In: Archives Européennes de Sociologie II (1961) 1.
S. 1–17.

BARION, Jakob: Was ist Ideologie? Studie zu Begriff und Problematik.
Bonn: Bouvier 1964. 106 S.

*BARION, Jakob: Ideologie, Wissenschaft, Philosophie. Bonn: Bouvier
1966. 245 S.

BAUER, Gerhard: ‚Geschichtlichkeit'. Wege und Irrwege eines Begriffs. Berlin: de Gruyter 1963. 208 S. (Die kleinen de-Gruyter-
Bände. 3.)

BAUER, Wilhelm: Einführung in das Studium der Geschichte. 2., verbess. Aufl. Tübingen: Mohr (Vorrede Nov. 1927). Unv. Nachdruck. Frankfurt: Minerva 1961. XV, 419 S.

BENJAMIN, Walter: Über den Begriff der Geschichte. 1940.

**BERNHEIM, Ernst: Lehrbuch der Historischen Methode und der Ge-
schichtsphilosophie. Mit Nachweis der wichtigsten Quellen und
Hilfsmittel zum Studium der Geschichte. Unv. Abdruck der 5.

und 6. Aufl. München und Leipzig: Duncker + Humbolt (1889) 1914. X, 842 S.

*BESSON, Waldemar (Hg): Geschichte. M. e. Einl. v. Hans Rothfels. Frankfurt: Fischer Bücherei (1961) 1969. 383 S. (Das Fischer Lexikon. 24.)

BETTI, Emilio: Allgemeine Auslegungslehre als Methodik der Geisteswissenschaften. (Aus dem Ital.) Tübingen: Mohr 1967. XVI, 771 S.

BETTI, Emilio: Die Hermeneutik als allgemeine Methodik der Geisteswissenschaften. Tübingen: Mohr 1962. 64 S. (Philos. und Geschichte. 78/79.)

**BIERWISCH, Manfred: „Strukturalismus. Geschichte, Probleme und Methoden." In: Kursbuch 5. Frankfurt: Suhrkamp 1966. S. 77 bis 152.

BLOCH, Ernst: Das Prinzip Hoffnung. In fünf Teilen. Frankfurt: Suhrkamp 1959. – [1. Band.] Kap. 1–37. XVIII, 817 S. – [2. Band.] Kap. 38–55. S. 819–1657.

–: Über Karl Marx. Frankfurt: Suhrkamp 1968. 178 S. (Edit. Suhrkamp. 291.)

BLOCH, Marc: The Historian's Craft. (Transl. from the French.) Manchester: Manch. Univ. Press (1954) 1963. XXI, 197 S.

BOBINSKA, Celina: Historiker und historische Wahrheit. Zu erkenntnistheoretischen Problemen der Geschichtswissenschaft. (Aus dem Poln.) Berlin: Dietz 1967. 240 S.

BOCHENSKI, I. M.: Die zeitgenössischen Denkmethoden. 3. Aufl. Bern u. München: Francke (1954) 1965. 150 S. (Dalp-Taschenbücher. 304 D.)

**BOECKH, August: Enzyklopädie und Methodenlehre der philologischen Wissenschaften. Hg v. Ernst Bratuscheck. Erster Hauptteil. Formale Theorie der philolog. Wissenschaft. Unv. reprogr. Nachdruck der 2., v. Rudolf Klussmann besorgten Aufl. Leipzig 1886. Darmstadt: Wissensch. Buchges. 1966. VII, 262 S.

BOLLHAGEN, Peter: Soziologie und Geschichte. Berlin: VEB Deutscher Verl. der Wissenschaften 1966. VI, 257 S.

BOLLNOW, Otto Friedrich: Dilthey. Eine Einführung in seine Philosophie. (1. Aufl. Leipzig: Teubner 1936.) 2. Aufl. Stuttgart: Kohlhammer 1955. 224 S.

BOLLNOW, Otto Friedrich: Die Lebensphilosophie. Berlin u. a.: Springer 1958. VI, 154 S. (Verständliche Wissenschaft. 70.)

*BOLLNOW, Otto Friedrich: Mensch und Raum. Stuttgart: Kohlhammer 1963. 310 S.

*BOLLNOW, Otto Friedrich: Die Methode der Geisteswissenschaften.

... Mainz: Joh. Gutenberg-Buchhandlung (1950). 47 S. (Mainzer Universitäts-Reden. 16/17.)

*BOLLNOW, Otto Friedrich: Philosophie der Erkenntnis. Das Vorverständnis und die Erfahrung des Neuen. Stuttgart u. a.: Kohlhammer 1970. 160 S. (Urban-Bücher. 126.)

*BOLLNOW, Otto Friedrich: Das Verstehen. Drei Aufsätze zur Theorie der Geisteswissenschaften. Mainz: Kirchheim 1949. 112 S.

BOLLNOW, Otto Friedrich: Das Wesen der Stimmungen. 3. durchges. u. erw. Aufl. Frankfurt: Klostermann (1941) 1956. 268 S.

**v. BRANDT, Ahasver: Werkzeug des Historikers. Eine Einführung in die historischen Hilfswissenschaften. 5. Aufl. Stuttgart u. a.: Kohlhammer (1959) 1969. 203 S., 8 Taf. (Urban-Bücher. 33.)

*BRECHT, Arnold: Politische Theorie. Die Grundlagen politischen Denkens im 20. Jahrhundert. Stellenw. rev. u. erg. deutsche Ausg. ... (Aus dem Amer.) Tübingen: Mohr 1961. XXV, 727 S.

*BUBNER, Rüdiger; CRAMER, Konrad; WIEHL, Reiner (Hg): Hermeneutik und Dialektik. Aufsätze. (Hans-Georg Gadamer zum 70. Geburtstag.) Tübingen: Mohr 1970. – I. Methode und Wissenschaft. Lebenswelt und Geschichte. X, 356 S. – II. Sprache und Logik. Theorie der Auslegung und Probleme der Einzelwissenschaften. VIII, 380 S.

*BULTMANN, Rudolf: Geschichte und Eschatologie. (Aus der engl. Originalfass.) Tübingen: Mohr 1958. VIII, 188 S.

BURCKHARDT, Jacob: Weltgeschichtliche Betrachtungen. Tübingen: Reichl 1949. 347 S. (Leuchter-Ausgabe. Hg u. eingel. v. Rudolf Stadelmann.)

BURSTON, W. H.; THOMPSON, D. (Eds): Studies in the Nature and Teaching of History. London: Routledge + Kegan Paul: New York: Humanities Press 1967. X, 195 S.

CAHNMAN, Werner J.; BOSKOFF, Alvin (Eds): Sociology and History. Theory and Research. New York: The Free Press; London: Collier-Macmillan 1964. XIX, 596 S.

*CANTOR, Norman F.; SCHNEIDER, Richard I.: How to Study History. New York: Crowell 1967. X, 274 S.

*CARR, Edward Hallett: Was ist Geschichte? (Aus dem Engl.) Stuttgart u. a.: Kohlhammer (1963) 1969. 168 S. (Urban-Bücher. 67.)

*COLLINGWOOD, Robin George: Denken. Eine Autobiographie. (Aus dem Engl.) Eingeleitet v. Hans-Georg Gadamer. Stuttgart: K. F. Koehler 1955. XV, 168 S.

**COLLINGWOOD, R(obin) G(eorge): Philosophie der Geschichte. (Aus dem Engl.) Stuttgart: Kohlhammer 1955. 349 S.

CROCE, Benedetto: Theorie und Geschichte der Historiographie und Betrachtungen zur Philos. der Politik. Unter Zugr.legung der Übertr. v. Enrico Pizzo. Nach der 3., verm. Aufl. bearb. u. übers. v. Hans Feist u. Richard Peters. (Aus dem Ital.) Tübingen: Mohr 1930. XI, 435 S. (Ges. Philos. Schriften in deutscher Übertr. I. Reihe. 4. Band.)

CROCE, Benedetto: Die Geschichte als Gedanke und als Tat. (Aus dem Ital.) Einf. v. Hans Barth. Bern: Francke 1944. 519 S. (Mensch u. Gesellschaft. 1.)

DAHRENDORF, Ralf: Pfade aus Utopia. Arbeiten zur Theorie und Methode der Soziologie. Gesammelte Abhandlungen I. München: Piper 1967. 404 S. (Piper Paperback.)

DANTO, Arthur C.: Analytical Philosophy of History. London: Cambridge Univ. Press 1965. XI, 318 S.

DIEMER, Alwin; FRENZEL, Ivo (Hg): Philosophie. (Neuausgabe.) Frankfurt: Fischer Bücherei (1958, 1967) 1969. 384 S. (Das Fischer Lexikon. 11.)

**DILTHEY, Wilhelm: Gesammelte Schriften. I.–XII. Band. 2. [und weitere], unv. Aufl. Stuttgart: Teubner; Göttingen: Vandenhoeck + Ruprecht (1921 ff.) 1957 ff.

*DILTHEY, Wilhelm: Der Aufbau der geschichtlichen Welt in den Geisteswissenschaften. Einleitung von Manfred RIEDEL. Frankfurt: Suhrkamp 1970. 404 S. (Theorie.)
Diltheys Text ist dem VII. Band der Gesammelten Schriften entnommen. – Riedels Einleitung: S. 9–86.

DIWALD, Hellmut: Wilhelm Dilthey. Erkenntnistheorie und Philosophie der Geschichte. Göttingen: Musterschmidt 1963. 262 S. (Veröff. der Ges. f. Geistesgesch. 2.)

*DIWALD, Hellmut: Das historische Erkennen. Untersuchungen zum Geschichtsrealismus im 19. Jh. Leiden: Brill 1955. 109 S. (Zeitschr. f. Religions- u. Geistesgesch. Beih. 2.)

DRAY, William: Laws and Explanation in History. London: Oxford Univ. Press (1957) 1964. 174 S. (Oxford Classical and Philos. Monographs.)

DRAY, William H.: Philosophy of History. Englewood Cliffs, N. J.: Prentice Hall 1964. X, 116 S. (Foundations of Philos.)

DRAY, William H. (Ed): Philosophical Analysis and History. New York u. London: Harper + Row 1966. VII, 390 S. (Sources in Contemporary Philos.)

**Droysen, Johann Gustav: Historik. Vorlesungen über Enzyklopädie und Methodologie der Geschichte. Hg v. Rudolf Hübner. 3. Aufl. München: Oldenbourg (1937) 1958. XXI, 444 S.

*Ebeling, Gerhard: Artikel „Hermeneutik". In: Die Religion in Geschichte und Gegenwart. ... 3., völlig neu bearb. Aufl. ... 3. Band. ... Tübingen: Mohr 1959. Sp. 242–262.

Eckermann, Walther; Mohr, Hubert (Hg): Einführung in das Studium der Geschichte. Berlin: VEB Deutscher Verl. der Wissenschaften 1966. XII, 535 S.

Elton, G. R.: The Practice of History. Sydney: Sydney Univ. Press; London: Methuen 1967. VIII, 178 S.

Engels, Friedrich: Dialektik der Natur. (In: Karl Marx; Friedrich Engels: Werke. Band 20.) Die Einleitung auch in: Karl Marx; Friedrich Engels: Ausgewählte Schriften in zwei Bänden. Band II. S. 51–67.

**Engels, Friedrich: Die Entwicklung des Sozialismus von der Utopie zur Wissenschaft. (In: Karl Marx; Friedrich Engels: Werke. Band 19.) Auch in: Karl Marx; Friedrich Engels: Ausgewählte Schriften in zwei Bänden. Band II. S. 80–140. Ferner in: Karl Marx; Friedrich Engels: Studienausg. in vier Bänden. Hg v. Iring Fetscher. Band I. S. 145–181.

Engels, Friedrich: Herrn Eugen Dührings Umwälzung der Wissenschaft („Anti-Dühring"). (In: Karl Marx; Friedrich Engels: Werke. Band 20.) 14., verbess. Aufl. Berlin: Dietz (1948) 1969. 346 S.

Erslev, Kr.: Historische Technik. Die historische Untersuchung in ihren Grundzügen dargestellt. (Aus dem Dän.) München u. Berlin: Oldenbourg 1928. VI, 100 S.

*Fetscher, Iring: Karl Marx und der Marxismus. Von der Philosophie des Proletariats zur proletarischen Weltanschauung. München: Piper 1967. 349 S. (Piper Paperback.)

*Fleischer, Helmut: Marxismus und Geschichte. Frankfurt: Suhrkamp 1969. 169 S. (Edit. Suhrkamp. 323.)

*Fleischer, Helmut: Marx und Engels. Die philosophischen Grundlinien ihres Denkens. Freiburg i. Br. u. München: Alber 1970. 223 S. (Kolleg Philosophie.)

Fodor, Jerry A.; Katz, Jerrold J.: „Sprachphilosophie und Sprachwissenschaft." (Aus dem Amer.) In: Kursbuch 5. Frankfurt: Suhrkamp 1966. S. 153–177.

FREYER, Hans: Theorie des gegenwärtigen Zeitalters. Stuttgart: Deutsche Verl.anstalt. 1955. 260 S.

*FREYER, Hans: Theorie des objektiven Geistes. Eine Einleitung in die Kulturphilosophie. 2. durchges. u. teilw. veränd. Aufl. Leipzig u. a.: Teubner 1928. 153 S.

*FRIEDRICH, Wolf-Hartmut; KILLY, Walther (Hg): Literatur II. 1.; 2. Teil. Frankfurt: Fischer Bücherei (1965) 1969. (Das Fischer Lexikon. 35/1; 35/2.) – 1. Teil. 347 S. – 2. Teil. S. 348–718. *Hierin vor allem folgende Artikel:* RICKLEFS, Ulfert: „Hermeneutik." 1. Teil. S. 277–293. – FRIEDRICH, Wolf-Hartmut: „Philologische Methode." 2. Teil. S. 408–422. – FRIEDRICH, Wolf-Hartmut: „Textkritik. I. Klassische Philologie." 2. Teil. S. 549–558. – ZELLER, Hans: „Textkritik. II. Neuere Philologie." 2. Teil. S. 558–563.

*GADAMER, Hans-Georg: Artikel „Verstehen". In: Die Religion in Geschichte und Gegenwart. ... 3., völlig neu bearb. Aufl. ... 6. Band. ... Tübingen: Mohr 1962. Sp. 1381–1383.

**GADAMER, Hans-Georg: Wahrheit und Methode. Grundzüge einer philos. Hermeneutik. 2. Aufl., durch einen Nachtr. erw. Tübingen: Mohr (1960) 1965. XXIX, 524 S.

GALLIE, W. B.: Philosophy and the Historical Understanding. London: Chatto + Windus 1964. 236 S.

GARAUDY, Roger: Die Aktualität des Marxschen Denkens. (Aus dem Franz.) M. e. Vorw. v. Alfred Schmidt. Frankfurt: Europ. Verl.-anst.; Wien: Europa-Verl. 1969. 243 S. (Kritische Studien z. Philos.)

GARDINER, Patrick: The Nature of Historical Explanation. London: Oxford Univ. Press (1952) 1962. XII, 142 S. (Oxford Classical and Philos. Monographs.)

GARDINER, Patrick (Ed): Theories of History. Readings from Classical and Contemporary Sources. Ed with Introduction and Commentary by –. New York: The Free Press; London: Collier-Macmillan (1959) 1967. IX, 549 S. (Textbooks in Philos.)

GESCHICHTE und Gegenwartsbewußtsein. Historische Betrachtungen und Untersuchungen. Festschrift f. Hans Rothfels ... . Hg v. Waldemar Besson und Friedrich Frhr. Hiller v. Gaertringen. Göttingen: Vandenhoeck + Ruprecht 1963. 526 S.

GOLDMANN, Lucien: Dialektische Untersuchungen. (Aus dem Franz.) Neuwied u. Berlin: Luchterhand 1966. 336 S. (Soziologische Texte. 29.)

GOMPERZ, Heinrich: Über Sinn und Sinngebilde. Verstehen und Erklären. Tübingen: Mohr 1929. VIII, 256 S.

GOMPERZ, Heinrich: Interpretation. Logical Analysis of a Method of Historical Research. 1939.

*GOTTSCHALK, Louis: Understanding History. A Primer of Historical Method. New York: Knopf 1965. XIX, 298, VI S. (Borzoi Book.)

GOTTSCHALK, Louis (Ed): Generalization in the Writing of History. A Report of the Committee on Historical Analysis of the Social Science Research Council. Chicago: Univ. of Chicago Press 1963. XIII, 255 S.

GURVITCH, Georges: Dialektik und Soziologie. (Aus dem Franz.) M. e. Nachw. v. Lutz Geldsetzer. Neuwied u. Berlin: Luchterhand 1965. 333 S. (Soziologische Texte. 23.)

HABERMAS, Jürgen: Erkenntnis und Interesse. Frankfurt: Suhrkamp 1968. 367 S. (Theorie 2.)

**HABERMAS, Jürgen: Zur Logik der Sozialwissenschaften. Tübingen: Mohr 1967. 195 S. (= Philos. Rundschau. Beiheft 5.)

*HABERMAS, Jürgen: Protestbewegung und Hochschulreform. Frankfurt: Suhrkamp 1969. 275 S. (Edit. Suhrkamp. 354.)

*HABERMAS, Jürgen: Technik und Wissenschaft als ‚Ideologie‘. Frankfurt: Suhrkamp 1968. 169 S. (Edit. Suhrkamp. 287.)

**HABERMAS, Jürgen: Theorie und Praxis. Sozialphilosophische Studien. 3. Aufl. Neuwied u. Berlin: Luchterhand (1963) 1969. 378 S. (Politica. 11.)

HABERMAS, Jürgen (Hg): Antworten auf Herbert Marcuse. Hg u. eingel. v. –. M. Beitr. v. Alfred Schmidt ... [u. a.]. Frankfurt: Suhrkamp 1968. 161 S. (Edit. Suhrkamp. 263.)

**HARTMANN, Nicolai: Das Problem des geistigen Seins. Untersuchungen zur Grundlegung der Geschichtsphilosophie und der Geisteswissenschaften. 2. Aufl. Berlin: de Gruyter 1949. XVI, 564 S.

HEGEL, Georg Wilhelm Friedrich: Encyclopädie der philosophischen Wissenschaften im Grundrisse. ... Hg v. Johannes Hoffmeister. 5. Aufl. Hamburg: Meiner 1949. XVI, 502 S. (Philos. Bibl. 33.)

*HEGEL, Georg Wilhelm Friedrich: Grundlinien der Philosophie des Rechts. ... Hg v. Johannes Hoffmeister. 4. Aufl. Hamburg: Meiner 1955. XVII, 434 S. (Philos. Bibl. 124 a.)

HEGEL, Georg Wilhelm Friedrich: Phänomenologie des Geistes. ... Hg v. Johannes Hoffmeister. 6. Aufl. Hamburg: Meiner 1952. XLII, 598 S. (Philos. Bibl. 114.)

*Hegel, Georg Wilhelm Friedrich: Die Vernunft in der Geschichte. Hg v. Johannes Hoffmeister. 5., abermals verbess. Aufl. Hamburg: Meiner 1955. XI, 281 S. (Philos. Bibl. 171 a.)

Heimpel, Hermann: Der Mensch in seiner Gegenwart. Acht historische Essais. 2., erw. Aufl. Göttingen: Vandenhoeck + Ruprecht (1954) 1957. 231 S.

Heimpel, Hermann: Kapitulation vor der Geschichte? Gedanken zur Zeit. 3., verm. Aufl. Göttingen: Vandenhoeck + Ruprecht (1956) 1960. 118 S. (Kleine Vandenhoeck-Reihe. 27/27 a.)

Heinisch, Klaus J. (Hg): Der utopische Staat. Morus: Utopia; Campanella: Sonnenstaat; Bacon: Neu-Atlantis. Übers. u. m. e. Essay ..., Bibliographie u. Kommentar hg v. – . (Reinbek:) Rowohlt (1960) 1968. 292 S. (Rowohlts Klassiker .... 68/69.)

Heinrich, Klaus: Versuch über die Schwierigkeit Nein zu sagen. Frankfurt: Suhrkamp 1964. 215 S.

*Heiss, Robert: Wesen und Formen der Dialektik. Köln u. Berlin: Kiepenheuer + Witsch 1959. 191 S.

Helms, Hans G.: Fetisch Revolution. Marxismus und Bundesrepublik. Neuwied u. Berlin: Luchterhand 1969. 206 S. (Soziologische Essays.)

Henrichs, Norbert: Bibliographie der Hermeneutik und ihrer Anwendungsbereiche seit Schleiermacher. Düsseldorf: Philosophia Verl. 1968. 492 Sp.

*Heussi, Karl: Die Krisis des Historismus. Tübingen: Mohr 1932. IV, 104 S.

Hintze, Otto: Soziologie und Geschichte. Gesamm. Abhandl. zur Soziologie, Politik und Theorie der Geschichte. Hg u. eingel. v. Gerhard Oestreich. 2., erw. Aufl. Göttingen: Vandenhoeck + Ruprecht 1964. 67, 545 S.

*Hochkeppel, Willy (Hg): Die Antworten der Philosophie heute. M. Beitr. v. Wilhelm Essler ... [u. a.]. München: Szczesny 1967. 444 S.

*Hochkeppel, Willy (Hg): Soziologie zwischen Theorie und Empirie. Soziologische Grundprobleme. [Von] Theodor W. Adorno, Hans Albert u. a. München: Nymphenburger Verl.handlung 1970. 238 S. (Sammlung Dialog. 39.)

*Hofmann, Werner: Grundelemente der Wirtschaftsgesellschaft. Ein Leitfaden für Lehrende. Reinbek: Rowohlt 1969. 186 S. (Rororo Aktuell. 1149 A.)

Hofmann, Werner: Stalinismus und Antikommunismus. Zur Soziologie des Ost-West-Konflikts. Frankfurt: Suhrkamp 1967. 171 S. (Edit. Suhrkamp. 222.)

Holz, Hans Heinz: Utopie und Anarchismus. Zur Kritik der kritischen Theorie Herbert Marcuses. Köln: Pahl-Rugenstein 1968. 134 S. (Kleine Bibliothek.)

Hook, Sidney (Ed): Philosophy and History. A Symposium. New York: New York Univ. Press 1963. X, 403 S.

Horkheimer, Max: „Ideologie und Handeln." In: Sociologica II. S. 38–47.

*Horkheimer, Max: Zur Kritik der instrumentellen Vernunft. Aus den Vorträgen und Aufzeichnungen seit Kriegsende. Hg v. Alfred Schmidt. Frankfurt: S. Fischer 1967. 357 S.

*Horkheimer, Max: Kritische Theorie. Eine Dokumentation. Hg v. Alfred Schmidt. Frankfurt: S. Fischer 1968. – Band I. XIV, 380 S. – Band II. XI, 362 S.

Horkheimer, Max; Adorno, Theodor W.: Dialektik der Aufklärung. Philosophische Fragmente. – Amsterdam: Querido-Verl. 1947. 311 S. – M. e. Vorw. Neuausgabe. Frankfurt: S. Fischer 1969. 296 S

**Horkheimer, Max; Adorno, Theodor W.: Sociologica II. Reden und Vorträge. Frankfurt: Europ. Verl.anst. 1962. 242 S. (Frankfurter Beiträge zur Soziologie. 10.)

*Huizinga, Johan: Geschichte und Kultur. Gesammelte Aufsätze. Hg u. eingel. v. Kurt Köster. ... Stuttgart: Kröner 1954. XL, 387 S. (Kröners Taschenausgabe. 215.)

*Husserl, Edmund: Die Krisis der europäischen Wissenschaften und die transzendentale Phänomenologie. Eine Einleitung in die phänomenologische Philosophie. Hg v. Walter Biemel. Den Haag: Nijhoff 1954. XXII, 559 S. (Husserliana. VI.)

*Jaeggi, Urs: Ordnung und Chaos. Der Strukturalismus als Methode und Mode. Frankfurt: Suhrkamp 1968. 171 S. (Theorie 2.)

Jakubowski, Franz: Der ideologische Überbau in der materialistischen Geschichtsauffassung. (Diss. Basel 1935. – Danzig: Fooken 1936.) (M. e. Einl. v. Arnhelm Neusüss.) Frankfurt: Verl. Neue Kritik 1968. XI, 123 S. (Archiv sozialistischer Literatur. 9.)

*Kambartel, Friedrich: Erfahrung und Struktur. Bausteine zu einer Kritik des Empirismus und Formalismus. Frankfurt: Suhrkamp 1968. 260 S. (Theorie 2.)

*Kambartel, Friedrich: Was ist und soll Philosophie? Konstanz: Univ.verl. 1968. 27 S. (Konstanzer Universitätsreden. 5.)

Kamlah, Wilhelm: Christentum und Geschichtlichkeit. Untersuchungen zur Entstehung des Christentums und zu Augustins

,Bürgerschaft Gottes'. 2., neubearb. u. erg. Aufl. Stuttgart u. a.: Kohlhammer 1951. 348 S.

*KAMLAH, Wilhelm: Der Mensch in der Profanität. Versuch einer Kritik der profanen durch vernehmende Vernunft. Stuttgart: Kohlhammer 1949. 216 S.

KAMLAH, Wilhelm: Wissenschaft, Wahrheit, Existenz. Stuttgart: Kohlhammer 1960. 73 S.

*KAMLAH, Wilhelm: Utopie, Eschatologie, Geschichtsteleologie. Kritische Untersuchungen zum Ursprung und zum futurischen Denken der Neuzeit. Mannheim u. a.: Bibl. Inst. 1969. 106 S. (BI-Hochschultaschenbücher. 461/461 a.)

*KAMLAH, Wilhelm: „,Zeitalter' überhaupt, ,Neuzeit' und ,Frühneuzeit'." In: Saeculum 8 (1957). S. 313–332.

**KAMLAH, Wilhelm; LORENZEN, Paul: Logische Propädeutik oder Vorschule des vernünftigen Redens. Mannheim: Bibl. Inst. 1967. 242 S. (BI-Hochschultaschenbücher. 227/227 a.)

KATZ, Jerrold J.: Philosophie der Sprache. (Aus dem Amer.) Frankfurt: Suhrkamp 1969. 291 S. (Theorie 2.)

KAUFMANN, Fritz: Geschichtsphilosophie der Gegenwart. (Berlin: Junker + Dünnhaupt 1931.) Unv. reprograph. Nachdruck. Darmstadt: Wissensch. Buchges. 1967. 138 S. (Libelli. XXV.)

*v. KEMPSKI, Jürgen: Brechungen. Kritische Versuche zur Philosophie der Gegenwart. Reinbek: Rowohlt 1964. 331 S. (Rowohlt Paperback.)

v. KEMPSKI, Jürgen: Recht und Politik. Studien zur Einheit der Sozialwissenschaft. Stuttgart: Kohlhammer 1965. 231 S.

KESTING, Hanno: Geschichtsphilosophie und Weltbürgerkrieg. Deutungen der Geschichte von der Französischen Revolution bis zum Ost-West-Konflikt. Heidelberg: Winter 1959. XXIV, 328 S.

KIRN, Paul; LEUSCHNER, Joachim: Einführung in die Geschichtswissenschaft. Von Paul Kirn. 5., bearb. u. erg. Aufl. v. Joachim Leuschner. Berlin: de Gruyter 1968. 134 S. (Sammlung Göschen. 270.)

*KNITTERMEYER, Hinrich: Artikel „Dialektik". In: Die Religion in Geschichte und Gegenwart. ... 3., völlig neu bearb. Aufl. ... 2. Band. ... Tübingen: Mohr 1958. Sp. 167 f.

KÖNIG, René (Hg): Soziologie. Umgearb. u. erw. Neuausgabe. Frankfurt: Fischer Bücherei (1958, 1967) 1969. 394 S. (Das Fischer Lexikon. 10.)

KOLAKOWSKI, Leszek: Der Mensch ohne Alternative. Von der Möglichkeit und Unmöglichkeit Marxist zu sein. (Aus dem Poln.)

Neuausgabe. München: Piper (1960) 1967. 256 S. (Piper Paper-back.)

Kolbe, Jürgen (Hg): Ansichten einer künftigen Germanistik. 3. Aufl. München: Hanser (1969) 1970 (Nachdr. der 2. durchges. u. erg. Aufl. 1969). 224 S. (Reihe Hanser. 29.)
Der Band enthält mehrere für die Theorie der Literatur- und Sprachwissenschaft bedeutsame Beiträge.

Kon, I. S.: Die Geschichtsphilosophie des 20. Jahrhunderts. Kritischer Abriß. (Aus dem Russ.) Berlin: Akademie-Verl. 1964.
– Band I. Die Geschichtsphilosophie der Epoche des Imperialismus. VI, 384 S. – Band II. Philosophie und Geschichtsschreibung. Geschichtsphilosophische Fragen der heutigen bürgerlichen Historiographie. V, 334 S.

*Korsch, Karl: Karl Marx. Im Auftrag des Internat. Instituts für Sozialgeschichte hg v. Götz Langkau. 2. unv. Aufl. Frankfurt: Europ. Verl.anst.; Wien: Europa-Verl. (1967) 1969. XV, 283 S. (Politische Texte.)

**Korsch, Karl: Marxismus und Philosophie. Hg u. eingel. v. Erich Gerlach. Frankfurt: Europ. Verl.anst.; Wien: Europa-Verl. 1966. 181 S. (Politische Texte.)

Kosik, Karel: Die Dialektik des Konkreten. Eine Studie zur Problematik des Menschen und der Welt. (Aus dem Tschech.) Frankfurt: Suhrkamp 1967. 247 S. (Theorie 2.)

*Kraft, Victor: Erkenntnislehre. Wien: Springer 1960. VIII, 379 S.

*Krausser, Peter: Kritik der endlichen Vernunft. Wilhelm Diltheys Revolution der allgemeinen Wissenschafts- und Handlungstheorie. Frankfurt: Suhrkamp 1968. 248 S.

Krüger, Gerhard: Freiheit und Weltverwaltung. Aufsätze zur Philosophie der Geschichte. Freiburg i. Br. u. München: Alber 1958. 255 S.

*Kümmel, Friedrich: Verständnis und Vorverständnis. Subjektive Voraussetzungen und objektiver Anspruch des Verstehens. Essen: Neue Deutsche Schule 1965. 74 S. (Neue Pädag. Bemühungen. 22.)

*Lange, Max G.: Marxismus, Leninismus, Stalinismus. Zur Kritik des dialektischen Materialismus. Stuttgart: Klett 1955. 210 S.

Lefèbvre, Henri: Probleme des Marxismus, heute. (Aus dem Franz.) 4. Aufl. Frankfurt: Suhrkamp (1965) 1968. 147 S. (Edit. Suhrkamp. 99.)

Lefèbvre, Henri: Der dialektische Materialismus. (Aus dem Franz.) Nachwort v. Alfred Schmidt. 2. Aufl. Frankfurt: Suhrkamp (1966) 1967. 165 S. (Edit. Suhrkamp. 160.)

LEHMBRUCH, Gerhard: Einführung in die Politikwissenschaft. Unter Mitarb. v. Frieder Naschold u. Peter Seibt. Stuttgart u. a.: Kohlhammer 1967. 202 S.

*LENIN (‚Wladimir Iljitsch): Aus den Schriften 1895–1923. Hg v. Hermann Weber. München: Deutscher Taschenbuch Verl. 1967. 339 S. (Dtv Dokumente. 457.)

LENIN (‚Wladimir Iljitsch): Studienausgabe. Hg v. Iring Fetscher. Band 1; 2. Frankfurt: Fischer Bücherei 1970. 396; 398 S. (Bücher des Wissens. 6012-13.)

LENIN Revolution und Politik. M. Beitr. v. Paul Mattrick, Bernd Rabehl, Juri Tynjanow u. Ernest Mandel. Frankfurt: Suhrkamp 1970. 206 S. (Edit. Suhrkamp. 383.)

**LENK, Kurt (Hg): Ideologie. Ideologiekritik und Wissenssoziologie. Hg u. eingel. v. – . 3. Aufl. Neuwied u. Berlin: Luchterhand (1961) 1967. 464 S. (Soziologische Texte. 4.)

LEONHARD, Wolfgang: Sowjetideologie heute. II. Die politischen Lehren. Frankfurt: Fischer Bücherei 1962. 335 S. (Bücher des Wissens. 461.)

LESSING, Theodor: Geschichte als Sinngebung des Sinnlosen. Oder die Geburt der Geschichte aus dem Mythos. (München: Beck 1916.) Nachwort v. Christian Gneuss. Hamburg: Rütten + Loening 1962. 349 S.

*Die LINKE antwortet Jürgen Habermas. M. Beitr. v. Wolfgang Abendroth ... [u. a.]. Frankfurt: Europ. Verl.anst. 1968. 211 S. (Res Novae Provokativ.)

LIPPS, Hans: Untersuchungen zu einer hermeneutischen Logik. 2. Aufl. Frankfurt: Klostermann 1959. 142 S. (Philosophische Abhandlungen. VII.)

LITT, Theodor: Das Allgemeine im Aufbau der geisteswissenschaftlichen Erkenntnis. 2. Aufl. Groningen: Wolters 1959. 72 S. (Acta Paedag. Ultrajectina. XVI.)

LITT, Theodor: Die Wiedererweckung des geschichtlichen Bewußtseins. M. Geleitworten ... zum 75. Geburtstag des Verfassers. Heidelberg: Quelle + Meyer 1956. 244 S.

LÖWITH, Karl: Von Hegel zu Nietzsche. Der revolutionäre Bruch im Denken des neunzehnten Jahrhunderts. Marx u. Kierkegaard. 2. Aufl. Stuttgart: Kohlhammer 1950. 464 S.

*LÖWITH, Karl: Weltgeschichte und Heilsgeschehen. Die theologischen Voraussetzungen der Geschichtsphilosophie. (Aus dem Engl.) 4. Aufl. Stuttgart: Kohlhammer (1953) 1961. 231 S. (Urban-Bücher. 2.)

*Lorenz, Kuno: Elemente der Sprachkritik. Eine Alternative zum Dogmatismus und Skeptizismus in der Analytischen Philosophie. Frankfurt: Suhrkamp 1970. 269 S. (Theorie.)

*Lorenzen, Paul: Methodisches Denken. Frankfurt: Suhrkamp 1968. 163 S. (Theorie 2.)

**Lukács, Georg: Geschichte und Klassenbewußtsein. Neuwied u. Berlin: Luchterhand 1968. 733 S. (Werke. 2. Frühschriften II.)

Lukács, Georg: Schriften zur Ideologie und Politik. Ausgew. u. eingel. v. Peter Ludz. Neuwied u. Berlin: Luchterhand 1967. LV, 851 S. (Werkauswahl. 2.) (Soziologische Texte. 51.)

*Luxemburg, Rosa: Politische Schriften. Hg v. Ossip K. Flechtheim. Frankfurt: Europ. Verl.anst.; Wien: Europa-Verl. (Politische Texte.) – Band I. Eingel. v. Ossip K. Flechtheim. 3. Aufl. (1966) 1968. 229 S. – Band II. 3. Aufl. (1966) 1969. 210 S. – Band III. Eingel. v. Ossip K. Flechtheim. 1968. 157 S.

**Mannheim, Karl: Ideologie und Utopie. ([Teilweise] aus dem Engl.) 3., verm. Aufl. Frankfurt: Schulte-Bulmke 1952. XXVII, 296 S.

*Mannheim, Karl: Wissenssoziologie. Auswahl aus dem Werk. Eingel. u. hg v. Kurt H. Wolff. Berlin u. Neuwied: Luchterhand 1964. 750 S. (Soziologische Texte. 28.)

*Mao Tse-tung: Über Praxis und Widerspruch. „Über die Praxis". „Über den Widerspruch". Zwei Aufsätze. M. e. Nachw. v. Hansmartin Kuhn. Berlin: Wagenbach 1968. 94 S. (Rotbuch. 5.)

*Mao Tse-tung: Worte des Vorsitzenden – . Peking: Verl. f. fremdsprachige Literatur 1968. V, 373 S.

Marcuse, Herbert: Der eindimensionale Mensch. Studien zur Ideologie der fortgeschrittenen Industriegesellschaft. (Aus dem Engl.) 3. Aufl. Neuwied u. Berlin: Luchterhand (1967) 1968. 282 S. (Soziologische Texte. 40.)

Marcuse, Herbert: Die Gesellschaftslehre des sowjetischen Marxismus. (Aus dem Engl.) 2. Aufl. Neuwied u. Berlin: Luchterhand (1964) 1969. 260 S. (Soziologische Texte. 22.)

Marcuse, Herbert: Ideen zu einer kritischen Theorie der Gesellschaft. Frankfurt: Suhrkamp 1969. 191 S. (Edit. Suhrkamp. 300.)

*Marcuse, Herbert: Kultur und Gesellschaft. 1; 2. Frankfurt: Suhrkamp 1965. (Edit. Suhrkamp. 101; 135.) – Band 1. 8. Aufl. (1965) 1968. 179 S. – Band 2. 7. Aufl. (1965) 1968. 183¹ S.

*Marcuse, Herbert: Versuch über die Befreiung. (Aus dem Amer.) Frankfurt: Suhrkamp 1969, 134 S. (Edit. Suhrkamp. 329.)

*(Marcuse, Herbert:) Das Ende der Utopie. Herbert Marcuse diskutiert mit Studenten und Professoren Westberlins .... (Nach den Tonbandprotokollen.) Berlin: v. Maikowski 1967. 152 S.

*Marković, Mihailo: Dialektik der Praxis. (Aus dem Serb.) Frankfurt: Suhrkamp 1968. 195 S. (Edit. Suhrkamp. 285.)

*Marrou, Henri-Irénée: De la connaissance historique. 5e édition revue et augmentée. Paris: Éditions du Seuil (1954) 1966. 317 S. (Collection Esprit.)

**Marx, Karl: Manifest der kommunistischen Partei. (In: Karl Marx; Friedrich Engels: Werke. Band 4.) Auch in: Karl Marx; Friedrich Engels: Ausgewählte Schriften in zwei Bänden. Band I. S. 17–57. Ferner in: Karl Marx; Friedrich Engels: Studienausg. in vier Bänden. Hg v. Iring Fetscher. Band III. S. 59–87.

*Marx, Karl: Manifest der kommunistischen Partei. Hg, eingel. u. erläut. v. Theo Stammen. München: Fink 1969. 165 S. (Studientexte. 4.)

Marx, Karl: Das Kapital. Kritik der politischen Ökonomie. Erster Band. Buch I: Der Produktionsprozeß des Kapitals. 4. Aufl. Berlin: Dietz (1962) 1969. 955 S. (Karl Marx; Friedrich Engels: Werke. 23.)

**Marx, Karl; Engels, Friedrich: Ausgewählte Schriften in zwei Bänden. Berlin: Dietz (1951. 1952) – Band I. 18. Aufl. 1970. 761 S. – Band II. 16. Aufl. 1968. 615 S.

**Marx, Karl; Engels, Friedrich: Studienausgabe in vier Bänden. Hg v. Iring Fetscher. Frankfurt: Fischer Bücherei 1966. (Bücher des Wissens. 764–767.) – I. Philosophie. 255 S. – II. Politische Ökonomie. 288 S. – III. Geschichte und Politik 1. 255 S. – IV. Geschichte und Politik 2. Abhandlungen und Zeitungsaufsätze zur Zeitgeschichte. 284 S.

*Mayntz, Renate; Holm, Kurt; Hübner, Peter: Einführung in die Methoden der empirischen Soziologie. Köln u. Opladen: Westdeutscher Verl. 1969. 222 S.

**Meinecke, Friedrich: Die Entstehung des Historismus. Hg u. eingel. v. Carl Hinrichs. 4. Aufl. (2. Aufl. im Rahmen der ,Friedrich-Meinecke-Werke'.) München: Oldenbourg (1959) 1965. XLIX, 617 S. (Werke. III.)

**Meinecke, Friedrich: Zur Theorie und Philosophie der Geschichte. Hg u. eingel. v. Eberhard Kessel. 2. Aufl. Stuttgart: K. F. Koehler (1959) 1965. XXXIV, 403 S. (Werke. IV.)

Merleau-Ponty, Maurice: Die Abenteuer der Dialektik. (Aus dem Franz.) Frankfurt: Suhrkamp 1968. 281 S.

*Methoden der Sozialwissenschaften. Dargestellt v. Eberhard Fels

... [u. a.]. München u. Wien: Oldenbourg 1967. 258 S. (Enzyklopädie der geisteswissenschaftlichen Arbeitsmethoden. 8. Lfg.)

MEYER, Eduard: Zur Theorie und Methodik der Geschichte. Geschichtsphilosophische Untersuchungen. Halle: Niemeyer 1902.
VIII, 56 S.

MISCH, Georg: Lebensphilosophie und Phänomenologie. Eine Auseinandersetzung der Dilthey'schen Richtung mit Heidegger und
Husserl. 2. Aufl. Leipzig und Berlin: Teubner 1931. X, 324 S.

MISCH, Georg: Vom Lebens- und Gedankenkreis Wilhelm Diltheys.
Frankfurt: Schulte-Bulmke 1947. 56 S.

*MITTELSTRASS, Jürgen: Neuzeit und Aufklärung. Studien zur Ent-
stehung der neuzeitlichen Wissenschaft und Philosophie. (Habili-
tationsschrift Erlangen 1969.)

*NEUSÜSS, Arnhelm (Hg): Utopie. Begriff und Phänomen des Uto-
pischen. Hg u. eingel. v. – . Neuwied u. Berlin: Luchterhand
1968. 525 S. (Soziologische Texte. 44.)

NIETZSCHE, Friedrich: Vom Nutzen und Nachteil der Historie für
das Leben. (Unzeitgemäße Betrachtungen. Zweites Stück.) In:
Werke in drei Bänden. Hg v. Karl Schlechta. Erster Band. München: Hanser 1954. S. 209–285.

NITSCHKE, August: Naturerkenntnis und politisches Handeln im
Mittelalter. Körper, Bewegung, Raum. Stuttgart: Klett 1967.
262 S. (Stuttgarter Beitr. zur Geschichte u. Politik. 2.)

OPGENOORTH, Ernst: Einführung in das Studium der neueren Geschichte. M. e. Geleitw. v. Walther Hubatsch. Braunschweig: Westermann 1969. XII, 225 S.

*PETROVIĆ, Gajo: Wider den autoritären Marxismus. (Aus dem
Jugosl.) Frankfurt: Europ. Verl.anst. 1969. 225 S.

PETROVIĆ, Gajo (Hg): Revolutionäre Praxis. Jugoslawischer Marxismus der Gegenwart. (Aus dem Jugosl.) Freiburg i. Br.: Rombach 1969. 286 S. (Sammlung Rombach. Neue Folge. 3.)

*PINKUS, Theo (Hg): Gespräche mit Georg Lukács. [Gesprächspart-
ner:] Hans Heinz Holz, Leo Kofler, Wolfgang Abendroth. Reinbek: Rowohlt 1967. 135 S. (Rowohlt Paperback. 57.)

PLESSNER, Helmuth: Lachen und Weinen. Eine Untersuchung nach
den Grenzen menschlichen Verhaltens. 3. Aufl. Bern u. München:
Francke (1941) 1961. 227 S. (Sammlung Dalp. 54.)

*PLESSNER, Helmuth: Zwischen Philosophie und Gesellschaft. Ausge-
wählte Abhandlungen u. Vorträge. Bern: Francke 1953. 334 S.

Plessner, Helmuth (Hg): Untersuchungen zur Lage der deutschen Hochschullehrer. Band I. Nachwuchsfragen im Spiegel einer Erhebung 1953–1955. Bearb. v. Ilse Asemissen ... [u. a.]. Göttingen: Vandenhoeck + Ruprecht 1956. 328 S.

*Popper, Karl R.: Das Elend des Historizismus. (Aus dem Engl.) Tübingen: Mohr 1965. XVI, 132 S. (Die Einheit der Gesellschaftswissenschaften. 3.)

*Popper, K(arl) R.: Der Zauber Platons. (Aus dem Engl.) Bern: Francke 1957. 436 S. (Die offene Gesellschaft und ihre Feinde. Band 1.) (Sammlung Dalp. 84.)

*Popper, K(arl) R.: Falsche Propheten. Hegel, Marx und die Folgen. (Aus dem Engl.) Bern: Francke 1958. 483 S. (Die offene Gesellschaft und ihre Feinde. Band 2.) (Sammlung Dalp. 85.)

**Der Positivismusstreit in der deutschen Soziologie. [Von] Theodor W. Adorno, Hans Albert ... [u. a.]. Neuwied u. Berlin: Luchterhand 1969. 348 S. (Soziologische Texte. 58.)

*Quirin, Heinz: Einführung in das Studium der mittelalterlichen Geschichte. M. e. Geleitw. v. Hermann Heimpel. 3. verm. Aufl. Braunschweig: Westermann 1964. 363 S.

**Radnitzky, Gerard: Contemporary Schools of Metascience. Anglo-Saxon Schools of Metascience. Continental Schools of Metascience. 2. Rev. Edit. in One Volume. Göteborg: Akademiförlaget (1968) 1970. XLVIII, 202 S.; S. XLIX–LIV, 200 S. (Studies in the Theory of Science.) (Scandinavian University Books.)

**v. Ranke, Leopold: Über die Epochen der neueren Geschichte. Vorträge, dem Könige Maximilian II. von Bayern gehalten. Gedächtnisausgabe zum 100. Jahrestag der Abhaltung der Vorlesungen. Darmstadt: Wissensch. Buchgem. 1954. VIII, 167 S.

Renier, G. J.: History. Its Purpose and Method. London: Allen + Unwin (1950) 1961. 272 S.

*v. Renthe-Fink, Leonhard: Geschichtlichkeit. Ihr terminologischer und begrifflicher Ursprung bei Hegel, Haym, Dilthey und Yorck. Göttingen: Vandenhoeck + Ruprecht 1964. 153 S. (Abhandlungen der Akademie der Wissenschaften in Göttingen. Philol.-Hist. Klasse. 3. Folge. Nr. 59.)

Rickert, Heinrich: Die Grenzen der naturwissenschaftlichen Begriffsbildung. Eine logische Einleitung in die historischen Wissenschaften. 5., verbess., um einen Anh. u. ein Reg. verm. Aufl. Tübingen: Mohr 1929. XXXI, 776 S.

Ritter, Joachim: „Die Aufgabe der Geisteswissenschaften in der

modernen Gesellschaft." In: Jahresschrift 1961 der Gesellschaft zur
Förderung der Westf. Wilh.-Univ. zu Münster. Münster: Aschen-
dorff 1961. S. 11–39.

ROHRMOSER, Günter: Das Elend der kritischen Theorie. Theodor
W. Adorno, Herbert Marcuse, Jürgen Habermas. Freiburg i. Br.:
Rombach 1970. 107 S. (Rombach Hochschul Paperback. 13.)

*ROTHACKER, Erich: „Die dogmatische Denkform in den Geistes-
wissenschaften und das Problem des Historismus." Wiesbaden:
Verl. der Akademie der Wissenschaften und der Literatur in
Mainz; Steiner in Komm. (1954) 60 S. (Akademie der Wissenschaften u. der Literatur. Abhandlungen der geistes- und sozial-
wissenschaftlichen Klasse. 1954. 6.)

*ROTHACKER, Erich: Einleitung in die Geisteswissenschaften. 2.,
photomech. gedr., durch e. ausführl. Vorw. erg. Aufl. Tübingen:
Mohr 1930. XXIII, 288 S.

ROTHACKER, Erich: Logik und Systematik der Geisteswissenschaften.
(München: Oldenbourg 1926.) Bonn: Bouvier 1947. 171 S. (Son-
derausg. aus dem Handb. der Philos.)

ROTHACKER, Erich: Mensch und Geschichte. Studien zur Anthropo-
logie und Wissenschaftsgeschichte. Bonn: Athenäum-Verl. 1950.
239 S.

v. SAVIGNY, Eike: Analytische Philosophie. Freiburg i. Br. u. München: Alber 1970. 176 S. (Kolleg Philosophie.)

SEBAG, Lucien: Marxismus und Strukturalismus. (Aus dem Franz.)
Frankfurt: Suhrkamp 1967. 332 S. (Theorie 2.)

SEIFFERT, Helmut: Information über die Information. Verständigung im Alltag, Nachrichtentechnik, Wissenschaftliches Verstehen,
Informationssoziologie, Das Wissen des Gelehrten. 2. Aufl. München: Beck (1968) 1970. 196 S. (Beck'sche Schwarze Reihe. 56.)

SEIFFERT, Helmut: Einführung in die Wissenschaftstheorie. Erster
Band. Sprachanalyse, Deduktion, Induktion in Natur- und So-
zialwissenschaften. 2. Aufl. München: Beck (1969) 1970. X, 281 S.
(Beck'sche Schwarze Reihe. 60.)

SIMMEL, Georg: Das individuelle Gesetz. Philosophische Exkurse.
Hg v. Michael Landmann. Frankfurt: Suhrkamp 1968. 261 S.
(Theorie 1.)

SIMMEL, Georg: Die Probleme der Geschichtsphilosophie. Eine er-
kenntnistheoretische Studie. 4. Aufl. München u. Leipzig: Duncker + Humblot 1922. IX, 229 S.

SPENGLER, Oswald: Der Untergang des Abendlandes. Umrisse einer
Morphologie der Weltgeschichte. München: Beck (1923) 1950. –

I. Band. Gestalt und Wirklichkeit. (1. Aufl. 1919.) 76.–81. Aufl. XV, 549 S. – II. Band. Welthistorische Perspektiven. (1. Aufl. 1922.) 63.–68. Aufl. VII, 667 S.

Spranger, Eduard: Psychologie des Jugendalters. 24. Aufl. Heidelberg: Quelle + Meyer (1924) 1955. 321 S.
S. 17–40 über das „Verstehen".

v. Srbik, Heinrich Ritter: Geist und Geschichte vom deutschen Humanismus bis zur Gegenwart. München: Bruckmann; Salzburg: Otto Müller. – I. Band. 1950. XI, 438 S. – II. Band. 1951. XI, 423 S.

Schäfers, Bernhard (Hg): Thesen zur Kritik der Soziologie. M. Beitr. v. –, Horst Baier … [u. a.]. Frankfurt: Suhrkamp 1969. 174 S. (Edit. Suhrkamp. 324.)

Schaff, Adam: Marxismus und das menschliche Individuum. (Aus dem Poln.) Reinbek: Rowohlt 1970. 155 S. (Rowohlts Deutsche Enzyklopädie. 332.)

Scheler, Max: Wesen und Formen der Sympathie. Der ‚Phänomenologie und Theorie der Sympathiegefühle' 5. Aufl. Frankfurt: Schulte-Bulmke 1948. XX, 302 S.

**Schieder, Theodor: Geschichte als Wissenschaft. Eine Einführung. 2., überarb. Aufl. München + Wien: Oldenbourg (1965) 1968. 247 S.

Schmidt, Alfred: Der Begriff der Natur in der Lehre von Marx. Frankfurt: Europ. Verl.anst. 1962. 182 S. (Frankfurter Beiträge zur Soziologie. 11.)

*Schmidt, Alfred (Hg): Beiträge zur marxistischen Erkenntnistheorie. Aufsätze von György Márkus … [u. a.]. Frankfurt: Suhrkamp 1969. 267 S. (Edit. Suhrkamp. 349.)

Schneewind, Klaus A.: Methodisches Denken in der Psychologie. Bern u. a.: Huber 1969. 240 S.

Schoeller, Wilfried F. (Hg): Die neue Linke nach Adorno. M. Beitr. v. Johannes Agnoli … [u. a.] und einer Erklärung der Frankfurter Schüler. München: Kindler 1969. 237 S. (Kindler Paperback.)

*Schoeps, Hans-Joachim: Was ist und was will die Geistesgeschichte. Über Theorie und Praxis der Zeitgeistforschung. Göttingen u. a.: Musterschmidt 1959. 133 S.

Schütz, Alfred: Der sinnhafte Aufbau der sozialen Welt. Eine Einleitung in die verstehende Soziologie. 2., unv. Aufl. Wien: Springer (1932) 1960. VII, 286 S.

Schwonke, Martin: Vom Staatsroman zur Science Fiction. Eine Untersuchung über Geschichte und Funktion der naturwissen-

schaftlich-technischen Utopie. Stuttgart: Enke 1957. VII, 194 S.
(Göttinger Abhandlungen zur Soziologie. 2.)

STEGMÜLLER, Wolfgang: Einheit und Problematik der wissenschaftlichen Welterkenntnis. Vortrag gehalten anläßlich des 494. Stif-
tungsfestes der Univ. München am 2. Juli 1966. München: Hue-
ber 1967. 22 S. (Münchener Universitätsreden. Neue Folge. 41.)

*STEGMÜLLER, Wolfgang: Hauptströmungen der Gegenwartsphiloso-
phie. Eine kritische Einführung. Stuttgart: Kröner. (Kröners
Taschenausgabe. 308.) – 3., wes. erw. Aufl. 1965. LV, 726 S. –
4., erw. Aufl. 1969. LV, 742 S.
   *Die 4. Aufl. ist gegenüber der 3. durch einen Abschnitt über
   Chomsky erweitert und sonst nur geringfügig verändert. – Zitate
   nach der 3. Aufl.*

*STEGMÜLLER, Wolfgang: Probleme und Resultate der Wissenschafts-
theorie und Analytischen Philosophie. Band I. Wissenschaftliche
Erklärung und Begründung. Berlin u. a.: Springer 1969. XXVII,
812 S.

STERN, Alfred: Geschichtsphilosophie und Wertproblem. München
u. Basel: Reinhardt 1967. 300 S.

STOVER, Robert: The Nature of Historical Thinking. Chapel Hill:
Univ. of North Carolina Press 1967. XVII, 276 S.

**STRASSER, Stephan: Phänomenologie und Erfahrungswissenschaft
vom Menschen. Grundgedanken zu einem neuen Ideal der Wissenschaftlichkeit. Berlin: de Gruyter 1964. XV, 313 S. (Phäno-
menologisch-Psychologische Forschungen. 5.)

THEUNISSEN, Michael: Gesellschaft und Geschichte. Zur Kritik der
kritischen Theorie. Berlin: de Gruyter 1969. 40 S.

TOMBERG, Friedrich: Basis und Überbau. Sozialphilosophische Studien.
Neuwied u. Berlin: Luchterhand 1969. 183 S. (Soziolog. Essays.)

*TOPITSCH, Ernst: Sozialphilosophie zwischen Ideologie und Wissen-
schaft. 2. Aufl. Neuwied u. Berlin: Luchterhand (1961) 1966.
363 S. (Soziologische Texte. 10.)

TOPITSCH, Ernst: Die Sozialphilosophie Hegels als Heilslehre und
Herrschaftsideologie. Neuwied u. Berlin: Luchterhand 1967. 102 S.
(Soziologische Essays.)

TOPITSCH, Ernst (Hg): Logik der Sozialwissenschaften. Köln u. Berlin: Kiepenheuer + Witsch 1965. 568 S. (Neue Wissenschaftliche
Bibliothek. 6.)

TOPITSCH, Ernst: Mythos, Philosophie, Politik. Zur Naturgeschichte
der Illusion. Freiburg i. Br.: Rombach 1969. 170 S. (Rombach
Hochschul Paperback. 8.)

*Toulmin, Stephen: Voraussicht und Verstehen. Ein Versuch über die Ziele der Wissenschaft. (Aus dem Engl.) Frankfurt: Suhrkamp 1968. 138 S. (Edit. Suhrkamp. 292.)

Toynbee, Arnold J.: Der Gang der Weltgeschichte. (Nach dem ‚Abridgement' v. D. C. Somervell. Aus dem Engl. v. Jürgen v. Kempski.) Zürich u. a.: Europa-Verl. – 1. Band. Aufstieg und Verfall der Kulturen. 5. Aufl. (1949) 1961. XXXI, 583 S. – 2. Band. Kulturen im Übergang. 1958. XI, 416 S.

*Troeltsch, Ernst: Der Historismus und seine Probleme. Erstes Buch: Das logische Problem der Geschichtsphilosophie. Tübingen: Mohr 1922. XI, 777 S. (Ges. Schriften. 3.) – *Neudruck:* Aalen: Scientia 1961.

Vranicki, Predrag: Mensch und Geschichte. (Aus dem Serbokroat.) Frankfurt: Suhrkamp 1969. 114 S. (Edit. Suhrkamp. 356.)

*Wach, Joachim: Das Verstehen. Grundzüge einer Geschichte der hermeneutischen Theorie im 19. Jahrhundert. Tübingen: Mohr. – Band I. Die großen Systeme. 1926. VIII, 266 S. – Band II. Die theologische Hermeneutik von Schleiermacher bis Hofmann. 1929. VII, 379 S. – Band III. Das Verstehen in der Historik von Ranke bis zum Positivismus. 1933. IX, 350 S.

Wagner, Fritz: Moderne Geschichtsschreibung. Ausblick auf eine Philosophie der Geschichtswissenschaft. Berlin: Duncker + Humblot 1960. 127 S. (Erfahrung und Denken. 4.)

Walsh, W. H.: An Introduction to Philosophy of History. London: Hutchinson Univ. Library (1951) 1964. 176 S. (Philosophy.)

*Weber, Max: Methodologische Schriften. Studienausgabe. M. e. Einf. besorgt v. Johannes Winckelmann. Frankfurt: S. Fischer 1968. XIX, 362 S.

Wein, Hermann: Kentaurische Philosophie. Vorträge und Abhandlungen. München: Piper 1968. 338 S. (Piper Studienausg.)

Weinberg, Alvin M.: Probleme der Großforschung. (Aus dem Amer.) M. e. Einf. ‚Wissenschaftspolitik und Organisationsformen der Forschung' v. Gerard Radnitzky u. Gunnar Andersson u. e. Anhang ‚Die Forschungspolitik der BRD' von Rainer Rilling. Frankfurt: Suhrkamp 1970. 319 S. (Theorie.)

Weippert, Georg: Jenseits von Individualismus und Kollektivismus. Studien zum gegenwärtigen Zeitalter. Düsseldorf: Schilling 1964. 332 S.

WEIPPERT, Georg: Sozialwissenschaft und Wirklichkeit. M. e. Vorw. v. Werner Ehrlicher. Göttingen: Vandenhoeck + Ruprecht 1966. 320 S. (Aufsätze zur Wissenschaftslehre. Band I.)

WEIPPERT, Georg: Wirtschaftslehre als Kulturtheorie. Göttingen: Vandenhoeck + Ruprecht 1967. 388 S. (Aufsätze zur Wissenschaftslehre. Band II.)

*WELLMER, Albrecht: Kritische Gesellschaftstheorie und Positivismus. Frankfurt: Suhrkamp 1969. 148 S. (Edit. Suhrkamp. 336.)

WETTER, Gustav A.: Sowjetideologie heute. I. Dialektischer und historischer Materialismus. Frankfurt: Fischer Bücherei 1962. 339 S. (Bücher des Wissens. 460.)

WHITE, Morton: Foundations of Historical Knowledge. New York u. London: Harper + Row 1965. IX, 301 S.

WINCH, Peter: Die Idee der Sozialwissenschaft und ihr Verhältnis zur Philosophie. (Aus dem Engl.) Frankfurt: Suhrkamp 1966. 176 S. (Theorie 2.)

WINDELBAND, Wilhelm: „Geschichte und Naturwissenschaft. (Straßburger Rektoratsrede. 1894.)" In: Wilhelm Windelband: Präludien. 2. Band. S. 136–160.

*WINDELBAND, Wilhelm: Präludien. Aufsätze und Reden zur Philosophie und ihrer Geschichte. 9., photo-mech. gedr. Aufl. 1.; 2. Band. Tübingen: Mohr 1924. XI, 299 S.; IV, 345 S.

Die WISSENSCHAFT von der Wissenschaft. Philosophische Probleme der Wissenschaftstheorie. Gemeinschaftsarbeit e. Kollektivs am Inst. f. Philos. der Karl-Marx-Univ. Leipzig. Berlin: Dietz 1968. 339 S.

**WITTRAM, Reinhard: Das Interesse an der Geschichte. Zwölf Vorlesungen über Fragen des zeitgenössischen Geschichtsverständnisses. 3. Aufl. Göttingen: Vandenhoeck + Ruprecht (1958) 1968. 178 S. (Kleine Vandenhoeck-Reihe. 59–61.)

**WITTRAM, Reinhard: Anspruch und Fragwürdigkeit der Geschichte. Sechs Vorlesungen zur Methodik der Geschichtswissenschaft und zur Ortsbestimmung der Historie. Göttingen: Vandenhoeck + Ruprecht 1969. 112 S. (Kleine Vandenhoeck-Reihe. 297–299.)

*WOLFF, Robert Paul; MOORE, Barrington; MARCUSE, Herbert: Kritik der reinen Toleranz. (Aus dem Amer.) 4. Aufl. Frankfurt: Suhrkamp (1966) 1968. 128 S. (Edit. Suhrkamp. 181.)

ZELTNER, Hermann: Ideologie und Wahrheit. Zur Kritik der politischen Vernunft. Stuttgart-Bad Cannstatt: Frommann (Holzboog) 1966. 162 S.

BUCHANZEIGEN

Im Frühjahr 1971 erscheint in der Beck'schen Schwarzen Reihe:

HELMUT SEIFFERT

MARXISMUS UND BÜRGERLICHE
WISSENSCHAFT

Ideologie – Utopie – Dialektik und Analytik –
Rechtfertigung der Wissenschaft

Dieser Band knüpft unmittelbar an die Bände der ‹Einführung in die
Wissenschaftstheorie› an, ist aber auch für sich lesbar. Er setzt sich mit
der grundsätzlichen Infragestellung für selbstverständlich gehaltener
Wissenschaftsprinzipien durch den Marxismus und den ‹Konstruktivismus› auseinander. Die marxistische Wissenschaftsauffassung wird unter
den drei zentralen Gesichtspunkten der Ideologie, der Utopie und des
Verhältnisses des Einzelnen zum Ganzen beleuchtet. In einem zweiten
Teil führt Seiffert in die Fragestellung der heute noch kaum bekannten
wissenschaftskritischen Richtung des ‹Konstruktivismus› ein und wirft
die Frage auf, wieweit Wissenschaft sich im Namen «gesellschaftlicher
Bedürfnisse» Beschränkungen ihres Gegenstandes im Sinne einer Kritik
an der ‹Hobby-Wissenschaft› auferlegen lassen muß.

VORLÄUFIGES INHALTSVERZEICHNIS: Zur Einführung – Erster Teil:
Kritik des Marxismus. 1. Kapitel: Ideologie. Der Priestertrug. Die
Wissenssoziologie Schelers und Mannheims. Die marxistische asym-
metrische Ideologiekritik. Kritik am marxistischen Ideologiebegriff.
2. Kapitel: Utopie. Engels und die Utopie. Die klassenlose Gesellschaft
und die große Mutation. 3. Kapitel: Dialektik und Analytik. Das
Universalienproblem. Geschichte und Wörter. Das Problem der Totalität – Zweiter Teil: Die Rechtfertigung der Wissenschaft. Marxistische
und konstruktivistische Wissenschaftskritik. Gesellschaftliche Bedürfnisse. Neugier und Spiel. ‹Hobby-Wissenschaft›. Wissenschaftliche
Schulen. Hermeneutik als «Prüfet alles und behaltet das Beste» – Anmerkungen – Literaturverzeichnis

VERLAG C. H. BECK